U0945216

本书为国家社会科学基金教育学一般课题
“中国幼儿教育思想传承与创新研究”
（批准号：BOA140020）的结题成果。

中国幼儿教育思想传承与创新研究

郑刚 著

海峡出版发行集团
THE STRAITS PUBLISHING & DISTRIBUTING GROUP
福建人民出版社

图书在版编目（CIP）数据

中国幼儿教育思想传承与创新研究/郑刚著．--福州：福建人民出版社，2021.6

ISBN 978-7-211-08652-8

Ⅰ.①中…　Ⅱ.①郑…　Ⅲ.①幼儿教育－教育思想－研究－中国　Ⅳ.①G610

中国版本图书馆 CIP 数据核字（2021）第 094011 号

中国幼儿教育思想传承与创新研究

ZHONGGUO YOU'ER JIAOYU SIXIANG CHUANCHENG YU CHUANGXIN YANJIU

作　　者：郑　刚
责任编辑：赵　玮
出版发行：福建人民出版社　　**电　　话：**0591-87533169(发行部)
网　　址：http://www.fjpph.com　　**电子邮箱：**fjpph7211@126.com
地　　址：福州市东水路 76 号　　**邮政编码：**350001
经　　销：福建新华发行（集团）有限责任公司
印　　刷：福州万达印刷有限公司
地　　址：福州市闽侯荆溪镇溪头工业区徐家村 166-1 号
电　　话：13358230971
开　　本：890 毫米×1240 毫米　1/32
印　　张：17.125
字　　数：414 千字
版　　次：2021 年 6 月第 1 版
印　　次：2021 年 6 月第 1 次印刷
书　　号：ISBN 978-7-211-08652-8
定　　价：65.00 元

目　　录

导　言

中华文明源远流长，重教兴学是它的优良传统之一。随着社会的不断进步与发展，中国幼儿养护与教育也在不断地得到改善，有关幼儿养护与教育的思想日益丰富，形成了丰富的、具有实践指导意义的理论，成为中国思想理论宝库和优秀传统文化的重要组成部分。幼儿教育迅猛发展，迫切需要理论指导，迫切需要总结中国幼儿教育思想的有益经验。另外，随着我国经济社会深刻变革、对外开放日益扩大，各种思想文化交流更加频繁，迫切需要深化对中国幼儿教育思想的认识，从而更好地增强我们的文化自觉和文化自信；迫切需要深入挖掘中国幼儿教育思想的价值内涵，从而更好地传承和发扬中华优秀传统文化；迫切需要推动中国幼儿教育思想的创造性转化和创新性发展，从而更好地激发中华优秀传统文化的生机和活力；迫切需要构建富有时代特色的幼儿教育理论体系，从而更好地实现教育现代化和培养新时代人才的目标。

一、核心概念

（一）幼儿

本课题名为“中国幼儿教育思想传承与创新研究”，“幼儿”无疑是重点研讨的对象。那么，幼儿究竟指哪一年龄段的儿童呢？

古代汉语中的“幼”字，即指幼儿。中国古代产生了学校教育以后，对于“幼年”的确定，大体是依照与“学龄”相对的原则来建立相关概念的。

《礼记·曲礼上》记载：“人生十年曰幼，学。”郑玄注：“名曰幼，时始可学也。”[①] 后人因此称十岁为“幼学之年”，表示十岁是可以接受教育的时候，就像十五岁是“志学之年”、二十岁是“弱冠之年”、三十岁是“而立之年”、四十岁是“不惑之年”、五十岁是“天命之年”、六十岁是“耳顺之年”、七十岁是“古稀之年”、八十或九十岁是“耄耋之年”、百岁是“期颐之年”一样。

“人生十年曰幼，学”这则史料所反映的核心问题，是古代关于学龄的确定，即十岁以后方进入学龄期。据此，所谓“幼”，即指十岁以前的阶段。因此，也就构成了“幼童”（十岁前）与“学童”（十岁后）这两个相对意义的概念。这个结论，可从中国古代典籍中关于“幼”字的使用及诠释中得到印证。

《周礼·地官·大司徒》中记载的“保息之政”为：“一曰慈幼，二曰养老，三曰振穷，四曰恤贫，五曰宽疾，六曰安富。”[②] 此六项，又称“六养之政”，均为“大司徒之职”。

在《管子》中，所谓“九惠之教”为：“一曰老老，二曰慈幼，三曰恤孤，四曰养疾，五曰合独，六曰问疾，七曰通穷，八曰振困，九曰接绝。”[③] 这些内容是治理国家的重要举措，其中“慈幼”位列第二，仅次于“老老”。可见，“尊老爱幼”的思想已经上升为治国方略。同时，“慈幼”有专项诠释：

---

① 阮元校刻：《十三经注疏》，中华书局1980年版，第1232页。

② 阮元校刻：《十三经注疏》，第706页。

③ 黎翔凤撰，梁运华整理：《管子校注》，中华书局2004年版，第1033页。

> 所谓慈幼者，凡国都皆有掌幼。士民有子，子有幼弱不胜养为累者，有三幼者无妇征，四幼者尽家无征，五幼又予之葆。受二人之食，能事而后止。此之谓慈幼。①

“老吾老，以及人之老；幼吾幼，以及人之幼。”② 这是孟子将中国古代慈幼思想发扬光大的体现。他不仅仍将“老”与“幼”对应立论，而且将儒家的宗法理念融入其中，将“老老”“幼幼”的“仁政”作为“天下可运于掌”的前提条件。

许慎在《说文解字》中，将“幼”字归入“幺”部，又将“幺”字诠释为：“小也，象子初生之形。”他对“幼”字的解释为：“少也，从幺，从力。”③ 就“幼”字的“小”“少”之义而言，他也应将幼儿视作十岁之前这个年龄阶段。

对“幼”字的重点研讨，是为了论证“学龄前为幼”的命题，但值得注意的是，中国古代的学龄并非确定不变。

《尚书大传》载：“古之帝王者必立大学、小学，使公卿之太子、大夫，元士之适子，十有三年始入小学，见小节焉、践小义焉。年十五入太学，见大节焉、践大义焉。”④ 据此，夏、商、周时期十三岁方进入学龄期。

贾谊在《新书·容经》中记载：“古者年九岁入就小学，蹍小节焉，业小道焉；束发就大学，蹍大业焉，业大道焉。”⑤ 可见，汉初学龄期的上限已提前至九岁。

---

① 黎翔凤撰，梁运华整理：《管子校注》，第1033—1034页。

② 杨伯峻译注：《孟子译注》，中华书局2005年版，第16页。

③ 许慎撰：《说文解字》，中华书局1963年版，第83页。

④ 李昉等撰：《太平御览》卷六一三，中华书局1960年版，第2758页。

⑤ 贾谊撰，阎振益、钟夏校注：《新书校注》，中华书局2000年版，第229页。

《大戴礼记·保傅》中载："古者年八岁而出就外舍，学小艺焉，履小节焉；束发而就大学，学大艺焉，履大节焉。"① 又据《汉书·食货志上》载："八岁入小学，学六甲五方书计之事，始知室家长幼之节。十五入大学，学先圣礼乐，而知朝廷君臣之礼。"② 据此，汉代中后期学龄期的上限又向前提了一年，即八岁。

依据上述材料，我们可以推知：十三岁为最早的入学年龄，它大体反映了夏、商（或可包括西周）时期的教育实况；十岁为稍后的入学年龄，它大体反映了西周至秦的教育实况；九岁或八岁为晚近的入学年龄，它大体反映了汉代的教育实况。随着时代的进步和教育的发展，入学年龄相应提前实乃顺理成章之事。

纵观中国历代学制史，从西周至清，均分小学、大学两级。至于进入正规小学的入学年龄，通常为八岁。值得特别注意的是，中国古代的"虚岁"计龄法与近现代的"足岁"计龄法有着一岁的差别。因此中国古代的八岁，实为近现代的七岁。

进入近代以后，随着现代学制体系的建立，公共幼儿教育制度初具雏形，有关学龄儿童的入学年龄有了明确界定，使得人们对幼儿的年龄阶段认识更为清晰明确。1902 年颁布的《钦定蒙学堂章程》中规定："凡蒙学以六、七岁为入学之年，今开办伊始，姑展其学年至十岁以内。"③ 1904 颁行的《奏定蒙养院章程及家庭教育法章程》中，规定"蒙养院专为保育教导三岁以上至七岁之儿童"④。可见，清末大致规定将六七岁以上的儿童称为学龄儿

① 王聘珍撰，王文锦点校：《大戴礼记解诂》，中华书局 1983 年版，第 60 页。

② 班固撰，颜师古注：《汉书》，中华书局 1962 年版，第 1122 页。

③ 璩鑫圭、唐良炎编：《中国近代教育史资料汇编》（学制演变），上海教育出版社 2007 年版，第 294 页。

④ 璩鑫圭、唐良炎编：《中国近代教育史资料汇编》（学制演变），第 398 页。

童，那么相应的幼儿就是指这个年龄之前的儿童了。

进入民国，学龄儿童以六岁为起点，得以明确界定。1912年颁行的“壬子学制”和1922年颁行的“壬戌学制”中，初小的入学年龄均为六岁。可见，近代的学制基本上是以六岁至七岁作为学龄儿童入学的年龄界标，那么幼儿阶段明确为“六七岁”前就无可厚非。

1949年后，1951年颁行的《关于改革学制的决定》中，初小的入学年龄为七岁；1986年颁行的《中华人民共和国义务教育法》中，小学的入学年龄被定为六岁（条件不具备的地区可推迟到七岁）。可见，学龄儿童的入学年龄也是沿用“六七岁”这个标准。在《辞海》中，对于“幼儿”的释义为：

> 从一足岁到六七岁的小儿。从一足岁到三岁为幼儿前期，即“托儿所期”……从四岁到六七岁为幼儿后期，即“幼儿园期”，亦称学龄前期。①

比较古代与近现代（包括当代）“幼儿”概念的差异，在年龄下限方面实际差别不大。在年龄上限方面，古代是以人生起始作为开端的，具体地说，中国古代的幼儿，不仅包括婴儿，甚至还包括胎儿。这与近现代“幼儿”概念的差别是明显的。当代“幼儿教育”概念中的“幼儿”，系指三岁至六或七岁理应接受幼儿园教育的儿童。三岁前理应接受托儿所保育的儿童，通常称为小儿，亦有称为乳儿、婴儿。依照中国古代的观念，将胎儿、小儿、幼儿的教养连成一气，方可合称为学龄前教育。

幼儿年龄阶段的确定，是与“学龄儿童”相对应的。“学龄前儿童”往往统称为幼儿，他们所受的教育称为学前教育或幼儿教育。在确定了幼儿的年龄阶段后，对“幼儿”的理解也有广义

① 《辞海》（医学卫生分册），上海辞书出版社1989年版，第71页。

和狭义之分。其中，广义的“幼儿”是指从出生到入学之前的儿童（从出生到六或七岁），狭义的“幼儿”专指三岁至六或七岁的儿童。依据以上讨论，本研究所研讨的“幼儿”为实足年龄七岁前（包括七岁）的儿童。

（二）教育思想

在现实世界里，思想总以一个统一体存在于人们的意识中，往往以“传统”的形态出现。思想是一个民族的文化遗产，是整个民族所有人过去创造的各种观念主张、价值理念、行为规范、精神追求等等，是一个民族在长期的历史实践中不断累积凝练而成的稳固元素。

我们每一代人所进行的文化教育活动都不可能空手起家，也不可能在零的基础上起步。每一项文化教育活动所产生的新思想、新观点、新方法和新成果，都受到业已存在的文化心理的影响。同时，人类对自身民族文化的积累，又构成了教育思想不断进步的背景。当人在现实生活中内心的需要与过去传统的某种思想相契合时，就使得传统思想在现代社会的价值日益凸显。所以说，教育思想是一种历史的持续，具有以下两个显著特征。

第一，延续性。在文化教育的时间和空间坐标系中，教育思想是流动的，是人类一代又一代传递下去并凝结成延续自身“基因”的传统。时间的连续性是思想的显著特征。例如儒家文化思想经过先秦儒学、汉唐经学、宋明理学、清初朴学、近代新经学和现代新儒学的演变，延续了两千多年，对中国产生了巨大影响，并将延续至未来。教育思想产生于教育实践，是不同历史阶段教育实践与时代要求的反映，具有不同的历史发展特点，同时教育思想一旦形成又会被付诸实践来指导实践，因此教育思想具有延续性的特点。

第二，动态性。任何事物都是变化发展的，教育思想也不例外。思想在人类代代相传的过程中，不是一成不变地延续下来，而是不断发生变化的，以不同的形式继续发展。从古至今，每一种教育思想都会因时空差异而产生内容和结构的变化，这是由于那些已经从传统中汲取了营养的人们，总是希望在原来的基础上创造出更加真实、更加完善的内容，因此他们不断阐释、创新和改变教育思想。教育思想的动态性就是主体参与和历史选择的结果，所以教育思想在动态发展中不断丰富和完善。可以说，教育思想不仅仅延续过去、存在于当下，同时也蕴含着未来。

教育实践和教育思想是组成人类教育活动的两个主要部分。教育思想是指人们对人类特有的教育活动现象的一种理解和认识。这种理解和认识常常以某种方式加以组织并表达出来。根据教育思想的类型来划分，教育思想可以分为个人教育思想和群体教育思潮。个人教育思想是个人通过教育实践所总结出来的。教育思潮则指的是某个时期流传较广、影响较大的教育思想倾向。幼儿教育思想作为教育思想的一个重要组成部分，是幼儿教育理论的主要内容，它侧重梳理人类历史上的教育家和教育实践者有关幼儿教育的思想，总结过去的幼儿教育问题和经验。了解幼儿教育思想能更好地了解和把握人们对幼儿教育的认识以及幼儿教育理论的发展脉络。

中国人在长期的教育实践中总结出了诸多有价值的教育思想，不仅在当时具有重要的意义，而且对当今幼儿教育的发展也有一定的指导作用。可以说，中国幼儿教育思想是人类教育思想中不可或缺的重要组成部分。

（三）传承与创新

从文字学角度来看，“传”字，从人从专，是掌握制作操作能力的人。《说文解字》中将“传”解释为“遽也”，又解释

"遽"为"传也，一曰窘也"。[①] 传遽，就是指古代专门乘传车驿马的使者。《周礼·秋官司寇·行夫》曰："行夫掌邦国传遽之小事媺恶而无礼者。"[②] 因此，传的最基本含义就是传递、传送，如《孟子·公孙丑上》曰"速于置邮而传命"[③]。然而，传递、传送仅仅停留在物质层面，当上升到精神层面，如知识的传递和精神的传承时，"传"字就含有传授之意。韩愈在《师说》中说："师者，所以传道受业解惑也。"[④] 随着传递技能或传授知识时间的不断延长，"传"便具有了流传之意，如"功如丘山，名传后世"[⑤]。因此，"传"字不仅仅是一个对物品传递和知识传授的动作，更具有了时间意义上的连续性。

"承"字，从人从双手，奉也；原意指捧着，由于双手捧着，引申为担当、承担。从接受的动作和承担的使命而言，"承"字具有继续、延续的含义。

通过以上分析可知，"传""承"的内涵可以理解为文化在时间纵向传递的连续性，同时也可以体现为文化的一种传递方式，即接受和传授过程。

古代汉语中，"传承"并不是一个固定的词语。一直到当代，在民俗学研究中才出现了"传承"的用法。"'传承性'成为民俗的一个基本特征在民俗学研究中达成共识"[⑥]。人类在改造主观世界和客观世界的过程中，在不断创造文化的同时，还将自身创造

① 许慎撰：《说文解字》，第165页、第42页。

② 阮元校刻：《十三经注疏》，第899页。

③ 杨伯峻译注：《孟子译注》，第57页。

④ 韩愈撰，马其昶校注，马茂元整理：《韩昌黎文集校注》，上海古籍出版社1987年版，第42页。

⑤ 王利器校注：《盐铁论校注（定本）》，中华书局1992年版，第96页。

⑥ 乌丙安：《民俗学原理》，长春出版社2014年版，第235页。

的文化传承下去。传承是文化的内在要求，没有传承就没有文化；教育思想也是通过传承实现了存在的意义和价值。传承则因为思想文化而彰显出特殊使命。

由于幼儿教育思想的形成并不是一次性完成的，而是经过不同时代的人不断累积延续至今的产物，所以说，幼儿教育思想是一个不断积累的过程，在这个积累过程中，部分内容被保留了下来，部分内容被抛弃了。

创新是人类社会历史发展进步的动力推进器。传承幼儿教育思想，离不开创新的方式。从哲学层面上看，如果说幼儿教育思想的传承是对民族文化内容中积极因素的肯定，那么创新就是对民族文化内容进行否定之否定。前者是幼儿教育思想发展的量变，后者是幼儿教育思想发展的质变；前者体现了幼儿教育思想发展在时间横向轴上的连续性，后者则展现了幼儿教育思想发展在空间上的阶段性。

> 这里所说的文化创新不仅是指文化内容的激活，更是指整个系统模式的革命和转型。它是原有价值体系、心理定势、思维方式的解构，也是新的观念、思想、规则的建构；是传统惯性的消解，也是传统精华的重铸；是社会生活的变革，也是人身心的新生。①

可以说，创新是中国幼儿教育思想传承过程中，时间累积和过程突变的有机统 。

推进教育的发展，基础在传承，关键在创新。传承和创新，是一个民族文化生生不息的两个重要轮子。中华文化绵延至今，生生不息、不断壮大。在这个过程中，历经几千年洗礼的幼儿教育思想正是在创新中不断向前发展。

---

① 田丰：《文化进步论：对全球化进程中的文化的哲学思考》，广东高等教育出版社 2002 年版，第 163 页。

自人类社会产生以来，幼儿的养护与教育就成为人类教育活动的重要内容之一。随着人类社会的不断进步与发展，幼儿养护与教育也在不断地得到改善，有关幼儿养护与教育的思想也在不断地发展。在春秋战国时期，生产力的迅速发展、社会的动荡不安，促成了思想文化领域“百家争鸣”的盛况。儒、道、墨、名、阴阳、兵、纵横等家既互相批判，又互相借鉴、互相吸收，实现了中华民族文化教育的第一次创新，并凝聚为中国幼儿教育思想的根本内核。汉唐之际，社会相对稳定，统治阶级采取开放的文教政策，佛、儒、道三教争胜的同时，也相互渗透、相互融合，展现了中华民族文化教育的再创新，为中国幼儿教育思想的发展提供了新契机。到宋明时期，传统幼儿教育思想已经成熟。明末清初，由于封建思想专制禁锢，统治者实行“文字狱”，大部分知识分子潜心于考据学，失去了思想争辩和文化创新，使得思想文化失去其应有的活力，幼儿教育思想也体现出沉闷保守的特征。进入近代，在“西学东渐”的大潮中，西方幼儿教育理念传入中国，先进的中国人在坚持幼儿教育传统的同时，主动吸收西方幼儿教育思想的精髓，“解放儿童”“以儿童为中心”成为时代最强音。幼儿教育思想在新的历史条件下焕发新的时代气息，从而在创新中实现了新发展。

经过时间的积淀和岁月的洗礼，中国幼儿教育的价值理念、人文思想、核心内容等方面，都焕发出无穷的魅力，成为推动我国幼儿教育发展的重要精神动力。可以说，传承与创新是中国幼儿教育思想发展的主题。

二、 研究意义

黑格尔指出：

> 这种传统并不是一尊不动的石像，而是生命洋溢

> 的，有如一道洪流，离开它的源头愈远，它就膨胀得愈大。[①]

教育思想的传承与创新，对于中国来说尤显重要。只有传承，才能维系我们民族世代传承的精魂；只有创新，才能带领整个民族走向伟大复兴；唯有传承与创新，才能使中华民族文化永葆生机。总之，在全球化的时代环境下，我们只有充分尊重文化教育的发展规律，有效传承中国优秀幼儿教育思想，不断创新幼儿教育思想的价值观、内容、形式和传播载体，才能最终实现社会主义先进文化的目标。简言之，以幼儿教育思想的传承与创新为主题进行研究，对于挖掘民族文化精神宝库，维系中华民族共同的精神纽带，推动幼儿教育现代化进程，具有重要的理论价值和实践意义。

（一）加强对中国幼儿教育思想的发掘和阐释

传承与创新的前提，在于全面正确地认识、领会中国幼儿教育思想。全面系统地重新认识中国幼儿教育思想，是实现传承传统优秀文化、推进教育事业发展的前提条件。

> 要讲清楚中华优秀传统文化的历史渊源、发展脉络、基本走向，讲清楚中华文化的独特创造、价值理念、鲜明特色，增强文化自信和价值观自信。[②]

历经五千年的融合与发展，中国幼儿教育思想在价值理念、道德伦理等诸多层面，形成了内容丰富、形态稳定的体系。中国幼儿教育思想博大精深，我们必须从社会主义现代化建设的角度，运用辩证唯物主义和历史唯物主义的观点，科学地对待，按照去粗

---

① 〔德〕黑格尔著，贺麟、王太庆译：《哲学史讲演录》第一卷，商务印书馆1983年版，第8页。

② 中共中央宣传部：《习近平总书记系列重要讲话读本》（2016年版），学习出版社、人民出版社2016年版，第202—203页。

取精、去伪存真、汇通古今、推陈出新的原则进行整理和选择。

在漫长的发展历程中，中国传统幼儿教育逐步形成了“天人合一”的教育目标、“修身养性”的教育内容、“仁爱和谐”的教育底色，以及“家国情怀”的教育精神等优秀传统。这些优秀的思想，成为维系中华民族儿女的精神纽带，成为民族自强不息的精神动力，成为中华文明始终延绵不绝的精神支撑。发掘和阐释中国幼儿教育思想，有利于在全社会营造重视幼儿教育的氛围，有利于促进广大民众对优秀传统教育的认知，更有利于提高民众的文化自觉与文化自信。

（二）完善中国幼儿教育思想体系

基于人们对幼儿教育认识的深入和教育实践的丰富，幼儿教育理论在历史发展进程中，体现出不断演进的特点，构成教育理论体系和实践模式的重要组成部分。在继承和创新中国幼儿教育思想的过程中总结经验、夯实基础、推陈出新，能够为幼儿教育思想体系的丰富提供精神养料和理论来源。

中国自古以来便强调“蒙以养正”①，其核心为设定培养“君子”“大丈夫”以及“圣人”的高标准目标，“为天地立志，为生民立道，为去圣继绝学，为万世开太平”②，使幼儿始终有较高的人生目标。这不仅是历代教育家的共同理念，而且成为后世学子奋斗的方向。正是对这种教育传统的继承与弘扬，才形成了“天下兴亡，匹夫有责”的国家责任感和民族精神，进而形成了为社会奋斗、献身的担当精神。这些优良品质已融入我们的民族气节和文化精神中，成为中华民族巍然屹立于世界民族之林的关键所在。

关于幼儿“学”的思想也洋洋大观，从《论语》中第一篇

---

① 阮元校刻：《十三经注疏》，第 20 页。

② 章锡琛点校：《张载集》，中华书局 1978 年版，第 320 页。

《学而》，到《荀子》中首篇《劝学》，再到《学记》中“君子如欲化民成俗，其必由学乎？玉不琢，不成器；人不学，不知道”①，从孟子的“深造自得”②，到宋明理学的“变化气质”③，再到清末之际张之洞的《劝学篇》，中华优秀传统文化形成了一套丰富的重学的教育体系，推动了中国幼儿教育思想和实践的丰富，成为中华文明不断进步的不竭动力。

此外，中华民族素有重视家庭教育的优良传统和美德。家庭教育不仅起着文化传承的纽带作用，而且对幼儿的个性发展和性格塑造具有重要的作用。

可以说，传承和创新中国幼儿教育思想中的优秀因子，有利于推进当代幼儿教育理论体系的不断完善、丰富传统幼儿教育思想的现代意蕴，以契合幼儿教育学科建设和发展的需要。

（三）提供幼儿教育现代化发展的精神滋养

教育现代化是教育高水平的发展状态，是对传统教育的超越，是教育发展理念、发展方式、体系制度等的转变。推进教育现代化，必须扎根中国、融通中外、立足时代、面向未来，从我国优秀教育传统中汲取营养，积极吸收借鉴国际先进经验，以新的发展理念和教育思想作为指导。我国有独特的历史、文化和国情，悠久的教育历史积累了丰富的幼儿教育经验和智慧。挖掘具有现代价值的传统教育思想，有利于促进幼儿教育的现代化发展。

幼儿教育思想从来不是静止的、现成的、凝固的，而是“洋溢着生命的洪流”。加强对中国幼儿教育思想的传承与创新研究，

---

① 阮元校刻：《十三经注疏》，第 1521 页。

② 《孟子·离娄下》曰：“孟子曰：‘君子深造之以道，欲其自得之也。自得之，则居之安；居之安，则资之深；资之深，则取之左右逢其原，故君子欲其自得之也。’”见杨伯峻译注：《孟子译注》，第 189 页。

③ 章锡琛点校：《张载集》，第 274 页。

挖掘宝贵经验和积极元素，有助于为我国当代幼儿教育改革提供经验总结和方向指导。从儒家的“仁者爱人”“忠恕孝悌”思想到道家“无为而无不为”的教育理念，从“蒙以养正”的教育传统到近代以儿童为中心的教育思想，它们彰显了一种多元、和谐的幼儿教育思想体系，与当代幼儿教育改革的价值取向相契合，不仅培育、滋养了民族精神，向世界充分展示了中华文化独特的魅力，而且昭示了当代教育不断提升包容性、中国化、现代化的基本改革路向。

在经济现代化的国家发展观念驱动下，推动中国幼儿教育思想传承与创新，将进一步促进优秀传统教育思想滋养社会公共信念和成熟心智，培育民族自信和民族性格，寻找并且定位中国幼儿教育改革的重要指向，从而形成中国特色幼儿教育的开放性话语体系，不断提升中国幼儿教育的质量和国际竞争力。

紧扣《中国教育现代化 2035》的精神要旨，把跨越时代的幼儿教育的思想理念、价值标准、实践经验转化为人们的精神追求和行为习惯，转化为实现教育现代化的重要精神动力；从中国传统幼儿教育思想中寻找有益因子，以回答和解决当前幼儿教育存在的主要问题，例如幼儿教育现代化如何实施、如何建立良好家训家风等等，促使传统幼教经验对教育现代化进程中的各种现实问题做出回应。这些均有助于实现传统幼儿教育的现代化发展。

（四）推动中国幼儿教育思想的创造性转化和创新性发展

习近平总书记在山东曲阜孔府、孔子研究院同专家学者座谈会上的讲话中指出：

> 创造性转化，就是要按照时代特点和要求，对那些至今仍有借鉴价值的内涵和陈旧的表现形式加以改造，赋予其新的时代内涵和现代表达形式，激活其生命力。创新性发展，就是要按照时代的新进步新发展，对中华

> 优秀传统文化的内涵加以补充、拓展、完善，增强其影响力和感召力。①

坚持“取其精华、去其糟粕”的原则，不断挖掘、提炼、解读中国幼儿教育思想的现代价值，增进我们对中华传统文化的科学认知，增强对幼儿教育思想学习的自觉性；用现代话语体系来阐释和表达中国幼儿教育思想精髓，不断增加中国幼儿教育思想的生命力和影响力；将中国幼儿教育思想转化为相应的制度体系，贯彻在日常教育活动中，使之与当前教育现代化的主题相切合、与当代文化使命相适应、与现代社会发展相协调，不断得到补充、拓展和完善。以上这些，均有利于推动中国幼儿教育思想的创造性转化和创新性发展，实现中华优秀传统文化的传承和弘扬。

三、 研究主要内容

中国幼儿教育思想是在长期历史进程中形成、发展起来的。它孕育于夏商、繁荣于两周、定型于秦汉、发展于隋唐、成熟于宋元、转型于清末、重生于民国，经历了数千年的发展历程。历史的延续性是中国幼儿教育思想的显著特征。中国幼儿教育思想的发展是在历史岁月不断演进中实现的。传承和创新中国幼儿教育思想，首先在于理顺中国幼儿教育思想的发展脉络，分析并挖掘中国幼儿教育思想中的优秀元素与宝贵成分。

中国幼儿教育思想的发展有两个明显的阶段，以 1840 年鸦片战争为界可以分为传统幼儿教育思想和近现代幼儿教育思想。传统幼儿教育思想主要是以儒家思想为主导，一方面内含中国传统文化的精华，另一方面又包含了传统文化中不适应时代发展的部分。近现代幼儿教育思想，一方面学习、引进了西方优秀的幼

① 中共中央宣传部:《习近平总书记系列重要讲话读本》(2016 年版)，第 203 页。

儿教育理念；另一方面，本土的教育家也在总结自己的幼儿教育思想和理论，使中国幼儿教育思想走上中国化、本土化的道路。

（一）中国传统幼儿教育思想的发展及主要特征

中国传统幼儿教育思想的发展有两个高峰。第一个高峰出现在春秋战国时期，其文化背景为诸子之学的形成与争鸣，其主体是以孔子及其继承者孟子、荀子为代表的儒家学派。它的历史作用是确定了以儒家文化为主导的幼儿教育思想的主要内容，奠定了中国传统幼儿教育思想的基石。第二个高峰出现在宋明时期，其文化背景为儒、释、道思想由并行趋向交融，其主体为以朱熹为代表的儒家新学派——理学，其历史作用是使幼儿教育哲学理论及其体系趋于深化和严密，标志着中国传统幼儿教育思想的成熟。

重视教育一直是中国的优良传统。在教育实践不断发展的基础上，中国古代的人们对幼儿教育发展的经验进行了总结，产生了许多具有丰富内涵的教育思想。在中国古代，儒家教育思想一直占据主导地位，在儒家教育思想的影响下，幼儿教育思想得到了最初的发展。例如，蕴含在《周易》中“蒙以养正”① 的幼儿教育思想，是中国先辈早期的智慧结晶。随着社会的不断进步，人们开始普遍重视早期教育，并且随着优生知识的逐渐普及，优育也渐受重视，婴幼儿的早期教育逐渐获得了发展，胎教就是其中最先实施的内容。例如，汉代王充提出“正性”“随性”与“遭性”的人性论，认为“遭性”对胎儿的形成有重要的影响，主张受孕时要注意环境和自然界的影响，孕妇也要遵守食物禁忌。王充还强调胎教对婴儿健康发展的重要性。② 除胎教外，儒

---

① 阮元校刻：《十三经注疏》，第 20 页。

② 王充：《论衡·命义篇》，见黄晖撰：《论衡校释》，中华书局 1990 年版，第 53—54 页。

家还强调尽早施教的作用，主张应坚持禁于未发的原则。“未发之谓蒙，以纯一未发之蒙而养其正，乃作圣之功也。发而后禁，则扞格而难胜。养正于蒙，学之至善也。”①

在重视早期教育的同时，中国古代的人们自然而然地强调家庭教育的职能，通过家庭教育构建起社会发展最基础、最坚定的“细胞”。中国古代的人们通过家庭教育使儒家思想文化得以传承，强化了父母的榜样及环境的熏染。可见，早期幼儿教育将社会中最基本的要素有机地联系起来，从而形成教育的整体和合力。

自宋代开始，儒学思想与佛、道逐渐融合，形成了以儒家道德理论为核心的理学，以程颢、程颐、朱熹为代表的理学家也提出了具有价值的幼儿教育思想。例如，朱熹把古代贤人的嘉言懿行汇集起来，编成《小学》一书。为了使幼儿能系统地学习并践行行为规范，朱熹专门编制了一本《童蒙须知》，将幼儿应掌握的伦理道德规范、行为准则、日常生活习惯等都包括在内。童蒙教育在理论和实践方面有了较大的飞跃，重智在教育中的比重加大，人们尝试总结幼童教育的经验，探索早期教育的规律、教学内容和教育方法。明清以后，随着封建专制统治的加强，教育中“专制”的色彩也越来越浓厚，幼儿教育思想不断受到封建理教的影响，这无疑对中国幼儿教育的发展是不利的。但是，反对专制的幼儿教育思想也在萌生酝酿，并处于蓄势待发的状态之中。

纵观中国传统幼儿教育思想，儒家幼儿教育思想占据主导地位，同时也在结合佛、道的过程中不断地发展。尊重幼儿身心发展规律、重视胎教与早期教育、强调家长的榜样作用等等，构成了中国幼儿教育思想的底色。概括而言，以儒家思想为主线的中国传统幼儿教育思想呈现以下几个特征。

---

① 程颐：《周易程氏传》卷一，见程颢、程颐著，王孝鱼点校：《二程集》，中华书局1981年版，第720页。

第一，重视人性基础，尊重幼儿的天性。

儒家学派把目光从玄远的“天道”转向日常的“人道”，关注人自身的存在价值与本质属性。从孔子的“性相近也，习相远也”① 开始，儒家注重人的道德本性。其中，孟子秉持“性善论”的主张。在他看来，恻隐之心、羞恶之心、恭敬之心、是非之心，乃是人所固有的仁、义、礼、智之“善端”，这些“善端”是人之所以为人者的关键要素。那么，教育的功能就是要扩充这些“善端”，从立己修身，到“事父母”“保天下”。与孟子的主张不同，荀子提出“性恶说”，反对孟子的先验道德本性说，主张通过“化性起伪”的后天教育，去认同由圣人所赋予的礼义道德规范，但他同样把德性作为人之所以为人的根本属性：“水火有气而无生，草木有生而无知，禽兽有知而无义，人有气、有生、有知，亦且有义，故最为天下贵也。”② 其后，无论是董仲舒、韩愈的“性三品说”，还是程朱理学的“存天理，灭人欲”，都十分鲜明地将人性作为认识教育作用与功能的重要出发点，进而建构其人伦教育大厦。“人性论是中国教育思想的理论基础；离开教育家的人性论，不惟说不清其教育功能和作用，更谈不上窥测其思想大厦之奥秘。”③

在人性论的基础上，中国古代的教育家高度重视幼儿教育。贾谊强调：“心未滥而先谕教，则化易成也”④。颜之推指出，幼儿期易于养成优良品行，因为幼儿精神专一、教习效果好。“人生

---

① 杨伯峻译注：《论语译注》，中华书局 1980 年版，第 181 页。

② 王先谦撰，沈啸寰、王星贤点校：《荀子集解》，中华书局 1988 年版，第 164 页。

③ 张瑞璠主编：《中国教育哲学史》第一卷，山东教育出版社 2000 年版，前言第 2—3 页。

④ 贾谊撰，阎振益、钟夏校注：《新书校注》，第 186 页。

小幼，精神专利，长成已后，思虑散逸，固须早教，勿失机也。”①朱熹在谈到抓住幼儿教育的黄金时机时，打了一个生动的比方：

草木之生，播种封植，人力已至而未能自化，所少者，雨露之滋耳。及此时而雨之，则其化速矣。教人之妙，亦犹是也。②

另一方面，如果在婴孩阶段采取放任不管、任其自由发展的态度，必然会有害于幼儿的健康成长。司马光在《家范》中说：

人之爱其子者多曰：“儿幼，未有知耳，俟其长而教之。”是犹养恶木之萌芽，曰：“俟其合抱而伐之。”其用力顾不多哉！③

所以说，幼儿的早期教育是个人成长的基石，必须引起高度重视。

第二，强调行为习惯养成，尊重幼儿成长规律。

养成教育是培养幼儿良好行为习惯的重要措施。幼儿行为习惯常规包括一般生活常规和行为常规。《礼记·内则》记载：

子能食食，教以右手；能言，男唯女俞。男鞶革，女鞶丝。六年，教之数与方名。七年，男女不同席，不共食。八年，出入门户及即席饮食，必后长者，始教之让。九年，教之数日。十年，出就外傅，居宿于外，学书记。④

可见，在西周时，教育内容不仅包括生活常规教育、文化知识教育和道德教育，而且开始注重男女性别差异而施以不同的教育。这种教育还以一种贴近生活的方式进行，体现了对幼儿循序渐

---

① 王利器撰：《颜氏家训集解》（增补本），中华书局1993年版，第172页。

② 朱熹撰：《四书章句集注》，中华书局1983年版，第361页。

③ 司马光：《家范》卷三，《四库全书》本。

④ 阮元校刻：《十三经注疏》，第1471页。

进、由浅入深的要求，从而形成了我国幼儿教育重视养成教育的传统。“恭俭庄敬，礼教也。”① 尊长敬上，是对儿童进行常规训练的最重要的内容。“教小儿，先教以恭谨，不轻忽，不躐等，读书乃余事。”② 这就是要教儿童恭逊稳重，尤其是对长辈要学会一套应对、进退之礼。同时，养成教育对日常生活行为举止，如坐、立、行、跪、拜、起居、饮食等各方面，也都有严格的规定。到南宋时期，朱熹用“教之以事”对养成教育进行了系统总结，从“衣服冠履”到“语言步趋”“洒扫涓洁”“读书写文字”“杂细事宜”③；从“洒扫应对进退之节”，到“爱亲敬长隆师亲友之道”，“皆所以为修身、齐家、治国、平天下之本”④。明代王廷相也主张，在接触生活、感触社会、感知自然中，引导儿童陶冶性情和培养习惯，反对空洞说教。“赤子生而幽闭之，不接习于人间，壮而出之，不辨牛马矣；而况君臣、父子、夫妇、长幼、朋友之节度乎？而况万事万物几微变化，不可以常理执乎。”⑤

古代幼儿教育在学习习惯养成上的宝贵思想可谓俯拾皆是。在识字及习字方面，明朝学者霍韬强调儿童识字及习字贵在打好基础：

> 一竖可觇人之立身，勿偏勿倚；一画可觇人之处事，勿楞勿斜；一丿㇏如人之举手，一挑剔如人之举足，须庄重；一点须如乌获之置万钧，疏密毫发不可易；一绕缴如常山蛇势，宽缓整肃而有壮气。以此习字，便是

① 阮元校刻：《十三经注疏》，第1609页。

② 陈弘谋辑：《五种遗规·养正遗规补编》，《四库备要》本。

③ 朱熹：《童蒙须知》，见朱杰人、严佐之、刘永翔主编：《朱子全书》第十三册，上海古籍出版社、安徽教育出版社2002年版，第371页。

④ 朱熹：《小学原序》，见朱杰人、严佐之、刘永翔主编：《朱子全书》第十三册，第393页。

⑤ 王廷相：《雅述·石龙书院学辩》，《四库全书》本。

存心工夫。①

在算术方面，普通家庭出于满足日常生活的需要，多教儿童简单的计算。在自然常识方面，人们注重儿童的“博闻”，围绕着农业生产和日常生活，教授儿童天文地理的常识。

第三，关注道德养成，追求理想人格养成。

儒家倡导通过践行“仁”道，把“内圣外王”的圣贤人格和“安贫乐道”的精神追求，确定为个体道德的根本方向，充分注意作为群体社会的秩序规范和作为个体人性的主观心理结构相互适应、相互结合的问题，把“守道与修德”“志于道与据于德”及培养尚贤贵德人才作为教育的旨归。宋明理学则“综合并沟通了自然原则和仁道原则，把‘天人一体’、‘天人合一’的圣贤人格和精神境界，确立为人的精神发展的根本方向”②，培养具有救世济民的宏大抱负和崇高理想的人才。可见，中国教育形成了重视道德养成的优良传统，“童稚之学，不止记诵，养其良知良能，当以先入之言为主”③。

早期教育能为道德养成奠定坚实的基础，“幼而示之以均一，则长无争财之患；幼而教之以严谨，则长无悖慢之患；幼而有所分别，则长无为恶之患”④。所以，道德教育要尽早开始，“自小时，须导之孝友”，习“及能言能行能食时，良知端倪发见，便防放逸”⑤。清代学者孙奇逢指出：“圣功全在蒙养，从来大儒都于童稚时定终身之品。”⑥ 可见，传统幼儿教育意识到幼儿道德养

---

① 霍韬：《家训》，涵芬楼秘笈本。

② 于述胜：《中国的教育传统与教育创新》，《华东师范大学学报》（教育科学版）2003 年第 1 期。

③ 刘清之《戒子通录》卷五引杨亿《家训》，《四库全书》本。

④ 袁采：《袁氏世范》卷一，《丛书集成初编》本。

⑤ 许相卿：《许云村贻谋》，《丛书集成初编》本。

⑥ 孙奇逢：《孝友堂家训》，《丛书集成初编》本。

成是一个由外及内的同化、顺化过程。传统幼儿道德教育对道德实践高度重视，在礼仪规范上，主张“不学礼，无以立”①。《弟子规》也提到：“长者立，幼勿坐；长者坐，命乃坐。”② 清代唐彪在《人生必读书》中说：“子弟幼时，当教之以礼。礼不在精微，止在粗浅。如见尊长必作揖；长者经过，坐必起立；长者呼召，即急趋之。”③ 在道德行为上，儒家以孝悌为基础，培养学生的基本的伦理道德规范和行为习惯。“入则孝，出则悌。”④ “孝子之事亲也，居则致其敬，养则致其乐，病则致其忧，丧则致其哀，祭则致其严，五者备矣，然后能事亲。”⑤ 在生活品性上，古人注重培养节俭、朴实、勤劳等。明朝赵民献论述道：“凡课儿者，须使他知贫贱的意味……惟贫贱则思自力，思自力则百事可为。”⑥ 总之，中国传统幼儿道德教育并非空洞乏味的说教，而是内外兼修的教养，为形成健全的人格夯实基础。

（二）中国幼儿教育思想的现代转型

19 世纪以来，世界发生了翻天覆地的变化，西方国家在工业革命的带动下，迅速开启了向工业社会转型的脚步。鸦片战争后西方国家通过殖民扩张，侵入中国。在西方现代工业文明的冲击下，传统幼儿教育思想内部逐渐产生裂变。经过清末、民国等，各种文化思潮相继登场，不断反省和讨论传统幼儿教育思想的发展方向，中国幼儿教育思想呈现新的发展态势。

---

① 杨伯峻译注：《论语译注》，第 178 页。

② 李逸安译注：《三字经　百家姓　千字文　弟子规》，中华书局 2009 年版，第 185—186 页。

③ 陈弘谋辑：《五种遗规》，《四库备要》本。

④ 杨伯峻译注：《论语译注》，第 4 页。

⑤ 胡平生译注：《孝经译注》，中华书局 1996 年版，第 25 页。

⑥ 赵民献辑：《萃古名言》卷一《课子》，《四库全书》本。

1. 器物变革与中国幼儿教育思想转型

中国近代历史正是在中西文化的撞击、交融下向前推进的。作为异质文化，西学实际上充当了中国幼儿教育思想从传统走向现代化的催化剂。但不管怎么说，传教士裹挟而来的西学毕竟为封闭的中国社会打开了一扇瞭望世界的窗口，一些开明士大夫得以扩大视野，开始有意识地将中西两种异质文化进行初步的比较、会通。

1840 年第一次鸦片战争爆发，在西方的坚船利炮打开中国国门的同时，一批有识之士也开始开眼看世界，为挽救危如累卵的封建统治，识夷师夷之心油然而生。龚自珍、魏源等一部分先进中国人首先愤然而起，站在时代发展的前沿，对现实社会和传统观念进行了深刻批判和反思，提出了“师夷长技以制夷”这一颇具时代气息的教育哲学命题：崇尚主体精神，追求个性人格；肯定功利意识，并努力建立“经世致用”的教育价值观。以龚、魏为代表的经世派，对封建传统的反思和对现代的追求，代表了那个时代中国教育思想发展的最高水平，是传统教育向现代化教育转折的过渡环节。

直至 1960 年第二次鸦片战争战败，洋务派登上历史舞台，主张师夷长技，聚焦于科学知识、技术等器物层面，积极主动向西方学习。随着西学的不断引入和“中体西用”的观点日臻完善，洋务派在教育实践上的探索步步深入。创办新式学堂、派遣留学生等举措，推动着新式教育向前缓慢发展，改变了中国传统教育的格局。虽然洋务派还未专门论及幼儿教育，但是他们在教育实践中已经开始意识到幼儿教育是构建新式教育大厦的基石。在继承传统幼儿教育思想精华的同时，他们在实践中开始下移新式教育的重心，仿照西方教育建立幼儿教育制度。

洋务派的“中体西用”，把变革囿于器物层面，客观上推动了中国现代化的进程。洋务派使得新式教育机构、新式教育制度，甚至新式教育思想能以合法的身份处于摇摇欲坠的社会体系中。在从19世纪60年代始的30年间，“‘西用’的范围日益扩大，‘中体’的内涵不断紧缩，中国前现代社会的整体性发生溃败，早期现代化进程步步向纵深推进”①。中国早期教育现代化正是借助于“中体西用”的旗帜而缓缓推进的，它赋予西学以合法地位，促使新式教育活动全面展开，客观上促进了传统教育向现代化教育的过渡。在教育转型的过程中，幼儿教育思想也开始悄然发生变化，虽然不太显著，但是其所发挥的巨大力量已开始影响新式教育的发展，丰富着新式教育的内容和形式，并且伴随着社会的洪流，其浪潮越来越大，其影响也越来越明显。

2. 制度变革与中国幼儿教育思想民主化的萌生

甲午战争前夕，以王韬、郑观应、郭嵩焘等为代表的资产阶级维新改良派已经悄然兴起。他们在一定程度上突破了洋务派器物变革的局限，对西学有了更深的认识。甲午战败，中国处于“世变之亟”，中国资产阶级维新思潮迅速发展成为爱国的维新变法运动。他们超越了“中体西用”的思维范式，对腐朽的封建文化教育思想提出了尖锐批评，主张利用西方思想对中国传统文化教育进行创造性的改造，建立现代学制体系。康有为就明确提出：

> 请远法德国，近采日本，以定学制，乞下明诏，遍令省府县乡兴学，乡立小学，令民七岁以上皆入学，县立中学，其省府能立专门高等学、大学，各量其力，皆立图书仪器馆……若其设师范、分科学、撰课本、定章

---

① 周积明：《最初的纪元：中国早期现代化研究》，高等教育出版社1996年版，第150—151页。

程，其事至繁，非专立学部，妙选人才，不能致效也。[①]

康有为的构想虽未付诸实践，但设学堂、改科举、译西书、办报刊等活动极大地冲击了封建主义教育体系，并对教育思想现代化产生了深远的影响。

虽然，维新派创建教育制度的计划，随着戊戌变法的落败而破产，却为后来新式教育的发展起到了思想启蒙的作用。1901年，时任山东巡抚袁世凯、湖广总督张之洞、两江总督刘坤一以及安徽巡抚王之春等封疆大吏，纷纷提出“重教育、倡学制、劝游学”的主张。综合地缘、政策、习俗等因素，中国掀起了留日热潮。以留日学生作为中日教育交流的重要衔接点，经由其介绍和翻译，日本教育中重要的学制、教育法规及条例，被引入中国。

随着国人眼界的开阔以及日本成功的示范效应，教育改革成为“新政”的重要突破口，学校教育制度的建立被提到议事日程。1902 年，中国教育史上第一个法令化的学制系统，即“壬寅学制”（又称《钦定学堂章程》）应运而生，未及实施。1904 年，经过修正完善后的“癸卯学制”（又称《奏定学堂章程》）颁布施行，标志着中国新式教育制度正式建立。制度变革直接加速教育思想转型的进程，教育思想民主化的主张已初现端倪，成为思想文化发展的最新风向标。

19 世纪六七十年代，西方教会已在华开办小孩察物学堂及幼稚园等幼教机构。1903 年，张之洞、端方开办了中国第一所公立幼稚园——湖北幼稚园。这些机构的建立为幼儿教育制度的确立奠定了基础。蒙养院制度的正式确立伴随着“癸卯学制”的颁

① 朱有瓛主编：《中国近代学制史料》第一辑（下），华东师范大学出版社 1986 年版，第 691 页。

布，虽然未被纳入正式的学校系统，但幼儿教育的地位已被确立。这在中国幼儿教育发展史上是标志性事件。《奏定蒙养院章程及家庭教育法章程》（简称《奏定蒙养院章程》），不仅是“癸卯学制”的重要组成部分，而且是中国近现代最早颁行的幼儿教育法规，还是中国近代幼儿教育机构的实践准则，是中国传统幼教与近现代幼教的界标。虽然该章程的历史局限性也非常明显，但是它的颁行增强了中国幼儿教育机构办学的统一性，明晰了蒙养院与初等小学堂的关系。以蒙养院为主体的幼儿教育体制初步形成。幼儿教育制度的建立，实则是幼儿教育思想变革的体现。幼儿教育在个体发展和社会变革中的重要性受到越来越多人的关注，它开始融化封建教育的坚冰，带来新式教育生机勃勃的新场景。

1911 年，孙中山领导的辛亥革命推翻了长达两千多年的封建制度，建立了资产阶级的民主政体，完成了中国近代最为重要的一次制度变革。封建教育制度被新的教育制度所取代。“壬子癸丑学制”的颁行确立了蒙养园制度，为幼儿教育思想的民主化发展奠定了制度基础。同时，《师范教育令》《师范学校规程》等规章制度的颁行，确立了女子师范学校以造就小学校教员及蒙养园保姆为目的，为推动幼儿教育的发展起到了积极作用。“女子师范学校，并应设附属蒙养园。”“地方长官，得酌量情形，于一定期限内以公立小学校代附属高等小学校，或以公立、私立之蒙养园代附属蒙养园。”在师范学校的学科设置方面，必须设“蒙养园保姆讲习科，为欲任保姆者设之”。女子师范学校“附属蒙养园之保育费，由校长酌定”。[①] 可见，幼儿教育的地位得到进一步的提高。对幼儿教育的重视，有利于提高幼儿的社会地位，有利

---

① 璩鑫圭、唐良炎编：《中国近代教育史资料汇编》（学制演变），第 698—699 页。

于解开幼儿沉重的精神枷锁，推进幼儿教育朝着民主化的方向迈进。幼儿教育制度的变革不仅为幼儿教育思想的民主化提供了制度保障，而且彰显了幼儿教育现代化的发展趋势。同时，幼儿教育制度的更迭和变革，无不渗透着幼儿教育思想的发展与进步。

3. 观念变革与中国幼儿教育思想多元化的探索

中华民国建立后，封建势力依旧不容小觑，一场场政治闹剧轮番上演。可见，即使推翻封建主义旧制度，资本主义新制度仍旧难以真正建立起来，究其深层原因，必有观念层面的缘由。有鉴于此，以陈独秀、李大钊、胡适、鲁迅等人为代表的新式知识分子，强烈要求对根深蒂固的中国传统思想观念展开激烈批判。他们极力主张引进西方的民主、科学精神，改造国民性，培养具有现代意义的个性独立人格。他们的思想加速了幼儿教育思想多元化的探索。

第一，对封建幼儿思想观念的批判。以陈独秀、李大钊、胡适、鲁迅等为代表的启蒙思想家认识到，没有观念变革的根本自觉，任何形式的现代化制度变革都只能流于虚妄。他们主张对中国传统思想进行彻底的批判和改革，引进西方民主、科学思想，促进社会思想观念的变革。幼儿教育思想观念的变革则是社会思想变革的重要组成部分。鲁迅曾在多篇文章表达，在半殖民地半封建社会的中国，儿童为社会最底层的人，生活在水深火热之中。“中国有许多妖魔鬼怪，专喜欢杀害有出息的人，尤其是孩子”①。他在揭露了中国儿童艰难的生存境地的同时，还深刻剖析了旧教育毒害儿童的本质。他通过引用进化论的观点，反对封建专制。鲁迅认为，生命总是不断向前发展的，今日之子，亦是明日之父。生物界延绵不休要遵循保存生命、延续生命、发展生命

① 鲁迅：《我的第一个师傅》，见《鲁迅全集》第六卷，人民文学出版社2005年版，第596页。

的规律，父生子，是为了延续生命，不算一种恩赐，因此不能抱着要求儿童报恩的心理，将儿童置于不平等的地位。在此基础上，鲁迅鲜明地提出了“以幼者弱者为本位”的儿童教育观。

第二，对中西文化教育差异的比较。新文化运动时期，启蒙思想家对中国传统思想观念的激烈批判，是建基于中西文化教育差异的比较研究上的。例如，陈独秀认为，西方教育是自动的、启发的，中国教育是被动的、灌输的；西方教育强调科学实证，中国教育崇尚幻想玄思；西方教育注重德、智、体全面发展，“中国教育大部分重在后脑的记忆，小部分重在前脑的思索，训练全身的教育，从来不大讲究”①。这样导致中国教育所培养出来的人，“手无缚鸡之力，心无一夫之雄；白面纤腰，妩媚若处子；畏寒怯热，柔弱若病夫”②。李大钊、胡适、鲁迅等启蒙思想家也都不同程度地对东西方文化教育的差异做了剖析，突出了以个性独立为旨趣的西方新教育精神，从而更新了社会的幼儿教育理念。

第三，对个性和独立人格的追求。无论是对中国传统思想的激烈批判，还是对中西文化教育差异的比较，都指向人的现代化。正是在这个意义上，新文化运动时期的启蒙思想家都不同程度地关注个性和独立人格的追求。幼儿教育阶段是培养独立人格和个性的基础，于是幼儿教育思想已悄然发生改变。鲁迅认为，社会革命应该从解决儿童教育问题开始，要打掉那些制造“小奴才”的机器，打掉那些毒害儿童的“药饵”，打掉那些陷害儿童的“阴谋”，培养“新人幼芽”。鲁迅认为“新人幼芽”需要具备

---

① 陈独秀：《近代西洋教育——在天津南开学校演讲》，见《陈独秀著作选编》第一卷，上海人民出版社2009年版，第359页。

② 陈独秀：《今日之教育方针》，见《陈独秀著作选编》第一卷，第175页。

“耐劳作的体力，纯洁高尚的道德，广博自由能容纳新潮流的精神”①。随着社会的发展、时代的进步、知识的更新，幼儿教育要以海纳百川的胸怀，批判地吸收和借鉴历史上和国外的优秀文化。通过吸收和借鉴，实现中西融通，培养既能认同本民族文化又能尊重其他民族文化的“新人”，促进人类文明繁荣进步。

可见，新文化运动时期，对教育问题的认识和思考已经超越了制度变革的藩篱，把社会对教育问题的思考推进至观念变革层面。没有观念的根本变革，以科学、民主、个性为中心的现代教育就不可能得到真正的落实，人的现代化乃至整个中国的现代化事业势必将成为一句空话。

观念的变革促进了幼儿教育思想民主化、多元化的探索。在实用主义理论传入的同时，马克思主义学说在 20 世纪初特别是在 1917 年“十月革命”之后，也开始被广泛地引入中国。李大钊、杨贤江、恽代英、毛泽东等先进中国人先后成长为马克思主义者，他们从俄国“十月革命的一声炮响”中，看到了中国革命的前途和希望，深信经济基础的变革，是中国社会发展的必由之路和历史选择。正是基于这一基本认识，他们主张以马克思主义为指导思想，去分析、批判形形色色的资产阶级教育理论，去探索、总结中国近代教育理论与实践发展的重大问题，力图建构新民主主义教育体系，不仅为幼儿教育思想的民主化提供了丰富的内涵，而且还为中国幼儿教育现代化发展指明了正确的前进方向。

其一，经济基础变革与中国社会的根本改造。观念变革是新文化运动的主题，是近代以来中国文化教育变革的进一步深化。

① 鲁迅：《我们现在怎样做父亲》，见《鲁迅全集》第一卷，人民文学出版社 2005 年版，第 141 页。

“十月革命”以后的新观念已不只限于西方资本主义文明，还应包括“第三新文明”——俄罗斯文明。在李大钊看来，这一文明不同于西方资本主义文明，是“庶民的胜利”，是属于庶民的社会主义文明，强调无产阶级只有行动起来，才能改变自己受压迫、受剥削的悲惨命运。当时中国资产阶级和帝国主义以及军阀主义的猖狂，表明中国不可能走资本主义现代化道路，而只能通过暴力的“国民革命”去夺取政权，求得民族解放和国家独立，走社会主义的现代化道路。经济基础的变革必将带来幼儿教育思想的变革。

其二，教育本质与功能的科学探索。教育的本质是什么？有什么功能？这是近代以来许多教育家无法回避的重要理论问题。但遗憾的是，在马克思主义传入中国之前，许多人或歪曲教育的本质属性，或夸大教育的社会功能，没有人能给予科学的回答。马克思主义传入中国之后，依据唯物主义原理，李大钊认为，教育无非是经济基础之上的精神构造，它的性质是由一定社会的经济基础以及相应的政治结构所决定的。“一切社会上政治的、法制的、伦理的、哲学的，简单说，凡是精神上的构造，都是随着经济的构造变化而变化。”① 同时，教育也并非经济的被动适应物。概言之，马克思主义者认为，教育不能离开政治和经济而独立存在，是社会发展的重要工具；但教育绝非万能，应反对教育万能论和教育独立论。马克思主义者对教育本质的科学探讨，为认识幼儿教育的地位和价值带来了新的视角，同时，幼儿教育思想的丰富又加深了无产阶级对教育本质的探讨。

其三，个性与群性相统一的理想人生观。追求个性独立是激进主义者的共同主张，但个性独立总与社群进化结合在一起。李

① 《李大钊全集》编委会编：《李大钊全集》第三卷，河北教育出版社1999年版，第242页。

大钊、陈独秀等人先后转变为马克思主义者之后，均十分注意探讨个性与群性相结合的理想人生观。李大钊说：

> 个人是群合的原素，社会是众异的组织。真实的自由，不是扫除一切的关系……真实的秩序，不是压服一切个性的活动，是包蓄种种不同的机会使其中的各个份子可以自由选择的安排；不是死的状态，是活的机体。①

马克思主义者强调要把个性与群性结合起来，使受教育者在德、智、体几方面都得到生动活泼的主动发展。因此，他们在幼儿教育上高度强调培养全面发展的幼儿。

早期无产阶级对幼儿教育的探讨以建立共产主义社会为目标，实现儿童教育的公养公育。恽代英是我国儿童公育最早的倡导者之一，并且是倡导儿童公育的主将。他坚持唯物史观，从整个人类社会的发展来看待儿童公育，"人类的生活，一天天向越是分工越需要互助的方面走"②。社会的分工越来越细，就越来越需要社会的合作，这是一种不以人的意志为转移的历史趋势。未来社会的发展趋势决定了儿童公育将是不可避免的，它关系到整个人类的前途和命运。恽代英重视家庭教育，视家庭教育为人生发展的基石和学校教育的根基，"在受胎襁褓以及成童，家庭教育实为惟一主要之教育，至儿童满学龄，受学校教育以后，家庭教育为学校教育之补助教育"③。他主张实施德、智、体"三育并举"全面发展的教育，并强调游戏在家庭教育中的重要作用。他强调"儿童之德育，以有善良可资模仿之模范为最要"④，智育为重点，体育为基石，"身体之活动，每与脑筋之活动有关。故资

---

① 《李大钊全集》编委会编：《李大钊全集》第三卷，第579页。

② 恽代英：《恽代英全集》第四卷，人民出版社2014年版，第279页。

③ 恽代英：《恽代英全集》第一卷，人民出版社2014年版，第75页。

④ 恽代英：《恽代英全集》第一卷，第76—77页。

质钝拙者，人亦多不活动。而天分高明者，则多腾跃不羁"①。

观念变革为幼儿教育思想多元化探究提供了持久的动力。此时的幼儿教育思想既继承了中国传统幼儿教育思想的精华，如尊重儿童天性、注重早期教育的价值；又更新了传统幼儿教育理念，突出用科学的方法研究幼儿教育的思想，使得幼儿教育思想增添了许多现代因子。

4. "以儿童为中心"与中国幼儿教育思想中国化的探索

观念的变革促进了思想解放和社会进步，也为幼儿教育思想深入发展创造了条件。以杜威为代表的"儿童中心"思潮正是在这种历史际遇中传入中国并很快形成高潮，对中国幼儿教育实践与理论发展产生了十分深刻的影响。

"以儿童为中心"的教育思想是19世纪末20世纪初在美国兴起，以实用主义哲学和机能心理学为基础的教育思想，其代表人物有杜威（J. Dewey）、克伯屈（W. H. Kilpatrick）等。杜威一反传统教育对儿童个性心理的忽视，特别注重儿童的本能以及兴趣和需要。他认为，儿童天然具有玩要、探究、创造和表现等本能，教育的一切措施都要围绕儿童来实施。杜威"儿童中心论"否定了传统教育的书本中心、课堂中心和教师中心，使儿童的人格和心理均得到极大的尊重。他们不再是"小大人"，而是有着活泼天性的独立个体，有自己的需要、兴趣和心理特点。

"以儿童为中心"的教育思想契合了当时中国教育改革的需要，为近代幼儿教育的改革提供了强大的思想武器。杜威来华不久的1919年10月，第五次全国教育会联合会决案《请废止教育宗旨宣布教育本义案》，明确表示要以杜威的"儿童中心论"为

① 中央档案馆等编：《恽代英日记》，中共中央党校出版社1981年版，第476页。

理论基础，强调：

> 新教育之真义，非止改革教育宗旨，废止军国主义之谓。若改革现时部颁宗旨为别一种宗旨，废止军国主义为别一种主义，仍是应如何教人之问题，非人应如何教之问题也。从前教育只知研究应如何教人，不知研究人应如何教；今后之教育应觉悟人应如何教，所谓儿童本位教育是也。①

1922 年，胡适借参与起草“新学制”标准和学制草案之机，将“适应社会进化之需要”“发扬平民教育精神”“谋个性发展”“注重生活教育”等内容列为学制标准，充分体现了“以儿童为中心”的教育思想对中国“新学制”的内在影响。

1923 年，政府公布的《新学制课程标准纲要》及围绕新课程所编写的各种教材、读物都强调以儿童为中心，采用选课制，注重教育与社会生活的联系。在教学法方面，脱胎于杜威“做中学”的设计教学法、道尔顿制相继传入中国，经当时全国教育会联合会的极力推广，打破了传统的学科界限，以儿童为中心重组课程结构、更新教学内容、改变教学方式，突出学生的自主独立性，在全国教育界产生了很大的影响。

“以儿童为中心”的教育思想对中国幼儿教育理论发展产生了深刻的影响，引起了越来越多的学者对儿童的关注。20 世纪 20 至 30 年代，幼儿教育研究机构如雨后春笋般涌现出来，不仅北京女子高等师范学校和北京大学设立了专门研究幼儿教育的社团，中华教育改进社、江苏省教育会也在其下分设了幼儿教育研究组或分会。1927 年后，南京和北平等城市先后设立了“幼稚教育研究会”，其后所创设的“中华慈幼协会”“中华儿童教育社”

---

① 璩鑫圭、唐良炎编：《中国近代教育史资料汇编》（学制演变），第 860 页。

“战时儿童保育会”等均为儿童教育研究的深入或拓展做出了贡献。同时，国内学术界开始对儿童学、儿童心理学、幼儿教育学、婴幼儿保育与护理等专业学识日益重视，不仅相关译介逐渐增多，而且专题论文或专著也陆续面世。幼儿教育不仅研究队伍壮大，而且学术水平逐步提高。

可见，“以儿童为中心”的教育思想直接渗透到当时的教育宗旨、学制、课程、教法诸领域，其实际影响是不可低估的。更为关键的是，以陶行知、陈鹤琴、张宗麟、张雪门为代表的幼儿教育家，致力于“以儿童为中心”教育思想的理论改造，以饱满的热情投入幼儿教育理论的中国化探索之中，在推进幼儿教育思想的传承与创新方面，做出了不同程度的贡献。

新文化运动期间，陶行知不仅参与邀请杜威来华讲学，担任部分翻译，而且撰文立说，宣传杜威的民主主义教育学说，并以此批判脱离实际的中国“老八股”“新八股”教育。陶行知本人还通过南京晓庄师范学校、燕子矶幼稚园、山海工学团、育才学校等生活教育实践，发现杜威的教育思想越来越不能满足当时幼儿教育的需求，并不时提出相应的批评和改造建议。在他看来，杜威的“经验论”对反对僵化的传统教育确有其独特价值，但又明显缺乏大众意识，与广大民众的切身“经验”没有直接关联。至于杜威的“教育即生活”“学校即社会”“做中学”，陶行知更是通过自己长期的中国化实践，把它改造成“生活即教育”“社会即学校”“教学做合一”，并把这一新“生活教育”理论与国难教育及整个中华民族的解放事业联系起来，从而使中国幼儿教育思想获得了新的时代意义。不难发现，陶行知的“生活即教育”“社会即学校”与杜威的“教育即生活”“学校即社会”不只是词序上的简单颠倒，而是根本性质和方向的改变。它不仅超越了杜威的狭隘经验主义，扩大了生活场景和教育视界，而且把为少数资产阶级服务的教育成功地改造为人民大众自己的教育，使之具备了反帝反封建的时代精神，成为新民主主义教育的有机组成部分。

陈鹤琴也深受杜威实用主义教育思想的影响。他自称：

> 实际上，“活教育”并不是一项新的发明，它的理论曾被世界上不同的教育界权威创导过。当作者从1914年到1919年在美国接受教育时，最知名的教育家之一杜威博士所提倡的美国进步教育，对形成中国的活教育运动起了相当的影响。①

陈鹤琴指出，“那些具世界性的教材和教法，也可以采用”，但他又特别强调学习西方教育应“总以不违反国情为惟一的条件”②。也就是说，对待先进的世界教育经验应该秉持开放接纳的态度，但一定要坚持结合国情进行中国化实验与再创造。为了创造中国化的新教育理论与方法，陈鹤琴确实付出了一生的努力和心血。他把教育研究落实到系统的观察实验层面，通过对长子陈一鸣长达808天的追踪观察和实验，取得了大量的第一手资料，并以此为依据与西方最新儿童学成就进行有机融通，大力批判当时传统、陈旧的儿童观，先后出版完成《儿童心理之研究》《家庭教育》两部划时代著作，为中国现代儿童心理和家庭教育开辟了一片新天地。之后，陈鹤琴又酝酿并实行了新的教育研究计划，开始了中国化幼儿园的执着求索。虽然南京鼓楼幼稚园实验进展一波三折，但是这一持久的教育实验克服了中国早期幼儿园的外国化痼疾，摸索出一套适合中国国情的幼儿园教育新路，并从理论高度总结出中国化幼儿园教育宣言书——《我们的主张》。其后，陈鹤琴先后在南京、上海和江

---

① 陈秀云、陈一飞编：《陈鹤琴全集》第六卷，江苏教育出版社2008年版，第239页。

② 陈秀云、陈一飞编：《陈鹤琴全集》第二卷，江苏教育出版社2008年版，第76页。

西等地继续开展各种形式的教育实验。1940年以后，陈鹤琴把长期探索的“新教育”上升为“活教育”，并最终形成了包括目的论、课程论、方法论等有机联系的“活教育”理论体系。这一理论体系固然受益于杜威的教育思想，但他所提出的“做人，做中国人，做现代中国人”“大自然、大社会是知识的主要源泉”“做中学，做中教，做中求进步”等理论，[①] 绝非杜威教育理论的简单照搬，而是植根于国情民性与自觉实践基础上的理论再创造，是“和杜威一样的在创造理论，也创造方法”[②]。

“以儿童为中心”虽是现代西方教育的逻辑起点，传入中国后，引起了中国教育的巨大变革，成为指导中国近现代幼儿教育发展的理论基石。实质上，“以儿童为中心”的观念与中国传统幼儿教育重视儿童的主张是一脉相承的。一批幼儿教育家从中国国情出发，继承传统幼儿教育思想的精华，汲取西方幼儿教育思想的科学内容，以科学的方法丰富和发展了中国幼儿教育思想，使其焕发新的生命力，以适应现代社会和国家的需要。这是中国幼儿教育思想初步成熟的重要标志。

四、 方法与原则

本课题研究以马克思主义的历史唯物主义观点为指导，充分体现中国幼儿教育思想研究的专史特点，突出幼儿教育思想传承与创新的主线，探求我国幼儿教育思想对我国幼儿教育实践所产生的影响和贡献，揭櫫幼儿教育思想的发展与幼儿教育实践的发展的互动关系，研究幼儿教育思想的宝贵遗产，总结我国幼儿教育思想的宝贵经验，汲取精华，为当前幼儿教育改革提供丰富的养料。

---

① 陈秀云、陈一飞编：《陈鹤琴全集》第六卷，第243—244页。

② 陈秀云、陈一飞编：《陈鹤琴全集》第四卷，江苏教育出版社2008年版，第270页。

（一）横纵相连

本研究通过把握中国幼儿教育思想横向、纵向脉络来具体展开。中国幼儿教育思想是中国幼儿教育史的重要组成部分，其研究内容主要是对自古以来的中国幼儿教育思想的发展脉络及其变迁规律的探讨。这就决定了本研究的方法，即重视幼儿教育思想纵向性的变迁脉络及发展规律的研究，也强调与幼儿教育有关的横向性的文化、课程、方法等诸多方面的综合性研究。研究者应该学习教育史相关知识，形成相应的知识背景，了解中国教育发展的阶段与脉络。研究者还应了解我国当前与幼儿教育相关的政策、幼儿园中的课程设置等等，将当前的幼儿教育与古代、近代的幼儿教育进行对比研究，发现其中的历史规律。

（二）古今相通

历史发展具有规律性。通过对历史的探索与学习，我们不难发现我们在当今社会面临的很多幼儿教育问题，前人同样也经历过。前人通过总结自己的实践经验并上升到理论层面，得出有关问题的解决方法。虽然不能说前人对于这些问题所探索出的经验全都适用于当今幼儿教育事业，但是他们的思想对我们一定有启发和借鉴意义。例如，陈鹤琴提出的幼儿园“五指课程”，至今都对幼儿园的课程设置起着指导作用。所以说，前人的幼儿教育思想对我们当前幼儿教育事业的发展同样可以起到指导作用。本研究注重古今通融。

（三）中西交融

本研究将西方先进的幼儿教育思想与中国的幼儿教育思想、国家发展的具体实情相结合。中国幼儿教育思想的产生有着深厚的历史，早在《周礼》《礼记》中就蕴含着丰富的幼儿教育思想。中国幼儿教育思想的内涵非常丰富，如教学方法和原则的科学性、童蒙教材形式和内容的多样性等等。我们应善于挖掘和整理中国传统幼儿教育思想的丰富内涵。近代开始，中国开始引入国外先进的幼儿教育思想和幼儿公共教育机构。蒙台梭利、福禄贝尔、杜威等西方教育家的思想传入中国后，对中国幼儿教育思想产生了重大的影响，同时对中国幼儿教育的改革也起到了重要的推进作用，使得中国的幼儿教育开始走向近代化。当然，对待中西方的幼儿教育思想，我们不能偏执一方。过分强调中国传统幼儿教育思想而忽视西方幼儿教育思想的科学性，会使我们的脚步停滞不前；过分强调西方幼儿教育思想而忽视中国的具体实情，则会造成食而不化的情况，不利于中国幼儿教育的发展。因此，我们一方面应该善于发现中国幼儿教育思想中的闪光点和有价值的部分，取其精华，去其糟粕；另一方面，应该结合中国的具体实情，学习和引进西方幼儿教育思想，推动中国幼儿教育事业的发展，形成中西交融的新局面。

（四）知行结合

幼儿教育思想来源于幼儿教育实践，并且对幼儿教育实践起到指导作用。教育思想是对教育实践能动的认识。辩证唯物主义的认识论揭示了认识与实践的关系：认识来源于实践，又反过来作用于实践、指导实践，构成了“实践—认识—实践”的过程。所以，幼儿教育思想是历史形成的，产生于社会变革和幼儿教育实践中，同时又在实践中不断地被检验、发展、完善，最终指导着幼儿教育实践。教育思想可以是一家的思想，可以是一个流派的思想，也可以是一个阶段出现的教育思潮等。但是，不论教育思想以哪种形态、哪种方式表现出来，都是对当时社会现实的反映或是对实践经验的总结，与当时所处的时代背景密不可分，因此具有时代性与实证性。所以在研究中国幼儿教育思想传承与创新这个课题时，研究者将结合当时的时代背景与幼儿教育的实践，避免就思想论思想，努力做到将思想与实践结合起来。

第一章　中国传统幼儿教育思想的奠基

人类社会的初步形成，距今约有 200 万年的历史。在经历了原始人群时期和氏族公社时期之后，中国开始进入夏、商、周的文明殿堂。至周平王东迁洛邑，中国进入战乱纷争的春秋战国时期。在这个漫长的历史过程中，中国社会的文明程度不断提高。尤其在春秋战国时期，由于“礼乐崩坏”，文化下移，思想一统的坚冰开始融解，加之社会经济的发展和士阶层的形成，最终使得文化教育的发展达到极盛状态。思想文化领域的“百家争鸣”，不仅活跃和繁荣了社会文化，而且为中国传统幼儿教育夯实了基石。

第一节　传统幼儿教育思想的萌发

中华民族自古就是一个注重教育的民族。在漫长的历史岁月里，先人们以不懈的精神躬耕于教育实践，创造了灿烂的文化教育成果。胡适曾言：

> 我的一个朋友对我说过一句很深刻的话：“你要看一个国家的文明，只消考察三件事：第一，看他们怎样待小孩子；第二，看他们怎样待女人；第三，看他们怎样利用闲暇的时间。”①

---

① 胡适：《慈幼的问题》，见欧阳哲生编：《胡适文集》第 4 册，北京大学出版社 1998 年版，第 643 页。

中国古代重视幼儿教育的历史传统，足以证实中华民族享有的文明声誉名副其实。在中国幼儿教育的优良传统中，最足以称道的莫过于慈幼恤孤观念、优生胎教思想和家庭蒙养理念等思想硕果。这些思想直接推动了中华文明的发展，构成了中华传统文化的源头。

一、 慈幼恤孤观念的产生

慈幼恤孤观念是中国古代幼儿教育思想的特定的组成部分，体现了中国古代人们对处于弱势地位幼儿的救助和保护。作为中国传统幼儿教育思想的重要内容，慈幼恤孤观念有一个萌生和发展的过程，在春秋战国时期显得更加清晰明朗。慈幼恤孤观念对中华民族的教育发展产生了重要影响，甚至远古学校的起源都与它有关联。

（一） 慈幼恤孤观念的思想基础

慈幼恤孤，简而言之即对婴幼儿的慈爱、保护和救助。这种传统并非空中楼阁，而是建立在多种思想基础之上的。考察慈幼恤孤观念的产生与发展，必率先探寻起着驱动作用的思想渊源。

其一，慈幼恤孤是保证人类生物种系的本能手段和承传民族文化价值的自觉行为。由于落后经济所产生的微薄收入不能承担过多人口的生存，守旧的思想观念对于男女婴幼儿区别对待，加之人类社会早期混乱的两性关系和婚配制度导致新生儿发育不全、痴呆、聋哑等问题，故而弃婴、溺婴现象在人类社会早期已然司空见惯。然而，动物都有保护和延续自身生物种系的本能，这种本能随动物发展水平的高低而有强弱的不同，“主要表现在繁衍、养育和爱抚后代，保护自己的子女不受侵害”①。所以，从

① 杜成宪、王伦信：《中国幼儿教育史》，上海教育出版社 1998 年版，第 10 页。

这个意义上看，自人类社会产生之初，慈幼恤孤观念就自然而然地存在于父母与长辈的头脑之中了。

人类终究不同于普通动物，除了以维系种系为目的的本能外，更重要的驱动力是对保护和发展人类文化价值的自觉。人类在长期的发展过程中，积累、创造了大量的生活经验和文化。当他们意识到衰老和死亡是不可抗拒的自然规律之后，就有意识地将人类群体继承和创造的文化知识、生活经验、生产手段和技术，以及那些维系社会群体运转秩序的伦理道德观念、行为准则，传授给下一代。倘若因新一代的夭折而导致文化的承传出现断层，必然引起整个族群的紧张。从这个角度看，慈幼恤孤观念并非局限于个人，保护和慈爱下一代成为全体社会成员的整体意识和共同责任。慈幼恤孤，成为文明社会文化价值传承的推动力和延续社会文明的重要条件。

其二，先秦民本思想、儒家的仁德忠孝思想以及墨家的兼爱思想是慈幼恤孤观念发展演变的内在动力。早在奴隶社会时期，统治者就已经意识到广大民众对政权的巩固、经济与社会的发展起着举足轻重的作用，由是关心民众疾苦、赈济贫困阶层，无力抚养子女的家庭因而得到了政府的救济。以“仁”为思想核心的儒家学说在春秋战国时期被称为“显学”。孔子毕生提倡仁者爱人，主张人与人之间应该相爱，相互尊重，大人爱护孩子，小辈尊敬长辈。墨子提出“兼相爱”的主张，要求人人相爱，不分贵贱、贫富、等级，不加区别地去爱身边的人，体现出一种博爱的意味。兼爱虽然无阶级之分，但同样要求从亲人开始，关心与爱护别人。以上观点与学说成为中国传统慈幼恤孤观念萌生和发展的土壤，促进了我国传统幼儿教育思想的形成和丰富。

（二）慈幼恤孤观念的萌生与发展

早在先秦，人们已经意识到爱护婴幼儿的重要性。不仅慈幼恤孤观念在社会中逐渐萌生和发展，甚至部分统治者已经开始采取慈幼恤孤的政策。

原始社会时期，由于人类征服自然的能力极低，食物的获取十分有限，故而幼儿难以得到周全的照顾，死亡率较高。据考古证明，幼儿、少儿的死亡率远高于原始人群中其他年龄阶段的个体。

> 人类学家对三十八个北京人个体研究结果得知，死亡于十四岁以下的十五人，三十岁以下的三人，四十至五十岁之间的三人，五十至六十岁之间的仅有一人，其余十六人死亡的年龄不能确定（大部分是成年）。①

为数不少的儿童过早夭折，在很大程度上表明其时成人对儿童照顾较差的事实。随着社会物质生产的进步，人们爱护老幼的意识也日渐增强，至母系氏族社会和父系氏族社会时期，社会普遍具备了慈幼恤孤观念。据考古资料反映，在距今6000多年前的西安半坡村发掘出的仰韶文化遗址中，人们对于夭折的儿童采用“罐葬”的特殊仪式，即将早夭孩子的遗体装在陶罐之中，埋葬在居室近旁，而不是较远的公共墓地。其时，陶器制作并非寻常之事，需要耗费大量的人力和物力。采用成本如此之大的方式埋葬儿童，无疑体现了对于儿童的重视。同时，将孩子埋葬在住所附近更体现父母与子女之间的一种特殊的感情。在此后的父系氏族公社遗址中，仍有儿童厚葬的风俗存在。氏族公社时期，人们对夭折的孩子尚有着如此难以割舍的感情，对在世儿童的呵护自然更胜一筹了。慈幼恤孤观念的萌生，通过《礼记·礼运》中描绘的“大同”图景便可见一斑：

> 大道之行也，天下为公，选贤与能，讲信修睦。故

① 宋兆麟、黎家芳、杜耀西：《中国原始社会史》，文物出版社1983年版，第32页。

人不独亲其亲，不独子其子，使老有所终，壮有所用，幼有所长，矜寡孤独废疾者皆有所养。①

通过将他人子女同自己子女一样对待，达到“幼有所长”的社会目标，此种说法虽掺杂了儒家学者一定的理想和想象，但可以折射出氏族公社制度下的一些实际状况。保护与抚养儿童成为氏族成员的共同职责，保证下一代的健康成长成为氏族成员的共同意识和责任。这是中国早期慈幼恤孤观念的主要内容。

至夏、商、周及春秋战国时期，伴随社会的发展，慈幼恤孤观念不断深化和拓展。不仅多位思想家大力倡导重视幼儿的爱护与抚育，统治者也颁布了一些有关慈幼恤孤的法令。慈幼恤孤观念已然发展为中国传统幼儿教育思想的重要部分。

首先，从慈幼来看，已有多处文字反映这一时期对弱势幼儿提供了特殊保护。《周礼·秋官司寇·司刺》中说的“一赦曰幼弱”②，即赦免年纪幼小的犯罪儿童。《周礼·地官司徒·大司徒》更明确规定：“以保息六，养万民：一曰慈幼，二曰养老，三曰振穷，四曰恤贫，五曰宽疾，六曰安富。”③ 将“慈幼”放在了利国安民的首要位置。春秋战国时期，战争对儿童的成长不利，但是诸侯列国极为重视慈幼工作，制定了很多具体爱护幼儿的政令。例如，公元前 651 年，齐桓公发起“葵丘会盟”，诸侯盟誓的第三条即“敬老慈幼，无忘宾旅”④。史籍对齐国和越国出台的慈幼政策记载较为详细。以齐国为例，《管子·入国》中记载：

入国四旬，五行九惠之教：一曰老老，二曰慈幼，三曰恤孤，四曰养疾，五曰合独，六曰问疾，七曰通

① 阮元校刻：《十三经注疏》，中华书局 1980 年版，第 1414 页。

② 阮元校刻：《十三经注疏》，第 880 页。

③ 阮元校刻：《十三经注疏》，第 706 页。

④ 杨伯峻译注：《孟子译注》，中华书局 2005 年版，第 287 页。

穷，八曰振困，九曰接绝。……所谓慈幼者，凡国都皆有掌幼，士民有子，子有幼弱不胜养为累者，有三幼者无妇征，四幼者尽家无征，五幼又予之葆。受二人之食，能事而后止。此之谓慈幼。①

也就是说，齐国主张在国都设掌幼官，扶助受幼弱子女拖累的家庭，有三个幼儿的母亲可免征赋税徭役，有四个幼儿的全家免征赋税，有五个幼儿的还派遣保姆，供给二人口粮，直到幼儿生活自理方止。

无独有偶，越国也有类似政策。《国语·越语上》记载：

将免者以告，公令医守之。生丈夫，二壶酒，一犬；生女子，二壶酒，一豚。生三人，公与之母；生二人，公与之饩。②

政府派医生帮助产妇分娩。若生了男孩，奖励两壶酒和一条狗；若生了女孩，奖励两壶酒和一头猪。百姓生二子者由国家赏赐财物，生三子者为之雇请乳母。可见，慈幼观念受到了相当重视，成为治理国家的重要举措。此外，春秋战国时期的思想家、教育家同样关注幼儿的成长。孔子曾言："老者安之，朋友信之，少者怀之。"③ 孔子表达对幼儿的爱惜与安抚之意。孟子也宣扬："老吾老，以及人之老；幼吾幼，以及人之幼。天下可运于掌。"④ 这种关怀自家孩子的同时也关心他人的孩子的思想成为中国幼儿教育思想的重要内容。

---

① 黎翔凤撰，梁运华整理：《管子校注》，中华书局 2004 年版，第 1033—1034 页。

② 上海师范大学古籍整理研究所校点：《国语》，上海古籍出版社 1988 年版，第635 页。

③ 杨伯峻译注：《论语译注》，中华书局 1980 年版，第 52 页。

④ 杨伯峻译注：《孟子译注》，第 16 页。

其次，就恤孤来看，官方同样出台了保障孤儿生存的相关规定和鼓励领养孤儿的政策。《礼记·王制》记载：

> 少而无父者谓之孤，老而无子者谓之独，老而无妻者谓之矜，老而无夫者谓之寡。此四者，天民之穷而无告者也，皆有常饩。①

同样以齐国为例，《管子·入国》中记载：

> 所谓恤孤者，凡国都皆有掌孤。士人死，子孤幼，无父母，所养不能自生者，属之其乡党知识故人。养一孤者，一子无征；养二孤者，二子无征；养三孤者，尽家无征。掌孤数行问之，必知其食饮饥寒，身之腈胜，而哀怜之。此之谓恤孤。②

也就是说，在国都中设有掌管孤儿的专职官，对于因父母去世而无人供养、无法生存的孤儿，国家委托其邻居或其父母的熟人、朋友供养。供养一名孤儿者，一个儿子可免征赋税；供养两个孤儿者，两个儿子可免征赋税；供养三个孤儿者，全家皆免税。掌孤官还要时常问候，了解孤儿的饮食饥寒和身体强弱。

越国也有恤孤的相关规定："越国之中，疾者吾问之，死者吾葬之，老其老，慈其幼，长其孤，问其病，求以报吴。"③《国语·越语上》再次明确指出："令孤子、寡妇、疾疹、贫病者，纳宦其子。"④ 对于孤老、寡妇和贫病交加的人家，其儿女由政府收养。

综上所述，从母系氏族社会一直到春秋战国时期，关心、爱护幼儿和孤儿成为社会的共同认识，慈幼恤孤观念萌生并获得一

---

① 阮元校刻：《十三经注疏》，第 1347 页。

② 黎翔凤撰，梁运华整理：《管子校注》，第 1034 页。

③ 上海师范大学古籍整理研究所校点：《国语》，第 620 页。

④ 上海师范大学古籍整理研究所校点：《国语》，第 635 页。

定的发展。此后，历朝历代均有慈幼恤孤的举措，全社会对幼儿教育问题的关注度也渐次提高。这些重要的举措直接促进了幼儿教育思想的发展，为传统幼儿教育思想的体系化奠定了坚实基础。

（三）早期学校的慈幼恤孤性质

我国学校产生较早，初具学校雏形的机构被称为“庠”，出现于原始社会后期的虞舜时代。据史料记载，“庠”是养老藏米的场所。早期学校与幼儿教育密切相关，甚至具备慈幼恤孤的职能。

随着人类社会生产力的逐渐提高，剩余产品增多。氏族中的老人不再需要外出参加集体劳动，转而聚集于藏米之所，做些力所能及之事。当青壮年外出劳作之时，作为氏族中的另一弱势群体，婴幼儿往往被托付给老人看管。于是，老人自然将自己丰富的人生经验传授给年幼一代。这样，养老的场所即具备了教育的功能，“庠”逐渐发展为我国早期的学校机构。需要指出的是，这种学校还很原始，其功能也是多种多样的，兼具储物、养老、行礼、教育、议事、娱乐休闲等。作为一种教育机构，它的教育内容十分有限，教育手段也相对简单，尤其是随着幼儿年龄的增长，这种教育更多地通过生产劳动来进行。但不可否认，中国早期学校的产生与社会中萌生的慈幼观念直接相关，甚至影响了中华民族数千年的尊老爱幼传统。

二、优生胎教思想的丰富

伴随着人类社会的不断进步，改善胎儿素质日益受到人们的重视，中国古代的优生胎教思想得以产生。尽管其时的优生胎教思想并未形成一门独立学科，也缺乏科学的论述，甚至还有不少迷信色彩，但是在许多政治、文学、教育和医学典籍中均有相关论述，其中不乏今日可资借鉴之处。

（一）婚配形态的历史演变

优生胎教的思想基础，可溯源至中国古代重视本源、注重起始的观念。正所谓“正本清源”，事物的起始状况确实会影响甚至在某种程度上决定最终结果的好坏。将此原理推及教育，无疑可将幼儿教育作为人生教育之始。然而，古人的智慧远高于此，他们已经将影响个人发展的起点向前推至早教、胎教及父母的婚配。近代人类学家摩尔（Moore）研究认为，人类婚姻形态走过了杂乱群婚、血缘群婚、氏族外婚、对偶婚和一夫一妻制婚姻的过程。我国的婚姻形态同样大致遵循此历史演变的规律。从这种婚姻状况，我们可清楚体察优生意识的进步轨迹。

在人类产生以后的早期阶段，两性关系较为混乱，“不仅兄弟与姊妹相互婚配，上下辈之间也没有婚配的限制”①，男女皆可与众多异性保持两性关系。这种不受辈分和血缘限制的两性杂婚被称之为“杂乱群婚”。随着社会的不断发展，人们逐渐意识到不同年龄阶段的男女在生理上差异悬殊，加上毫无限制的婚配导致后代较差的身体状况，于是逐渐排除了上下辈之间的婚配，而仅仅允许同辈之间结成两性关系。这种族内婚的方式被称为“血缘群婚”。就我国来看，北京人和山顶洞人在身体结构和劳动技能上的变化，即表明了从“杂乱群婚”到“血缘群婚”的进步。历史发展至母系氏族社会后，“血缘群婚”为后代带来的发育不全、痴呆聋哑和过早夭折等问题逐渐引起了人们的注意。当发现与外族通婚的女子生育出身体强壮、智力发达的孩子，人们渐渐认识到族外婚配的优越性。有鉴于此，人们便约定俗成地限制有

---

① 廖其发主编：《中国幼儿教育史》，山西教育出版社 2006 年版，第 5 页。

血缘关系的家族内部通婚，提倡不同血缘集团之间的婚配。这种“氏族外婚”的婚配形态通行于母系氏族社会晚期。在母系氏族向父系氏族过渡的社会阶段，不许通婚的类别越来越多，表面看来是婚配选择的范围变小，实际上代表对随性婚配习惯的摒弃。此时开始出现“对偶婚”，即男子与一名女子结成较为稳定的婚配关系，为一男一女婚配制奠定了基础。原始社会晚期，由于生产劳动的需要，男性在社会群体中的地位进一步加强，历史开始走进父系社会。与此社会背景相对应的婚配形态为“一夫一妻制”，丈夫具有在夫妻关系中的统治地位，妻子较少有自由的权力。这种婚配关系的稳定性更强，不仅利于家庭的形成与稳定，更利于幼儿的身心发展与成长。

不难发现，人类婚配形态的演变历史始终围绕生育优良的后代这一核心展开，优生与婚配的关系已然得到人们的充分认可。这种优化婚配关系的认识随着社会的不断发展日益丰富，婚配选择除了考虑血缘，还包括双方身体状况、道德品质和家族声誉等。

（二）优生意识的增强

人类婚姻观念的成熟往往与优生意识的增强息息相关。中国古代社会向来视生育子嗣为传宗接代的大事，在殷墟甲骨文、金文和秦简中常有重视子嗣的文字记录。《礼记·昏义》中指出：“昏礼者，将合二姓之好，上以事宗庙，而下以继后世也，故君子重之。”① 这表明，繁衍后代、延续家族血脉的功能被人们置于婚姻关系的中心地位，崇尚生育的观念在大众意识中根深蒂固。需要指出的是，中国古代崇尚生育的观念中包含了诸多颇具进步意义的优生意识，譬如“同姓不婚”“慎重婚礼”和“提倡晚婚”等。

---

① 阮元校刻：《十三经注疏》，第1680页。

早在夏、商、周时期，“同姓不婚”意识已大致形成。彼时姓氏制度初步建立，同姓男女存在很近的血缘关系。同姓婚配之后所生子女出现的发育不良、畸形残疾现象逐渐引起人们的注意。人们开始排斥同姓通婚。宋人郑樵在《通志·氏族略序》中指出：

> 三代之前，姓氏分而为二，男子称氏，妇人称姓……姓所以别婚姻，故有同姓、异姓、庶姓之别。氏同姓不同者，婚姻可通。姓同氏不同者，婚姻不可通。①

在古人看来，同姓通婚的缺点和同姓不婚的优点显而易见。《左传·僖公二十三年》记载：“男女同姓，其生不蕃。”② 《国语·晋语四》曰：“同姓不婚，恶不殖也。”③ 这些记载明确表达同姓婚配影响后代的健康繁衍，主张同姓不婚。公孙侨也认为：“内官不及同姓，其生不殖。美先尽矣，则相生疾，君子是以恶之。”④ 即国君的姬妾不能与君同姓，否则影响后代昌盛。若娶同姓之女，必然美尽于一人，诱发疾病。相反，异姓结成的婚姻有利于后代人口质量的进步。《国语·郑语》指出：“夫和实生物，同则不继……于是乎先王聘后于异姓”⑤。社会上形成了“同姓不婚”的不成文规定。《礼记·坊记》曰：“取妻不取同姓，以厚别也。故买妾不知其姓，则卜之。”⑥ 另据《通典·同姓婚议》记载：“昔人皇之代始有夫妇之教，殷以上，婚不隔同姓。周制则不娶宗族。”⑦ 可见，“同姓不婚”的优生优育意识在殷、周时期

---

① 郑樵撰：《通志略》，上海古籍出版社 1990 年版，第 1 页。

② 杨伯峻编著：《春秋左传注》（修订本），中华书局 1990 年版，第 408 页。

③ 上海师范大学古籍整理研究所校点：《国语》，第 349 页。

④ 杨伯峻编著：《春秋左传注》（修订本），第 1220 页。

⑤ 上海师范大学古籍整理研究所校点：《国语》，第 515—516 页。

⑥ 阮元校刻：《十三经注疏》，第 1622 页。

⑦ 杜佑撰：《通典》，中华书局 1984 年影印本，第 345 页。

已经得到社会广泛认可。

优生意识中还包括慎重婚礼。古人认为，婚礼是所有礼仪中最重要的一种，如果婚礼慎重就可以男女有别，夫妇有义，进而父子有亲，君臣有正。婚礼关系着家庭的和睦和后代的成长。《礼记·昏义》记载：

> 敬慎重正，而后亲之。礼之大体，而所以成男女之别，而立夫妇之义也。男女有别，而后夫妇有义；夫妇有义，而后父子有亲；父子有亲，而后君臣有正。故曰：昏礼者礼之本也。①

婚礼严肃认真，对婚配双方均有教育和约束作用，可以帮助夫妇建立良好的夫妻关系，为未来良好的亲子关系打下基础。可见，严肃认真的婚礼是形成良好家风和家庭环境的第一步。

提倡晚婚也是古人优生意识的体现。中国古代早婚现象尤为普遍，男女仅十五六岁即可成婚生子。这种现象的成因不仅有延续香火、传宗接代的思想，还有落后的农业经济下的现实压力。然而，早婚严重影响了父母和孩子的身心健康，尤其可能致使下一代身体孱弱、发育不良，甚至早年夭折。此外，早婚还缩短了青年受教育的时间，使得青年缺乏礼仪训练、不懂为人父母之道。这些弊端最终都会凸显在后代的身上。

总而言之，古人优生观念是基于“正本慎始”的角度来考虑的。要实现优生的目标，必须从父母的婚姻开始进行约束，因为无论是从遗传还是教育来看，父母对子女的影响都是极为深远的。

（三）胎教思想的丰富

胎教特指母亲在怀孕期间，创设和利用外部环境的各种有益刺激，保持自我健康的身体和良好的心理状况，给腹中胎儿的发

---

① 阮元校刻：《十三经注疏》，第1680—1681页。

育施加良好的影响。

我国的胎教思想可谓源远流长。我国是世界上最早提出胎教的国家。中国古代尤其重视胎教，将之看作可传承后世的精神财富：

> 胎教之道，书之玉版，藏之金柜，置之宗庙，以为后世戒。①

据史料记载，早在西周时期，文王之母太任和成王之母周妃后即注意在孕期实施胎教，这被看作帮助二位君主成长为圣贤之君的重要原因。《列女传·周室三母》介绍太任之时提到：

> 大任之性，端一诚庄，惟德之行。及其有娠，目不视恶色，耳不听淫声，口不出敖言，能以胎教。溲于豕牢，而生文王。文王生而明圣，大任教之以一而识百，卒为周宗。君子谓大任为能胎教。②

贾谊《新书·胎教》也记载：

> 周妃后妊成王于身，立而不跛，坐而不差，独处不倨，虽怒不骂，胎教之谓也。③

春秋战国时期，胎教之道渐渐为民间百姓所知。据传，孟子的母亲也对孟子实行了胎教，她在怀孕时，“席不正不坐，割不正不食，胎教之也”④。随后，中医学的介入使得人们对胎教的认识与实施更加符合科学。成书于战国时期的《黄帝内经》对生命的成因、疾病的起源等做出相对科学的解释，提出“胎病”说法。例如，该书认为颠病“得之在母腹中时，其母有所大惊，气

① 贾谊撰，阎振益、钟夏校注：《新书校注》，中华书局2000年版，第390页。

② 张敬注译：《列女传今注今译》，台湾商务印书馆股份有限公司1994年版，第13页。

③ 贾谊撰，阎振益、钟夏校注：《新书校注》，第391页。

④ 韩婴撰，许维遹校释：《韩诗外传集释》，中华书局1980年版，第306页。

上而不下，精气并居，故令子发为颠疾也”①。欲避免这些“胎病”，则需要对孕妇进行指导，及时实施胎教。

古人从哪些方面来实施胎教呢?

其一，古人认为孕妇的精神状态对胎儿的健康发育有很大的关系。稳定的情绪、愉悦的精神能使孩子容貌俊俏、聪明伶俐，否则就会形貌丑恶。女子在孕期应该保持平和、轻松的情绪，节制喜怒哀乐和各种欲念，做到“笑而不喧，独处不倨，虽怒不骂”，即不大声狂笑、独处而不傲慢，即使有怒气也不任意发泄。

其二，对孕妇的日常行为进行约束，也是我国古代胎教的重要内容。古人认为，孕妇的站、坐、行、居、听、视的好坏决定胎儿的品貌智愚。《列女传》中说：

> 古者妇人妊子，寝不侧，坐不边，立不跸，不食邪味。割不正不食，席不正不坐，目不视于邪色，耳不听于淫声。夜则令瞽诵诗道正事，如此则生子形容端正，才德必过人矣。②

周妃后“立而不跛，坐而不詖”也是以约束行为来实施胎教。

其三，孕妇的饮食对胎儿发育有着直接的影响。古人尤为重视孕妇的饮食调理，要求孕妇不食邪味，“割不正不食”，即肉切得不端正不吃；对皇室孕妇则更加谨慎，“所求滋味者非正味，则太宰荷斗而不敢煎调”，严格管理孕妇的饮食。

其四，环境的清静与舒适不仅对胎儿的发育尤为重要，对孕妇养胎也很关键。古人主张给孕妇提供一个安静清幽的住处，有意识地创设助益胎儿生长发育的环境。《新书·胎教》引青史氏之《记》曰：“古者胎教之道，王后有身，七月而就蒌室，太师

---

① 《黄帝内经素问》，人民卫生出版社1956年版，第100页。

② 张敬注译：《列女传今注今译》，第13页。

持铜而御户左，太宰持斗而御户右，太卜持蓍龟而御堂下，诸官皆以其职御于门内。”① 王后在怀胎七个月后，需要搬到“蒌室”居住，从周围侍奉人员的安排来看，“蒌室”的环境必然是清净而优美的。

尽管先秦时期部分胎教认识的记载尚缺乏科学的理论依据，有的文字论述也存在绝对化和迷信化的问题，但是保持孕妇身心的最佳状态、力图给予胎儿良好的刺激等做法，对胎儿的生长发育是非常重要的，即使用之今日也甚合时宜。总而言之，先秦胎教之道还是有诸多合理之处的。

三、 家庭蒙养理念的形成

家庭是构成社会的最小细胞，是以婚姻和血缘为基础的一种社会生活组织形式。当中国历史走进奴隶社会时期，原始社会的儿童公育已经消失，家庭承担了教育儿童的任务。家庭教育一般指父母或家庭中的其他年长者，自觉地、有意识地按照一定的社会要求，通过言传身教，对子女施加一定教育影响的社会实践活动。由于古代多种条件的限制，社会无法提供专门而社会化的幼儿教育机构，故而家庭成为绝大多数幼儿接受启蒙教育的主要场所。

（一） 家庭蒙养理念的衍生与发展

氏族公社时期，社会生产力相对落后，私有制和家庭并未明确产生，幼儿教养的责任由生母和氏族全体成员承担。《礼记·礼运》所述“故人不独亲其亲，不独子其子”②，虽代表了一种“大同”社会的理想状态，却基本可以反映氏族公社时期儿童公

① 贾谊撰，阎振益、钟夏校注：《新书校注》，第 390 页。

② 阮元校刻：《十三经注疏》，第 1414 页。

育的特点。原始社会的儿童公育指在氏族公社内部，儿童享有平等地接受教养的权利，成人对于幼儿的教养也无亲疏之别。当原始社会发展至父系氏族公社时期，社会形成了一种父系大家庭。此时的儿童由“大家庭”中的成年妇女教养，稍大一点，才由生父传授生产技能和知识。随着社会生产力不断发展，剩余产品增多，私有制开始产生并持续扩大。父系氏族社会后期，大家庭逐渐演化为较小的个体家庭，自营耕地，自养牲畜。此时，教养子女的责任已经渐渐落在了父母的肩上，儿童公育被家庭蒙养体制所取代。

中国的家庭蒙养理念产生得很早，《周易·家人》指出：“家人嗃嗃，悔厉，吉。妇子嘻嘻，终吝。”① 意思是说，家里的人怨恨不满，家教过于严厉，有悔恨之心，虽然危险，但会获得吉祥。家庭管教松弛，妻子和儿女们嘻嘻哈哈，最终会有遗憾。这是中国古籍中有关家庭教育的最早记载，谨慎治家的观念对后代的家庭启蒙教育很有启发。西周时期的幼儿教育同样在家庭中实施，重视良好行为示范及常规教导。《礼记·曲礼上》指出：

> 幼子常视毋诳。童子不衣裘裳。立必正方，不倾听。长者与之提携，则两手奉长者之手。②

意思是说，成人必须为幼儿做出表率，幼童不得穿皮衣或下裳，站立时须端正并面向前方，不可倾歪侧听，长辈欲牵手时，幼儿须双手捧着长辈的手。《礼记·内则》也有关于家庭蒙养的文字记录：

> 子能食食，教以右手；能言，男唯女俞。男鞶革，女鞶丝。六年，教之数与方名。七年，男女不同席，不共食。八年，出入门户及即席饮食，必后长者，始教之

① 阮元校刻：《十三经注疏》，第 50 页。
② 阮元校刻：《十三经注疏》，第 1234 页。

> 让。九年，教之数日。十年，出就外傅。[①]

上述文字描述了西周时代的儿童在入学前接受的具备循序渐进特征的家庭教育：在儿童能自己吃饭时，教导如何使用右手；开始学说话时，教男孩回答“唯”时声音洪亮，女孩回答“俞”时声音清脆；六岁时开始教导数字与方向；七岁时教导男女有别，不同坐同吃；八岁时教导儿童在日常礼让长者；九岁时教算术和朔望六甲等数学与天文知识；十岁时，儿童离开家庭，出外拜师学习。

春秋战国时期，家庭蒙养理念进一步发展，为后世留下了许多脍炙人口的家庭教育范例。《论语》所载孔子教育儿子孔鲤学《诗》学礼的庭训，《列女传》记述孟母三迁其居、断织教子的故事，《韩非子》中记叙曾子杀猪、重视对孩子进行诚信教育的故事等，均流传甚广、影响极大。《管子·形势解》也对家庭蒙养的重要性进行了叙述：

> 为人父而不明父子之义以教其子而整齐之，则子不知为人子之道以事其父矣。故曰：父不父，子不子。[②]

家庭蒙养理念已深入一般平民家庭，指导着中国家庭教育的初步实践。

（二）家庭蒙养理念的核心聚焦

家庭蒙养指父母和长辈对幼儿实施启蒙教育，帮助其脱离蒙昧状态，获得健康身心、道德修养、人生经验、知识技能的教育活动。家庭蒙养理念的核心聚焦于“蒙以养正”。《周易·蒙》曰：“蒙以养正，圣功也。”[③] 意思是，用正道培养幼弱蒙昧之人，

---

① 阮元校刻：《十三经注疏》，第 1471 页。

② 黎翔凤撰，梁运华整理：《管子校注》，第 1180 页。

③ 阮元校刻：《十三经注疏》，第 20 页。

以成就至圣之功。

要达到“蒙以养正”的目标，需要在家庭中对幼儿实施丰富多样的启蒙教育内容。一般来说，家庭蒙养的实施内容主要包括：品德礼仪教育、生活常规教育、文化知识教育和身体保健教育等方面。就品德礼仪来说，中国古代向来重视礼仪与品德。孔子曾言：“行有余力，则以学文。”① 意思是说，品行、德行修养有余力时才可以学习文化知识，足见品德礼仪教育在古人心目中地位之高。《礼记·曲礼上》中要求儿子对父母应做到“冬温而夏凊，昏定而晨省”②，即冬天应使父母温暖不受寒，夏天应使父母凉爽而不受热，晚上为父母铺好床，早晨向父母请安。除了“孝”的教育，崇简、立志、诚信、礼让等均是蒙养教育中品德礼仪方面的内容。就生活常规来说，蒙养教育注重训练幼儿符合礼仪的姿态，比如“立必正方，不倾听”③。就文化知识来说，家庭蒙养教育需要教导幼儿一些识字、计数、辨方向等知识。就身体保健来说，古人已注意到了家庭启蒙教育中的教养结合，强调对幼儿的身体保健工作。《韩非子·外储说左上》中即有关于幼儿“过家家”游戏的描绘：“夫婴儿相与戏也，以尘为饭，以涂为羹，以木为胾”④。

家庭蒙养理念中最值得称道之处在于，它既提倡早期教育，又尊重幼儿的自主性。首先，它提倡早期教育，重视家庭蒙养。《周易》曰：

> 物生必蒙，故受之以蒙。蒙者，蒙也，物之稚也。

---

① 杨伯峻译注：《论语译注》，第5页。

② 阮元校刻：《十三经注疏》，第1233页。

③ 阮元校刻：《十三经注疏》，第1234页。

④ 陈奇猷校注：《韩非子集释》，上海人民出版社1974年版，第638页。

物稚不可不养也。①

推及人类，家庭蒙养不仅要满足幼儿生长发育的需求，更应满足他们对精神食粮的渴求。然而，处于懵懂状态的幼儿在其成长过程中正如泉水始流，无所顾忌，因此特别需要加以引导，进行早期教育，以防止误入歧途。其次，家庭蒙养尊重幼儿的自主性，善于促进幼儿主动学习。《周易·蒙》曰："匪我求童蒙，童蒙求我，志应也。"② 意思是说，在童蒙教育中，不是教育者去求童蒙，而是童蒙主动地求学。教育者要充分考虑学习者的知识储备和心理需求，尊重他们的学习愿望，发挥其积极主动的精神，师生相互尊重。孔子提出的"不愤不启，不悱不发。举一隅不以三隅反，则不复也"③ 和《礼记·学记》中"善待问者如撞钟，叩之以小者则小鸣，叩之以大者则大鸣"④ 的思想主张，均涵盖了这层意思。

总而言之，中国传统幼儿教育思想在先秦时期开始萌发，慈幼恤孤观念、优生胎教思想和家庭蒙养理念构成了传统幼儿教育思想的基本内涵。春秋战国时期，文教思想活跃，形成了"百家争鸣"的社会局面，传统幼儿教育思想得以进一步丰富和发展，其中以儒、墨、道三家为代表的幼教主张颇具特色。

第二节　儒家学派的幼教主张

春秋战国时期（前770—前221年），诸家学说纷纷创立并日渐发展壮大。由于诸家学者积极致力于宣扬自己的思想主张，社

---

① 阮元校刻：《十三经注疏》，第95页。

② 阮元校刻：《十三经注疏》，第20页。

③ 杨伯峻译注：《论语译注》，第68页。

④ 阮元校刻：《十三经注疏》，第1524页。

会上出现“百花齐放，百家争鸣”的活跃态势。诸家学说中，在中国古代幼儿教育思想史上占据重要席位者，当推儒家、墨家及道家。考察三家幼儿教育主张的异同，不仅有助于把握先秦时期幼儿教育思想的精妙，而且有利于探寻整个中国古代幼儿教育思想的发展源流。儒家学说经孔子、孟子和荀子的创立和拓展，成为其时“显学”的主要代表，其幼儿教育主张对当时及以后中国幼儿教育理论的发展产生了深远影响。

一、从“仁”到“人”

“仁”是孔子及其儒家思想的核心内容。在儒家的思想体系中，“仁”是处理各种道德关系和调整各种利益关系的根本准则，贯穿于儒家学说的整个伦理思想之中，并体现着儒家学派鲜明的本质和特点。儒家学派推崇的“仁”既涵盖个人道德修养的要求，又涉及大众和国家政治层面的利益诉求。可以说，儒家学者从“仁”发现了“人”，主张通过教育来培养“仁”的品质。

（一）以“仁”为核心

“仁”字在孔子之前已偶见于书中，《尚书·金縢》中周公自称：“予仁若考，能多材多艺，能事鬼神。”① 此后，“仁”又散见于经典文本中，如《礼记》中《经解》曰：“上下相亲谓之仁”②。尽管关于“仁”的文字早已有之，但将其作为一种思想体系明确地提出来的是孔子。孔子还在教育理论中第一次发现“人”。

在《论语》③ 中，孔子对“仁”的阐释甚多，共计出现百余次。《论语·颜渊》中记载：

---

① 阮元校刻：《十三经注疏》，第196页。

② 阮元校刻：《十三经注疏》，第1610页。

③ 本节以下所引《论语》，均采用杨伯峻译注：《论语译注》，中华书局1980年版。

颜渊问仁。子曰："克己复礼为仁。一日克己复礼，天下归仁焉。为仁由己，而由人乎哉？"……

仲弓问仁。子曰："出门如见大宾，使民如承大祭。己所不欲，勿施于人。在邦无怨，在家无怨。"

司马牛问仁。子曰："仁者，其言也讱。"曰："其言也讱，斯谓之仁已乎？"子曰："为之难，言之得无讱乎？"

樊迟问仁。子曰："爱人。"……

可见，针对不同场合、不同对象以及所要阐述的不同问题，孔子相应地将"仁"赋予了不同的含义。孔子所推崇的"仁"确有多层含义。

其一，"仁"是一种道德理想和精神境界，体现尊重人、体谅人、关心人的"仁爱"精神。孔子不仅向学生做出了"爱人"的回答，在现实中也践行着"仁"的精神，如马厩失火，他不问马，只关心人的伤亡情况。①

其二，"仁"体现为一种提高个人道德水准的修养方法。根据"克己复礼为仁"（《论语·颜渊》）分析，欲达到孔子提倡的最高道德原则，需要学会克制并努力修养。曾子曾将孔子的仁学思想归纳为"忠恕"之道，要做到"己所不欲，勿施于人"（《论语·颜渊》）。"仁"不仅规范了人与人相处的基本道德准则，而且将"忠恕"视为"仁"的具体运用或达至"仁"的修养方法。

其三，"仁"是孔子实现政治理想和抱负的理论载体。在"礼乐崩坏"的社会现实中，孔子主张恢复"文武周公之道"，故而儒家所推崇的"仁"，不只是为了规范人们的伦理道德行为和维系良好家庭关系的基本准则，更是治国、平天下的理论基础。

① 《论语·乡党》："厩焚。子退朝，曰：'伤人乎？'不问马。"

孟子继承了孔子"仁学"的精髓，并予以创造性的发展。孟子吸收了孔子关于将"仁"作为实现理想政治的载体这一思想，较为系统地将"仁"的伦理意义与政治意义联系起来，创立了"仁政"学说。为了推行"仁政"学说，孟子周游列国，力劝统治者实行"仁政"，放弃杀戮，以和平的方式实现政治目的。

可见，儒家强调"仁"，将它看作人之为人的本质。那么，如何达到"仁"呢？对此，儒家学者主张采用一个不断拓展的方式到达"仁"的境界，即自爱、爱亲人、爱他人、泛爱众人、爱民力、爱天地万物的过程。

第一，自爱是"仁"的逻辑起点。《荀子·子道》载：

> 颜渊入，子曰："回，知者若何？仁者若何？"颜渊对曰："知者自知，仁者自爱。"子曰："可谓明君子矣。"①

可见，孔子赞同在修养"仁爱"精神的过程中，以自爱为起点，而后不断扩展和提升。

第二，爱护亲人是修养"仁"的根本途径，"孝弟也者，其为仁之本与"（《论语·学而》）；"仁之实，事亲是也；义之实，从兄是也"②。判断"仁"与"不仁"最重要的根据，就是看一个人对待父母的态度，对父母行孝道就是仁。只有对父母孝顺、对兄长敬爱，才懂得如何爱护他人。

第三，正确处理人际关系，践行恭、宽、信、敏、惠五种品德，并奉行"忠恕"之道。凡事学会推己及人，做到"己所不欲，勿施于人"（《论语·颜渊》）。

---

① 王先谦撰，沈啸寰、王星贤点校：《荀子集解》，中华书局 1988 年版，第 533 页。

② 杨伯峻译注：《孟子译注》，第 183 页。本节以下所引《孟子》均采用杨伯峻译注：《孟子译注》，中华书局 2005 年版。

第四，“泛爱众，而亲仁”（《论语·学而》），将仁爱之心扩展至血缘之外，从此形成社会秩序的基石。

第五，为政者有仁德，行仁政，以民为本，爱惜民力。孟子指出：“当今之时，万乘之国行仁政，民之悦之，犹解倒悬也。故事半古之人，功必倍之，惟此时为然。”（《孟子·公孙丑上》）将“仁”作为执政和治理国家的重要准则。

第六，将仁推及天地万物，形成爱惜生命万物的思想。《孟子·尽心上》曰：“亲亲而仁民，仁民而爱物。”保持仁爱之心，爱惜生命，爱护万物。

总之，儒家核心价值体系将“仁”摆在了首要位置，对包括幼儿教育在内的整个中国古代教育的发展均产生了深远影响。孔子不仅从“仁”中发现了人的价值、人的地位乃至人的尊严，而且还发现了人“为仁”的主观能动性，并且通过对“仁”精神的阐发，彰显了人的价值和生命的意义，从而使“仁”成为整个中国传统教育思想的逻辑起点和核心准则。

（二）人性论及教育作用

人性问题即人的本质问题，是中国教育思想史上一个重要的理论问题，也是中国古代思想家们论述教育问题的出发点和理论基础。

儒家学者从“仁”发现“人”的过程，实际上正是他们为培养仁爱精神和实行“仁政”找寻人性基础：孔子认为“性相近也”（《论语·阳货》），孟子认为人的本性是“善”的，荀子认为人性本恶。孔子说：“仁者，人也。”[①] 孟子也说：“仁也者，人也。”（《孟子·尽心下》）在儒家学派看来，“仁”是人的本质。以孔子、孟子、荀子为代表的儒家学者正是基于人性论的认识和

① 阮元校刻：《十三经注疏》，第1629页。

考察，阐述了教育的重要作用。

孔子率先提出："性相近也，习相远也。"（《论语·阳货》）这一命题既是"有教无类"的理论基础，又是他长期从事教育工作的结晶。孔子认为人的先天素质差别很小，但教育和环境习染的不同，会造成人成长的巨大差别。基于此，孔子特别重视教育和学习的作用。他从"习相远"出发，提出"少成若天性，习贯如自然"①，重视早期教育的重要性，成为我国教育史上第一个提出早期教育理论的人。但需要指出的是，孔子把人性分为三类：为上智的"生而知之"者、为中人的"学而知之"和"困而学之"者、为下愚的"困而不学"者。他认为教育对下愚之人效果不大，"中人以上，可以语上也；中人以下，不可以语上也"（《论语·雍也》）。

孟子持性善论，指出："人无有不善，水无有不下。"（《孟子·告子上》）他进而提出，人与生俱来具有仁、义、礼、智四个善端：

> 恻隐之心，人皆有之；羞恶之心，人皆有之；恭敬之心，人皆有之；是非之心，人皆有之。（《孟子·告子上》）

此外，孟子还从认识论上提出"良知"与"良能"说：

> 人之所不学而能者，其良能也；所不虑而知者，其良知也。孩提之童无不知爱其亲者，及其长也，无不知敬其兄也。亲亲，仁也；敬长，义也；无他，达之天下也。（《孟子·尽心上》）

他将"良知"扩大到所有人身上，认为天下之人皆有良知，故而"人皆可以为尧舜"（《孟子·告子下》）。正因为"性善论"论证

---

① 班固撰，颜师古注：《汉书》，中华书局1962年版，第2248页。

了人性原本就是善的，所以，“以不忍人之心，行不忍人之政”（《孟子·公孙丑上》）就具有了可能性。在孟子这里，恻隐之心、羞恶之心、辞让之心、是非之心，就是人类教育的基石——仁、义、礼、智的萌芽和根本。在孟子看来，既然人性本善，那么教育的作用就在于存心养性，放其心，将心中固有的善端扩而充之。

荀子持性恶论。《荀子·性恶》开篇即指出：“人之性恶，其善者伪也。”要了解荀子的性恶论，必须先明白“性”和“伪”的区别。他指出：

> 凡性者，天之就也，不可学，不可事；礼义者，圣人之所生也，人之所学而能，所事而成者也。不可学、不可事而在人者谓之性，可学而能、可事而成之在人者谓之伪。是性、伪之分也。①

“性”是人的天生素质，是天赋的本能，每个人生而相同。在荀子看来，性恶的关键在于不节制自己的先天欲望，任其蔓延，进而生恶。“伪”则是教育的结果，是后天的善。同时，荀子还提出了“性伪合”的主张：

> 性者，本始材朴也；伪者，文理隆盛也。无性则伪之无所加，无伪则性不能自美。性伪合，然后圣人之名一，天下之功于是就也。②

这一主张为教育发生作用提供了可能性，于是荀子提出以“化性起伪”的教育方法来转化善与恶。“伪”的具体内涵，首先是后天个体的学习和努力。在荀子看来，人的所有知识、道德、礼义、规范均来自外部。“今人之性，固无礼义，故强学而求有之也；性不知礼义，故思虑而求知之也。”③ 学习对于所有人都不可

---

① 王先谦撰，沈啸寰、王星贤点校：《荀子集解》，第434—436页。
② 王先谦撰，沈啸寰、王星贤点校：《荀子集解》，第366页。
③ 王先谦撰，沈啸寰、王星贤点校：《荀子集解》，第439页。

或缺，是人们成人、成才的必由之路。所以，荀子尤为重学，认为教育可使人由愚转向智、由恶转向善："吾尝终日而思矣，不如须臾之所学也"①。他认为教育还可以改变人的经济和政治地位："我欲贱而贵，愚而智，贫而富，可乎？曰：其唯学乎。"②

可见，儒家思想家对人性问题的探讨，是把他们的政治思想、教育观点紧密联系在一起的。不管他们持怎样的主张，人性说是他们看待教育问题的逻辑起点。

二、"修齐治平" 与早期教育

"修齐治平"即修身、齐家、治国、平天下的简称，其完整叙述见于儒家经典著作《大学》之中。"修齐治平"学说是儒家文化的核心，集中反映了儒家的政治、经济、文化教育、伦理道德思想，具有强大而持久的生命力，对中国古代社会的发展和中华民族性格的塑造产生了深远影响。儒家学派视教育为"修齐治平"的基本手段，尤其重视早期教育。儒家学派的早教主张也深受"修齐治平"影响，"社会本位"的教育目标尤为明显。

（一）"修齐治平"的教育目标

《大学》在开篇即指出有"三纲领"之称的古代大学教育宗旨："大学之道，在明明德，在亲民，在止于至善。"大学教育的首要目标就是使学生通过学习与实践，体认人生的最高道德品质，将天生的"明德"发扬光大；蕴含一定的修身意义。修己是为了治人，所以大学教育的第二个目标是"亲民"，用自身已获得的"明德"教化人民，"化民成俗"；已属"治平"范畴。大学教育的第三个目标是"止于至善"，达到"至善"，要求"为人君

① 王先谦撰，沈啸寰、王星贤点校：《荀子集解》，第 4 页。
② 王先谦撰，沈啸寰、王星贤点校：《荀子集解》，第 125 页。

止于仁，为人臣止于敬，为人子止于孝，为人父止于慈，与国人交止于信”①。

《大学》对“修齐治平”说的详细内容也做出了具体的阐述：

> 古之欲明明德于天下者，先治其国；欲治其国者，先齐其家；欲齐其家者，先修其身；欲修其身者，先正其心；欲正其心者，先诚其意；欲诚其意者，先致其知；致知在格物。物格而后知至，知至而后意诚，意诚而后心正，心正而后身修，身修而后家齐，家齐而后国治，国治而后天下平。自天子以至于庶人，壹是皆以修身为本。其本乱而末治者否矣。②

在此“修齐治平”划分为前后相继的八个层次：格物、致知、诚意、正心、修身、齐家、治国、平天下，被称为“八条目”或八个步骤。前五条在于自我修身，后三条在于治人。儒家学派认为修己是治人的前提，欲达到齐家、治国、平天下的目的，不仅统治者需要以修身为根本，全体臣民百姓也要能明明德而修其身。“修齐治平”说将个人、家庭和国家在理论上联系起来，对维护社会的稳定具有积极作用。此后的儒家学者对“修齐治平”学说不断加以发挥，如《中庸》一书虽讲中庸之道，但旨归仍与《大学》相吻合；孟子不仅提出了“天下之本在国，国之本在家，家之本在身”（《孟子·离娄上》）等类似观点，还提出了“养心”“立命”“收放心”的修身之说，及仁政、王政等“治平”之论。③

“修齐治平”学说以修身为关键，孔子的“修身以道”、孟子

---

① 阮元校刻：《十三经注疏》，第 1673 页。

② 阮元校刻：《十三经注疏》，第 1673 页。

③ 王应常：《儒家“修齐治平”学说的古今意义》，《广西民族学院学报》（哲学社会科学版）1996 年第 4 期。

的“教以人伦”以及荀子的“劝学”，均是对修身的强调。关于儒家修身的具体方法，主要有如下几种。其一，格物致知。修身是齐家、治国、平天下之本，格物致知是修身之本。其二，诚意正心。促进自我觉醒，诚实于心，不自欺欺人。其三，贵恒贵一。《荀子·劝学》曰：“锲而不舍，金石可镂。”① 其四，亲师择友。孔子说：“三人行，必有我师焉：择其善者而从之，其不善者而改之。”（《论语·述而》）“与善人居，如入芝兰之室，久而不闻其香，即与之化矣。与不善人居，如入鲍鱼之肆，久而不闻其臭，亦与之化矣。”② 其五，反省自励。荀子说：“君子博学而日参省乎己，则知明而行无过矣。”③ 其六，躬行践履。坚持言行一致，反对言行不一。其七，自我磨炼。通过“苦其心志，劳其筋骨，饿其体肤，空乏其身，行拂乱其所为”（《孟子·告子下》），来磨炼意志。

众所周知，其时的幼儿启蒙教育主要在家庭中实施，而“修齐治平”说也提到对家庭教育的重视：“一家仁，一国兴仁；一家让，一国兴让。”④ 家庭中的“仁”和“让”即为子要孝，为弟要悌，为父要慈，如此才能达到家齐进而国治的目的。“修齐治平”说明确指出家庭教育和社会、国家的联系，也反映出古代幼儿教育与国家的长治久安息息相关。

（二）早期教育的“社会本位”

儒家学派的教育目的偏向“社会本位论”，孔子“修己以安百姓”（《论语·宪问》），以及《学记》中“君子如欲化民成俗，

---

① 王先谦撰，沈啸寰、王星贤点校：《荀子集解》，第 8 页。

② 王国轩、王秀梅译注：《孔子家语》，中华书局 2011 年版，第198 页。

③ 王先谦撰，沈啸寰、王星贤点校：《荀子集解》，第 3 页。

④ 阮元校刻：《十三经注疏》，第 1674 页。

其必由学乎”和“建国君民，教学为先”①，均与“社会本位论”相关。至于“天下大同”的社会理想，则更是“社会本位论”的集中反映。儒家学派的教育目的虽关注人本精神，但它首重的是人的群体性或社会性。教育除能对个体发挥作用外，更为现实的作用在于促进政治清明、社会安定。修身、齐家、治国、平天下的教育目标即反映了教育所具备的社会政治功用。在此目标影响下所形成的幼儿蒙养教育，注重行为规范的养成，并致力于灌输伦理观念。

孔子充分肯定了教育在社会发展中的作用，开创性地提出“庶、富、教”的施政大纲。《论语·子路》记载：

> 子适卫，冉有仆。子曰：“庶矣哉!”冉有曰：“既庶矣，又何加焉?”曰：“富之。”曰：“既富矣，又何加焉?”曰：“教之。”

从“庶”“富”“教”三者的排列关系看，孔子认为国家的治理需要满足三个条件：首先，大量的劳动力，即“庶”；其次，发展社会生产，创造丰富的物质生产资料，满足人民的日常生活，即“富”；最后，在前二者条件满足之后，大力推行教化，发展教育事业。尽管“教”在社会政治革新中并非居于首位，但仍为决定国家正常发展的三大要素之一。由此可见，孔子十分注重教育的社会作用。

“孔子教育的基本目的是培养志道和弘道的志士和君子。”②“君子”二字在《论语》中有多次表述：“君子喻于义，小人喻于利。”（《论语·里仁》）“君子求诸己，小人求诸人。”（《论语·卫灵公》）“君子上达，小人下达。”（《论语·宪问》）诸如此

---

① 阮元校刻：《十三经注疏》，第1521页。

② 毛礼锐、沈灌群主编：《中国教育通史》第一卷，山东教育出版社1985年版，第220页。

类，不一而足。君子养成的首要条件就是修身，而后才能齐家、治国、平天下，故而孔子要求学生博学古代经典著作，从中汲取道德力量。孔子施行教育的最终目的仍是推行其道，并主要以从政做官来实现治国安邦的理想。正如孔子的学生子夏所言“仕而优则学，学而优则仕”（《论语·子张》），从理论上概括了孔子教育目标中学优与仕优的关系。“读书做官论”的形成，对儒家学派乃至数千年中国传统教育的影响可谓深入骨髓，早期教育自然也不例外。随着幼儿教育的启蒙年龄不断提前，教育内容的重心开始发生偏移。

孟子同样遵循孔子“修齐治平”的步骤，认为教育的目的在于明人伦，以实现其政治理想。尽管孟子依旧以“君子”“圣贤”作为培养目标，但他将实施重心放在修身和完善人格上，倡导“大丈夫”的人格养成：

> 故天将降大任于是人也，必先苦其心志，劳其筋骨，饿其体肤，空乏其身，行拂乱其所为，所以动心忍性，曾益其所不能。（《孟子·告子下》）

这种独立人格教育的起点，理当从幼儿开始。孟子勾勒了中国幼儿教育思想的精气神。

荀子既重视个体的完善，又重视社会的和谐、政治的清明和经济的发展。荀子将培养目标设为“士”“君子”和“圣人”三个层次。《荀子·不苟》中对“士”的要求是：

> 上则能尊君，下则能爱民，物至而应，事起而辨，若是，则可谓通士矣。不下比以暗上，不上同以疾下，分争于中，不以私害之，若是，则可谓公士矣。身之所长，上虽不知，不以悖君，身之所短，上虽不知，不以取赏，长短不饰，以情自竭，若是，则可谓直士矣。庸言必信之，庸行必慎之，畏法流俗而不敢以其所独甚，

若是，则可谓悫士矣。①

对“君子”的要求是：

君子大心则天而道，小心则畏义而节；知则明通而类，愚则端悫而法；见由则恭而止，见闭则敬而齐；喜则和而理，忧则静而理；通则文而明，穷则约而详。②

《荀子·儒效》中对“圣人”的要求是：

修百王之法若辨白黑，应当时之变若数一二，行礼要节而安之若生四枝，要时立功之巧若诏四时，平正和民之善，亿万之众而博若一人，如是，则可谓圣人矣。③

此外，荀子还将儒分为“俗儒”“雅儒”“大儒”三类，其中，“雅儒”是基本的治国人才，而“大儒”取法“后王”、掌握“礼法”，是最理想的人才培养目标。然而，无论是“士”，还是“君子”，抑或“圣人”，都需要早期教育的奠基。

总的看来，儒家学派的人才培养目标均指向能治国安邦的硕儒宏才，充分反映其教育目标的社会政治取向。有鉴于此，儒家学派教育思想引领下的早期教育同样被深深地打上了“社会本位”的烙印。

三、“仁” 为旨归的教育内容

教育内容是实现教育目的的重要载体。为了实现儒家学派的教育目标，儒家学者将以“仁”为旨归的教育内容作为载体，致力于培养“修齐治平”的人才。儒家学派的教育内容丰富而系统，不仅为中国传统教育奠定了基础，还为当今幼儿教育的课程开发提供了可资借鉴的历史经验。

---

① 王先谦撰，沈啸寰、王星贤点校：《荀子集解》，第49—51页。

② 王先谦撰，沈啸寰、王星贤点校：《荀子集解》，第42—43页。

③ 王先谦撰，沈啸寰、王星贤点校：《荀子集解》，第130页。

（一）“六书”“六艺”

关于孔子的教育内容论，有“文、行、忠、信”说，有礼、乐、射、御、书、数的“六艺”说，还有《诗》《书》《礼》《乐》《易》《春秋》的“六书”说，概而观之，基本包括道德教育、文化知识教育和技能技巧的培养。其中，道德教育居于核心和首要地位，正所谓“行有余力，则以学文”（《论语·学而》）。

“六书”偏重于文化知识。《诗经》是孔子采集西周至春秋时期的诗歌编辑而成的，分“风、雅、颂”三部分。孔子以《诗经》为教材，特别强调其社会作用和教育作用。他告诉弟子，学《诗经》有四大用途：“可以兴”，即学会联想，寄情于物，能激发情感，表达志向；“可以观”，即培养学生的观察力，学会观察生活和社会；“可以群”，即培养人的合群性，教人善良敦厚；“可以怨”，即暗批时政，促进社会进步。（见《论语·阳货》）《尚书》保存着上古的政治、军事、经济和文化方面的重要资料。《礼》是孔子培养“士”的必读教材，体现了孔子对学生推行礼教的高度重视。孔子认为，学礼需要从心理上克制自己不正当的欲望，通过“克己”而“复礼”，在日常生活中做到“非礼勿视，非礼勿听，非礼勿言，非礼勿动”（《论语·颜渊》）。《乐经》是有关音乐的书，可以陶冶人的情感，养成良好的性格。《周易》为筮书，被完整保存下来。孔子精通《易经》之理，故《易经》成为儒家教育内容之一。《春秋》记载了鲁隐公元年（前722年）至鲁哀公十四年（前481年）之间的历史，是我国现存的第一部编年史。

“六艺”是偏重于才能和技术的训练。礼指“周礼”，既属于行为规范的教育，又具有伦理思想教育的性质。乐指唱和、操琴、歌诗等艺术教育。射指射箭。儒家习射，更多是为了健身或参加“乡射”等民俗活动。御指驾车，既是驾驭车的生活技能，又是驾驭战车的军事技能。书为书写、作文。数为识数、计算等基本的数学生活技能。

比较而言，“六艺”教育与幼儿教育的关系更为紧密。周礼、音乐、射箭、驾车等既是幼儿教育的重要内容，又可以看作幼儿的游戏与娱乐。童蒙教育中的“书”，主要是识字、写字的训练，“数”是识数和简单计算，对幼儿的智力开发大有裨益。但孔子教育内容的总特征是“重德轻智”，诚如他所言：“志于道，据于德，依于仁，游于艺。”（《论语·述而》）

（二）“人伦之教”

孟子持“内发”论，这决定了他在教育观上重视内在的“仁”。孟子的“仁”体现于“四端”：恻隐之心、羞恶之心、辞让之心和是非之心。教育需要做的就是将这些固有的、内在的善性，通过自求自得发扬出来。与孔子“克己复礼”的思想不同，孟子主张“人伦之教”。他以夏、商、周三朝的学校为例，指出：

> 夏曰校，殷曰序，周曰庠；学则三代共之，皆所以明人伦也。人伦明于上，小民亲于下。（《孟子·滕文公上》）

学校的主要任务是使人明白伦理道德，如果上层统治者重视人伦秩序，即可产生上行下效的效果。故而，孟子提出了“五伦”说，即“父子有亲，君臣有义，夫妇有别，长幼有叙，朋友有信”（《孟子·滕文公上》）。

孟子认为良知良能天生就有，故而对后天经验的学习谈得相对较少，在教育内容上也并无明确的主张。人性本善是一种先天的良知良能，并非后天学习而得，所以孟子称之为“不学而能”“不虑而知”（《孟子·尽心上》）。他说：“仁义礼智，非由外铄我也，我固有之也”（《孟子·告子上》）。因此，只要能够更正与本心相违背之处，皆可视为教育内容：

> 爱人不亲，反其仁；治人不治，反其智；礼人不答，反其敬——行有不得者皆反求诸己，其身正而天下归之。（《孟子·离娄上》）

凡“不亲”“不治”“不答”和“不得”的地方就是道德教育的重点。

此外，孟子还明确提出“尽信《书》，则不如无《书》”（《孟子·尽心下》），表达了理智对待教材的观点，充分反映了孟子的质疑精神和独立人格。

（三）“礼乐之教”

荀子是儒家“礼乐派”的开创者。《荀子·修身》中说：“故人无礼则不生，事无礼则不成，国家无礼则不宁。”① 据此可知，“礼”在荀子的教育内容中占据着至高无上的地位。

荀子重“礼”，首先表现在重视对儒家经典的研读。《荀子·劝学》中说：“学恶乎始？恶乎终？曰：其数则始乎诵经，终乎读礼。”《荀子·劝学》中对于《诗》《书》《礼》《乐》和《春秋》这些课程的特点，做了精辟的总结：

> 故《书》者，政事之纪也；《诗》者，中声之所止也；《礼》者，法之大分，类之纲纪也。故学至乎《礼》而止矣。夫是之谓道德之极。《礼》之敬文也，《乐》之中和也，《诗》、《书》之博也，《春秋》之微也，在天地之间者毕矣。②

诸经特点各异，在培养人才上的作用亦各有不同。很明显的是，荀子的教育内容以《礼》《乐》为重，他认为重礼义是“法后王，一制度”的基本条件，将“礼”看作学习的总纲。尽管荀

---

① 王先谦撰，沈啸寰、王星贤点校：《荀子集解》，第23页。

② 王先谦撰，沈啸寰、王星贤点校：《荀子集解》，第11—12页。

子将经学的研习看得极为重要，但他反对盲目迷信，并指出其局限性："《礼》、《乐》法而不说，《诗》、《书》故而不切，《春秋》约而不速。"① 在荀子看来，经书学习需要伴随教师的讲解，并结合生活实际。

事实上，荀子的"礼乐之教"同样适合幼儿教育领域，且具有较强的适切性。"礼"代表规范、规矩，是培养良好行为习惯的准绳；"乐"代表音乐、舞蹈等艺术课程，是形成健康人格的必需要素。我国古代人民热衷的祭祀和庆祝活动往往是礼仪和娱乐活动的结合，这些程式延伸的种种游戏极易吸引幼儿参与，成为施加"礼乐之教"的教育内容。

四、 感化濡染的教育方法

儒家学派的教育方法论持感化濡染说。感化濡染与惩罚儆戒相对，是一种软着陆式的、春风化雨般的教育方法。对于重视德育的儒家学派来说，这种建立在情感基础之上的方法确实更为有效。感化濡染的教育方法主要包括正面教育、环境陶冶和自我教育，很多教育原则和方法在今日的幼儿教育中仍然适用。

（一） 正面教育

感化濡染的教育方法与惩戒相对，要求更多地对幼儿施加积极的正面教育，正如现代教育心理学中所讲的"正强化"。具体言之，儒家学派正面教育的方法主要包括以下几点。

其一，行不言之教。孔子说："其身正，不令而行；其身不正，虽令不从。"（《论语·子路》）意思是如果居于上位者本身正派，即使他不发布命令，民众也会遵照规则行动；如果居于上位者本身不正派，即使他发布了命令，民众也不会遵从。推及至

① 王先谦撰，沈啸寰、王星贤点校：《荀子集解》，第 14 页。

幼儿教育，即要求家长和幼儿教师做到正人先正己，以身示教、率先垂范。幼儿的学习方式往往以模仿为主，从语言动作、穿着打扮到习惯个性，无不模仿周围的成人。因此，父母和教师以身作则显得尤为关键。

其二，言行一致教育。孔子对于行先言后和言行一致特别看重，这也是幼儿品行及习惯培养的重要方面。孔子说："先行其言而后从之。"（《论语·为政》）"言必信，行必果"（《论语·子路》）。荀子同样看重言行一致，甚至依此准则将人分为四等：

> 口能言之，身能行之，国宝也；口不能言，身能行之，国器也。口能言之，身不能行，国用也；口善言，身行恶，国妖也。治国者敬其宝，爱其器，任其用，除其妖。①

给予幼儿言行一致的教育，有利于诚信、孝悌等伦理观念在其心中生根发芽，这对于幼儿良好品德的养成至关重要。

其三，明辨是非教育。儒家学派向来重视德教，是非观教育贯穿幼儿道德教育的始末。明辨是非的前提是知耻，因此孔子明言："邦有道，贫且贱焉，耻也；邦无道，富且贵焉，耻也。"（《论语·泰伯》）意思是说，国家有道，生活贫贱，是耻辱；国家无道，生活富贵亦是耻辱。"君子耻其言而过其行"（《论语·宪问》），意思是君子以多说少做为耻。儒家学派主张教育幼儿，除了知耻，还要立志。孔子尤为重视父母长辈在家庭中对幼儿及早实施立志教育。

除了以上所列，儒家学派还有很多幼儿教育的方法，诸如习惯培养、诚信教育、因材施教、启发诱导等，这些正面教育的方法构成了我国古代幼儿教育思想宝库中的重要组成部分。

---

① 王先谦撰，沈啸寰、王星贤点校：《荀子集解》，第498页。

（二）环境陶冶

感化濡染的教育方法在很大程度上是通过潜移默化的方式对教育对象施加影响的，且以环境陶冶为最甚。儒家学派重视教育环境对幼儿的耳濡目染，认为教育就是“风化”和“感化”的过程。孔子曾言：“与善人居，如入芝兰之室，久而不闻其香，即与之化矣。”① 强调了良好的人文环境对于人成长的积极作用。孟母为了寻求良好的教育环境，三迁其居的故事家喻户晓，这同样是环境陶冶的教育方法的反映。荀子在《劝学》中叙述环境感化原理之时，通过比喻，十分形象地说明了这一问题：“蓬生麻中，不扶而直。”②“麻”虽仅仅是“蓬”的生长环境，却能改变事物的本性。所以，环境对幼儿的影响不可忽视。

幼儿接触的环境包括自然环境和人文环境两种。儒家学派主张，家庭和学校不但需要为幼儿提供卫生、宁静的生活环境，还要营造良好的教育环境，使幼儿在环境的陶冶中健康成长；同时要防止幼儿接触不善的人文环境，主张“与善人交”，即幼儿交友时应选择君子而力避小人。

（三）自我教育

感化濡染的教育法是潜移默化的教育方式，旨在激发幼儿自我教育的自觉性和主动性。儒家学派尤其重视幼儿自我意识的增强及幼儿自我教育能力的提高。

孔子提出“外省内察”教育法，主张幼儿既要观察周围人的优点，又要反省反思，进而提高自己的道德修养：“见贤思齐焉，见不贤而内自省也。”（《论语·里仁》）善于考察某个人受到世人厌恶和喜爱的原因：“众恶之，必察焉；众好之，必察

① 王国轩、王秀梅译注：《孔子家语》，第 198 页。

② 王先谦撰，沈啸寰、王星贤点校：《荀子集解》，第 5 页。

焉。”（《论语·卫灵公》）多责备自己，少要求别人：“躬自厚而薄责于人，则远怨矣。”（《论语·卫灵公》）孟子提出“自求自得”的教育方法，倡导“反求诸己”的自我教育。他提出“存心”“尽心”和“求放心”三段法找寻内在的“良知”。“存心”指用意志力去拒绝物欲的诱拐，做到寡欲；“尽心”即使天赋的“四端”自然成长、自然扩充、自然释放；“求放心”指将迷失的“良知”找回。孟子主张顺应幼儿的天性，反对揠苗助长式的教育。他认为唯有幼儿积极主动求得的，才能印象深刻，应用之时方能得心应手。不得不说，儒家学派这种调动幼儿自我意识的教育方法颇具超前思维，富含感化濡染教育法的关键性特征。

传统教育是以中华传统文化为背景形成和发展的。中华传统文化主要以儒家思想为代表，强调“伦理本位”“以德治国”“忠孝为本”的思想。儒家的教育思想对中国传统教育的作用、目的、内容、方法、组织形式和实施原则以及教师的作用具有深远的影响。儒家教育思想强调“仁爱”，其“诲人不倦”“有教无类”等开放性教育理念，认为教育不应是少数贵族、官僚阶级的特权，而应该把受教育的范围扩大到一般平民，满足所有人入学接受教育的愿望。这种教育思想不仅适应了社会发展的需要，顺应了历史发展的客观要求，更有利于中华民族文化、教育的发展。“有教无类”对当前的教育仍影响至深。儒家主张“天下为公”，其基本的教育目的是培养志道和弘道的志士和君子，既能“修己”，亦能“安人”“安百姓”。儒家以“仁”和“礼”两大范畴作为其主要教育思想内容，以“使天下归仁”作为主要方向，在旧制的“礼”中注入新的精神“仁”，使之能适应时代潮流。在教育方法上，儒家主张“循循善诱”“温故知新”，诱导学生提高学习的积极性和培养学生独立思考的能力；主张“因材施教”，注意学生的个别差异和学习过程中的态度，强调学生“学思行”的结合。儒家的教育方法的本质特征是启发式教育，正所谓“不愤不启，不悱不发”。学生只有在学习中自觉地思考、探索，发挥他们的主体作用，才能获得博大精深的学问。关于教师，儒家把师德提到“仁”的高度。儒家所倡导的“博学”“学思结合”“学行结合”“学无常师”“专业乐业”“诚实”“不固执”“谦虚”等，既是对学生的要求，也可以作为教师的标准。

儒家思想与现代教育有许多相通、相融之处，值得幼儿教育工作者探究、学习和借鉴。

第三节 墨家学派的幼教主张

墨家学派是由墨子创立的一个独具特色的学术团体和纪律严明的政治团体。墨家学派代表小手工业阶层的利益需求，力图实现贤人政治，成为我国最早同儒学齐名并与之对立的最大的学派。其教育思想虽不如儒家学派系统完整，但“素丝说”的人性论、“兼士”的培养目标、重视实践的教育内容和崇尚创造的教育方法仍不失为一笔宝贵的教育遗产。现存《墨子》是研究该学派教育思想和实践活动的重要资料，可依据其中的内容归纳、分析墨家学派的幼教主张。

一、“素丝说” 与人的发展

与孔子相似，墨子的教育思想也是建立在其人性论基础之上的。由于墨子代表了“农与工肆之人”的利益，所以，他的人性论具有鲜明而朴素的平等色彩，较孔子更加接近底层人民。

其一，提出“非命说”。其时的统治者宣扬一种“命富则富，命贫则贫”的宿命论，但墨子仍坚定不移地高举“非命说”的大旗，在《尚贤》中发出“官无常贵，而民无终贱”① 的呐喊，成为首个敢于向天命挑战的哲学家和教育家。孟子认为天命不可抗御，墨子对此给予了有力的反驳：“教人学而执有命，是犹命人葆而去其冠也。”（《墨子·公孟》）墨子认为，决定人富贵或贫贱的因素并非天命，而在于“力”的强弱：“夫岂可以为命哉？固以为其力也”，“强必治，不强必乱，强必宁，不强必危”，“强必贵，不强必贱，强必荣，不强必辱”，“强必富，不强必贫，强必饱，不强必饥”，“强必暖，不强必寒”。（《墨子·非命下》）“力”即强调教和学必须具备主动性。墨子主张人人接受教育，他说：“诵先王之道而求其说，通圣人之言而察其辞，上说王公大人，次说匹夫徒步之士”（《墨子·鲁问》）。在此，墨子将“王公大人”和“匹夫徒步之士”都当作教育的对象，主张人人都需要教育，其思想闪烁着人人平等的光芒。

其二，提出“人性素丝说”。墨子非常重视教育和环境对人的个性养成的作用。他认为，人性犹如素丝，本无善恶之分，善恶是在教育和环境的习染中逐渐形成的。他在《所染》中说：

> 染于苍则苍，染于黄则黄，所入者变，其色亦变。五入必，而已则为五色矣。故染不可不慎也。
>
> 非独染丝然也，国亦有染。……
>
> 非独国有染也，士亦有染。……

也就是说，素丝变成何种颜色的丝取决于染料的颜色，人性如同待染的素丝一样，不同的教育和环境会造就不同的人，正如《淮南子·说林训》所说：“墨子见练丝而泣之，为其可以黄，可以黑。”② 人之所以有善恶之分，是后天接触的环境和受到的教育所

① 吴毓江撰，孙启治点校：《墨子校注》，中华书局 1993 年版，第 67 页。本节以下所引《墨子》均采用此版本。

② 何宁撰：《淮南子集释》，中华书局 1998 年，第 1230 页。

导致的。墨子在《所染》中认为：

> 非独染丝然也，国亦有染。舜染于许由、伯阳，禹染于皋陶、伯益，汤染于伊尹、仲虺，武王染于太公、周公。此四王者所染当，故王天下，立为天子，功名蔽天地。举天下之仁义显人，必称此四王者。夏桀染于干辛、推哆，殷纣染于崇侯、恶来，厉王染于厉公长父、荣夷终，幽王染于傅公夷、蔡公谷。此四王者所染不当，故国残身死，为天下僇。举天下不义辱人，必称此四王者。齐桓染于管仲、鲍叔，晋文染于舅犯、高偃，楚庄染于孙叔、沈尹，吴阖闾染于伍员、文义，越句践染于范蠡、大夫种。此五君者所染当，故霸诸侯，功名传于后世。范吉射染于长柳朔、王胜，中行寅染于藉秦、高强，吴夫差染于王孙雒、太宰嚭，知伯摇染于智国、张武，中山尚染于魏义、偃长，宋康染于唐鞅、佃不礼。此六君者所染不当，故国家残亡，身为刑戮，宗庙破灭，绝无后类，君臣离散，民人流亡。举天下之贪暴苛扰者，必称此六君也。

墨子以丝染色变的道理，形象生动地说明了国家、社会和个人都不同程度地受环境和教育的影响，甚至认为这种所染与所教起到的作用是决定性的。

“素丝说”是墨子对孔子“性相近也，习相远也”的进一步发挥，且突破了孔子“唯上知与下愚不移”的局限性，较孔子更加接近下层人民。墨子是中国教育史上第一个提出人性先天无善无恶论的教育家，并将人之善恶归结于后天的习染，其“素丝说”是一种真正的天赋平等论。尽管墨子对环境的作用有过分夸大的嫌疑，而且忽略社会关系来考察人，具有相当的局限性，但他将环境和教育当作深刻影响个人发展的两大要素，不仅为个人努力为学提供了人性论上的理论指导和追求进步的信心，而且为教育实践工作者提供了环境熏陶和强力施教的教育方法。推及至幼儿教育，墨家学派持一种幼儿天生无甚差别，其成长发育和个性养成均与环境和后天教育息息相关的观点。此外，注重环境陶冶和强力施教也是墨家学派在幼儿教育思想上的一大特色。优美、舒适的自然环境，干净、安全的生活环境，和谐、友善、积极的人文环境，皆可助益幼儿生长发育；家长和教师还需要强力施教，促进幼儿良好生活习惯的养成和知识文化的积累。

二、“兼士” 的培养目标

就教育目的而言，墨家学派依然秉持“社会本位论”的教育价值取向。墨子希望通过“上说下教”和“兼士”的培养，建立一个“兼相爱、交相利”的大同世界。

（一）教育的社会功能

墨子生活的时期是一个社会发展极不和谐的时代，官民矛盾重重、社会贫富不均、诸侯相互攻伐，恃强凌弱的不正义战争不时上演，君臣、父子、兄弟之间皆不相爱，亏他而自利。在此背景下，墨子认为教育具有巨大的社会作用和政治功能，“上说下教”推行墨家学说是促进社会和谐、国家安定和人民幸福的主要途径。

为了实现“兴天下之利，除天下之害”（《墨子·兼爱中》）的理想，教育是必不可少的手段。墨家学派主张对全体社会成员开展具备全民教育性质的施教活动。墨子遂成为继孔子之后，第二个带领弟子游说诸侯列国的人。兼爱、非攻是墨子的核心思想，即主张社会成员均能无差别地互相爱护，诸侯列国不再进行不正义的攻伐。他认为，天下之害的根源在于“不相爱”，通过适当的教育，可以达到“凡天下祸篡怨恨可使毋起”（《墨子·兼爱中》）及“刑政治，万民和，国家富，财用足，百姓皆得暖衣饱食，便宁无忧”（《墨子·天志中》）的效果。总之，墨家学派将教育与国家政治、社会经济紧密联系起来，教育目标的重心依然向“社会本位”倾斜。

那么如何“上说下教”实施教育呢？首先，墨子主张不同的国家要采用不同的教育内容：

> 凡入国，必择务而从事焉。国家昏乱，则语之尚贤尚同；国家贫，则语之节用节葬；国家憙音湛湎，则语之非乐非命；国家淫僻无礼，则语之尊天事鬼；国家务夺侵凌，即语之兼爱非攻。故曰：择务而从事焉。（《墨子·鲁问》）

不同国家具备不同的政治、经济和文化状况，进行有针对性的教育可对国家的未来发展起到积极作用。其次，墨子主张通过“有力者疾以助人，有财者勉以分人，有道者劝以教人”（《墨子·尚贤下》），建设一个民主平等、兼爱互助的社会。

教育具备的社会功能决定了墨家学派的幼儿教育观仍为一种“社会本位论”，其家庭幼儿教育的实施目标依然指向社会。那么教育的社会功能依靠什么样的主体去实现呢？墨家学派主张通过教育培养“贤士”或“兼士”式的人才，去推动整个社会的进步。“贤士”和“兼士”既强调个人综合能力的培养，又注重博爱之心的养成，而这种人才需要从幼儿时期开始培养。

（二）“兼士”的标准

墨子的教育目标是培养“贤士”或“兼士”，以备担当治国利民、兼爱相利的职责，成为“兴天下之利，除天下之害”的人。为培养“贤士”和“兼士”，墨子向自己及门人提出了强教于人、以强力教人的要求：“今求善者寡，不强说人，人莫之知也。”（《墨子·公孟》）与此同时，他还提出了强力为学的观点：

"好美欲富贵者，不视人犹强为之。夫义，天下之大器也，何以视人？必强为之。"（《墨子·公孟》）这种强力教和勉力学的精神，既是墨家的特色，又反映了墨子以教育来改良社会的强烈要求。

墨家的"兼士"与儒家的"君子"既相融又有所不同。一方面，"兼士"和"君子"在本质上均是一种治术人才，而且墨子的"兼爱"和孔子的"仁"均要求"为人君必惠，为人臣必忠，为人父必慈，为人子必孝，为人兄必友，为人弟必悌"（《墨子·兼爱下》）。另一方面，儒家所提倡的仁爱，是"亲亲有等"的，而墨家所主张的兼爱，是"爱无等差"的；"兼士""交相利"，"君子"则"罕言利"；"兼士""辩乎言谈"，"君子""讷于言"；"兼士""力事日强"，"君子""无道则隐"。墨子提到的"兼士"与"别士"相对。"别士"只顾自己，不管他人，常常牺牲别人来发展自己。因此墨子将"别士"作为天下之公害，急切主张"兼以易别"（《墨子·兼爱下》），力图把"别士"改为"兼士"。具体而言，墨子认为"兼士"应具备三条标准。

首先，"兼士"必须是一个道德高尚的人。"兼士"须具备心怀天下、兼济万民的爱人之心，能够做到"为其友之身若为其身，为其友之亲若为其亲"，"饥则食之，寒则衣之，疾病侍养之，死丧葬埋之"（《墨子·兼爱下》），有力则助人，有财则分人，有道则教人。墨子在《贵义》中还提供了道德修养的方法：

> 嘿则思，言则诲，动则事。使三者代御，必为圣人。
>
> 必去六辟，必去喜，去怒，去乐，去悲，去爱，而用仁义。手足口鼻耳，从事于义，必为圣人。（《墨子·贵义》）

他认为通过去除自身的喜怒乐悲等，实践以平等为基础的兼爱，可以提高自身的道德修养。

其次，“兼士”必须具备很强的思辨能力和演讲口才。墨家学派要求门人能够上说下教，讨论辩难，随时随地向不同对象宣扬墨家学说和救世思想。

再次，“兼士”须掌握一定的生活、生产、军事等知识和技能，能够维持自身的生存和发展，做到自食其力，杜绝五谷不分、取食于民。

总之，墨家学派培养的“贤良之士”要求道技合一，达到“厚乎德行，辩乎言谈，博乎道术”（《墨子·尚贤上》）的人才标准，通过参与社会实践以实现兼爱非攻、义利天下的结果。

总的来说，墨家学派幼儿教育的目的在于培养以博爱为怀、以社会进步为己任的贤人志士，其中“兼士”所具备的兼爱之心、实践能力、论辩之才等素养必然也会渗透进其时的蒙童教育之中。

三、 重视实践的教育内容

为了培养多才多艺的“兼士”，墨家学派推崇文科与实科并重的教育思想，教育内容全面而丰富，包括德育、知识教育、生产劳动技能和自然科学教育、辩学教育等。智育是先秦时期各家学派均重视的教育内容，而实践知识和自然科学知识则为墨家学派所独有，成为先秦时期文化教育领域的一面鲜明旗帜。

（一）以“兼爱”为核心的道德教育

墨家学派代表小手工业者的利益，在以强凌弱、相诈相欺的社会背景下，他们的利益受到严重威胁。墨子把这种不相爱的社会关系视为天下的大害，“兼相爱，交相利”成为其道德思想的核心。墨子从“兼爱”思想出发，将“义”引申为最高道德规范。他说：“万事莫贵于义”（《墨子·贵义》），“天下有义则生，无义则死，有义则富，无义则贫，有义则治，无义则乱”（《墨子·天志上》)。他把“利民”作为实践“兼爱”的行为准则，认为“重利”与“贵义”是统一的，正所谓“义，利也”（《墨子·经上》）。总之，平等博爱、互帮互助、公而忘私、“兴天下之利”等都是墨家学派推崇的最高道德准则。墨子还在长期的实践中总结归纳了一些道德原则，主要包括：第一，言必信，行必果。墨子非常强调言行一致和言行中的功利效果。他明确提出：“言必信，行必果，使言行之合，犹合符节也，无言而不行也。”（《墨子·兼爱下》）第二，强力而行，为理想献身。在《经上》篇中，墨子指出：“任，士损己而益所为也”（《墨子·经上》），“说任，为身之所恶，以成人之所急”（《墨子·经说上》）。秉承和践行这种为他人排忧解难、急人之所急、牺牲自己关照他人的奉献精神，墨家堪为典范。第三，严于律己，自觉抵制不良影响。墨子指出：“谮慝之言，无入之耳；批扞之声，无出之口；杀伤人之孩，无存之心。”（《墨子·修身》）此外，明确的是非观和崇尚勤俭节约也是墨家学派道德教育的重要原则。

（二）文史知识教育

墨子对儒家学派的教育内容采取扬弃的态度。儒家的《诗》《书》和《春秋》等文史知识是墨家学派教育内容的一部分，但同时墨子又针对儒家的教育内容，明确提出“非乐”。他认为声色伎乐不仅浪费大量人力、物力和财力，而且还消磨人的意志，使统治者怠于政、人民怠于耕织，长此以往不利于国家和社会的发展和进步。墨子指出，“大钟鸣鼓琴瑟竽笙之声”，虽然能使身体感到舒适、听觉感到享受，但“上考之不中圣王之事，下度之不中万民之利”（《墨子·非乐上》），应该予以禁止。这一主张对于国家的进步确有积极意义，但墨子忽视音乐在情感陶冶方面的重要性以及健康音乐对形成优良道德品质的感染效力，全盘否定一切音乐文化和文娱活动，未免偏颇。

（三）生产劳动技能及自然科学教育

墨家学派突破了儒家的“六艺”教育，其生产劳动技能及自然科学教育在先秦诸家中独树一帜。这种重视生产劳动和科学知识的观点与儒家“君子谋道不谋食”① 的偏见形成鲜明对比。

墨家学派以“农与工肆之人”为教育对象，向他们传授各种实用的知识与劳动技能，目的在于造就多才多艺的“兼士”。墨子及其门徒既是劳动阶层又属于中间阶层的知识分子，双重身份的中心任务，要求他们将生产劳动和教育活动结合起来。

墨家学派尤为注重自然科学方面的研究和科学技术的教育，其内容涉及数学、几何学、光学、力学等。墨家学派的科技理论和科学实践丰富了中国传统文化，促进了中国古代科技的发展与进步。墨子提出了部分与整体、有穷与无穷等概念，解释了倍数的含义和十进位的原理。在几何学方面，《经上》篇对圆定义为“圆，一中同长也”，说明了圆心与半径的关系；对点定义为“端，体之无序而最前者也”，也就是说端点在事物的最前面而没有次序的部分。在光学方面，《经说下》中说：

> 说景，光之人煦若射，下者之人也高，高者之人也下。足蔽下光，故成景于上；首蔽上光，故成景于下。在远近有端与于光，故景库，内也。

这一记录既证明了光的直线传播原理，又科学解释了小孔成像的光学现象。此外，墨家典籍中还有凹面镜和凸面镜成像的相关内容。在力学方面，《经上》将力定义为：“力，刑之所以奋也。”也就是说，力是物体的形态发生变化的原因。墨家典籍中还对轮滑原理和杠杆原理做出了科学解释，内容涉及力与力矩概念。

综观墨家学派的教育内容，无论是以“兼爱”为核心的道德

---

① 杨伯峻译注：《论语译注》，第 168 页。

教育、文史知识教育，还是实践取向的生产劳动技能与自然科学教育，抑或是逻辑思维和论辩教育，均与幼儿教育息息相关。博爱之心的培养，需要幼儿在体悟自身及外部世界的基础上感受生命、认识生命，进而关爱生命。墨家学派虽不排斥德育，但偏重智育的倾向更为明显。

四、 崇尚创造的教育方法

墨家学派以重视实践和崇尚创造著称于世，其教育方法与诸家学说迥异，具有鲜明的创新特色。墨家学派教育方法的创造性主要体现在主动施教、因人而教和述而且作三方面。

（一）主动施教

与儒家学派强调师道尊严、学生主动求教不同，墨家学派注重师生的双向互动和教育者的主动施教。“唱而不和，是不学也；智少而不学，必寡。和而不唱，是不教也；智而不教，适息。”（《墨子·经说下》）这种师生之间的良性互动能更好地保证教育效果。此外，墨子不同意儒者“叩则鸣，不叩则不鸣”的教育态度，提出“虽不叩必鸣者也”的观点，主张即使人们不来请教，教育者也应该主动上门去教。墨子倡导“强说人”，主张教师要努力去游说、劝导他人，强力而行，反对消极等待。在《公孟》中，墨子说：“今求善者寡，不强说人，人莫之知也。”墨门弟子平时积极“上说下教”和从事各种社会活动时认真负责、公而忘私的精神，与墨家学派这种主动施教的教育方法分不开。

由于幼儿自制力较差，学习的自觉性和主动性不够，这就需要教师在教学中充分发挥主导作用，规范和引导幼儿的生活与学习。

（二）因人而教

墨家学派在教学实践活动中十分注重根据不同的情况施加不同的教育，并告诫学生量力而学。墨子主张因人而教，根据学生的特长，进行专门教育，正如他所说：

> 譬若筑墙然，能筑者筑，能实壤者实壤，能欣者欣，然后墙成也。为义犹是也，能谈辩者谈辩，能说书者说书，能从事者从事，然后义事成也。（《墨子·耕柱》）

墨子反复强调教学中的量力性原则。譬如有学生一再要求学射，墨子回应说：

> 不可，夫知者必量其力所能至，而从事焉。国士战且扶人，犹不可及也。今子非国士也，岂能成学又成射哉。（《墨子·公孟》）

他认为，一个人精力有限，一定要衡量自己的能力，力所能及方可去做。对教育者而言，也应该把握分寸，充分考虑学生的基础和个性差异，做到“深其深，浅其浅，益其益，尊其尊”（《墨子·大取》），对程度较好的学生，讲解可以深入一点，对程度较差的学生，讲解要浅显一点。

墨子在教学中注意学生的个别差异，主张因人施教、量力而学的观点在幼儿教育领域仍有巨大的指导意义。众所周知，幼儿的身心发展还未成熟，不同个体在知识基础、认知结构、心理发展阶段和接受能力上存在显著差异，那么因人施教和坚持量力性原则就显得异常重要。因人而教和量力性的教学方法堪称中国古代教育的一次伟大创造，对避免幼儿教育的“一刀切”和过度教育问题具有重要价值。

（三）述而且作

“墨子学儒者之业，受孔子之术”①，但学于儒而不囿于儒，遂在学术思想上提出了很多创造性观点。墨子反对儒家“信而好

① 何宁撰：《淮南子集释》，第1459页。

古，述而不作”的保守做法，提出“述而且作”的观点：“吾以为古之善者则述之，今之善者则作之，欲善之益多也。”（《墨子·耕柱》）意思是述与作不可偏废，不仅要继承古代文化的精华，还要根据时代的变化有所创新，古代的经典应该传述，而现实的善也要大力发挥。据此，墨家学派在教育内容的选择上继承了孔子的《诗》《书》《春秋》，而舍弃了《礼》《乐》。墨子不仅敢于批判儒家，而且勇于创新，“述而且作”的观点清晰地反映出墨家学派崇尚创造的教育方法论。

幼儿正处于一个思维天马行空和携带丰富创造因子的成长阶段，在这个培养创造力的关键时期，教育者既要慎重保护幼儿的创造潜力，又要极力开发他们的想象力和创新思维，墨家学派崇尚创造的教育方法无疑为幼儿教育提供了一笔可资借鉴的精神财富。

第四节　道家学派的幼教主张

道家思想渗透在中国人的思维和行为中，其“天人合一”的思维方式、顺应自然的行为准则、抱朴守真的价值取向、柔弱不争的处世原则、崇俭抑奢的生活信条、重生养生的人生追求等，潜移默化地影响着中华民族的文化性格和精神品质。同时，道家思想与西方自然主义思想也存在着某种暗合与神似之处，但又超越了西方理性分析的思维方式。“道家却看重求异性或发散性思维模式”①，要求摆脱经验和知识的约束，注重“自知”和“独见”，培养学习主体的主观能动性，重视个体人格的塑造，这就与儒、墨教育在内涵上相异，在过程上相逆。

---

① 喻本伐：《中国幼儿教育发展史》，华中师范大学出版社2012年版，第26页。

一、“道法自然” 的价值取向

“道”是道家哲学最高范畴，居于核心地位，“道生一，一生二，二生三，三生万物”①。“道”是关于宇宙本体、事物规律和认识本质的根据。“有物混成，先天地生。寂兮寥兮，独立不改，周行而不殆，可以为天下母。吾不知其名，强字之曰‘道’。”（《老子》第二十五章）可见，自发生成的“道”不仅蕴含着宇宙本体运动的总原理，而且以其超感觉性和实存性，展现出沉潜实在的质朴。道家秉持“天人合一”观，将“天”“地”“人”等世间万物都和谐归于“道”中，所以人与自然或社会与自然的关系都是超越的，体现出自然主义的基本精神。“道”既是天地的根源之始，又是万物的生成之母；既是超越于万物之上的‘无’，又是内在于万物之中的“有”；天地万物就在“道”又无又有的生成作用之中生生不息。总之，在道家思想体系中，“道”既是宇宙万物的本体，又是人类生存秩序的普遍规律。“道”存在于天地万物之间，无处不在。“天之道，不争而善胜，不言而善应，不召而自来……天网恢恢，疏而不失。”（《老子》第七十三章）

既然“道”是世界的本源，那又如何存在呢？道家明确指出“道法自然”。“自然”就是“道”“自己使它这样”，这不仅仅指自然界，也指一种存在方式，更指规律和规则。“自然”是与“他然”“物然”“人然”相对应的概念，所以他无为、物无为、人也无为，从而“自然”与“无为”又是高度一致的。“无”本身就是一种作用、一种力量，而且是“有”不可替代的作用和力量。由于“天”“地”“人”最终皆法于“道”，所以讲“自然无为”，也可以分析为天地之道“自然无为”，人之道也“自然无

① 陈鼓应注译：《老子今注今译》，商务印书馆2003年版，第233页。本节以下所引《老子》均采用此版本。

为”。“顺乎自然”是指按照时势和事物的本性，不强行要求。“无为而治”中的“无”也指顺乎自然而不加妄为、强为之意。“道”创生万物，但并不直接生产万物，而是赋予万物以生生不息的原理，万物便是依靠这个原理而生的。

中国古代教育家在探讨教育与人的关系时，往往以人性为切入点，道家也不例外。老子虽未明确提出关于人性的理论，但是他认为人性应该像初生的婴儿一样，始终保持一种纯真自然、质朴无华的素朴状态，“含德之厚，比于赤子”（《老子》第五十五章）。然而，人涉世渐深，为了追求物质利益而贪婪多欲，将人性中的淳厚、纯朴的德性丧失殆尽。因此，道家哲学认为教育应使人复归婴儿时的淳朴精神境界，找回失落的美德，恢复到原始的质朴之性，即“返璞归真”。“圣人在天下，歙歙焉，为天下浑其心，百姓皆注其耳目，圣人皆孩之。”（《老子》第四十九章）正是基于这样的人性论，道家反对人为的教育。

从这种自然人性论出发，道家主张教育应当尊重个性自然、自由地发展，“返璞归真”是“道”的起点与终点。一般人总是追求“圣智”“仁义”“巧利”，而迷失了自己的本性。后天人为施加的教育违反自然人性，是对自然人性的压抑、扭曲和戕害。可见，相对于儒家强调对人文理序的“重建”，道家则是在“解构”人文主义所带来的问题，并以回归到自然纯真的本我为主要追求目标，所以道家是以“解构”来消解生命的种种负担。道家强调的是教育的超功利性，看重的是教育对人的自然本性的促进作用，教育是一种生命的生长，是一种自我觉知的向上提升。

幼儿教育应追求什么样的价值取向，这是幼儿教育之“道”需要解决的核心问题。“受我国古代‘读书’、‘识字教育’观念和苏联知识技能教育理念的影响，在我国幼儿教育中，不论是家长还是教师都出现了过于看重‘学习’的价值取向”，“强调幼儿通过学习获得知识、技能和道德，关注幼儿的将来而漠视幼儿的现在”。[①] 在这种价值取向导引下，幼儿教育日益功利化。幼儿常常无法决定要学什么，教师、父母或许在无意中成为强迫幼儿实现成人梦想的推手。成人希望幼儿照着自己的理想标准发展，导致“自见者不明；自是者不彰；自伐者无功；自矜者不长”（《老子》第二十四章）。如果教育者自我欲望作怪，会遮蔽幼儿，使之“不明”“不彰”；如果教育者对幼儿提出过高过多的要求，可能导致“无功”“不长”。道家倡导的“道法自然”的教育目的论，强调“自然”是针对“他然”而发，是没有人为造作的自然而然；这种“自然”是指幼儿处在自己本来的原始面貌，展现着生命本质的美好，并能一无所待地全然解放而不受外在欲求的束缚。道家所传达的意涵并不是悲观主义，而是透过“正言若反”提醒我们，对于幼儿不要过度地强加自己的预期，否则就会阻碍他们的成长。

可见，道家哲学思想蕴藏着一种自然主义的价值取向，既是一种物质层面的生长、生机，更是一种精神层面生生不息的持续发展与创造。这两个层面都与幼儿所具备的强大生命力和无限创造力不谋而合。“道法自然”的价值取向，坚持以“儿童为本”，尊重和满足幼儿的需要和成长，使幼儿得到更为充分、更为自由的发展，即形成和完善个体人格。这种精神在西方教育家卢梭、裴斯泰洛齐、福禄贝尔、蒙台梭利、杜威等人的思想中均有不同程度的体现。可以说，“道法自然”的教育价值取向与西方“以儿童为中心”的教育价值理念跨越时空地遥相呼应，殊途而同归。

---

① 张文洁：《中国幼儿教育价值取向的历史演变及其启示》，《教育导刊》（下半月）2010年第5期。

二、“行不言之教” 的教育理念

在“道法自然”价值取向下，道家提出“行不言之教”（《老子》第二章）的教育理念。“道”是宇宙万物的本体和社会运行的自然法则，也是“行不言之教”的宗旨与核心。只要遵循“道”的自然法则和规律，“无不为”的根本功能就能得到充分发挥，于是万物便可自化，“行不言之教”便能收到良好的效果，“为无为则无不治”。道家提出的“行不言之教”，就是要达到“不教而教”的目的和效果。“行不言之教”的“不言”并不是什么都不说，而是少说、多做，身教示范，以自己良好的行为树立典范，使受教者在潜移默化中受到感化和教育，以此达到“不教而教”、无为自化的目的。

另外，道家还强调学习要经由自己的生活体验和实践来完成。“修之于身，其德乃真……修之于天下，其德乃普。”（《老子》第五十四章）“德”是“道性”的体现，但仅凭感官获得的知识是靠不住的，而由成人创造的知识也是靠不住的，因此，“行不言之教”还强调通过受教者的实际行动来促进自身好好学习。“我无为，而民自化；我好静，而民自正……我无欲，而民自朴。”（《老子》第五十七章）无为可自我化育，好静可自然富足，无欲能自然淳朴。教师以“无为”“好静”“无欲”的实际行动发挥示范和导向的作用，从而唤起学生的情感，在潜移默化中将教育内容传输给学生。

道家“行不言之教”的理念孕育着深刻的教育意蕴。首先，“行不言之教”不是不教，而是顺应“自然”之教，是有益于自然本性展开之教，遵循“天之道，不争而善胜，不言而善应，不召而自来”。道家反对过多的说教、干预，一切要顺应自然，像流水一样，“以辅万物之自然而不敢为”（《老子》第六十四章），这样才可以更好地发挥幼儿的主体作用，充分调动他们的积极性和主观能动性；充分挖掘潜在的积极因素，顺势而为、因势利导；让幼儿自己在自然状态中主动地、自觉地学习。其次，“行不言之教”还要求父母或教师把握和遵循教育规律。“道”是社会万物运行的法则，那么教育也应当“守道”，遵循自然规律，“唯道是从”。只有认识和把握自然法则与规律，“行不言之教”，才能成功；否则，教育必然会走向反面。可见，“行不言之教”是“道法自然”的具体体现，通过“不言”“希言”达到“有言”“善言”，通过“无为”而达到“无不为”，真正收到“不言之教，无为之益，天下希及之”（《老子》第四十三章）的效果。也就是说，道家反对人为地引领、指教、讽喻、苛责或体罚，主张顺应幼儿天性、遵循教育规律、以身示教、激发潜能，从而发挥教育“润物细无声”的功效。

“行不言之教”就是尊重幼儿的天性，重视幼儿自我思悟，实现人格的完善。“知人者智，自知者明。”（《老子》第三十三章）道家哲学强调充分发挥幼儿内在潜能，充分尊重幼儿主体性的思考及行为。天道以自然、不干扰原则，让天地万物以自己的方式表现其自身，那么家长或教师者应让出其主导者的角色，以“无我”之心，让幼儿在开放的空间中，自我成就、自我发展。这并不是说教育者不能管，而是要求教育者观察、倾听，以不主动的方式让幼儿自己思考，找到解决问题的办法。“行不言之教”还强调“无为”，无多余的干扰才能让幼儿自主、自悟、自我完善。这正是遵循自然之道而达成更高层次理性的自觉。“无为”是要顺势而为，是一种智慧。道家秉持自然人性论，反对对幼儿施行人为的早教，更反对以伦理规范束缚幼儿的自由成长，而主张施行“不教之教”，要求教育者秉持“行不言之教”的理念，用“以道莅天下”的胸怀与幼儿自然和谐相处，不以现实的标准作为幼儿的学习评量准则。“行不言之教”看似“无为”，其实是“大为”，契合了当今以幼儿发展为本的现代教育理念，更以观照幼儿生命内涵、涵养幼儿生命活力，最终实现“人”的发展为己任，开辟了幼儿教育的至高境界。

三、“率性而行” 的教育原则

道家认为，世间万物各有本性，只有顺其本性，才能真正了解它们。“故物或行或随；或嘘或吹；或强或羸；或培或堕。”（《老子》第二十九章）对教育而言，道家的“率性而行”蕴含双重意义：一是教育活动要根据幼儿的个性资质、爱好特长，采取不同的教育方法和策略，以达到“高者抑之，下者举之；有余者损之，不足者补之”（《老子》第七十七章）的目的。道家强调，以“圣人无常心”的心态，进行“为无事，事无事，味无味”（《老子》第六十三章）的教育和学习；以“无为”“好静”“无事”“无欲”的方式教育学生，便可使学生自化，收到好的效果。“不尚贤，使民不争；不贵难得之货，使民不为盗……使夫智者不敢为也。”（《老子》第三章）在这里，“不敢为”并非无所作为，而是不妄为、不强为、不乱为。二是指教育活动要尊重和遵循幼儿身心发展规律，因性而为、顺性而动、率性而行，做到“各便其性，安其居，处其宜，为其能”①。教师对学生不勉强、不强制，顺其自然。这不是放纵，而是自然；亦不可揠苗助长，否则欲速则不达。这与现代心理学强调尊重人的自然发展有异曲同工之妙。

道家提倡的“率性而行”，即教育应当遵循自然规律，把“无为”“无欲”“无争”作为主要内容，强调教育必须遵循受教育者身心发展的规律，实施“实有似无”的无为教育，从而使受

---

① 何宁撰：《淮南子集释》，第768页。

教育者达到认识自然之道，体现个体充分、自由、和谐发展的教育目的。孔子也曾指出："少成若天性，习贯如自然。"[①] 这里的"自然"并非是真正的自然，强调的是习惯下的产物。道家强调教育应是生命的自我彰显，以实现自我存在的价值，以"无我"的自然作为，让幼儿潜能自然展开、全然发展，从而不受任何限制地发展。人为造作、人为干涉会破坏幼儿的天真本性，更会干扰原本属于幼儿的朴素自然。也就是说，教育者或家长对于幼儿学习的过程可以给予关怀、协助，但不要干涉幼儿与人、事物、环境的互动方式，更不要以自己的视角或身份对幼儿进行主观评价。

道家提倡的"率性而行"为幼教工作提供了基本要求和准则。教育者当以虚静之心，发掘幼儿的天赋，使他们能复归自我生命的本根。只有遵循幼儿在情感、意志、思维、性格、学习方式和习惯等方面表现出的不同年龄特征，才能充分考虑他们的个别差异性，从而实施因材施教。教育并非灌输，而是一种引导，指引幼儿回到本性来生长、生成。"率性而行"的教育原则以"润物细无声"的方式，滋养着幼儿的生命灵性，刺激着幼儿的生命潜能，激发着幼儿的生命活力，使他们复归生命本真。

四、"绝圣弃智" 的教育内容

道家从"道法自然"出发，以"自然无为"为特征，反对"知"与"学"。道家重视的不是儒家的礼乐仁义，而是"道"的贵质朴、轻名利及"自知""自胜"等。有人批判道家的这种思想，认为"反知，属于偏激"，或者是"为寡欲观，故老子亦反对知识"[②]。其实不然，老子反对的只是"俗知"，而非"真知"，

---

① 班固撰，颜师古注：《汉书》，第 2248 页。

② 转引自刘介民、郑振伟：《道家与现代教育》，广东高等教育出版社 2013 年版，第 282 页。

正所谓“知不知，尚矣；不知知，病也”（《老子》第七十一章）。道家反的是虚伪的社会，所以才提出“大道废”，“绝知弃辩，民利百倍；绝伪弃诈，民复孝慈”（《老子》第十九章）。绝弃的是儒家的“人为”之学，而非“大道”之学，“为学日益，为道日损”（《老子》第四十八章）。其实，老子十分重视“人之所教”。“人之所教，我亦教之”（《老子》第四十二章），作为见解性的常识和人类文明遗产的知识，人们也要广泛地吸收。

道家认为，教育不应是一个在人身上施加人类文明影响的过程，而应是把得之于社会的影响逐渐扬弃的过程。因为，多一分人为，就少一分自然；若要求得人的自然，就意味着要不断地扬弃人为。所以说，“弃智”并不是不要吸收知识，也不是令智慧受到障碍，而是不要因为自己懂得多，就用智巧来满足自我的需求。只有这样才可以放开心胸，包容万事万物，与天地人我和谐共存。在开放的学习中，学生没有强迫、没有限制、没有不必要的干扰，才能真正地在纯朴自然的心灵境界中适性而游。从境界观来看，道家是大人格和大气象，视野开阔于洪宇，立论恢廓于天地人性，用无限开放的心灵，多元包容、相互尊敬，透过主观生命人格修养的实践，让人的内在心性自我实现。徐复观先生表示：

> 老学的动机与目的，并不在于宇宙论的建立，而依然是由人生的要求，逐步向上推求，推求到作为宇宙根源的处所，以作为人生安顿之地。①

道家哲学着重求异性和发散式思维模式，有别于儒家求同性和聚敛式，散发出一种清新的自由主义气息。道家教育确立了“道法自然”的价值取向、“行不言之教”的教育理念、“率性而

① 李维武编：《徐复观文集》第三卷（中国人性论史·先秦篇），湖北人民出版社2002年版，第292—293页。

行”的教育原则以及“绝圣弃智”的教育内容，不但构建了中国传统教育文化的独特景观，而且为当前幼儿教育改革提供了丰富的理论资源。道家哲学思想可以成为重塑幼儿教育生态的原概念和原动力。我们可以充分发挥自然主义教育的合理成分，通过张弛有度、情理互动、顺势引导，促进幼儿顺应天性、张扬个性、激发灵性，为幼儿身心和谐发展奠定坚实基础。总之，道家教育思想蕴含着朴素的辩证法哲学，“把完满性人格目标中的真善美一以贯之地融入自然生命之体的‘生’的流程，创造着真正身心统一的教育”①。

---

① 杨启亮：《论先秦道家的自然主义教育观》，《南京师范大学学报》（社会科学版）2001年第6期。

第二章　儒家幼儿教育思想主导地位的确立

公元前221年，秦灭齐，结束了诸侯割据、群雄争霸的时代，建立了中国历史上第一个统一的多民族的中央集权国家。在此后的历史长河中，伴随着封建王朝一系列文化教育政策的出台和实施，我国封建教育不断发展，制度化、定型化的程度不断加深。

西汉初"黄老学说"有力地促进了汉初政治的稳定、经济的发展和文化教育的复苏。封建王朝的统治阶级开始在思想文化领域谋求能够为集权政治和社会统治长期服务的思想体系。公元前134年，汉武帝采纳董仲舒"独尊儒术"的建议，确立了儒家思想占据统治地位的官方意识形态。尽管"儒学独尊"的地位在此后的魏晋南北朝和隋唐时期受到了玄学、佛教和道教的冲击，但儒家思想仍长期占据着社会意识形态的主流，并对社会的各个方面尤其是对教育的发展起着支配作用。教育的儒学化奠定了中国传统教育的基石，并深刻影响了整个封建时代教育的发展。作为教育始端的幼儿教育在价值取向、教育理念、教育原则和教育内容等方面也都被打上了儒家思想的烙印。

第一节　"独尊儒术"的确立与发展

秦汉时期是我国历史上统一的封建国家的形成和确立期。为了巩固专制主义中央集权国家、维护文化教育和民众思想的“大一统”，秦汉统治者出台了诸多育才化民的政策。在承受了“秦火”对儒家文化的大破坏后，大批儒生、学者努力修复儒家经典，兼收各派所长，并积极适应时代需求对儒学进行内部改造，使儒家最终在汉武帝时期确立了“儒学独尊”的地位。在处于分裂状态下的魏晋南北朝时期和儒、道、佛三者势力交融并存的隋唐时期，儒家思想仍然居于意识形态的主流并得到不断发展。各朝统治者均采取了一系列崇儒兴学的活动，并以文教政策左右教育。两汉可称“治世”，文教政策的作用明显；魏晋南北朝则无恒定的文教政策可言；隋唐时期国家重新统一，使文教政策的功能得以重新强化。包括幼儿教育在内的所有教育形式直接或间接地受到社会思想意识的影响，若对此时期幼儿教育思想的发展脉络和精神内涵进行全景式的考察，则必须从文教政策的解读入手。

一、“黄老学说” 与“儒学独尊” 的阐述

秦朝的前车之鉴，使汉初的统治者将目光投向“无为而治”的“黄老之学”，“黄老学说”中“与民休息”的治国理念使汉初的国家实力逐步恢复。及至汉武帝时期，国家的施政方针逐步向积极有为的方向转变。经董仲舒改造的儒家学说在封建社会思想意识领域获得统治地位，儒家思想在幼儿教育领域的主导地位也因此确立。

（一）汉初“黄老学说”的兴盛及其教育思想

《孟子·梁惠王上》中记载，梁惠王问孟子：“天下恶乎定?”孟子回答说：“定于一。”王又问：“孰能一之?”孟子回答说：“不嗜杀人者能一之。”[①] 尽管秦始皇平定六国、建立统一的封建

① 杨伯峻译注：《孟子译注》，中华书局2005年版，第12页。

王朝符合历史发展的大势，但正如孟子所言，真正能安定天下的君主乃“不嗜杀人者”。为统一思想、规范行为，秦统治者实施了相当严厉的政策措施。丞相李斯建议：

> 臣请史官非秦记皆烧之。非博士官所职，天下敢有藏《诗》、《书》、百家语者，悉诣守、尉杂烧之。有敢偶语《诗》《书》者弃市。以古非今者族。吏见知不举者与同罪。令下三十日不烧，黥为城旦。所不去者，医药卜筮种树。若欲有学法令，以吏为师。①

在李斯看来，诸子百家通过讲学活动行反对法令、教唆民众、非议朝政之实，不利于政令推行，除了“医药卜筮种树”等实用类书籍，其他百家学说均应禁止。秦始皇采纳了李斯的建议，颁布“挟书令”，文教活动均“以法为教”“以吏为师”，并上演了一场破坏文化的焚书悲剧。次年，刚愎自用的秦始皇又借儒士侯生、卢生抨击朝政之事，严刑审问诸生，将四百六十余儒士坑杀于咸阳。虽然秦王朝采取的一些政治、经济和文教措施为中国历史的发展做出了重要贡献，但种种遏制学术思想和滥用刑罚之举极大地激化了社会矛盾。秦始皇帝驾崩不久，多地民众揭竿而起，反抗暴秦统治，使秦王朝迅速土崩瓦解。

亡秦之鉴使汉初的统治者摒弃了独尊法家、用刑太急的举措，接受了陆贾、曹参等人的建议，改用“无为而治”的“黄老之术”作为治国方略。汉初的“黄老之学”并非先秦道家学说的翻版，它尊奉黄帝，源于老子，在先秦道、法合流的基础上，兼综其他各家思想，并注入了汉初的时代精神。《史记·乐毅列传》中有过关于“黄老之学”师承关系的记载：

> 乐臣公学黄帝、老子，其本师号曰河上丈人，不知

---

① 司马迁撰：《史记》，中华书局1982年版，第255页。

其所出。河上丈人教安期生，安期生教毛翕公，毛翕公教乐瑕公，乐瑕公教乐臣公，乐臣公教盖公，盖公教于齐高密、胶西，为曹相国师。①

可见，“黄老学说”有着明晰的学术渊源，在社会上有着一定的影响力。

源于战国末期的“黄老思想”能够在汉初被确立为治国之术，主要基于以下两个原因。

其一，社会现实的需要。一方面，当时社会经济形势严峻，长期的战争导致社会生产遭受严重破坏，经济凋敝，人口大量减少。《汉书·食货志上》载：

汉兴，接秦之敝，诸侯并起，民失作业，而大饥馑。凡米石五千，人相食，死者过半。②

严峻的经济现实迫使统治者不得不采取“与民休息”之策，而“黄老思想”正好迎合了这种需求，它主张“好的政府不要多管事情，而要尽可能少管事情”③。另一方面，社会民众期望社会安定。战国以来，社会长期处于战乱和分裂之中，人民饱受战争之苦。秦王朝虽然实现了统一，但变本加厉地横征暴敛，百姓的生活仍然未获改善。其后的农民起义、楚汉之争，使人民的生活复陷于动荡不安之中。

其二，统治者的青睐。刘邦初入咸阳之时即以尚简约的宗旨“约法三章”。汉文帝时期，“黄老之学”的传播更加广泛。及至汉景帝时期，“窦太后好黄帝、老子言，帝及太子诸窦不得不读《黄帝》、《老子》，尊其术”④。不仅最高统治者信奉“黄老学说”，

---

① 司马迁撰：《史记》，第2436页。

② 班固撰，颜师古注：《汉书》，中华书局1962年版，第1127页。

③ 冯友兰：《中国哲学简史》，北京大学出版社2013年版，第204页。

④ 司马迁撰：《史记》，第1975页。

朝廷重臣萧何、曹参等皆习“黄老之术”。

“黄老学说”在政治上主张“无为而治”“与民休息”，而在教育上主张兴学设教、修德开智。“黄老学说”的代表作《淮南子·原道训》对“无为而无不为”做了精致阐述：

> 所谓无为者，不先物为也；所谓无不为者，因物之所为。所谓无治者，不易自然也；所谓无不治者，因物之相然也。①

张岱年先生亦称之为“变相的有为论”②。

“黄老学说”在教育上的主张主要体现在以下几个方面。

第一，将儒家的德治思想与道论相结合，提倡德主法辅，一改秦朝废学弃教的政策，重申兴学设教。《淮南子·泰族训》强调对百姓的安抚和教化，将德教看作法治的保证，并明确提出“立大学而教诲之”③；在君臣关系上，认为“主惠臣忠”，强调统治者的道德修养；在父子关系上，主张“父慈子孝”，父子双方都应该尽义务。

第二，否定“绝圣弃智”“绝学无忧”的观点，提倡重智重学。《淮南子》综合老、庄、孟、荀的人性论，从理论上进一步阐述了教育的必要性和可能性，认为世上众多的中等之性必须经后天的教育才能完善。《淮南子·泰族训》中，作者比喻说：

> 茧之性为丝，然非得工女煮以热汤而抽其统纪，则不能成丝。卵之化为雏，非慈雌呕暖覆伏，累日积久，则不能为雏。④

作者既指出了人的先天之性是接受教育必不可缺的条件，又强调

---

① 何宁撰：《淮南子集释》，中华书局1998年版，第48页。

② 张岱年：《中国哲学大纲》，中华书局2017年版，第463页。

③ 何宁撰：《淮南子集释》，第1388页。

④ 何宁撰：《淮南子集释》，第1387页。

了教育对人性完善所起的重要作用。《淮南子·泰族训》还论述了学的重要性，认为“不学之与学也，犹喑、聋之比于人也”①。

第三，提出在形、神、气俱养的前提下以养神为主的“养生说”，并创立了一套健身方法，体育因之得到了相应的发展。《淮南子·精神训》中阐述了人的胚胎发育过程：

> 一月而膏，二月而胅，三月而胎，四月而肌，五月而筋，六月而骨，七月而成，八月而动，九月而躁，十月而生。形体以成，五脏乃形……②

这段关于生命个体形成过程的见解已经接近科学的实际，对胎教起到很好的指导作用。这段文献在某种程度上说明，人类对生命探讨的认识在加深，对个体价值的关注在加强。

汉初“黄老学说”为适应“大一统”封建帝国初建的需要，摒弃老庄“绝学无忧”的知识观，重视文教事业的恢复和发展。“黄老学说”强调“道法自然”，以自然为师，遵循事物的发展规律，致使民间幼儿教育的价值取向也偏向于保护幼儿的“自然”状态，遵循幼儿教育规律。此外，“黄老学说”对养生之道和生命运动的研究也提升了中国古代幼儿教育的科学性。总体而言，“黄老学说”继承了先秦道家的幼儿思想，对传统幼儿教育的发展起到了积极作用。

（二）“儒学独尊”文教政策的确立及阐述

经过汉初半个多世纪的休养生息，社会经济逐步恢复，政治统治也进一步巩固，封建社会第一个治世“文景之治”随之而来。汉武帝即位时，国家的经济实力空前强盛，已经具备了变“无为”为“有为”的物质条件。为了应对日益尖锐的阶级矛盾、

---

① 何宁撰：《淮南子集释》，第1422页。

② 何宁撰：《淮南子集释》，第506页。

巩固中央集权统治，汉王朝开始改弦易辙，逐渐放弃清静无为的“黄老之术”，采取“独尊儒术”的文教政策。

儒家学说最终能够取代汉初的“黄老学说”，确立“儒学独尊”的地位，主要是基于一定的社会基础和时代需求。正如冯友兰所说：

> 儒家的胜利不是仅仅由于当时某些人的运气或爱好。当时存在的一定的环境，使儒家的胜利简直是不可避免的。①

儒学“胜利”的原因在于以下几点。

其一，儒家学说逐渐复苏，对统治阶级的影响不断提升。汉初的“黄老之学”迎合了巩固“大一统”封建帝国的需要，具有熔铸道、法，兼采儒墨、名家、阴阳家的特点。因此，“黄老之学”对包括儒学在内的诸家思想均采取一种放任的态度。在儒家学者孜孜不辍地努力下，儒家学说得以复苏并迅速发展。汉朝开国之初，儒家学者叔孙通因制订朝仪有功，晋升为太常，身居九卿之列。惠帝四年（前 191 年），“挟书令”得以废除，儒学的研究和传授活动随之活跃起来。孝文帝时期，开始设置儒学的专经博士，并重用贾谊。此外，为了满足统治者的需要并提升学派的地位，很多儒者开始进行儒学内部的改造。陆贾曾采纳道家的无为思想，韩婴、贾谊也杂糅法家的法治思想，而董仲舒更是儒学改造的集大成者，他的《春秋繁露》不仅汲取了黄老、法治、名实之学，而且纳入了阴阳五行、天人感应等神秘学说。经董仲舒之手，儒学基本完成了改造，初步成为契合统治者要求的学说。

其二，“黄老学说”的弊端日益显露。“黄老学说”无为、放任的治国主张尽管使百姓得以休养生息，但也纵容了诸侯王的骄

---

① 冯友兰：《中国哲学简史》，见《三松堂全集》第六卷，河南人民出版社 2000 年版，第 182 页。

恣不法和土地兼并之风，从而加剧了贫富分化，削弱了中央集权。面对匈奴的侵扰，“无为而治”的治国理念主张以“和亲”的方式消极避让。内忧外患的处境，正如贾谊在《新书·数宁》中形容的那样“抱火措之积薪之下而寝其上”[①]。景帝时期爆发的吴楚七国之乱表明“黄老学说”已不再适应形势的变化。汉武帝即位后，开始起用田蚡、窦婴、赵绾、王臧等儒臣加强君权。尽管受到信奉“黄老学说”的窦太后的极力打压，但尊奉儒术已成为社会潮流。建元五年（前 136 年），汉武帝正式置“五经”博士，标志着儒学法定地位的确立。好“黄老之术”的窦太后去世后，武帝即以田蚡为丞相，公开“黜黄老、刑名百家之言，延文学儒者以百数”[②]，完成了“罢黜百家，表彰六经”之大举及“儒学独尊”地位的确立。

谈及汉武帝时期的“儒学独尊”，必然避不开董仲舒应汉武帝贤良文学诏而作的对策，其中的建议成为汉朝三大文教政策的重要来源。第一，罢黜百家，独尊儒术。“臣愚以为诸不在六艺之科孔子之术者，皆绝其道，勿使并进。”[③] 第二，兴太学，置明师。通过兴办学校，“以养天下之士，数考问以尽其材”。第三，重选举，广取士。实行选贤任能的察举制度，广泛选拔人才。董仲舒将兴学、选士和“独尊儒术”结合起来，三位一体。“兴学使儒术控制了人才的培养，选士使儒术控制了人才的选用”[④]，儒学在封建教育中的地位得以迅速上升。董仲舒提出的建议经汉武

---

① 贾谊撰，阎振益、钟夏校注：《新书校注》，中华书局 2000 年版，第 29 页。

② 班固撰，颜师古注：《汉书》，第 3593 页。

③ 班固撰，颜师古注：《汉书》，第 2495—2526 页。

④ 李国钧、王炳照总主编，俞启定、施克灿著：《中国教育制度通史》第一卷，山东教育出版社 2000 年版，第 226 页。

帝批准，成为汉朝固定的文教政策，不仅对两汉的教育发挥了重要作用，而且奠定了汉以后传统教育的基本模式。为使“儒术独尊”的地位确定不移，武帝及其后的汉代统治者在文化教育上继续采取诸多尊儒举措，比如竭力抬高孔子及其后裔的社会地位：孔子十三代孙孔霸，汉元帝即位后，“征霸，以师赐爵关内侯，食邑八百户，号褒成君”。之后，“元始元年，封周公、孔子后为列侯，食邑各二千户。莽更封为褒成侯”。[①] 此外，汉朝又将儒家经典置于诸子著作之上：汉武帝时期有“五经博士”之设，东汉太学中采用“儒经课士法”等。

“儒学独尊”的地位在汉代一经奠定，便一直维持至封建时代的终结。不管此后的历代统治者是否真正信仰儒家学说，在治国理政上都自觉接受儒家思想的指导，即使少数民族建立的政权也同样执行尊崇儒术的政策。这表明儒学已经深深根植于封建社会的经济、政治和思想文化。幼儿教育自然也不例外，深受儒学影响，主要表现在以下三个方面：第一，幼儿教育的必要性得到肯定。儒家高度重视早期教育的重要性。随着儒学在整个社会的思想文化中独尊地位的确立，实施幼儿教育的必要性逐渐受到认可。第二，幼儿教育以儒学思想为主要内容。儒家思想以“仁”为核心，强调道德修养和礼义教化。在儒学成为主流思想后，这一特点对幼儿教育思想产生了更加深刻的影响，如重视道德行为习惯的养成和伦理纲常的培养等。第三，在教育方法上，幼儿教育遵循有教无类、因材施教等儒家所秉承的重要原则。总之，幼儿教育在儒学进一步的影响下，不断得到新的发展。

二、“兴教化民” 与“三纲五常” 的构建

儒家学说向来重视化民成俗和兴学育才。为了满足封建“大

---

① 班固撰，颜师古注：《汉书》，第 3353、3365 页。

一统”对人才的需求和维护社会统治的需要，汉朝统治者采取了一系列“兴教化民”的举措，各级官学与民间私学得到进一步发展。伴随着汉代教育的全面儒学化和“三纲五常”封建伦理道德体系的构建，“儒学独尊”的地位进一步得到巩固。

（一）“兴教化民”思想及举措

重视教育、推崇教化是儒家政治思想的核心。它建立在两个立论基础上：“一是民众个人接受教化的可能性和必要性，二是国家推行教化的需要和效益。”①

对于前者，董仲舒综合了孟子和荀子的性善论和性恶论，提出人性有善有恶论。董仲舒将人性分为对立的性和情两方面，认为人性的性与情对应天的阳和阴。他在《春秋繁露·玉杯》中说：“人受命于天，有善善恶恶之性，可养而不可改，可豫而不可去。”② 董仲舒认为人性有善有恶，并且只能在一定限度内调节。由于接受上天阴阳之施的程度不同，人性也各有差异。董仲舒将不同人性的人分为三类：过善的“圣人”，纯恶的“斗筲”及二者中间的“中民”。董仲舒的观点成为中国古代“性三品”论的先驱。“圣人”纯然完善，“斗筲”又无可改善，而绝大多数“中人”可以通过后天的教育而养成善性。董仲舒指出：“天令之谓命，命非圣人不行；质朴之谓性，性非教化不成；人欲之谓情，情非度制不节。”③ 通过这些言辞，董仲舒完整论证了民众接受教化的可能性和必要性。

对于后者，董仲舒继承了儒家重德教、轻刑罚的治国思想，

---

① 赵家骥、俞启定、张汝珍主编：《中国教育思想通史》第二卷，湖南教育出版社1994年版，第62页。

② 苏舆撰，钟哲点校：《春秋繁露义证》，中华书局1992年版，第34页。

③ 班固撰，颜师古注：《汉书》，第2515页。

认为教育是治国的根本，而推行教化是社会长治久安之策。他指出："教，政之本也；狱，政之末也。"① 他主张采用社会教化，以形成统一的民心和民俗。董仲舒强调社会教化远比刑罚有效，它有助于防范百姓"犯上作乱"，具有堤防作用：

> 夫万民之从利也，如水之走下，不以教化堤防之，不能止也。是故教化立而奸邪皆止者，其堤防完也；教化废而奸邪并出，刑罚不能胜者，其堤防坏也。②

董仲舒还通过正反两方面的比较，认为教化可统一人心、形成道德力量，使民耻于为非，而放弃社会教化则会造成严重后果。总之，董仲舒站在统治阶级的立场，将民众作为防范的对象，表明了封建社会统治阶级和人民群众之间存在不可调和的矛盾，但他的通过兴办学校实施社会教化的思想却具有进步意义，促进了社会的稳定和封建教育的发展。

"兴教化民"思想的践行体现于官学体系的建立和私学的勃兴。汉朝初年，经济凋敝、社会动荡，加之统治者奉行"无为而治"的"黄老学说"，官学体系未能建立，教育发展缓慢。及至武帝时期，社会经济已经积累到一定程度，在"独尊儒术"的指导下，汉代的官学和私学都获得空前的发展。

董仲舒明确提出兴学设教应从建立中央官学做起，建议天子效仿西周古制，重建衰废已久的官学制度。他还主张素养士而取才，提出应当广泛选拔地主阶级的优秀子弟入太学，使之亲受名师教诲，经过严格的培养和考核，以成为符合统治者需要的人才。③ 汉武帝采纳了董仲舒卓有远见的建议，责成丞相公孙弘付

---

① 苏舆撰，钟哲点校：《春秋繁露义证》，第 94 页。

② 班固撰，颜师古注：《汉书》，第 2503 页。

③ 参见毛礼锐、沈灌群主编：《中国教育通史》第二卷，山东教育出版社 1986 年版，第 163—164 页。

诸实施，建立汉代官学体系。元朔五年（前 124 年），武帝在原有博士官的基础上，创建太学，招收博士弟子五十人。我国封建官立大学制度正式确立。随着经济的发展及“独尊儒术”政策对教育的鼓励力度不断加大，两汉时期太学生的人数增长较快，至东汉质帝时期竟招募太学生三万人之多，但教学质量已远不及昔日。汉代官学中除了太学，还有官邸学和鸿都门学。官邸学包括东汉明帝时期为教育外戚子弟而开设的“四姓小侯学”、邓太后为王室四五岁的幼儿开设的邸学和教育宫人的宫廷学校。东汉灵帝时期，世界上第一所文学、艺术专科学院——鸿都门学于洛阳创建。文翁兴学开汉代地方官学教育的先声。西汉末年，由于王莽的提倡，郡国学校得以普遍设立。汉代的地方官学与行政区划相一致，分别称为学、校、庠、序。总的来说，汉代官学基本形成中央和地方两类，奠定了我国传统教育的坚实基础。

汉初，国家尚无力办学，民间私学则成为最主要的教学形式。官学建立后，招生人数难以满足众多读书人的求学要求，因此全国大部分教育任务仍然依靠私学承担。汉代私学包括以书馆为主要形式的蒙学教育、以“乡塾”为主要形式的一般经书学习、以“精庐”或“精舍”为主要形式的专经教育、以经学为学习内容的家庭教育。其中，启蒙教育的教师称为“书师”，学习的内容为识字、写字和算术等；《仓颉篇》《凡将篇》《急救篇》等识字教材曾作为学童所学内容。在初读一般经书并学有所成后，学子可入“精庐”，进行专经研习，接受讲学大师的专经传授。此外，一些著名的经学世家孩子从幼年起就开始受生活经验、为人处世、道德和经学方面的教育。在“儒学独尊”文教政策的指引下，民间私学的发展不断壮大，而且呈现出私学向下延伸的特点，即向社会基层扩展，为古代幼儿教育和人才培养做出不可忽视的贡献。

“儒学独尊”后对正统教育的直接影响表现为教育的全面儒学化，儒家的伦理道德和儒家经典成为教育的主要内容。汉代形成了官学为主、私学为辅的封建教育的基本模式，二者相辅相成、相互补充、相互促进，共同推动了社会教化和人才培养。

（二）“三纲五常”封建伦理道德体系的构建

作为封建专制统治的有力工具，教育必然以培养忠实于封建制度和维护统治阶级利益的人才为目的，儒家伦理道德教育自然被置于首要位置。“三纲五常”封建伦理道德体系经董仲舒的构建而基本成型，且又不断完善和发展，最终成为封建社会伦理道德教育的主要内容和约束人们行为的道德准绳。“三纲五常”的形成与定型经历了一个很长的过程，“大体上说它孕育于先秦而成型于汉代”[①]，是孔孟倡导的伦理关系和道德条目被董仲舒纳入阴阳说和天道观思想构架下的产物。

“三纲”指中国古代处理君臣、父子、夫妻这三种人伦关系的伦理规范。孔子最先提出“君君，臣臣，父父，子子”[②] 最基本的伦理关系，认为君臣父子必须遵循既定的“礼”。孟子又提出更为广泛的人伦关系，提出“父子有亲，君臣有义，夫妇有别，长幼有叙，朋友有信”[③]。孔、孟并没有强调君臣关系中君主的绝对权威，反而提倡君臣相互尊重、以民为贵的进步思想。荀子也提出“君臣、父子、兄弟、夫妇，始则终，终则始，与天地同理，与万世同久，夫是之谓大本”[④]。可见，儒家思想的实质重

---

① 刘学智：《“三纲五常”的历史地位及其作用重估》，《孔子研究》2011 年第 2 期。

② 杨伯峻译注：《论语译注》，中华书局 1980 年版，第 128 页。

③ 杨伯峻译注：《孟子译注》，第 125 页。

④ 王先谦撰，沈啸寰、王星贤点校：《荀子集解》，中华书局 1988 年版，第 163 页。

在调整以人伦关系为基础的社会秩序，以人际关系的和谐促进社会秩序的稳定，从而为教育的发展确立了大致的方向。

董仲舒在前人的基础上，借助阴阳家的“天人感应”说，论证君臣、父子、夫妇等伦理关系的“合理性”，其核心是君尊臣卑。他宣称：

> 天子受命于天，诸侯受命于天子，子受命于父，臣受命于君，妻受命于夫。诸所受命者，其尊皆天也，虽谓受命于天亦可。①

在他看来，一切人伦关系皆是天定。董仲舒进一步以“阳尊阴卑”为理论依据提出：“君臣、父子、夫妇之义，皆取诸阴阳之道。君为阳，臣为阴；父为阳，子为阴；夫为阳，妻为阴。”② 他以维护封建社会的稳定和中央皇权为目的，将君臣、父子、夫妇三种伦理关系表述为天定的、不可变更的制约关系，教导世人“臣顺从于君、子顺从于父、妻顺从于夫”乃天经地义之事，否则就是逆天而为。这样就使得平等的人伦关系演变为等级森严的人际关系。

“五常”指“仁、义、礼、智、信”五种封建社会最基本的道德原则，由董仲舒最早提出。董仲舒的“五常”思想也是对先秦儒家道德思想的继承和发展。孟子曾明确提出每个人都有仁、义、礼、智这四种品德：“仁义礼智，非由外铄我也，我固有之也，弗思耳尔。”③《孟子·尽心上》提出：“君子居是国也，其君用之，则安富尊荣；其子弟从之，则孝悌忠信。”④ 董仲舒从这八德中拈出“五常”，同样以“天人合一”的论证方式进行阐述。他认为天有“五行”，人则有“五常”，以仁配木、以智配火、以

① 苏舆撰，钟哲点校：《春秋繁露义证》，第 412 页。

② 苏舆撰，钟哲点校：《春秋繁露义证》，第 351 页。

③ 杨伯峻译注：《孟子译注》，第 259 页。

④ 杨伯峻译注：《孟子译注》，第 315 页。

信配土、以义配金、以礼配水，“五常”与“五行”一样都被上天安排好了次序。

作为“五常”的核心，“仁”是做人最起码的道德底线，需要对他人“无伤恶之心，无隐忌之志，无嫉妒之气，无感愁之欲，无险诐之事，无辟违之行”，只有这样才能让身边的人感到安全放心。以“仁”待人还可以使自己心底坦荡，达到“其心舒，其志平，其气和，其欲节，其事易，其行道”① 的效果。

“义”是约束个人行为的准则，能起到保证行为适当的作用：“义之法在正我，不在正人。我不自正，虽能正人，弗予为义。”② 董仲舒还通过“义”“利”关系的解读阐释“义”的重要性，认为“义”可以保持心灵的乐观：

> 天之生人也，使人生义与利。利以养其体，义以养其心。心不得义不能乐，体不得利不能安。义者心之养也，利者体之养也。③

“礼”来源于天，是维护社会秩序的规矩：“礼者，继天地，体阴阳，而慎主客，序尊卑、贵贱、大小之位，而差外内、远近、新故之级者也，以德多为象。”④

“智”能使人拥有明辨是非的能力，对人们的行为起指导作用。董仲舒非常强调“仁”与“智”的统一，要做到“必仁且智”。“故不仁不智而有材能，将以其材能以辅其邪狂之心，而赞其僻违之行”⑤，在董仲舒眼里，“不仁不知”之人即使有才能，也会做出危害社会的事。

---

① 苏舆撰，钟哲点校：《春秋繁露义证》，第 258 页。
② 苏舆撰，钟哲点校：《春秋繁露义证》，第 251 页。
③ 苏舆撰，钟哲点校：《春秋繁露义证》，第 263 页。
④ 苏舆撰，钟哲点校：《春秋繁露义证》，第 276 页。
⑤ 苏舆撰，钟哲点校：《春秋繁露义证》，第 257 页。

“信”即诚信不移，诚实专一。董仲舒认为为人处世不能有任何欺诈、不诚信的行为，“竭愚写情，不饰其过，所以为信也”①，要敢于对自己的过错不加遮掩，以诚待人。

“三纲”“五常”经董仲舒的阐述，发展为儒家道德教育的基本内容。“三纲”是道德的基本准则，“五常”则是与个体的道德认知、道德情感、道德意志、道德践履等心理和行为能力相关的道德观念。“三纲”是“五常”的道德准则，“五常”是“三纲”总则付诸个体的具体展开。“三纲”“五常”为封建社会制定了社会秩序和道德规范，有利于调节社会人际关系和规范社会秩序。

东汉章帝建初四年（79 年），白虎观会议召开。会后，班固根据章帝的意旨撰写了重要官方文献《白虎通德论》（又称《白虎通议》），对封建纲常名教做了更加完备的阐述。“三纲”“五常”由此得到进一步强化。《白虎通议·三纲六纪》说：“三纲者，何谓也？谓君臣、父子、夫妇也。”又引《礼纬·含文嘉》之言“君为臣纲，父为子纲，夫为妻纲”作为“三纲”的准则。②《白虎通议·性情》明确指出：“五性者何谓也？仁义礼智信也。”③值得注意的是，直到此时，“三纲”和“五常”还没有结合并称。首次将二者并称的是东汉后期的经学家马融。何晏在《论语集解·为政》中为“子曰：‘殷因于夏礼，所损益，可知也。周因于殷礼，所损益，可知也’”作注时，引用马融之语：“所因，谓三纲五常。所损益，谓文质三统。”④“三纲”与“五

---

① 苏舆撰，钟哲点校：《春秋繁露义证》，第 459 页。

② 陈立撰，吴则虞点校：《白虎通疏证》，中华书局 1994 年版，第 373—374 页。

③ 陈立撰，吴则虞点校：《白虎通疏证》，第 381 页。

④ 引自程树德撰，程俊英、蒋见元点校：《论语集释》，中华书局 2013 年版，第150 页。

常”的连提并称，意味着封建思想家终于把封建纲纪和处理这种纲纪的道德原则，结合为一体，构成了一个完整的政治伦理道德体系。①

独尊后的儒家思想经董仲舒的改造，已经成为服务封建“大一统”的具有神学化的思想学说。其构建的“三纲五常”封建伦理道德体系尽管禁锢了民众的思想，但对封建社会的稳定起到了重大作用。“五常”中对“仁、义、礼、智、信”的倡导在当今也不乏积极意义。受“儒学独尊”的影响，汉代的幼儿教育在价值取向上走向对伦理道德的追求，儒家道德规范和伦理秩序开始成为家庭实施幼儿教育的主要内容。中国幼儿教育思想被打上了浓厚的道德底色，成为传统教育最为显著的特征之一。

三、“主以儒学”与“辅以佛道”的确立

魏晋南北朝时期，由于玄学的兴起和佛教、道教的发展，儒学受到冲击，儒、佛、道、玄并存并融。隋唐统治者根据儒、佛、道三者的关系，制定了以儒为主干、以佛与道为两翼的文教政策。受此影响，幼儿教育思想增添了许多新因子，呈现出更为鲜明的时代特色。

（一）“儒学独尊”地位的冲击

东汉末年，政局动荡，社会复陷于分裂与动乱之中。222年，魏、蜀、吴开始形成三足鼎立之势。265年，司马氏废曹魏自立，建西晋，并于280年实现了短暂的统一。317年司马氏南迁，建立东晋。此后南方相继建立宋、齐、梁、陈四朝。北方陷入“十六国之乱”后由北魏实现了统一，随后又分为东魏和西魏。继东

---

① 李君惠：《略论“三纲五常”的形成和影响》，《文史杂志》2010年第3期。

魏而起的政权为北齐，继西魏而起的政权为北周。至589年，隋朝再次统一天下。史学界将这三百余年称为魏晋南北朝。由于长期的封建割据战争和频繁的王朝更迭，这一时期并无恒定的文教政策。但乱世恰好是思想发展的温床，玄学的异军突起、佛教和道教思想的传播令“儒学独尊”的地位受到严重冲击，出现了儒、佛、道、玄相互博弈和相互融合的态势。

社会的动荡、分裂、变迁为玄学的产生提供了社会环境。玄学是指以老庄思想为骨架，融合儒、道学说，以理性清谈和反传统为基本特征的新思想学说。玄学的发展过程中，大致有三大流派影响较大。盛行于魏正始年间（240—249年）的玄学思想有“玄学正统派”之名，何晏、王弼等人是主要代表。他们一方面主张“天地万物皆以无为本”①，以自然为本、名教为末，要求崇本息末；另一方面又要维护现实的名教礼法制度，提出名教本于自然说，试图融合儒、道学说。魏嘉平、景元年间（249—264年），阮籍、嵇康、山涛、王戎、刘伶、向秀、阮咸七人恣意洒脱、退隐清谈，史称“竹林七贤”。他们完全站在名教的对立面，主张“越名教而任自然”②，彻底抛弃名教，率性而为，被称为“玄学异端派”。晋泰始、咸宁年间（265—280年），以向秀和郭象为代表的“新玄学派”竭力弥合“正统派”和“异端派”的理论分歧，认为自然与名教是同生并存的，又有儒、道合流的倾向。玄学教育思想强调自然无为，重视个体的地位和价值；强调顺应儿童的个性发展，因性自然；主张崇尚理性，得意忘言。③

---

① 房玄龄等撰：《晋书》，中华书局1974年版，第1236页。

② 嵇康：《释私论》，见严可均校辑：《全上古三代秦汉三国六朝文》，中华书局1958年版，第1334页。

③ 参见赵家骥、俞启定、张汝珍主编：《中国教育思想通史》第二卷，第228页。

刘宋王朝时期，玄学取得进一步发展：元嘉十六年（439年）文帝令何尚之主持玄学馆；泰始六年（470年），具有综合大学性质的总明观设道学科（玄学科）。玄学进入官学系统，动摇了儒学的独尊地位。

佛教传入我国后，由于儒学占据着文教事业的独尊地位，佛教思想传播缓慢。魏晋南北朝分裂的社会现状打破了意识形态的统一，使佛教获得了迅速传播的契机。由于晋元帝司马睿、北魏道武帝拓跋珪、北齐文宣帝高洋、北周武帝宇文邕、梁武帝萧衍等帝王曾痴迷于佛理，佛教在魏晋南北朝得以广泛传播。官学、私学不仅在教育内容上吸收了佛教理论，在教学方法上也深受佛教影响，比如讲说讲解、念诵精思、注疏笔记、弟子代讲等。

道教渊源于古代的民间巫术和神仙方术，是我国土生土长的宗教。道教依附于《老子》和《庄子》，尊老子为教主，并将之神化，且因追求长生不老和得道成仙，受到世人的热烈追捧。魏晋南北朝时期，道教的传播开始向统治阶级渗透，并不断吸收佛、儒思想，完善了自身的神学体系。西晋葛洪、北魏寇谦之、南朝陶弘景等人是魏晋南北朝时期名噪一时的道教教育家。他们关于养生方面的研究对胎养优生、婴幼儿保健理论的发展产生了一定的影响。

尽管“儒学独尊”的地位受到玄学、佛教、道教的冲击，但儒学具有兼收并蓄的特点和应对挑战的历史经验。因此，魏晋南北朝时期的儒学仍能不断发展并占据着文化教育领域的主流地位。不少统治者均实施过崇儒举措：魏文帝黄初五年（224年），曹丕恢复废置已久的太学，“夏，四月，初立太学；置博士，依汉制设《五经》课试之法”①。西晋武帝创设国子学，“及咸宁四

① 司马光编著，胡三省音注：《资治通鉴》，中华书局1956年版，第2218页。

年，武帝初立国子学，定置国子祭酒、博士各一人，助教十五人，以教生徒”[①]。梁武帝萧衍在位四十八年，重视兴学，复国子学，设五馆延纳学子，置士林馆云集学者，又令周兴嗣编撰《千字文》。此外，多位帝王均对孔子后人进行册封赏赐，以表崇儒之意。

总的来说，魏晋南北朝时期“儒学独尊”的地位已不复存在，儒、佛、道、玄思想呈现出激烈博弈的态势。然而，在反复的较量中，彼此也加深了认识和了解，开始不断将对方的优点融入自己的理论与实践之中，推动了各家思想的持续发展。玄学思想从道家“自然无为”的观点出发，强调教育应让人的本性自然而然地发展，不应对人进行教育改造。“学不学，以复众人之过”[②]。也就是说，不学而能，就是自然，就是人的本性。这种倡导遵循自然的教育，实际上提倡的是一种自然而然的教育，更是倡导一种让受教育者在不知不觉中受到影响的隐性教育方式，即是嵇康所说的“简易之教”，王弼所说的“我之〔教人〕，非强使从之也，而用夫自然”[③]。这种潜移默化的教育体现的是对生命的尊重、对规律的遵循，是一种心灵与行为的有机契合，为以儒家思想主导的幼儿教育注入了新鲜血液。魏晋南北朝是我国教育思想朝着多样化和细致化发展的时期，儒家教育思想也在社会大变局中积极寻求自我发展的新出路。

在幼儿教育领域，儒家教育思想与广大民众的结合度不断加深，以儒学思想为内核的教育内容渗透于每个家庭的幼儿教育活动之中。譬如朱育的《幼学》、束皙的《发蒙记》、王褒的《幼

---

① 房玄龄等撰：《晋书》，第736页。

② 陈鼓应注译：《老子今注今译》，商务印书馆2003年版，第301页。

③ 王弼著，楼宇烈校释：《王弼集校释》，中华书局1980年版，第118页。

训》、颜之推的《颜氏家训》和周兴嗣的《千字文》都成为幼儿启蒙教育的重要内容，早期教育理念也广泛散播于宫廷与民间。

在动荡的社会中，人们纷纷追求精神的慰藉、思想的多元化，促成了人们选择的多样化。同时，人们对教育重要性的认识也在加深，并且重视早期教育对人生成长、民族延续、民族稳定的重要作用。

（二）“主以儒学”“辅以佛道”文教政策的确立

581 年，杨坚废周静帝自立，国号隋。589 年灭陈，建立起统一的中央集权制封建国家。隋朝统治仅维持 38 年，于 618 年被李渊建立的唐朝所取代。唐朝经“贞观之治”和“开元盛世”而一度发展成为世界上高度文明和强盛的国家。至 907 年朱温篡唐，唐朝宣告覆灭。基于社会的实际利益和需要，加之统治者的主观喜好，隋唐时期采取较为宽容的文教政策，既尊崇儒术，又兼重佛、道，确立了“主以儒学”“辅以佛道”的文教政策。

魏晋南北朝时期，由于社会的动乱和玄学、佛教的冲击，儒学在文化教育领域失去了独尊的地位，其发展一度呈衰微之势。隋唐天下复归统一之后，统治者意识到难于进取、易于守成的儒家思想在维护统治上的巨大作用，遂采取了诸多崇儒兴学的举措，儒学逐渐复兴。隋文帝采纳牛弘的建议，广泛征集儒家经典。隋炀帝时，又将儒家经典整理为“经”“史”“子”“集”四类，成为后世史籍分类的正统方法。[①]“颇好儒臣”的李渊十分重视兴化崇儒，在国子学中立周公、孔子庙各一所，四时致祭。武德七年（624 年），他还亲自到国子学参加“释奠”礼，颁布《兴学敕》。唐太宗在未登基之前即在府中设立文学馆，网罗了房玄龄、杜如晦等儒士。唐太宗即位后，又开设弘文馆，选拔精英儒

① 参见毛礼锐、沈灌群主编：《中国教育通史》第二卷，第 459 页。

者共商国是。唐太宗重视儒学的程度正如他自己所言：

> 朕今所好者，惟在尧、舜之道，周、孔之教，以为如鸟有翼，如鱼依水，失之必死，不可暂无耳。[①]

鉴于儒学章句的繁杂和政治统一的需要，唐太宗命国子祭酒孔颖达编撰《五经正义》一百七十卷，颁行天下，并作为科举考试的标准，从而提高了儒学的地位。唐玄宗同样重视儒学，726 年发布《求儒学诏》，广寻通经的人才。739 年，他追赠孔子为“文宣王”，极大地抬高了孔子的地位；次年，又将参加国子监观礼定为常制。此外，唐玄宗时期，礼制巨作《大唐开元礼》的问世，使儒家教条渗透到人们的思想和行动之中。唐文宗开成二年（837 年）完成的《开成石经》，进一步为统一经学做出不可磨灭的贡献。经隋唐统治者的提倡，特别是将儒学经典与选拔人才的科举制结合起来，儒学得以快速恢复，并再次回归文化教育领域的中心。

隋唐时期虽尊崇儒学，但又兼重佛、道。这一历史阶段，佛教在中国进一步传播。尽管其间受到几次“排佛”运动的冲击，但由于囊括了包括统治者在内的大量信徒，佛教始终未能退出意识形态领域。隋文帝竭力崇佛，开皇元年（581 年）曾“诏境内之民任听出家，仍令计口出钱，营造经像”，由于大量佛经的整理和翻译，甚至出现“民间佛书，多于《六经》数十百倍”的局面。[②] 唐太宗对佛教的发展采取宽容的方针，他支持玄奘翻译佛经，并为译成的新经作《圣教序》。武则天通过大力倡导佛教来达到其政治目的，不仅支持译经、造庙，甚至于 691 年明令佛教的地位处于道教之上。819 年，唐宪宗派人到凤翔寺迎佛骨，将崇佛之风推至高潮，以致社会财富急剧流入佛门，社会矛盾激

① 吴兢编著：《贞观政要》，岳麓书社 1994 年版，第 226 页。

② 司马光编著，胡三省音注：《资治通鉴》，第 5449 页。

化。唐武宗会昌五年（845年）曾进行拆除寺庙、强迫僧尼还俗、收回田产等抑佛活动，但其后佛教又再次复兴。另外，佛教“极乐世界”“轮回转世”等观点具有麻痹民众的作用，遂成为统治者思想统治的精神武器。但应该注意到，“每一座寺院即是一所佛教学校”①，佛教的讲经、译经、注经、抄经和藏经活动具备较高的学术性，并反映一定的教育规律，对教育的发展影响极深。另外，唐代统治者以道教鼻祖李耳为始祖，故格外重视道教。唐高宗于666年封老子为太上玄元皇帝，命各州设置道观。武则天即位后，为了巩固武周王朝，改变了唐初以来尊崇道教的文教政策，实施崇佛抑道的举措。中宗复位后，道教得以重振。唐玄宗执政后期迷信道教，曾亲自注《老子》，颁行天下。玄宗还在两京设立崇玄馆，专门研究《老子》《庄子》《文子》《列子》，学成者可参加道举科的考试。在唐朝统治者的支持下，道教逐渐兴旺发达。

隋唐“主以儒学”“辅以佛道”的文教政策根植于社会发展的需要和三教发展的现实。一方面，儒、佛、道三家思想体系中或多或少都存在满足统治者需要的成分，对于维护封建社会的繁荣发展意义重大；另一方面，经历数百年的发展，三种思想体系愈发成熟完善，呈现出相互吸收、相互融合的发展态势。因此，隋唐时期的文教政策不仅使封建社会走向鼎盛，也为新的儒学思想体系（宋明理学）的诞生奠定了基础。

总的来说，秦汉、隋唐时期是儒家教育思想在文化教育领域独尊地位的确立时期，尽管其间儒学受到了其他思想的冲击，但仍能占据意识形态的主流，并能顺应时代的变迁而不断发展。与之对应，在这一时期，儒家教育学说占据了中国古代幼儿教育思

① 赵家骥、俞启定、张汝珍主编：《中国教育思想通史》第二卷，第305页。

想的核心地位。幼儿教育不管是在教育目的、价值理念还是教育内容上，均毫无疑问地以儒学思想体系为旨归。

第二节　贾谊的幼儿教育主张

贾谊（前200—前168年），洛阳人，西汉杰出的政论家、思想家、文学家和教育家。他年少能文，得“洛阳才子”之美誉，二十出头即被汉文帝召为博士。因年轻敢为、思维敏捷，深受汉文帝赏识，不及一年，便官至太中大夫。为了适应时势，贾谊建议改进陈规旧制，遭到一批元老重臣的排挤和诋毁，称他“专欲擅权，纷乱诸事”①，故被贬为长沙王太傅。四年后，复被文帝征召，旋即任命为梁怀王太傅。前后八年的太傅生涯，使贾谊积累了丰富的教育经验，提出了颇具创见的幼儿教育主张，成为我国历史上系统阐述幼教理论的第一人。《新书》是贾谊思想的结晶，幼儿教育理论是其重要组成部分。值得注意的是，由于贾谊的特殊经历影响，他的幼教理论主要是针对太子而论的，具有一定的特殊性。太子是国家未来命运的掌控者，“天下之命，县于太子”②。太子教育的良窳直接关系国家的盛衰。但作为受教育者，太子与普通学生并无本质区别，故贾谊的幼教思想具有重要的借鉴意义。

一、“早谕教”

贾谊少时随张苍学《左氏春秋》，其师承渊源显然与荀学有密切关系。尽管他的思想在一定程度上受到汉初“黄老学说”的

① 班固撰，颜师古注：《汉书》，第2222页。

② 贾谊撰，阎振益、钟夏校注：《新书校注》，中华书局2000年版，第186页。本节以下所引《新书》均采用此版本，只随文标注篇名。

影响而显得较为驳杂，但儒家的重教传统和积极有为的政治主张仍为其思想的主要特征。此外，亡秦之鉴使贾谊看到了“教”与无“教”所产生的两种截然不同的政治效果，遂提出：

> 教者，政之本也；道者，教之本也。有道，然后教也；有教，然后政治也。（《大政下》）

在他看来，推行教化主要依靠最高统治者，贤明的统治者是维护中央集权统治和社会安定和谐的关键要素。从培养优秀的最高统治者出发，贾谊高度重视太子教育，并为之设计了从胎教到青年期的一整套教育方案，开启了系统研究胎教和早教理论之先河。贾谊主张：在胎儿出世之前开始施加教育，即胎教；在新生儿出生后及早施育，营造良好的育人环境。

（一）“正本须慎始”

贾谊认为，要将儿童培养成德行高尚的人才，必须注重胎教，人同世间万物一样，只有根基是正的，成长才会朝好的方向发展。在《胎教》开篇，他即引述《周易》“正其本而万物理，失之毫厘，差以千里”的观点，明确提出“君子慎始”，并且要求自始至终认真对待胎教，做到“慎始敬终”。贾谊胎教理论的思想基础是对“慎交感”的认可。“慎交感”既与汉初思想家普遍认同的“天人感应”思想相通，又反映了古人在观察自然之时认识到母子之间存在着相互感应。这种母亲与子女的天然联系，更加凸显了胎教的重要性。是故，贾谊认为正本须慎始，而这个始点可以延至优良配偶的选择和孕期母亲对自身言行、起居和环境的注意。

其一，慎重选取婚配对象。贾谊认为胎教的第一步在于择偶，择妻选夫是生育慈孝后代的前提。他说：

> 素成，谨为子孙婚妻嫁女，必择孝悌世世有行义者。如是，则其子孙慈孝，不敢淫暴，党无不善，三族

> 辅之。故凤凰生而有仁义之意，虎狼生而有贪戾之心，两者不等，各有其母。（《胎教》）

父母的身体状况、成长环境、受教育情况和道德品行都将影响孩子的成长和品性，这与现代婚育观不谋而合。在贾谊看来，母亲必须在家孝顺双亲、尊敬兄长、常怀仁义之心，这样，孩子从受孕到出生、成长都将受到良好德性的熏陶。这反映出我国古代生育观已经赋予了女性一定的地位，她们不仅承担着子嗣承传的责任，也肩负育人的使命。贾谊关于慎重择偶的主张一定程度上体现了优生学的进步思想，并已经明确表达了遗传在生育子女上的作用，置之今日，仍有重要史鉴价值。

其二，重视孕妇的身心健康与起居住行。贾谊强调胎教的重要性，而对腹中胎儿施教之人主要是孕妇，所以，他认为孕妇应该格外注意自己的言行举止和饮食起居，为胎儿的发育创设良好的环境。贾谊在《胎教》中引述青史氏的记载：

> 古者胎教之道，王后有身，七月而就蒌室。太师持铜而御户左，太宰持斗而御户右，太卜持蓍龟而御堂下，诸官皆以其职御于门内。比三月者，王后所求声音非礼乐，则太师抚乐而称不习；所求滋味者非正味，则太宰荷斗而不敢煎调，而曰不敢以侍王太子。

王后在怀孕七个月后移居安静的“蒌室”，静心养胎，由专业人员进行分工照顾，以确保王后饮食的营养、见闻的纯正，从孕妇的生理因素上，为胎儿的发育提供良好环境。除考虑孕妇的生理因素，贾谊同样重视她们稳定的心理状态和合宜的言行举止等外部因素。在《胎教》中，贾谊以周妃后怀成王为例，指出孕妇的情绪调控和起居健康对胎儿发育的积极作用：

> 周妃后妊成王于身，立而不跛，坐而不差，独处不倨，虽怒不骂，胎教之谓也。

意思是，当母亲怀孕后，要做到行坐端严，性情和悦，独居时不懈怠放任，发怒时不谩骂他人。孕妇须注意保持良好的姿态、安定的情绪，避免接受感情和精神刺激，以帮助胎儿健康发育，减少畸形和其他病症。因为母子具有外象内感的关系，所以胎儿有识别母体情绪变化的能力：母亲情绪安定，胎儿将会产生安全感；而当母亲焦躁或愤怒时，胎儿也会随之不安。

贾谊首开我国系统研究胎教理论之先河，在中国幼儿教育史上具有开创性意义。虽然其胎教思想中不乏封建色彩和主观臆断的成分，譬如养胎环境过于理想化、夸大了母亲的德行对胎儿优劣起到的作用、对胎儿的生理和心理发育缺乏科学的认识，但不可否认，贾谊的胎教思想极其丰富，对当今的胎教实践仍有一定的指导意义。

（二）“早教则易成”

在胎儿出生之前重视胎教，是正本之始；在新生儿出生之后，同样需要“早谕教”，即先入为主，及时施教。贾谊的早期教育思想总结了前人早期教育的经验，认为早期教育是人格形成的最佳时期，对人一生都会产生重要影响。对于早期教育的重要性，贾谊主要阐述了以下两方面的原因。

其一，性同习异。人的天性大都相似，后天所受教育的不同才是导致人与人千差万别的根本原因。孔子即曾提出“性相近也，习相远也”① 的观点，通过对人相似天性的肯定，激发世人重视后天教育，一心向学。作为汉初儒家思想的代表人物，贾谊继承了孔子这一观点。他引述孔子“少成若天性，习贯如自然”②的说法，认为人刚生下来的时候，其性情、品质没有多大的差

① 杨伯峻译注：《论语译注》，第181页。

② 班固撰，颜师古注：《汉书》，第2248页。

别，而之后所以会出现贤愚善恶之人、有道之君与无道之君，其根本原因在于个人接受教育的不同。贾谊以殷、周两朝君主和秦二世为例，指出：殷、周两朝不少君主从小受到良好的教育，因而长大后成为治国有方的明君；秦二世由于从小所受教育不当，结果成为恶君。他说：

> 殷为天子三十余世而周受之，周为天子三十余世而秦受之，秦为天子二世而亡。人性非甚相远也，何殷周之君有道而长也，而秦无道之暴也？其故可知也。（《保傅》）

故而，贾谊高度重视对太子的早期教育，意图培养优秀的未来君主，进而使君主能够对普通民众进行良好的道德引导。

其二，早教易成。如果说胎教尚属通过母体实施的间接教育，那么儿童甫一出生，便需即刻开始直接的教育。贾谊的早期教育思想与现代教育观有异曲同工之妙，他认为婴幼儿时期，儿童还未涉足复杂的社会环境，思想如白纸般一尘不染，心地较为单纯。此时施以正面的教育，易收其心性，可达事半功倍之效，并为将来打下很好的基础。他以太子教育为例，指出：

> 天下之命，县于太子；太子之善，在于蚤谕教与选左右。心未滥而先谕教，则化易成也；夫开于道术，知义理之指，则教之功也。（《保傅》）

儿童越小可塑性越强，心思专一，容易接受教育，易于形成良好的道德观念，因此，教育要及早开始，不可错过良机。如果在儿童心性未定之时忽视了教育，则以后要用更多的精力去纠正，且事倍功半。现代教育理论认为儿童生长早期正处于情感和智力发展的关键阶段，抓住发展的关键期进行合理施教，能够帮助儿童形成优良的习惯和性格，对儿童成长产生重要影响。贾谊关于早教易成的论述与儿童成长具备关键期的规律较契合，虽然是对实践经验的总结，却闪烁着他作为幼儿教育理论家特有的智慧光芒。

贾谊从正本溯源的角度出发，系统阐述了胎教的重要意义和具体的胎教之道，又通过对先天遗传和后天教育的比较，强调了早期教育在人一生的成长过程中的关键地位。贾谊对早期教育的探讨，丰富了中国传统幼儿教育理论。

二、“选左右”

成长环境对幼儿的影响巨大，环境优劣直接决定幼儿的未来发展。贾谊主张创设利于幼儿成长的人文环境。他在《傅职》《保傅》《劝学》以及《胎教》等篇中，零星地论述了环境对教育的影响。

（一）“以保傅为师”

太子所受教育如何，决定着国家的兴衰、天下的治乱。即使身为太子，也无法完全杜绝社会复杂环境的影响，更不用说普通百姓了。因此，教育者应尽力营造良好的环境。贾谊认为，慎选左右是促进太子教育成功的保证，主张在宫廷内应设置专门辅导、教谕太子的师、保、傅，建立保傅制度。

早在西周时期，宫廷中的幼儿教育就倍受统治者重视。周代设有辅导和教谕君主、太子的专门官员，称为师、傅、保。太师、太傅、太保合称“三公”，他们的副职分别为少师、少傅和少保。贾谊在《保傅》中说：“昔者周成王幼在襁褓之中，召公为太保，周公为太傅，太公为太师。”在《傅职》一文中，贾谊更加详细地论述了“三公”“三少”具体的保傅职责：

> 天子不谕于先圣人之德，不知君国畜民之道，不见礼义之正，不察应事之理，不博古人之典传，不僩于威仪之数，《诗》《书》《礼》《乐》无经，天子学业之不

法，凡此其属，太师之任也。（《傅职》）

太师的职责，就是教谕太子懂得圣人之德、礼仪之道，治国保民，威仪天下；太傅的职责是以“大行、大礼、大义、大道”教导太子，使其能够“恩于亲戚”“惠于庶民”“哀于丧”“敬于祭”“诚于赏罚”“厚于德”等；太保则专司太子的行为规范，防止其“处位不端，受业不敬，教诲讽诵《诗》《书》《礼》《乐》之不经不法不古，言语不序，音声不中律，将学趋让，进退即席不以礼，登降揖让无容，视瞻俯仰周旋无节，咳唾数顾，趋行不得，色不比顺，隐琴肆瑟”（《傅职》）等。他还对“少师之任”“少傅之任”“少保之任”即“三少”的职责做了全面叙述。保傅官在太子尚在襁褓之时就提前任命，并且有了明确而专业的分工：保，负责太子的身体保育；傅，负责太子的道德培养；师，负责太子的知识教育。保傅官因承担着以上重任，故其选拔和任命应极为慎重。周成王的“三公”均为历史上著名的贤臣，从而保证了太子在良善的教育环境中成长。他们一方面以“孝仁礼义”之道教导太子，另一方面充当卫翼太子的屏障。前有周公“道天子以道”，左有太公“辅天子之意”，右有召公“拂天子之过”（《保傅》），使太子自幼闻正言、见正事、行正道，同时“逐去邪人，不使见恶行”（《保傅》）。师、保、傅是太子最早、最重要的教育者，他们高尚的品行和尽责的态度将直接影响太子德性的形成，最终关系到整个国家的运势。身为太傅的贾谊身体力行，为保傅官做出表率。任梁怀王太傅期间，他与王子相处十分融洽，师生情义非同一般。由于怀王在骑猎中不幸坠马身亡，贾谊陷入极度的悲痛和自责之中，年余竟忧郁而终。

保傅官对于国家有着巨大的价值，所以，贾谊强调社会应该形成尊重教师的良好氛围。从“教为国本”的基本观点出发，他继承了儒家学派关于师尊无北面、君师治之本的思想，主张举国上下、满朝文武均应尊重教师。他说：

> 王者官人有六等：一曰师，二曰友，三曰大臣，四曰左右，五曰侍御，六曰厮役。(《官人》)

教师被放在首位，排在一等。他还认为“与师为国者帝”“取师之礼，黜位而朝之”“师至，则清朝而侍”，也就是说，为了迎接教师，皇帝应该罢朝，以普通人的身份亲迎。从礼的角度强调人君和朝臣应当以最高礼遇尊师。同时，贾谊也对教师提出了相应的要求：

> 知足以为源泉，行足以为表仪；问焉则应，求焉则得；入人之家足以重人之家，入人之国足以重人之国者，谓之师。(《官人》)

在他看来，教师应是知识的源泉、行为的表率，具备高尚的德性，能够做到有问必答、有求必应，对国、对家都起着举足轻重的作用。中国尊师重教的良好传统由此而现雏形。

（二）“须慎择侍从”

保傅官为宫廷的专门教师队伍，其职责在于培养太子在政治和社会生活中所需要的品德、知识和才干，但是很多时候只是在正式场合进行劝诫和教育，并不能在太子的日常行为中进行过多的教育。有鉴于此，贾谊主张慎择左右侍从，通过周围人的正面教育和示范作用营造良好的人文环境，使太子在潜移默化中受到熏陶。

环境对人的重要影响历来受到多位先秦思想家的认同。孔子讲：“与善人居，如入芝兰之室，久而不闻其香，即与之化矣。”① 为给予孩子良好的成长环境，孟母三迁的佳话也广为流传。荀子

---

① 王国轩、王秀梅译注：《孔子家语》，中华书局 2011 年版，第 198 页。

更是典型的“外铄论”代表，强调外在的环境和教育对个人的影响，他在《劝学》中指出：“干、越、夷、貉之子，生而同声，长而异俗，教使之然也。”[①] 墨子提出“染于苍则苍，染于黄则黄”的“素丝说”。[②] 可见，环境对个人成长的影响是中国思想家关注教育问题的重要内容。贾谊充分吸收了先秦思想家的教育主张，提出“唯中主耳，又似练丝，染之蓝则青，染之缁则黑，得善佐则存，无善佐则亡”（《连语》）的观点。贾谊以齐桓公得到善人辅佐而成霸业的例子来说明君主左右之人的良善对国家的重要意义：

> 所谓中主者，齐桓公是也。得管仲、隰朋则九合诸侯，任竖貂、易牙则饿死胡宫，虫流而不得葬。（《连语》）

就太子教育而言，正直的左右对其成长的作用甚大。贾谊在《保傅》篇中总结夏、商、周三代之所以统治长久，是因为左右辅翼太子有方，而秦仅二世而亡，是因为左右不正、教导太子无方。在他看来，胡亥并非天生性恶，只是作皇子时学的全是刑狱之事，加之赵高等佞臣在其左右，故即位后草菅人命，暴虐无道。他说：

> 使赵高傅胡亥而教之狱，所习者非斩劓人，则夷人之三族也。故今日即位，明日射人，忠谏者谓之诽谤，深为之计者谓之妖言，其视杀人若艾草菅然。岂胡亥之性恶哉？其所以集道之者非理故也。（《保傅》）

贾谊重视“贤者在旁”的作用，要求选“贤良”“端士”辅佐并教育太子，甚至随太子起居出入。他指出：

---

① 王先谦撰，沈啸寰、王星贤点校：《荀子集解》，第 2 页。

② 吴毓江撰，孙启治点校：《墨子校注》，中华书局 1993 年版，第 16 页。

> 于是皆选天下之端士，孝弟博闻有道术者，以卫翼之，使与太子居处出入。故太子初生而见正事，闻正言，行正道，左右前后皆正人也。（《保傅》）

为太子及早地营造一个良好的人文环境，使其左右都是正直之人，言行皆受“正”的影响。太子一直都处于健康的环境中，受到左右“正人”潜移默化的教育，最终自然会成为“正”与“善”的君主。正如贾谊所说：

> 习与正人居之，不能无不正也，犹生长于楚，不能不楚言也。（《保傅》）

他还从反面举出例子：

> 夫胡越之人，生而同声，嗜欲不异，及其长而成俗也，累数译而不能相通，行有虽死而不相为者，则教习然也。（《保傅》）

意思是说，胡粤之人长期形成的言语习俗，即便到另一个环境中也难以更改，是因为环境对一个人的影响太过深刻。由于太子教育具备特殊性，故其左右侍从的正直与否直接关系到国家的前途命运，正如贾谊所言：“夫教得而左右正，则太子正矣，太子正而天下定矣。”（《保傅》）如果将贾谊太子教育中“须慎择侍从”的主张推及至普通大众的教育，其意旨即为强调周围人的示范作用，确保幼儿接触到的都应该是有德行、有道德的人，看到的、听到的都是符合规范的言行，这样幼儿才会在潜移默化之中养成良好的行为习惯和道德品性。

贾谊强调环境对幼儿发展的影响，提出要为幼儿选择德才兼备者作为教师，周围的人也应该是贤士，才可使良好的行为被幼儿效仿，这符合对幼儿进行正面教育的原则。我们必须承认，人在成长历程中将会深深地被环境打上烙印。贾谊在汉朝初年，便把环境之于教育的影响明确提了出来，并付之于太子教育的实践，有其积极合理的意义。然而，贾谊为幼儿提供的环境较为封闭、理想化，他面对的受教育者是具备优越条件的太子，其在享受教育特权的同时，也丧失了对社会经验的充分体验和社会面貌的全面探索。

三、“圣人之化”

对于幼儿教育的实施方法，秦代法家强求一律、惩戒驱使的教育方式，受到贾谊的猛烈批判。在《容经》中，他指出：

> 人主大浅则知暗，太博则业厌，二者异失同败，其伤必至。故师傅之道既美其施，又慎其齐；适疾徐，任多少；造而勿趣，稍而勿苦；省其所省，而堪其所堪。故力不劳而身大盛，此圣人之化也。

人所受的教育太浅薄会对学问不求甚解，太过广博则容易身心疲惫。如果二者都矫枉过正则均会失败，一定会产生损伤。因此，真正的教育是合理地实施，量力而教，不急于求成也不乏人心力。寥寥数语，却道出了诸多符合现代教育理论的原则和方法。这些内容对幼儿教育的实施无疑有着指导作用。

（一）教学方法

被贾谊称之为“圣人之化”的施教原则与方法包括：思想性、因材施教、循序渐进、量力性、精要性等。在两千多年前的汉代，贾谊已经能够较准确地把握如此多的教育规律，实属不易。

贾谊是“圣人之化”教育方法的典型代表，主张尊重儿童成长的规律，根据儿童的不同年龄特点适时调整教育方式。他认为，幼儿身体尚羸弱，必须养护结合，不仅应有教师“傅之道义”“道之教训”，更应有专门人员“保其身体”。教育的有效实施，必须基于健康强健的身体。等儿童稍大一点，就应该在学业和品德上进行严格要求，不能迁就。可见，贾谊认识到身体健康是教育的基础。随着年龄的增长，学业和品行成为教育的重要内容。这种循序渐进的教育思想符合儿童的成长规律。

当太子到了入学年龄，贾谊引《学礼》所记载的古代“五学”之制，强调太子就学的重要价值：

> 帝入东学，上亲而贵仁，则亲疏有序而恩相及矣。帝入南学，上齿而贵信，则长幼有差而民不诬矣。帝入西学，上贤而贵德，则圣智在位而功不遗矣。帝入北学，上贵而尊爵，则贵贱有等而下不逾矣。帝入太学，承师问道，退习而考于太傅，太傅罚其不则而匡其不及，则德智长而理道得矣。（《保傅》）

太傅随时严格检查太子的学业和品行状态，对待太子学习态度不端正，就应该“罚其不则而匡其不及”，即进行相应的惩罚和规范。待太子“既冠成人”之后，贾谊认为应该免去“保傅之严”（《保傅》），摒弃严格的管教方式，代之以善意的劝勉，并进行适当的提示。因为太子已经心智成熟，形成的好习惯足够让他应对以后的学习与生活。

贾谊强调按照儿童不同阶段的心智发展水平，施加不同的教育，方能取得较好的效果。教育要紧跟学生的接受能力：教学内容过少或过浅，则不能最大限度地发展学生的智力；过博过深，学生则难以接受，易产生对学习的厌倦。这种根据儿童身心发展的特点来确定教育目标和采用不同教育方式的思想，其实更像是现代社会所推崇的科学灵活的教育方式。值得注意的是，贾谊并不主张消极地适应学习者的接受水平，指出不但要“省其所省”，教给他们能够理解的知识，更要“堪其所堪”，只要学生经过自己的努力能够承担得了的内容，教师就要毫无保留地进行传授。这是一种最大限度地挖掘儿童潜能的教学原则。

贾谊还主张在幼儿教育中，要善于运用激励的方法。他说：“故择其所嗜，必先受业，乃得尝之；择其所乐，必先有习，乃能为之。”（《保傅》）也就是说，幼儿在学习了规定的学业内容之后，可以吃自己喜欢吃的东西、做自己喜欢做的事情。运用外部奖励的方法，督促幼儿先完成学习内容，再满足欲望，既保证了幼儿在学习过程中的愉悦心情，使其“学习不倦”，又推动了学习的进度。

（二）德教载体

晚唐文学家皮日休曾指出：“圣人之化，出于三皇，成于五帝，定于周、孔。其质也，道德仁义；其文也，《诗》《书》《礼》《乐》。”① 这表明，“圣人之化”逐渐成为儒家经典和道德教育的承传之道。体现在贾谊的幼教主张中，即除了以“圣人之化”为核心的各种教学方法外，还包括以道德教育为核心的学习与修身思想。作为提倡以儒家思想为治国理念的政治家，贾谊在幼儿教育思想中继承了儒家“修身、齐家、治国、平天下”的传统，始终把以儒家礼教为内核的道德教育作为实施太子教育的重心，以达到教化太子，进而对社会大众进行良好道德导引的目的。总的来说，贾谊认为，以儒家道德教育为“圣人之化”的载体，需要从以下几个方面着手。

其一，以儒学作为道德教育的主要内容。贾谊将“六经”视为道德修养和人格完善所必不可缺的学习内容，认为其含有丰富的道德涵养价值。他主张通过学习儒家的经典之作，来改善儿童的心灵，使其革心、知礼、明志，成圣成贤：

或称《春秋》，而为之耸善而抑恶，以革劝其心。

① 皮日休著，萧涤非、郑庆笃整理：《皮子文薮》，上海古籍出版社1981年版，第21页。

教之《礼》，使知上下之则宜。或称《诗》，而为之广道显德，以驯明其志。教之《乐》，以疏其秽，而填其浮气。（《傅职》）

同时，贾谊还提出太子需要学习历史经验、管理技能和典章制度，使太子懂得为人之道、为君之道：

教之语，使明于上世而知先王之务明德于民也。教之故志，使知废兴者，而戒惧焉。教之任术，使能纪万官之职任，而知治化之仪。教之训典，使知族类疏戚，而隐比驯焉。此所谓学太子以圣人之德者也。（《傅职》）

贾谊将圣人修身方法应用到太子教育中，使太子自幼形成儒家倡导的忠、信、义、礼、孝、仁等道德观念，拥有“圣人之德”。

其二，分清“品善之体”，明晰道德的概念，确立善恶的标准。一个人如果没有道德判断，不明白孰是孰非，行动就会无所适从。因此，贾谊在《道术》篇中不厌其烦地对诸如慈与嚚、孝与孽、忠与倍、惠与困等正反相对的道德概念进行具体阐释。贾谊指出：“知道者谓之明，行道者谓之贤，且明且贤，此谓圣人。”（《道术》）在他看来，“道”是“德”之根本，实施道德教育既要使学生明晰道德知识，又要促其践行道德准则，如此方能成为圣贤之人。

其三，遵循积少成多、循序渐进和防微杜渐的道德培养模式。贾谊认为，儿童道德品质的发展是循序渐进的过程，只有通过日积月累才能养成。

善不可谓小而无益，不善不可谓小而无伤。非以小善为一足以利天下，小不善为一足以乱国家也。当夫轻始而傲微，则其流而令于大乱，是故子民者谨焉。（《审微》）

对幼儿实施道德教育要从细微之处入手，发现好的言行要给予充分肯定，让其发扬光大；发现不良的行为也不能忽视，要及时制止和纠正，并向良善的发展方向诱导。倘若在端倪初露的时候置之不理，隐患必然会恶化到无能为力的境地，以致“爔爔弗灭，炎炎奈何；萌芽不伐，且折斧柯”（《审微》）的后果。在细微之处约束自己，使言行举止符合道德规范的要求，是儒家所提倡的重要修身方法。

贾谊提出的“圣人之化”幼儿教育方法论中包含了诸多独到而科学的教育原则和教育方法，在汉武帝“独尊儒术”之后，被广泛运用于教育实践，产生了很大的影响。董仲舒在《春秋繁露·玉杯》中也辑录了这段论述，并表示“吾取之”，可见，这些“圣人之化”的教学思想在当时就受到了世人的推崇。

综上所述，贾谊是先秦以来首个较为全面而系统地论述幼儿教育问题的教育家。他从“正本须慎始”的角度出发，指出实施胎教的必要性，并贡献了一些胎教之道；重视儿童的早期教育，详细阐释了后天教育对人成长的作用；强调德才兼备的教师的正面教育和良善人文环境的营造；提出一系列幼儿教育的实施方法和道德品行的培养原则。贾谊的这些见解，在今天仍有巨大的史鉴价值。早在两千多年前，贾谊即重视父母素养的考察、胎教的实施、后天环境和教育的重要作用，对影响人发展的遗传、环境、教育三大要素均进行了深入探讨，堪为教育史园地中的一朵奇葩。当然，我们也应该看到，由于历史的局限性，贾谊的许多观点带有主观臆断和迷信色彩：在母亲与幼儿品性发展之间的关系上，论述过于神秘化和绝对化；过分强调环境的影响，且营造的环境略显封闭和理想化，忽视了幼儿自身发展的能动性；对幼儿道德教育过分关注；等等。总之，贾谊所处的时代，尚处于中国幼儿教育思想的初创时期，其主张自然受到一定的历史限制，但他在吸收前人思想精髓、总结自我实践经验的基础上形成的独特幼教理论，不失为当代中国幼儿教育思想史上的一笔珍贵遗产。

第三节　颜之推的家庭教育思想

颜之推（531—约597年），字介，祖籍琅琊临沂人（今山东临沂县），生于江陵（今湖北江陵），生活在南北朝后期到隋朝前期。他出身于高门氏族家庭，家教“素为整密”。他的九世祖颜含生活于两晋时期，以孝而闻于世，仕宦显达，官至散骑常侍、大司农；后又封西平县侯，拜侍中，迁光禄勋。祖父颜见远生活于齐梁之际，官至治书侍御史兼中丞。颜之推的父亲颜协一生则游于诸王藩府。颜之推的仕宦经历颇为坎坷，他一生饱尝战乱之苦，苟全性命于乱世，“一生而三化”①。颜之推总结前人的教训，结合自身的经历，较为详细地阐述了立身、治家、教子的方法。他的《颜氏家训》，旨在“整齐门内，提撕子孙”（《序致》），使颜氏家族永葆兴旺不衰。《颜氏家训》一书，是颜之推家庭教育思想的集中体现，被宋代晁公武称之为“述立身治家之法，辨证时俗之谬，以训子孙”②，是我国历史上第一次系统地提出家庭早期教育理论的著作。

一、“均爱无偏”的教育对象

颜之推承袭汉儒董仲舒的“性三品说”，“上智不教而成，下

---

① 颜之推《观我生赋》中语，见王利器撰：《颜氏家训集解》（增补本）“附录”之《颜之推传》，中华书局1993年版，第703页。本节以下所引《颜氏家训》均采用此版本，只随文标注篇名。

② 晁公武《郡斋读书志》中语，转引自王利器撰：《颜氏家训集解》（增补本）“附录”之《序跋》，第634页。

愚虽教无益，中庸之人，不教不知也”（《教子》）。由于“上智”与“下愚”之人绝少，“中庸”之人居多，所以教育的作用不宜等闲视之。颜之推重视教育的作用。与汉儒一样，他十分看重胎教的作用，将早期教育的施行提前至胎儿，甚至将胎教方法视为秘诀。他在《教子》中总结说：

> 古者，圣王有胎教之法：怀子三月，出居别宫，目不邪视，耳不妄听，音声滋味，以礼节之。书之玉版，藏诸金匮。生子咳嗁，师保固明孝仁礼义，导习之矣。凡庶纵不能尔，当及婴稚，识人颜色，知人喜怒，便加教诲，使为则为，使止则止。比及数岁，可省笞罚。……孔子云“少成若天性，习惯如自然”是也。俗谚曰：“教妇初来，教子婴孩。”诚哉斯语！

这段文字充分地反映了颜之推重视幼儿早期教育，不仅肯定了胎教的重要性，而且还论述了幼儿教育的特殊价值。

中国古代所实行的是“大家庭”制，即三代或三代以上的血亲成员生活在一起。受“多子多福”观念的影响，同代的兄弟姊妹往往较多；同时，我国历来有嫡庶之别、男女之别的观念，这些因素导致每个孩子在家庭中的地位及所受到的待遇有很大的差别。颜之推出生于士族家庭，看到了这种差异性的对待，认为它只会导致子女不和、家族不稳。所以，他主张：“贤俊者自可赏爱，顽鲁者亦当矜怜。”（《教子》）他将“均爱无偏”视为施行家庭幼教的前提，提出了对待子女要一视同仁，均爱无偏。只有一视同仁、不偏不倚，才能有助于子女互相帮助、各成其才。

颜之推指出：“人之爱子，罕亦能均；自古及今，此弊多矣。”（《教子》）也就是说，人们疼爱自己的孩子，很少能够做到一视同仁。颜之推深刻地指出，如果父母对孩子偏宠、偏爱，客观上会助长受宠者骄横怠慢的习气，从而使受宠者与失宠者关系不睦，心生怨恨，矛盾丛生。他从反面论述了这种偏爱的危害，警示世人引以为戒。他具体引述了春秋时期郑庄公之母武姜宠爱幼子共叔段，结果养成共叔段的骄横霸道，终致谋反被诛的史实；还引述了汉高祖刘邦之子赵隐王如意等的悲剧性故事，说明父母“虽欲以厚之，更所以祸之”（《教子》）的道理。

封建社会占统治地位的儒家思想，特别重视家庭伦理道德，特别注重处理家庭的人伦关系。这种关系，纵向上最主要的是父子关系，横向上最关键的是兄弟关系。颜之推十分关注从兄弟这一维度考虑人伦关系。颜之推指出，父母对子女的偏爱，不利于家庭内部兄弟姊妹间的和睦相处。宋代的袁采曾在《袁氏世范·卷一·睦亲父母爱子贵均》中，就颜之推这一思想做了进一步的阐述：

> 人之兄弟不和，而至于破家者，或由于父母憎爱之偏……见爱者意气日横，见憎者心不能平，积久之后，遂成深仇。所谓爱之，适所以害之也。[1]

作为父母，应该时时警醒自己的行为是否偏心，否则易造成家庭关系紧张，不利于子女的成长与发展。

二、“趋善避恶”的教育环境

颜之推承袭了墨子、荀子的相关思想，特别重视社会环境在人的成长中的作用。他认为，这种作用在幼年时期表现得尤为明显。少年时期的思想感情尚未定型，处于初步发展阶段，容易受社会环境的影响。

> 人在少年，神情未定，所与款狎，熏渍陶染，言笑举动，无心于学，潜移暗化，自然似之。（《慕贤》）

① 袁采撰：《袁氏世范》卷一，《丛书集成初编》本。

因此，对教育环境的选择便显得尤为重要。他说：

> 是以与善人居，如入芝兰之室，久而自芳也；与恶人居，如入鲍鱼之肆，久而自臭也。墨子悲于染丝，是之谓矣。君子必慎交游焉。（《慕贤》）

他告诫士族子弟要重视对环境的选择。颜之推所说的环境对幼儿所起的作用包含了以下两个方面。

首先，幼儿所处大的生存环境、生活环境的好坏对幼儿成长起决定性作用。颜之推非常重视环境对人的影响，认为人在小的时候，思想单纯、“神情未定”，纯洁得像一张白纸，生存的环境对人“熏渍陶染”，并不需要刻意地去学，他的品性、气质会受到潜移默化的影响。可见，在幼儿分辨能力尚不健全的时期，外因对幼儿的内心塑造发挥了重要的作用。因此，颜之推认为父母应该为幼儿从小提供良好舒适的学习氛围、生长环境。

其次，幼儿所交游之人的品性优劣、言谈举止深深地影响着幼儿一举一动。幼儿尚处于习得阶段，最容易受到周围的人尤其是交往密切、意气相投的朋友的影响。这种影响潜移默化、润物无声，但是效果惊人。若幼儿与君子交往，则自己的道德也会受君子影响而日臻完美；相反，与邪恶之人为友，则自己的思想也会日趋堕落。

所以，颜之推强调在家庭早期教育中一定要关注环境的影响，使幼儿身处的环境达到最佳状态，发挥环境教育的积极作用。另一方面，颜之推提到的“慎交游”并不是限制幼儿接触外界事物，而是鼓励幼儿多与外界接触，开阔视野，以免孤陋而寡闻，这就要求成人对幼儿接触的环境有所选择。

如果幼儿总是躲避在家庭的小圈子内，就无法获取更多的生存技能、体验到生活的旨趣。因此，父母要为孩子提供一个“善”的生长环境。这种环境包含了幼儿的师傅、朋友以及能够影响他的一切外在因素，也包括创设和谐民主的家庭氛围。正如王充在《论衡·率性篇》中所言："蓬生麻间，不扶自直。白纱入缁，不练自黑。"① 只有"趋善"，从而才能"避恶"。

除社会环境的选择外，颜之推还特别重视家庭环境的净化。因为幼儿不可能选择父母，而亲情感染的作用和左右常侍的影响，往往是至大至深的。颜之推说："禁童子之暴谑，则师友之诫不如傅婢之指挥；止凡人之斗阋，则尧、舜之道不如寡妻之诲谕。"其根本原因就在于："同言而信，信其所亲；同命而行，行其所服。"（《序致》）他认为，人们通常对自己亲近和钦佩的人更为信任，更愿意按照他们的要求行动；家庭教育对于人的成长具有特殊意义，可以说是学校及其他伟人圣哲的教育作用所不能代替的。颜之推认为在家庭教育中，重要的不是长篇说教，而在于长辈的示范，他将之称为"风化"，他说："夫风化者，自长而行于下者也，自先而施于后者也。"（《治家》）意思是教化的事情，需要自上而下地推行，要让先人影响后人。他还以自身成长的经历，说明整密家风的重要：

> 吾家风教，素为整密。昔在龆龀，便蒙诱诲；每从两兄，晓夕温凊，规行矩步，安辞定色，锵锵翼翼，若朝严君焉。赐以优言，问所好尚，励短引长，莫不恳笃。（《序致》）

三、"德智兼修"的教育内容

颜之推崇尚儒学，非常注重伦理道德教育。在《勉学》中，他用大量的历史和现实事例阐发了以儒学思想为立身治家之道、耕读传家的深刻道理，并指责当时的贵游子弟，技艺一无所长，

① 黄晖撰：《论衡校释》，中华书局1990年版，第70页。

"射则不能穿札，笔则才记姓名，饱食醉酒，忽忽无事，以此销日，以此终年"的现象。

关于教育的目的，颜之推在《勉学》中指出："古之学者为人，行道以利世也；今之学者为己，修身以求进也。"这里"行道"的"道"，自然是儒家之道，即儒家宣扬的政治理想和道德修养。他的"修身以求进"思想渊源于《论语·宪问》的"修己以安人"[①]，善于"为己"，才能更有效地"利世也"。从这一教育目的出发，颜之推批判士大夫教育的腐朽没落，严重脱离实际，培养出来的人碌庸无能，知识浅薄，缺乏任事的实际能力。他认为教育必须改革，要培养"行道以利世"的实用人才，具备"德艺同厚"的素养。其中"德"指儒家的传统道德。"艺"即恢复儒家的经学教育，并兼及"百家之书"，以及社会实际生活所需要的各种知识和技艺。值得注意的是，颜之推还强调士大夫子弟要"知稼穑之艰难"，学习一些农业生产知识，这点是难能可贵的，因为在古代这种知识一般被看作是"小人之学"。除此之外，颜之推教导晚辈学习应秉持虚心务实、博习广见、勤勉惜时、相互切磋等良好的学习态度。总之，颜之推的幼教内容论依旧是以德育为中心、为重心的，即幼年须立志、习礼、行修、归仁。

颜之推认为立志尤为重要，他曾说过："有志尚者，遂能磨砺，以就素业。"（《勉学》）他教育子女以实行尧舜的政治思想为志向，继承世代的家业，注重气节的培养，不以依附权贵、屈节求官为生活目标。立志方能自强，"人生在世，会当有业"；"父兄不可长依，乡国不可常保，一旦流离，无人庇荫，当自求诸身耳"（《勉学》）。这是因为颜之推在肯定早教作用的同时，也特别提倡"晚学"，强调亡羊补牢的作用。他的至理名言是：

① 杨伯峻译注：《论语译注》，第159页。

"幼而学者，如日出之光；老而学者，如秉烛夜行，犹贤乎瞑目而无见者也。"（《勉学》）由此可见，他的教育作用论是建立在他对教育作用的总体评估之上的。

颜之推的"守道崇德"是对子女在行为标准上的要求与规范。他首先强调为人要"厚重"，他认为"自古文人，多陷轻薄"（《文章》），从而招惹灾祸。要吸取这个惨痛的教训，就必须养成孝顺、谦恭、礼让这些"厚重"的道德品质。其次，他主张"少欲知足"，如果"不知其穷"的情性任其发展，不加以限制，就是"至于帝王，亦或未免"，也会自取败累，至于一般士庶更不用说了。

"崇德"指的是承袭儒家传统，强调要对幼儿进行以孝悌为中心的人伦道德教育。儒家认为，夫妇、父子、兄弟之间的关系是人伦之中最为重要的三种关系，而父子、兄弟关系尤其应受到重视。颜之推说：

> 夫有人民而后有夫妇，有夫妇而后有父子，有父子而后有兄弟：一家之亲，此三而已矣。（《兄弟》）

对于幼儿而言，兄弟之伦尤应首先讲究，由此方可推至对父母、对长辈的孝敬。自小受儒家思想的熏陶，颜之推特别注重伦理，这也与当时的社会大背景相契合。颜之推所生活的时代，以九品中正制作为选才依据，注重家世和名声，所以颜之推特别强调伦常教育，以为后代发展打好基础。颜之推说："君子当守道崇德，蓄价待时。"（《省事》）显然，颜之推是把道德教育作为幼儿教育的基本任务和内容。所谓"生子咳嘷"时，"师保固明孝仁礼义，导习之矣"，在早期教育阶段就需进行道德启蒙，教给幼儿做人的道理。早期的道德养成，"习若自然，卒难洗荡"，可使一生受益。否则，错过道德教育在早期的实施，恶习一旦养成，便难以矫正。"至有识知，谓法当尔。骄慢已习，方复制之，捶挞

至死而无威，忿怒日隆而增怨，逮于成长，终为败德。”（《教子》）

同时，他提到：“吾观《礼经》，圣人之教：箕帚匕箸，咳唾唯诺，执烛沃盥，皆有节文，亦为至矣。”（《风操》）也就是说幼儿应养成孝顺、勤劳的优良品质。颜之推的见解蕴含着人在幼年需学会自理劳动的教育要求。他还从“应世经务”的角度，指出子女须“知稼墙之艰难”，即需要懂得生产劳动的艰辛，否则“未尝目观起一墢土，耘一株苗；不知几月当下，几月当收，安识世间余务乎”（《涉务》）。他还提到应以俭省节约为德，即“俭者，省约为礼之谓也”（《治家》）等。

颜之推现身说法：

> 吾七岁时，诵《灵光殿赋》，至于今日，十年一理，犹不遗忘。二十之外，所诵经书，一月废置，便至荒芜矣。（《勉学》）

这段回忆，不仅涉及教育“关键期”问题，而且隐含了宜将识字教育、诗赋教育列入幼教内容的主张。他认为：“人生小幼，精神专利，长成已后，思虑散逸，固须早教，勿失机也。”（《勉学》）这段话，宜视为施行幼儿智育的理论基础。

此外，颜之推对幼教阶段的语言教育和艺术教育也特别看重。颜之推作为在音韵学方面颇有造诣的学者，还提及幼儿早期的语言教育。他意识到幼儿时期是学好语言的关键时期，教育幼童学好语言是成人的重要责任，并认为在幼儿时期学语言不应强调方言而需重视通用语言，以减少语言的社会交往中出现诸如“指马之谕，未知孰是”的状况。他说：

> 吾家儿女，虽在孩稚，便渐督正之；一言讹替，以为己罪矣。云为品物，未考书记者，不敢辄名，汝曹所知也。（《音辞》）

教给幼童的语言、词汇及发音须清晰明确而无误，避免在一开始就以讹传讹，以致日后难以纠正。

颜之推说："夫学者贵能博闻也。"（《勉学》）正是基于博习致用的治学立场，他不仅强调了儒家"五经"是必读之典籍和广博之起点，还深入论述了琴棋书画等生活所需要的技艺能力的学习问题。颜之推认为，艺术教育的目的或意义主要在于娱心畅情，"陶冶性灵"。这一点，颜之推在《杂艺》中提到，对于绘画之精美，"玩阅古今，特可宝爱"；琴瑟音曲，"愔愔雅致，有深味哉"，"犹足以畅神情"；"弹棋亦近世雅戏，消愁释愦，时可为之"。同时，他还意识到某些方面的幼儿艺术教育需要基于个体良好的天赋。他自称幼时学习书法，虽然颇下功夫，但终因缺乏天分，难能长进。"吾幼承门业，加性爱重，所见法书亦多，而玩习功夫颇至，遂不能佳者，良由无分故也。"对于艺术的学习，颜之推认为"不须过精"，否则"常为人所役使"，"每被公私使令，亦为猥役"，成为累赘或负担。也就是说，他主张艺术的学习"可以兼明，不可以专业"，否则不仅劳身，而且易为更高一层的统治者所役使、所羞辱。

综上所述，颜之推认为品德修养与真才实学是统一整体，相互作用，不可分割。"名之与实，犹形之与影也。德艺周厚，则名必善焉"（《名实》）。他这种"德艺周厚，名实相依"的思想，要求子女表里如一；如果名实不符，言行相违，早晚会被人发现，到那时就很难再让人信任。可见，有才无德或有德无才的人都是不完备的，是不足取的；德才兼备的人才是对国家、对社会有益的人。

此外，颜之推认为，父母为了让幼儿更好地接受教育内容，还应该教授幼儿基本的学习态度和方法。其一，博学广师，虚心务实。

> 夫学者所以求益耳。见人读数十卷书，便自高大，凌忽长者，轻慢同列；人疾之如仇敌，恶之如鸱枭。如此以学自损，不如无学也。（《勉学》）

有了一点知识就自高自大，傲人慢物，这样的人不如不学。颜之推对这种学习态度的批判，是对士大夫崇尚玄学清谈、以文字训诂相标榜、以超凡脱俗竞高下的南北朝学风的揭露与批判。其二，勤勉好学，积少成多。学习的成败不仅取决于师长，还取决于自己。他以“古人勤学，有握锥投斧，照雪聚萤，锄则带经，牧则编简，亦为勤笃”（《勉学》）示儿孙，认为勤学者意志坚强、目的明确、勇于克服困难与障碍，这是成功的关键。愚钝者只是“钝学累功，不妨精熟”（《文章》），即勤能补拙。那么，作为长辈不仅要看到幼儿先天的差距，还要看到幼儿后天的努力。这就要求家长既要用正面的言语鼓励孩子，又要让孩子尽早养成勤奋的好习惯，使孩子得到全面而健康的发展。

四、“慈严结合”的教育方法

家庭早期教育的关键是父母。父母的行为和教育方法对子女的成长影响很大。家庭早期教育要把爱与教有机地结合起来，即慈爱与严教相结合。所谓严教，是指父母与子女应保持一定距离，不可过于亲昵随便，这样才能令父母在子女面前保持一定尊严，否则会使子女对父母的教诲不以为然。所谓慈爱，指应珍惜父母与子女的骨肉之情，不可过于淡薄疏远，而这种感情的维系往往体现在对子女无微不至的关照中。

情感是一种潜在的教育资源，发挥着巨大的教育功能。颜之推在《序致》中说：“禁童子之暴谑，则师友之诫不如傅婢之指挥；止凡人之斗阋，则尧、舜之道不如寡妻之诲谕。”可见，情感教育是滋润幼儿心灵的必经之路，颜之推总结的情感教育主要

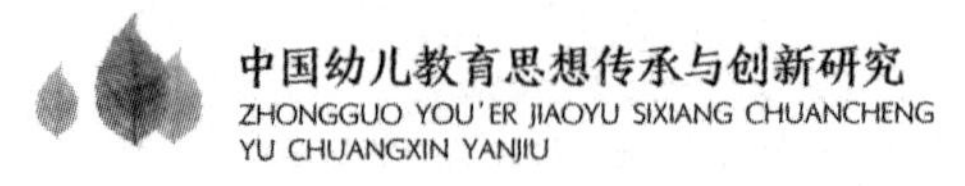

是爱教结合、威严有慈。

颜之推认为，由亲子关系所决定的慈爱是施行家庭教育的基础。他的名言是："父不慈则子不孝。"（《治家》）"父子之严，不可以狎；骨肉之爱，不可以简。简则慈孝不接，狎则怠慢生焉。"（《教子》）但是，他反对在慈爱幌子下的溺爱，并认为溺爱的后患无穷：

> 吾见世间，无教而有爱，每不能然；饮食运为，恣其所欲，宜诫翻奖，应诃反笑，至有识知，谓法当尔。骄慢已习，方复制之，捶挞至死而无威，忿怒日隆而增怨，逮于长成，终为败德。（《教子》）

这种对当时幼教方法的针砭和分析，无疑是深刻和正确的。颜之推主张，父母教子须"威严而有慈，则子女畏慎而生孝矣"（《教子》）。"威严而有慈"就是严慈相结合，即要求父母严中有爱、爱中寓严，使子女觉得他们可亲近、可相信、可敬爱，由衷地听从他们的教诲。在"威严"与"慈"两方面，颜之推更注重威严。威严首先是严教，如果仅"无教而有爱"，子女骄慢的恶习业已养成，"捶挞至死而不威，忿怒日隆而增怨"，哪还有威严？父母与子女间的血缘亲情，往往使父母在家教上爱之有余、教之不足，使孩子陷入"爱的陷阱"。他提醒世人切忌"无教而有爱"、过分地溺爱和放纵孩子，必须帮助孩子从小树立是非观，该严则严，要爱得其所，爱得有方。他主张通过体罚立威："笞怒废于家，则竖子之过立见。"（《治家》）他还将体罚比喻为疗疾：

> 凡人不能教子女者，亦非欲陷其罪恶；但重于诃怒，伤其颜色，不忍楚挞惨其肌肤耳。当以疾病为谕，安得不用汤药针艾救之哉？又宜思勤督训者，可愿苛虐于骨肉乎？诚不得已也。（《教子》）

这段话说明，对子女的严格并不是父母所期愿，但通过严格要求换来子女的良性发展确实是父母所期望的，也是必要的。父母对子女没有原则地溺爱，即使孩子做错了事，也不加以训诫。这样的做法直接导致孩子无法树立正确的是非观念，可能导致道德不良，甚至危害社会。反之，对待孩子若只有指责、批评，那么将会使孩子逐渐失去信心，对父母教育产生抵触情绪，从而影响孩子与父母之间的和谐关系。家长对孩子要严格要求，但也应注意严而有度；要加强与孩子之间的沟通与交流，了解孩子的具体状况，根据孩子不同生长阶段的不同心理和身体发展需要，对孩子提出适当可行的要求，不能要求过高，也不能操之过急。

中国古代素重家庭教育。颜之推是推行家庭教育的典范，同时，他又构建了一整套理论。这套理论，主要凝聚在《颜氏家训》一书中。颜之推的家教效果，在其后代得以反映。他的三个儿子颜思鲁、颜愍楚和颜游秦，均有文名。四个孙子颜师古、颜相时、颜勤礼和颜育德，也均为名人，尤其是嫡长孙颜师古，为经学名家。四世孙颜昭甫与五世孙颜元孙、颜惟贞，亦属名家。六世孙中，更有“颜氏三卿”——颜真卿、颜杲卿和颜春卿名动朝野，其中颜真卿的书法，既有大家之气象，又有冲和淡远之韵致。

五、 颜之推儿童教育思想对当今幼儿家庭教育的启示

（一）遵循规律，及早施教

颜之推认为人的幼年时期是奠定基础的重要阶段，是最好的教育时机，因而主张早教。皮亚杰、埃里克森等人也从儿童发展的各个领域讨论了儿童发展的规律，认为教育的重要任务在于抓住儿童发展的关键期。幼儿教育尤其是家庭教育过程中，成人可以有意识、有选择地向幼儿传授经典、传统的作品，有助于幼儿

受到文学、文化的熏陶和审美兴趣的培养。同时，成人向幼儿传递基本的常识，可以为今后的“做事”教育做有效的铺垫。早期教育作为一种教育，同样要遵循幼儿身心发展规律，促进其全面均衡地发展，不要为了“赢在起跑线上”而忽视幼儿身心实际发展水平。

（二）德智体美，多方并进

对于幼儿来说，身心得以全面和谐的发展最重要。颜之推主张“德艺双修，博专统一”的教育，除了要给幼儿营造一个和谐美满的家庭氛围，还要适当对幼儿进行智力、思维等方面的训练。家长可对幼儿实施一些审美训练。现代很多家长想要幼儿从小掌握一项技能以便在今后获利的想法并不明智，幼儿教育不能急在一时。早期教育本身就是为幼儿更好的未来奠基。现代家庭对幼儿过度保护，幼儿因此缺乏足够的运动量以及与户外世界接触的机会，家长认为这样有效避免了幼儿受伤的机会，但殊不知这样不仅不利于幼儿的成长，更不利于幼儿的身心发展。运动和游戏是幼儿成长过程中十分重要的活动，它们有效地训练了幼儿肢体行为和思维。以保护为名剥夺幼儿活动的权利，实则阻碍了幼儿更好地发育。

（三）切忌溺爱，借机教育

颜之推关于家庭教育的另一个观点是父母应当严肃对待儿童教育，重爱轻教或重教轻爱都会使亲子关系疏离，动摇父母在子女心中的威信，最后导致管教无效。颜之推支持鞭打和惩罚幼儿，认为只要能够达到教育目的，一切有效的手段都应该采用。如今，我们担心的不是偏爱，而是过度溺爱导致幼儿早期教育的缺失。孩子是父母的“掌中宝”，一些家长对子女的爱远远超过了教育应有的态度，越俎代庖、事事俱到，使幼儿失去独立锻炼的机会，在心理上形成缺失。幼儿过度依赖，感情脆弱，经不起挫折和打击，极易产生心理问题，这些在成长后显现的问题却是幼儿时期父母所谓的“爱”造成的。所以，父母对幼儿的爱应张弛有度，应将幼儿视为一个独立的个体，尊重他们的发展规律，爱教结合，避免过度溺爱造成不可弥补的过失，把握借机教育的机会，给予他们成长的空间。这是幼儿的需要，也是幼儿的权利。

（四）重视环境，德行统一

家庭环境对儿童的影响十分明显。如果家庭氛围和谐、活泼，儿童多性格温和、善于交际；若家庭氛围紧张、压抑，儿童性格多孤僻、不合群并伴有沉重的心理负担。幼儿成长过程是不可逆的，因此是宝贵的，而家庭环境是可以改变的。为幼儿营造优良的生长环境，给予其一个完善的成长历程是所有家长的责任。颜之推很重视邻友环境，这和“孟母三迁”的观念一致，说明幼儿思维单纯、易被外界侵染，营造好的环境更利于他们成长。颜之推重视环境不仅仅是因为和谐的氛围适宜幼儿成长，更关键的是幼儿善于学习长辈的行为，良好的氛围、优良的“风化”教育更有利于幼儿道德行为的养成。道德教育一直以来都是智力教育以外重要的教育内容，而道德的内化需要漫长的过程才会实现。幼儿通过学习父母及周边人在日常生活中体现的道德规范以及父母对其行为的要求，可形成自己的道德判断和道德行为。因此，严于律己、言传身教，这样的教育远远好过对幼儿语重心长的训诫。

第三章　儒家幼儿教育思想体系的成熟

秦汉确立了儒家幼儿教育思想的主导地位，经过魏晋南北朝的洗礼，幼儿教育思想在动荡的局势中获得了新的发展。道教的壮大、玄学的衍生和佛教的引入，动摇了儒家在思想文化上的统治地位。唐代统治者对佛、道两教的信奉，使儒家幼儿教育思想的独尊地位受到了更大的冲击。两宋成为重建和调整儒家幼儿教育思想的关键时期。这一时期实现了儒家幼儿思想体系的重要转折，并使之逐渐走向成熟。宋明理学在批判和反思汉唐经学思想的基础上，通过吸收佛、道思想，重新阐释以孔、孟为核心的原始儒学，进一步彰显了内在于其中的心性之学，将中国传统教育思想推向第二个历史高峰。宋明时期，以儒家为主导的幼儿教育思想体系更加完善，标志着中国传统幼儿教育思想的成熟。

第一节　重建儒家幼儿教育思想体系的历史性转折

宋朝的建立对中国传统文化和教育事业的发展都具有举足轻重的作用。赵宋王朝是中国封建社会思想文化发展的重要转捩点。在整个中国教育发展历程中，宋代是承上启下的历史时期，形成了中国封建教育制度的基本模式，为整个封建社会后期文化教育事业的发展奠定了基础，同时也推动了儒家幼儿教育思想体系的重建和完善。

一、“文治” 主义与蒙学的繁荣

自北宋始，统治者为稳固政权，推崇“文治”。“文治”主义的实施为中国封建社会后期的教育事业、思想文化的发展提供了契机。社会更加重视教育的作用，教育进一步普及，受教育者的年龄呈提前趋势，与幼儿教育最为密切的蒙学在此背景下也呈现出繁荣的景象。

（一）“文治”主义的实施

两宋时期文化繁荣、文运昌盛，究其缘由，与统治者崇尚“文治”主义的政策有密切联系。在封建统治者的倡导下，“文治”主义在教育界和政治界的舞台上大放异彩，不仅完备了科举制度与教育制度，推动了教育事业的长足进步，而且为理学思想的形成和体系的建立创造了条件，促进了思想文化的繁荣、发展。

宋初，宋太祖赵匡胤吸取前朝藩镇割据、统治混乱的教训，为巩固新生政权，在国家基本稳定之后，在治国理念和统治策略上做出了调整。太平兴国七年（982 年），宋太宗直言：“王者虽以武功克定，终须用文德致治。”① 可见，统治者从偏重“武功”，开始转向强调“文治”，从而确立了“兴文教，抑武事”的国策。“兴文教”的政策在两宋时期备受推崇，促使文化教育事业繁荣、发展，逐渐形成了古代封建社会屈指可数的“文治”局势。除了前朝之鉴，欣欣向荣的商业、手工业经济也是“文治”社会形成的重要推手。同时，大多数统治者不谙国事，偏好诗词歌赋，更

① 杨仲良撰，李之亮校点：《皇宋通鉴长编纪事本末》，黑龙江人民出版社 2006 年版，第 180 页。

甚者天赋异秉，在琴棋书画方面造诣极高，如宋徽宗的花鸟绘画、宋高宗的精妙书法，令世人拍案叫绝。皇帝醉心于阳春白雪、附庸风雅是这段时期的一个细微特征。这些都成为推动“文治”政策稳步前进的直接动力。纵观两宋的历史发展脉络，“右文”政策在不同的阶段侧重有所不同，但集中展现了统治者治国方略的基本走向及尚文抑武的精神内核，具体表现在以下几个方面。

第一，尚文抑武，鼓励修文读书。唐末五代各方节度使割据称雄，天下祸乱，北宋统治者唯恐重蹈覆辙，为了稳固政权，实行“文治”。一方面，通过完备选士制度举贤纳士，压制武官势力。宋太宗直言：“朕欲博求俊彦于科场中，非敢望拔十得五，止得一二，亦可为致治之具矣。”[①] 另一方面，通过嘉勉表彰私人讲学活动，建立和完善国家教育制度，鼓励臣民习礼修文。河南洛阳人种放于终南山讲学，宋真宗嘉之：

> 汝隐居丘园，博通今古，孝悌之行，乡里所推，慕古人之遗荣，挹君子之常道。屡览守藩之奏，弥彰遁世之风，载渴来仪，副予延伫。[②]

官学则在三次兴学后逐渐建立起较为完备的教育体系。崇宁二年（1103 年）朝廷置提举学事司，“掌一路州县学政，岁巡所部以察师儒之优劣、生员之勤惰，而专举刺之事”[③]。自此中国从中央到地方都建立了专门的教育行政机构。这不仅形成了中国封建社会中后期国家教育制度的基本模式，而且朝野上下也掀起了劝学习文的热潮，重文轻武蔚然成风。

第二，改革科举，慰勉世人读书仕进。宋初统治者求贤若渴，大肆利用科举甄选贤才，通过科举所录用的人数大为可观，

---

① 脱脱等撰：《宋史》，中华书局 1977 年版，第 3607 页。

② 脱脱等撰：《宋史》，第 13423 页。

③ 脱脱等撰：《宋史》，第 3971 页。

远超前代。为了更好地发挥科举的选士功能，自太祖建隆元年（960 年）恢复科举，科举的改革与调整可谓“一波未平一波又起”。宋朝科举的改革涉及科举的规模、人数、内容、程序等。宋太祖乾德六年（968 年）三月诏：

> 取士之道，责实为先。今岁辟礼闱，明悬科级，贤良之选，务在得人。世录（禄）之家，尤宜笃学。如闻缙绅之内，朋比相容，论才苟爽于无私，擢第即成于滥进。自今应诸色举人内，有父兄骨肉食禄者，委礼部贡院于奏名之时，并别具开析，当议更与覆试，贵于公道，无所屈焉。①

奖掖寒门俊乂、扩大录取规模、增加录取人数，这些形式的改革在一定程度上达到了促进考试公平、加强统治基础、扩大人才来源以及稳固国家政权的目的。

第三，赞助文教，各方踊跃办学。为了稳固和加强教育事业的基础，赵宋王朝大力振兴图书事业，加之雕版印刷术的广泛应用，在北宋中期，以国子监为中心、遍布州县地方的全国性图书印制发行网络已成型。政府积极地对图书进行收藏、整理、校勘、研究。私人藏书家也灿若群星，“承平时士大夫家藏书，如常山宋氏、南都戚氏、历阳沈氏、庐山李氏、九江陈氏、鄱阳吴氏，中兴初如三山余氏、临川吴氏、会稽陆氏、诸葛氏”②。他们大多是闻名遐迩的校书家，且积极倡导教育和学术。图书业的发展和教育息息相关，直接促成了教育事业的兴旺。

此外，两宋时期私学蓬勃发展，其最直接的表现就是书院。书院萌芽于唐末，形成于五代，最兴盛的时期则是赵宋统治时

---

① 龚延明：《〈宋大诏令集〉阙卷辑补》，《文献》1997 年第 2 期。

② 高似孙著，王群栗点校：《高似孙集》，浙江古籍出版社 2015 年版，第 641 页。

期。蒙学作为与书院相连接的基础教育，也因此得到了发展。与此同时，官学也在政府的推动下获得了长足发展。

宋初偏重发挥科举的选士功能，导致选士和养士功能失衡。为了调和两者之间的矛盾，宋朝历史上先后兴起了三次著名的兴学运动，即范仲淹在宋仁宗庆历四年主持的“庆历兴学”，王安石在宋神宗熙宁年间主持的“熙宁兴学”，蔡京在宋徽宗崇宁年间主持的“崇宁兴学”。虽然这三次大规模的兴学运动并没有完全达到预期的目标，但都在不同程度上推动了宋代文教事业的发展，是宋朝“兴文教”政策最直接也是最重要的体现。

第四，尊孔崇儒，大力提倡佛、道。推行“文治”主义必然是要尊孔崇儒，尊孔崇儒乃推崇“文治”的题中应有之义。宋人认为：“仲尼之道，揭而行之，与日月以俱悬；推而广之，与江河而同润。辅相皇王之大业，天纵多能；弥论宇宙之全功，日彰圣绩。”① 儒学如若不尊，则纲常无以为振；纲常如若不振，则统治基业无以安稳。唐末五代天下分崩离析，封建伦理纲常疮痍弥目。要维系封建纲常秩序，实行有效的尊孔崇儒措施是第一要务。首先，在全国范围内恢复、重建文宣王庙，用以祭孔、教化；其次，使祭孔、封孔、封赐孔子后裔规章化和制度化；再次，在国家教育制度中强调儒家经学的学习和考查。这些举措使崇儒重教之风盛行，将宋代“以文治国”的政策精神体现得淋漓尽致。

在尊孔崇儒的同时，宋代统治者大力提倡佛、道。宋真宗著《释氏论》，其中说道：“以为释氏戒律之书，与周、孔、荀、孟迹异而道同，大指劝人之善，禁人之恶，不杀则仁矣，不窃则廉矣，不惑则正矣，不妄则信矣，不醉则庄矣。苟能遵此，君子多

---

① 曾枣庄、刘琳主编：《全宋文》第三册，上海辞书出版社 2006 年版，第 183 页。

而小人少。"[①] 宋徽宗于重和元年下诏:"自今学道之士,许入州县学教养;所习经以《黄帝内经》、《道德经》为大经,《庄子》、《列子》为小经"[②]。

(二)蒙学的繁荣

在两宋时期崇尚"文治"主义的社会背景下,蒙学教育遍布全国,是中国古代蒙学发展的重要阶段。统治者高度重视蒙学,曾数次命令中央和地方设立蒙学。因此,蒙学不仅指民间办的私学,而且还包括官府设的官学。官方设立的蒙学分为两种:一种为宫廷内的贵胄小学,另一种为地方上的庶民小学。民间设立的蒙学属于私学性质,虽然教学质量、教学条件、制度化水平不及官办蒙学,但是普遍性是官办蒙学难以望其项背的。这一阶段蒙学的发展如日方升,数量与日俱增,在内容、方法和教材上都独具特色。

宋代为整饬伦理纲常秩序而异常注重文教。蒙学作为宋代教育的重要组成部分,承担着"化童成俗"的任务,大体表现在两个方面:一方面,在传播基础知识的同时进行道德启蒙;另一方面,形成儿童良好的学习和生活习惯。朱熹一语中的,小学的任务是"教之以事",即"教人以洒扫应对进退之节、爱亲敬长隆师亲友之道,皆所以修身、齐家、治国、平天下之本"[③]。

蒙学以初步的道德行为训练以及基本的文化知识和技能学习为主要教育内容。为提高蒙学的质量,更好地发挥蒙学的作用,宋代蒙师和学者都十分讲究训蒙之道。概括而言,训蒙之道主要

---

① 李焘:《续资治通鉴长编》卷四五,中华书局2004年版,第961—962页。

② 毕沅撰:《续资治通鉴》第二册,岳麓书社1992年版,第190页。

③ 朱熹:《小学原序》,见朱杰人、严佐之、刘永翔主编:《朱子全书》第十三册,上海古籍出版社、安徽教育出版社2002年版,第393页。

体现在以下三点：第一，严格要求，扎实基础，要求孩童“读之须要读得字字响亮，不可误一字，不可少一字，不可多一字，不可倒一字”[①]。第二，培养儿童的行为习惯，朱熹在《童蒙须知》开篇明确要求：“夫童蒙之学，始于衣服冠履，次及语言步趋，次及洒扫涓洁，次及读书写文字，及有杂细事宜，皆所当知。”[②]第三，依据儿童的心理特点、兴趣爱好，因势利导，润物无声。理学大师张载和朱熹都强调蒙学春风化雨般的功用。张载认为教之不受，告之无益；程颐强调教子未发意趣，必不乐学；朱熹则明确提出少说防禁处，多说恭敬处。训蒙方法的改善说明宋代蒙学教育已较为成熟。

工欲善其事，必先利其器，宋代学者高度重视蒙学教材的建设。两宋是蒙学教材发展较为迅猛的时期，新的蒙学教材层出不穷。这些教材在内容、形式、文体诸多方面，博采前人之众长，兼容今世之特质，使蒙学教材的发展步入繁盛的阶段。宋代蒙学教材体现出类型众多、形式丰富、德智并重、朗朗上口、通俗易懂的特点，家喻户晓的《三字经》《百家姓》就是宋代蒙学教材的典型代表。此外，综观两宋时期的蒙学教材的整体编纂情况，值得一提的是宋代的蒙学教材一般由著名学者如司马光、真德秀、吕祖谦等执笔，这也是宋代蒙学繁荣的重要表现之一。

总体而言，宋元时期蒙学的发展如日中天，体现出如下四个特点：第一，重视早期教育，提倡尽早启蒙。“自能食能言而教之”[③]，

---

① 朱熹：《童蒙须知》，见朱杰人、严佐之、刘永翔主编：《朱子全书》第十三册，第 374 页。

② 朱熹：《童蒙须知》，见朱杰人、严佐之、刘永翔主编：《朱子全书》第十三册，第 371 页。

③ 张伯行：《小学辑说》，转引自徐梓、王雪梅编：《蒙学要义》，山西教育出版社 1991 年版，第 22 页。

更有甚者主张从胎教始。第二，重视家庭教育，宋代教育家袁采在其被尊称为“《颜氏家训》之亚”的《袁氏世范》中，提出了有关家庭教育的观点：

> 爱憎之私，多先于母氏。其父若不知此理，则徇其母氏之说，牢不可解。为父者须详察此，子幼必待以严，子壮无薄其爱。[①]

第三，重视行为教育。朱熹明确“小学”的任务是“教以事”。宋代吕大临也说过：“小学之教，艺也，行也……礼乐射御术数，艺也，孝友睦姻任恤，行也”[②]。第四，重视正面教育，因材施教，因势利导，以达到“习与智长，化与心成”的效果。

在“文治”主义和理学影响下，宋元时期的蒙学呈现一派繁荣的景象，发挥着承上启下的重要作用，确立了蒙学体系的基本框架。明清蒙学在此基础上又有了进一步的发展，就中国古代社会而言，可以说达到了兴旺发达的程度。

二、 理学思想体系的形成和成熟

中国古代封建社会后期，统治者为加强中央集权、推崇“文治”主义，在重文抑武的大环境下，蒙学得到繁荣发展，理学也应运而生。作为封建社会后期的官方哲学，理学对宋、元、明、清四朝蒙学的繁荣、发展产生了重要影响。理学教育思想随理学的形成、发展、完善而日渐成熟，成为继先秦诸子“百家争鸣”后中国教育思想发展史上的又一座高峰。

（一）理学教育思想的基本内涵及结构

所谓理学，广义上即义理之学，与考据、辞章、训诂相对。

① 袁采撰：《袁氏世范》卷一，《丛书集成初编》本。

② 张伯行：《小学辑说》，转引自徐梓、王雪梅编：《蒙学要义》，第22页。

有学者说："理学不是一个学派，也不是一家完整的哲学学说，它是我国特定时期（公元十世纪到十九世纪中叶）的哲学史断代的统称"①。此处所谈及的理学，是狭义的理学，即特指宋代周敦颐、二程（程颢、程颐）、朱熹、陆九渊及明代王守仁等人致力于使先秦儒学与佛、道相融合，并将其哲学化的思想体系，又被称之为"新儒学"。

理学内涵丰富。简而言之，理学基本内涵是以道体为核心，以穷理为精髓，以居敬、明诚为存养功夫，以齐家、治国、平天下为实质，以成圣为目的。② 这也是理学思想及其教育思想的基本结构。

首先，以道体为核心。所谓道体就是理学家所言的"所当然之则"和"所以然之故"，或是程朱的"理"，或是陆王的"心"，或是张王（张载、王夫之）的"气"，这些构建起理学体系的哲学逻辑结构。

其次，以穷理为精髓。这不仅是理的复归，也是"圣贤气象""孔颜乐处"的理想人格的根本追求。周敦颐要求"志伊尹之所志，学颜子之所学"③。程颐说："学圣人者，必观其气象。《乡党》所载，善乎其形容也，读而味之，想而存之，如见乎其人。"④

再次，以居敬、明诚为存养功夫，即存天理，灭人欲。天理被认为是至真至善的，而人欲是浊清杂然相混的，需要通过居

① 任继愈主编：《中国哲学史》第三册，人民出版社1964年版，第158页。

② 张立文：《儒佛之辩与宋明理学》，《中国哲学史》2000年第2期。

③ 朱熹、吕祖谦撰，平佐之导读：《朱子近思录》，上海古籍出版社2000年版，第36页。

④ 《河南程氏粹言》卷二，见程颢、程颐著，王孝鱼点校：《二程集》，中华书局1981年版，第1234页。

敬、诚身的存养功夫去除人欲，使人臻于至善。程、朱、陆、王均奉“人心惟危，道心惟微，惟精惟一，允执厥中”[①] 为圣人心传之圭臬。

复次，以齐家、治国、平天下为实质。理学家不止强调独善其身，也主张兼济天下。理学强调在“人伦日用”中体认“至理”，在平时“践履”中“尽命至性”。张载的“为天地立心，为生民立命；继往圣之绝学，为万世开太平”[②] 及程颢的“明于庶物，察于人伦。知尽性至命，必本于孝悌；穷神知化，由通于礼乐。辨异端似是之非，开百代未明之惑”[③]，都反映了这一实质。

最后，以成圣为目的。理学虽融合佛、道，但儒学是基础与核心。理学的产生也是为了适应时代需要而对传统的儒学做出调整以应佛、老的挑战，“谓孟子没而圣学不传，以兴起斯文为己任”[④]。周敦颐则提出了成圣的依据、内容、标准、方法。可见，成圣是理学的终极关怀。总而言之，宋明理学是在佛教哲学与道教文化挑战下，以本体论关照心性之学，并把心性这一核心建立在本体论的基础之上，以调适心性与本体、人道与天道联结的新儒学体系。

（二）理学教育思想的发展历程

理学从涓涓细流、星星之火成长为官方哲学、主流思想，经历了一个漫长的过程。理学肇始于唐中期的儒学复兴运动至北宋

---

① 《尚书·大禹谟》，见阮元校刻：《十三经注疏》，中华书局1980年版，第136页。

② 朱熹：《近思录》，见朱杰人、严佐之、刘永翔主编：《朱子全书》第十三册，第284页。

③ 程颢、程颐著，王孝鱼点校：《二程集》，第638页。

④ 程颢、程颐著，王孝鱼点校：《二程集》，第638页。

前期，创立于北宋中期，集大成于南宋，于明朝中后期分化，延续至清中叶考据派盛行而渐归沉寂。

唐中叶韩昌黎力辟佛、老而提出复归“道统”，其弟子李翱将佛学糅入儒、道而撰《复性书》，此为儒学变革、理学产生之先声。因此，宋明理学的产生无疑是唐中叶儒学复兴运动的延续。宋初“三先生”即胡瑗、孙复、石介在范仲淹所主持的“庆历兴学”运动中崭露头角，提倡“义理之学”，被誉为“理学先驱”，但其思想未成体系。周敦颐以其著作《太极图说》深入系统地阐明了心性义理之学，提出了“学为圣人”的教育目的，所谓“圣希天，贤希圣，士希贤”①。他被视为公认的理学教育创始人。朱熹在《袁州州学三先生祠记》中说：

> 盖自邹孟氏没而圣人之道不传。……濂溪周公先生奋乎百世之下，乃始深探圣贤之奥，疏观造化之原，而独心得之……河南两程先生既亲见之而得其传，于是其学遂行于世。②

宋神宗在位时，理学一时大盛，形成了二程“洛学”、张载“关学”、王安石“荆公新学”三足鼎立的局面。自宋室南渡，荆学式微，周、张、二程思想渐进，并产生了吕祖谦的“婺学学派”、陆九渊的“心学学派”和理学思想集大成者朱熹的“闽学学派”。进入元朝，理学稍显沉寂但仍有发展，至明代经陈献章、王守仁的力挽狂澜，理学又显耀一时。明清之际王夫之发展了张载的“气学”，直至清中叶理学才淡出人们视线。

---

① 朱熹：《近思录》，见朱杰人、严佐之、刘永翔主编：《朱子全书》第十三册，第176页。

② 朱熹著，郭齐、尹波编注：《朱熹文集编年评注》，福建人民出版社2019年版，第3786页。

理学作为一种影响深远的思潮，其产生与发展必然有其深刻而独特的缘由。恩格斯说：

> 思想、观念、意识的生产最初是直接与人们的物质生活，与人们的物质交往，与现实生活的语言交织在一起的。人们的想象、思维、精神交往在这里还是人们物质行动的直接产物。①

从政治上来看，宋代实行兴文教、崇儒术的文教政策，为理学的产生与发展提供了一个宽松的社会文化氛围。文教政策推动了书院的兴盛与普及，为理学的研究和传播提供了场所与途径。从经济、文化上看，宋朝农业、手工业、商业都得到快速发展，科学文化也令世界瞩目，沈括的《梦溪笔谈》对当时所取得的一些自然科学成就进行了记录。从思想史自身的发展进程来看，理学是应运而生而非凭空出世。理学的主体是宋明两代，这是毋庸置疑的，但作为封建社会后期的主流思想，其影响远不止宋明，所以，只有了解理学的整体发展历程，才可以准确把握理学教育思想的特点。

（三）理学教育思想的基本特点

综观整个理学的发展历程，可总结出理学教育思想的四个基本特点。第一，使先秦孔孟的传统儒学确立了以“理”为本体的基础。理学家比较深入地探讨了本体论的问题，且与传统儒学的伦理道德学说息息相关，因而确立了以“天理”为本体的形而上的理论体系。第二，完成了儒、佛、道的合流、创新、发展。理学是儒学发展到特定阶段的产物，因此具有融合佛、道的特点。儒学从佛、道两教之中汲取理论资源，丰富了其宇宙论、心性

---

① 中共中央马克思恩格斯列宁斯大林著作编译局编：《马克思恩格斯选集》第一卷，人民出版社2012年版，第151页。

论、体用合一和功夫境界论。清朝学者全祖望评价朱熹的学说“致广大，尽精微，综罗百代”①。可见，儒学对佛、道思想兼收并蓄，造就了理学这一精妙的哲学体系。第三，高度强调和重视个人道德修养，以“寻孔颜乐处，学为圣人”作为理想人格。周敦颐提倡“志伊尹之所志，学颜子之所学”，此思想为后世理学家所继承和发展。此外，宋明理学还强调“内圣外王”的人格理想，并主张可以在日常生活中达至崇高的精神境界。第四，理学思想具有阶级性，即维护封建地主阶级权威，为封建等级秩序存在的合理性进行辩护。理学家推崇孟子的“四德”即“仁义礼智”，他们解说“五常”为“父子有亲，君臣有义，长幼有叙，夫妇有别，朋友有信”，并对其进行了深刻论述，以实现“明人伦”的教育目的，这无疑是做了封建等级秩序的保护者和辩护者。

（四）理学教育思想的基本派别

从理学的内涵、结构和特点来考察，可以大体感知宋明理学成为封建社会后期的时代精神和社会思潮之缘由。宋明理学作为社会的主流思潮，有正统派和非正统派之分。人们主要依据其思想内涵、影响作用和社会效应之异进行划分。

首先需要说明的是，有学者把理学称为道学。冯友兰在《中国哲学史新编》中明确指出：“自从清代以来，道学和理学这两个名称，是互相通用的。现在还可以相互用通。”② 冯友兰主张用道学，原因有二：道学这一名称出现较理学早为其一，道学可阐明理学之渊源为其二。然而，我们需要明确的是，道学之名虽早

① 黄宗羲著，陈金生、梁运华点校：《宋元学案》，中华书局 1986 年版，第 1495 页。

② 冯友兰：《冯友兰文集》第十卷，长春出版社 2008 年版，第 303 页。

出于理学之名，但道学的范围比理学要小。北宋的理学当时即称为道学，而南宋时理学的分化，使得道学之称只能适用于南宋理学中的一派。这一派即程朱理学派。因此，理学大体分为正统与非正统两派。程朱道学、陆王心学、张王气学视为正统，有学者认为理学正统派系除此三系外还有一系，即胡宏创建、张栻完成的性本论。此外，还有一些非正统的派系，因其与理学要旨相契合所以仍属于理学范围。王安石的“荆公新学”、苏氏（苏轼、苏辙）的“蜀学”、吕祖谦的“婺学”皆为非正统一派。对于理学的派系划分，不同学者有不同的看法，仁者见仁，智者见智，本书姑且持以上观点。

理学作为封建社会后期的官方意识形态，对整个社会的经济、政治、文化都产生了重要影响。崇尚“文治”的文教政策催生了理学及其教育思想，理学教育思想反过来又成为文教政策实施的重要推手，促进了教育制度和科举制度的完善。书院使理学得以大兴，理学则影响着书院的学习目的、教学内容、培养目标等等。书院作为私学中的“大学”，其繁荣、发展促进了私学水平的提高。蒙学作为私学教育的重要组成部分，又具有与高级私学相连接的基础教育的性质，在理学的影响下得以茁壮成长。

宋明理学的内涵与主张在蒙学教育中均有迹可循。第一，理学的基本内涵成为蒙学的教育内容。蒙学教材中渗透了义理之学和伦理纲常，《三字经》在阐明教育与学习的重要性之后就提出了道德教育的基本纲领：“三纲者：君臣义，父子亲，夫妇顺……曰仁义，礼智信，此五常，不容紊。”① 理学大家亲自编写蒙书，如朱熹的《小学》《童蒙须知》、吕祖谦的《少仪外传》等，增加了理学对蒙学的影响力。第二，理学的理想追求被视为

① 李逸安译注：《三字经 百家姓 千字文 弟子规》，中华书局2009年版，第8—9页。

蒙学的教育目的。蒙学重视对儿童道德行为的训练和基础知识的灌输，通过“教以事”来培育“圣贤坯璞”，为日后成圣成贤奠定基础。第三，将理学所提倡的存养功夫作为训蒙之道。蒙学注重良好学习习惯的养成，尤注重读书之法。朱熹在《童蒙须知》中说：“余尝谓读书有三到：谓心到、眼到、口到。”① 这无疑是理学“明诚两进”的充分体现。可见，蒙学在理学的影响下得以向更高的境界迈进。

三、 科举考试制度的完善

宋代的科举制度改善了科举制度初创时期的一些陈规陋习，健全了各种相关的规章制度；元、明、清三朝则在宋代的基础上对科举制度进行进一步的建设和完善，使科举考试的客观化、规范化、严密化、标准化水平不断提高，为国家选拔贤能、甄奇录异提供了制度保障。为了建立更加细致周密的科举考试程序，统治者在科目设置、考试时间、考试内容、考试方法、考试程序、考试管理和考试规模上都进行了一定程度的调整和完善。

（一）考试科目规范化

科目结构日趋规范化。

> 宋之科目，有进士，有诸科，有武举。常选之外，又有制科，有童子举，而进士得人为盛。神宗始罢诸科，而分经义、诗赋以取士，其后遵行，未之有改。②

可见，宋初科举，上承前制，设置科目较多，经过不断的改革，科目向简单化的方向发展。

进士科为赵宋王朝设置的最早的科举科目。自建隆二年

① 朱杰人、严佐之、刘永翔主编：《朱子全书》第十三册，第 374 页。

② 脱脱等撰：《宋史》，第 3604 页。

(961年)恢复进士科以来，宋朝的历次常科考试中以进士科为主。除“崇宁兴学”一度以学校贡举取代科举进士以外，二百年间进士科考试鲜有停顿，为宋科举制度之主体。对进士科的改革主要集中于考试内容与方法，对其存废鲜有争议。虽然进士科的考试内容主要是经义、诗赋、策论等三个方面，但因其未成定制，考试内容反复多变，应试学子自顾不暇，不免怨声载道。绍兴三十一年(1161年)，依礼部侍郎金安节言“复立两科，永为成宪”①，士人才开始有了稳定的目标和方向，得以专心复习。

由于进士科多变，其他科目的设立和废止也受到影响。“庆历兴学”时期，范仲淹主张“精贡举”。“熙宁兴学”年间，王安石则把科目改革作为科举改革的核心，由于进士罢诗赋，试经义、策论，遂罢诸科，停制科，并以旧明法科为根基，设“新科明法，试律令、《刑统》大义、断案，所以待诸科之不能业进士者”②，并设“三舍法”将学校养士和科举选士联系起来，直至元祐元年(1086年)，司马光以将明经与进士合为一科的方式取缔了明经诸科。

此外，制科的兴废也多次反复。除常科与制科外，武举地位提高，还开设有恩科、道举、八行科等等。

元、明、清三代则基本效仿宋制，依据自身政权需要进行调整和完善，如明朝在考试科目上分文、武两途，但只有进士一科；清朝则为八旗子弟专门开设八旗乡试。此外，明清时期科举考试与学校考试几乎完全合流，形成“科举学校化，学校科举化”③ 的局面。

---

① 脱脱等撰：《宋史》，第3631页。

② 脱脱等撰：《宋史》，第3618页。

③ 刘海峰：《中国考试发展史》，华中师范大学出版社2002年版，第142页。

值得一提的是，作为科举科目的重要组成部分的童子举的实行，为蒙学的发展提供了契机。宋真宗景德二年（1005年）始行童子科。是年，宋真宗亲自以诗赋试抚州童子晏殊、大名府童子姜盖，分别赐晏殊进士出身、姜盖同学究出身，自此开创了童子科的先例。“凡童子十五岁以下，能通经作诗赋，州升诸朝，而天子亲试之。其命官、免举无常格。”① 其录取标准则依据不同时期的要求而进行调整。韩愈说“人非生而知之者，孰能无惑”，因此“学者必有师”，② 即使天赋异禀的童子也需要受师之教才能成为良才，所以，童子科的设立驱动了蒙学的繁荣、发展，而蒙学则为童子举培养了合格的生源。

（二）考试内容、考试方法的演变

考试内容和考试方法日趋标准和严谨。考试内容和考试方法随着科举科目的变更而不断革新。宋初袭五代之制，考试方法诸多，进士以诗赋、策论及帖经、墨义试之；诸科试以帖经、墨义。范仲淹于宋仁宗庆历三年（1043年）推行新政，罢帖经、墨义，先试策，次论，再诗赋，此次改革只维持了一年。宋神宗熙宁年间，王安石废除帖经、墨义、诗赋，仅试以经义、策、论，以《三经新义》为考试内容。其后，诗赋、经义不断分合往复，直至宋绍兴三十一年（1161年）定两科为永制。此外，明经诸科、制科的考试内容和考试方法依其自身特点各有所侧重。

但随着理学的发展，理学在科举中所占的分量不断增加，考试内容发生了变化。元朝在以理学统一考试内容上可谓是功不可没，元代皇庆二年（1313年）下诏以朱熹所著的《四书章句集

---

① 脱脱等撰：《宋史》，第3653页。

② 韩愈：《师说》，见韩愈撰，马其昶校注，马茂元整理：《韩昌黎文集校注》，上海古籍出版社1987年版，第42页。

注》作为科举考试的主要内容和评判标准，开启了以朱熹所注儒家经典取士的科举时代，持续百年的经术与文学之争最终以经术的胜利告终。至明清以后，相沿不改，遂为成法，这对明清两代的科举考试产生了巨大影响。

（三）考试时间合理化

贡举时间不断合理化、稳定化。宋初承袭旧制，一般情况为一年一举。因对开科时间没有明确规定，开科周期屡有更易，缺乏规律，严重影响士人的备考应举状态。宋太宗太平兴国三年（978 年）冬，因太宗御驾亲征，贡举暂时停罢，此后或一年一举或两年一举或四年一举或临时停举，素无定制，不仅影响士人参举的积极性，而且弱化了科举制度的选士功能。宋英宗治平三年（1066 年）亥月颁诏“今后宜每三年一开科场。应天下所解进士、诸科，并以本处旧额四分中解三分”，实行礼部三岁一贡举，逢辰、未、戌、丑年举行。此次在贡举时间上的改革收效明显，“恩典不增，而贡举期缓，士得休息，官不以烦矣”①。三年一举不仅顺利解决了上述矛盾，而且还符合“三年大比”的古训。《周礼·地官师徒·州长》有云：“三年大比，则大考州里，以赞乡大夫废兴。”②“三年大比”自此遂成定制，为后世所因袭。

（四）考试程序完备化

考试程序日趋程序化和完备化。宋代一般采取中央和地方分级考试、逐级淘汰的方式，分为解试、省试和殿试三级。因战事频仍、社会动荡，南宋初年增设类省试一级考试。但需要说明的是，制科可通过推荐和投文获得考试资格，其他科目则须通过低

---

① 诸葛忆兵编著：《宋代科举资料长编》（北宋卷·下），凤凰出版社 2017 年版，第 624—625 页。

② 阮元校刻：《十三经注疏》，第 718 页。

级别考试方可参加高级别考试。解试一般于八九月在各州进行，又称“秋解”，分别由州通判和州录事参军主持进士科考试和诸科考试，通常是八月上旬锁院，中旬引试，九月末考试完毕。[①]州考合格者，于当年冬季聚于京师，预备参加礼部省试。省试和殿试一般在京都举行。省试一般于正月上旬和中旬锁院，二月底和三月初奏名发榜，又称“春闱”。绍兴二十九年（1159 年）三月，诏“今后四川类省试用九月十五日锁院”，以此为省试时间之定制。省试由皇帝任命的知贡举负责主持，副职称同知贡举。省试合格者可获得参加殿试的资格。殿试可视为省试的复试，是最高级别的终极性科举考试，一般三月在讲武殿或崇政殿举行，由皇帝亲自主持，因此及第者被视为“天子门生”，及第后所得优待可想而知。明朝则在宋制的基础上，形成了“童试—乡试—会试—殿试”的“科举成式”，清朝也因袭此程序，未进行大的变革。需要说明的是，这里的童试不同于童子举，而是一种科举预备性考试，也是府、州、县学的入学考试，没有年龄限制。

（五）考试管理精细化

考试管理逐步严格化和精细化。为了维持考试秩序、保障考试公平，各朝各代都制定并出台了一系列考试规则来加强考试管理。以宋朝为例，为防止考场上出现徇私舞弊的现象，实行“别头试”、按榜引座、继烛之禁等措施以保证考场秩序。所谓“别头试”又称“别试”，是对作为考官亲属的考生另行安排考官、题目进行考试，以防“假托宗枝，迁就服属”[②]。按榜引座指考生按张榜公布的座次入场就座。继烛之禁即“率用白昼，不

---

① 参见李国钧、王炳照总主编，乔卫平著：《中国教育制度通史》第三卷，山东教育出版社 2000 年版，第 376 页。

② 脱脱等撰：《宋史》，第 3636 页。

复继烛”①，除此外还禁止挟书、传义、代笔。为了防范在命题和评卷过程中损害考试公平的现象发生，考试实行锁院制度、封弥、誊录制度、“禁公荐”、“停纳卷”、制定评卷标准等措施以维护考试公平。锁院制即对考官进行“锁宿”，与外界隔离；封弥即糊名；誊录是为了防止辨认笔迹；废除公荐、罢止公卷、严格标准也是为了维护考试公平。明清以宋为蓝本，实行更加严格的防舞弊措施，客观上促进了科举考试的规范化、标准化和客观化。

此外，科举制度还扩大考试规模，增加取士名额，提高及第者待遇，鼓励边远地区士人读书仕进和择优录取以辅佐统治的平衡，以充分发挥科举激发士人读书积极性和选拔人才的作用。

在“文治”主义和理学广泛传播的大背景下，科举制度也在统治者的反复改革下日臻完善，为基层知识分子跻身统治集团提供了门径，“朝为田野郎，暮登天子堂”。所以，在科举制的影响下古代封建社会形成了重学、重读书的社会风气，客观上推动了中国古代教育事业的发展。蒙学作为中国古代教育的重要组成部分，以其基础教育的性质在为科举考试培养生源中发挥着基石作用。加之以儿童为应试对象的童子举的发展和完善，蒙学获得了一股强大的驱动力以推动自身不断成长。虽然科举制和学校教育的矛盾一直存在，但总的来说，蒙学在科举制不断完善的背景下呈现出蓬勃发展的喜人景象。

第二节　朱熹的幼儿教育思想

朱熹（1130—1200 年），字元晦，号晦庵，世称朱文公，出

① 王辟之撰，吕友仁点校：《渑水燕谈录》（与《归田录》合刊本），中华书局 1981 年版，第 68 页。

生于南剑州尤溪（现福建省尤溪县），是我国封建社会中后期学问最为广博、影响最为深远的学者之一。他是南宋集理学之大成者，并开创了“闽学学派”。他一生致力于教育事业，为官时间不足十年，而讲学施教的时间有四十余年。其理学思想在封建社会后期产生了深远的影响，甚至远播至日本、朝鲜等地区。朱熹的幼儿教育思想也别具一格，著有《小学》《童蒙须知》《论语训蒙口义》《训蒙绝句》等童蒙教育书籍，为教师与家长进行幼儿教育提供了丰富的理论与实践素材，也为古代幼儿教育发展史的研究提供了宝贵的资源。

朱熹出生于一个传统的儒学家庭，其父朱松是二程的再传弟子罗从彦的学生，因而朱熹从小就诵读儒家经典。朱松死前嘱咐朱熹求学于好友胡原仲、刘致中、刘彦冲三人。由于此三人对佛学也有一定研究，因而朱熹早期的思想中存在佛学思想的影子，表现为佛、儒混杂的思想。但经过一段时间的学习之后，他似乎并不满意，自认“未有所得”，后又求学于李侗。自求学于李侗之后，朱熹便一心向儒，他曾表明：

> 某少时未有知，亦曾学禅，只李先生极言其不是。后来考究，却是这边味长。才这边长得一寸，那边便缩了一寸，到今销铄无余矣。毕竟佛学无是处。①

朱熹在求学于李侗之后方发现释氏之说破绽和漏洞百出。此后，朱熹就着力于以儒学为主体来构造他的思想体系，最终形成了理学教育思想。

朱熹亲身实践，支持并参与各种教育活动。在他从政期间，每到一地，便亲自整治州、县官学。他先后整治同安县学、南康

① 黎靖德编，王星贤点校：《朱子语类》卷一百四，中华书局 1986 年版，第 2620 页。本节以下所引《朱子语类》均采用此版本，只随文标注书名及卷数。

军学、漳州州学和潭州州学，讲学于玉山县学。他还重视书院制度，整顿岳麓书院，修复白鹿洞书院，促进了书院的发展，尤其是订立了闻名后世的《白鹿洞书院揭示》。另外，他还先后创办家塾及寒泉精舍、武夷精舍和竹林精舍等私学，教授生徒，传播理学。朱熹通过写记做铭等方式，广泛参与他人的兴学重教活动。他的一生是极其复杂的，尽管为官时间不长，晚年遭馋受贬，在“庆元党禁”中被打成“伪学魁首”，其学说也被称为“伪学”。直到其死后，封建统治者又再次发现了其学说对于巩固封建统治的价值，因而将他的著作与学说奉为圭臬，进而影响我国七百余年，甚至影响了日本、朝鲜等的文化。

一、“变化气质” 的教育价值观

在教育史上避不开的一个问题便是人性论。在探讨人性问题时，孔子提出“性相近也，习相远也”①，孟子主张性本善，荀子主张性本恶，董仲舒则提出“性三品”。后世的思想家、教育家大都绕不出此范围。朱熹也曾对各家各派的人性论有所评论：

> 道夫问：“气质之说，始于何人？”曰：“此起于张程。某以为极有功于圣门，有补于后学，读之使人深有感于张程，前此未曾有人说到此。如韩退之《原性》中说三品，说得也是，但不曾分明说是气质之性耳。性那里有三品来！孟子说性善，但说得本原处，下面却不曾说得气质之性，所以亦费分疏。诸子说性恶与善恶混。使张程之说早出，则这许多说话自不用纷争。故张程之说立，则诸子之说泯矣。”（《朱子语类》卷四）

朱熹认同张载和二程的观点。他还自称他的人性论来源于张

---

① 杨伯峻译注：《论语译注》，中华书局1980年版，第181页。

载和二程。在朱熹看来，宇宙万物的本源是“理”，“理”也是人类社会最高的道德规范，而“理”表现在人这方面就是“性”，即“性者，人之所以得于天理也”。性又不是完全相同的，此皆因“气”的不同。何为“气”?“气”是构成万事万物的材料，如果说“理”属形而上者，则“气”属于形而下者。“理”和“气”相结合，构成了宇宙的万事万物。万物所源之“理”相同，但由于“气”的清浊差异，导致了“理”在万物上的表现不同，反映在人性上，就是“性”的不同。按照这个逻辑，朱熹吸收了二程和张载的思想，把人性分为“天命之性”与“气质之性”，二者同为“性”，既有联系也有不同。其中“天命之性”是人与生俱来的，是最为纯净的，是至善的，也就是人生来就具有的“仁义礼智”等封建道德规范。“气质之性”是人禀的“气”所形成的“性”，是“理”与“气”的混杂。据此，朱熹形成了人性论的主张：“人之性皆善。然而有生下来善底，有生下来便恶底，此是气禀不同。”（《朱子语类》卷四）他认为，人性最初都是善的，“仁义礼智”等道德规范是生而有之的。“气”的不同，使得人们出生之后有善有恶。由此可见，“气”有清浊之分，“气质之性”也有善恶之分。

朱熹曾说：“盖自天降生民，则既莫不与之以仁义礼智之性矣。然其气质之禀或不能齐，是以不能皆有以知其性之所有而全之也。”① 其中所说“仁义礼智之性”，即为至纯至净的“天命之性”，这本是天生的，然而由于“气质之性”的不同，并不能使得人人都成为圣贤之人。

> 天地间只是一个道理。性便是理。人之所以有善有不善，只缘气质之禀各有清浊。（《朱子语类》卷四）

---

① 朱熹撰：《四书章句集注》，中华书局1983年版，第1页。

……但禀气之清者，为圣为贤，如宝珠在清冷水中；禀气之浊者，为愚为不肖，如珠在浊水中。所谓“明明德”者，是就浊水中揩拭此珠也。（《朱子语类》卷四）

他指出，禀气浑浊者只能为愚、为不肖，就像珠在浊水中；“明明德”的过程就是在浊水中擦拭宝珠的过程。教育的作用便被视为帮助人们“变化气质”，即通过后天提高自身的道德修养，把“气质之性”中“恶”的成分去除掉，恢复人性的本然状态，使“天命之性”完全显现出来。“学之为言效也。人性皆善，而觉有先后，后觉者必效先觉之所为，乃可以明善而复其初也。”①人性最初都是善良的，但是人的觉知有先后的顺序，后觉知的人必须效仿先觉知的人，这样才可以恢复其最初的善良本性。所谓“复其初”，就是要去除“恶”的蒙蔽，恢复天理的纯净。教育在其中就是起“除恶复善”的作用。除此之外，朱熹又说：

资禀既偏，又有所蔽，须是痛加工夫，‘人一己百，人十己千’，然后方能及亚于生知者。及进而不已，则成功一也。（《朱子语类》卷四）

强调只要痛下功夫，勤加修习，就可以通过教育“变化气质”，实现由下愚变为“亚于先知”的贤人。

朱熹继承了前人的观点，极为重视教育。他说：“古者小学已自养得小儿子这里定，已自是圣贤坯璞了”（《朱子语类》卷七）。在他看来儿童是“圣贤坯璞”，他们禀受“天命之性”，本身即具有“仁义礼智信”的品质，但是其“知思未有主”的心理特征又决定了其容易受到外界环境的影响，因而必须及早进行蒙童教育。朱熹在《经筵讲义》中说：

---

① 朱熹撰：《四书章句集注》，第47页。

是以古之圣王设为学校，以教天下之人，使自王世子、王子、公、侯、卿、大夫、元士之适子以至庶人之子，皆以八岁而入小学，十有五岁而入大学，必皆有以去其气质之偏、物欲之蔽，以复其性，以尽其伦而后已焉。①

这里讲到了学校的设立及学校教育的目的。统治阶级设立学校来教导天下人，要求自“王世子”至“庶人之子”皆入学校学习，并严格规定了入学年龄，从蒙童时期便开始灌输封建伦理思想。学校的最终目的是为了巩固封建统治，消除人们反抗心理，即“存天理，灭人欲”，去除“气质之偏”“物欲之蔽”，使人恢复其本性。

二、“小学”与“大学”

对小学与大学两个教育阶段及其相互关系做出系统理论说明的是朱熹。在封建社会前期，历朝历代教育家似乎更加关注大学教育，对此形成了相当丰富的论述，对小学却相对忽视。朱熹一改这种传统，提高了对小学教育的重视程度。

朱熹按照学生年龄的不同将学习过程划分为两个阶段，分别是小学与大学。

人生八岁，则自王公以下，至于庶人之子弟，皆入小学，而教之以洒扫、应对、进退之节，礼乐、射御、书数之文；及其十有五年，则自天子之元子、众子，以至公、卿、大夫、元士之适子，与凡民之俊秀，皆入大学，而教之以穷理、正心、修己、治人之道。此又学校之教、大小之节所以分也。②

---

① 朱熹著，郭齐、尹波编注：《朱熹文集编年评注》，第881—882页。

② 朱熹撰：《四书章句集注》，第1页。

八岁进入小学，是广泛接触周围事物、获取知识的阶段；十五岁进入大学，学习“穷理、正心、修己、治人之道”，学习融会贯通之道。这一划分并非朱子首创，古已有之。他也多次指出自己只是引征古说，并非另创新说，但是他对小学与大学的教育目的、教育内容等方面的论述是别具一格的，也是最系统的。

首先，小学与大学有着不同的目标与教育任务。“小学是直理会那事；大学是穷究那理，因甚恁地。”（《朱子语类》卷七）在学习任务上，小学学生的任务是“学其事”，重在事物上的学习，主要是进行道德行为规范方面的训练。大学学生则重在义理上的学习，注重道德修养的提升。这是由于幼儿心智尚未成熟，处于懵懂时期，难以懂得精深义理；待其年长，进入大学，身心发育成熟，便可究其义理，探讨圣贤之道。

两个阶段又是相辅相成、相互衔接的，缺一不可。

> 是以方其幼也，不习之于小学，则无以收其放心、养其德性，而为大学之基本；及其长也，不进之于大学，则无以察夫义理，措诸事业，而收小学之成功。①

其次，不同的教育目标决定了不同的教育内容。朱熹在《近思录》卷十一中曾言：

> 人之幼也，知思未有所主，便当以格言至论日陈于前。虽未晓知，且当熏聒，使盈耳充腹，久自安习若固有之，虽以他言惑之，不能入也。②

由于幼儿“知思未有所主”，易受周围环境影响，因而每日应教给幼儿圣人格言，使其熟悉于心，久而久之形成习惯，便可不受外界不良诱惑的影响。据此，他将小学的学习内容定为明人伦事、敬身之事及“六艺”之文，这与其“学其事”的教育目标是

① 张伯行：《小学辑说》，转引自徐梓、王雪梅编：《蒙学要义》，第24页。
② 朱杰人、严佐之、刘永翔主编：《朱子全书》第十三册，第268页。

相呼应的。大学学生的学习内容则比小学学生学习的内容要深刻得多，包括学问上的造诣、道德上的追求以及为官从政的本领。朱熹指出“入大学”就是要“教之以穷理、正心、修己、治人之道”①。大学的教育内容主要围绕“穷理”“修己”和“治人”三个方面，以实现内圣外王的政治理想为宗旨。因而，学生被要求熟读“四书五经”等儒家经典书目。其中《大学》在大学教育中的纲领性作用尤为受到重视，即朱子所说“先看《大学》，次《语》《孟》，次《中庸》。果然下工夫，句句字字，涵泳切己，看得透彻，一生受用不尽”（《朱子语类》卷十四）。

最后，小学与大学的最终目的是一致的。朱熹曾说道：

> 小学是学事亲，学事长，且直理会那事。大学是就上面委曲详究那理，其所以事亲是如何，所以事长是如何。古人于小学存养已熟，根基已深厚，到大学，只就上面点化出些精彩。（《朱子语类》卷七）

大学是在小学所学之事上进一步探究其义理。小学阶段从道德行为细节入手，学会“事君”“事父兄”的道德准则，在大学阶段则着重于阐明、领会封建道德伦理。正如其所讲：“学之大小，固有不同，然其为道，则一而已。”“是则学之大小所以不同，特以少长所习之异宜，而有高下、深浅、先后、缓急之殊。”（《小学辑说》）小学与大学所学的内容固有深浅之别，但它们的最终目的在“求理”的问题上是一致的。据此，朱熹把小学教育称为“打坯模”阶段，是进行基础教育的阶段；而大学教育则是“加光饰”，进行深入学习的阶段。“古者，小学已自暗养成了，到长来，已自有圣贤坯模，只就上面加光饰。”（《朱子语类》卷七）只有“坯模”打好了，以后才能在此基础上进行大学的学习。由

① 朱熹撰：《四书章句集注》，第1页。

此可见，两者之间的关系是密不可分的，小学是大学的准备阶段，大学是小学的深入阶段。两者教育目的一致；教育内容从简单到复杂、从具体到抽象，相互联系、一脉相承。

三、重行为养成的教育内容

“知”“行”之间的关系始终是教育家们争论的热点问题。孔子提出：“生而知之者上也，学而知之者次也；困而学之，又其次也。”[①] 荀子提出：“不闻不若闻之，闻之不若见之，见之不若知之，知之不若行之。”[②] 墨子认为：“是与天下之所以察知有与无之道者，必以众之耳目之实知有与亡为仪者也。”[③] 到了宋代，程颐提出“知先行后”的观点。他认为，“知”是“行”的根本，如果没有知识，就无法行动，只有在知识的指导下才可以去行动。程颐是强调“知”的作用，以“知”为重。关于“知行论”，朱熹也有自己独特的见解：“知行常相须，如目无足不行，足无目不见。论先后，知在先；论轻重，行为重。”即“知先行后”，“知”可以指导“行”，“行”依赖于“知”。然而，其重点却在于“行”，“为学之实固在践履，苟徒知而不行，诚与不学无异”（《朱子语类》卷十）。从中我们可以发现朱熹极为重视行动。“明人伦”的教育目的及“知先行后，行重于知”的“知行观”，决定了幼儿教育的内容是围绕“行为养成”来组织的。朱熹曾指出：“小学之事，知之浅而行之小者也”，“大学之道，知之深而行之大者也”。（《答吴晦叔》）小学阶段的要求是学习浅显的道理，注重日常生活中的行为规范。这一点从他编写的两本童蒙教

---

① 杨伯峻译注：《论语译注》，第 177 页。

② 王先谦撰，沈啸寰、王星贤整理：《荀子集解》，中华书局 2012 年版，第 141 页。

③ 吴毓江撰，孙启治点校：《墨子校注》，中华书局 1993 年版，第 337 页。

材《小学》与《童蒙须知》中可探知一二。

《小学》分为《内篇》和《外篇》。《内篇》包括《立教》《明伦》《敬身》《稽古》四个部分，外篇包括《嘉言》《善行》两部分，《内篇》重在说理，《外篇》重在践行。朱熹曾说道："后生初学，且看《小学》之书，那是做人底样子。"（《朱子语类》卷七）这说明朱熹极为重视《小学》一书，认为《小学》中的内容是基础性的，具有很强的实践性，适合幼儿学习，而实际上《小学》还具有很强的礼书性质。它多取材于《礼记》《周礼》等书，围绕着"明人伦"的目的，通过格言、故事、诗歌、家训、书信等方式向幼儿提出了具体的行为规范要求。

朱熹通过这些具体的事例教会幼儿在日常生活中应有的行为规范，帮助幼儿养成良好的行为习惯。

《童蒙须知》是朱熹为幼儿编写的一本系统学习、践行日常行为规范的书籍，类似于当代的"学生守则"，具体内容分为衣服冠履、语言步趋、洒扫涓洁、读书写文字、杂细事宜五个部分。朱熹在每个部分都做了详细的规定，不仅包括幼儿应该学习的行为规范，还包括教师、家长的教育方法。例如，在开篇中他写道："夫童蒙之学，始于衣服冠履，次及语言步趋，次及洒扫涓洁，次及读书写文字，及有杂细事宜，皆所当知。"这对教育者提出明确要求——教师和家长从衣服冠履的穿着，到说话走路、打扫卫生、读书写字，各种杂细之事都要一步步地教给幼儿。

朱熹指出："先生下学，见说《小学》，曰：前贤之言，须是真个躬行佩服，方始有功。不可只如此说过，不济事。"（《朱子语类》卷七）在朱熹看来，仅仅了解先贤的德性是不够的，必须要自己身体力行，这反映了他主张对幼儿"教事"要真正落实到实处。朱熹还重视幼儿行为习惯的养成，强调教育内容以培养幼儿日常行为规范为原则。为此，他具体论述的幼儿教育内容为实施幼儿教育指明了方向。在朱熹看来，幼儿教育的具体内容可以分为三个部分：

> 盖古人之教，自其孩幼而教之以孝悌诚敬之实；及其少长，而博之以《诗》、《书》、《礼》、《乐》之文，皆所以使之即夫一事一物之间，各有以知其义理之所在，而致涵养践履之功也。及其十五成童，学于大学，则其洒扫应对之间、礼乐射御之际，所以涵养践履之者略已小成矣。①

这三部分分别是“孝悌诚敬之实”“洒扫应对之间”和“礼乐射御之际”。

“孝悌诚敬之实”是强调自小培养蒙童的德性，使其“明人伦”。“三纲五常”是基本内容，小学教育“学其事”学的是道德规范与道德行为，而这些道德规范与行为均以“三纲五常”为标准。“三纲”之中与幼儿联系最为密切的是“父为子纲”，这一条指明了幼儿教育的标准，而幼儿教育的其他要求则更多地体现在“五常”之中。朱熹曾在《白鹿洞书院揭示》中提出“五教”，以此作为指导学子读书做人的标准。对于幼儿教育亦如此，朱熹在《小学原序》中说：

> 古者小学，教人以洒扫应对进退之节、爱亲敬长隆师亲友之道，皆所以为修身、齐家、治国、平天下之本。而必使其讲而习之于幼稚之时，欲其习与知长、化与心成，而无扞格不胜之患也。②

可见，幼儿教育的道德规范与行为培养均是为“齐家、治国、平

---

① 朱杰人、严佐之、刘永翔主编：《朱子全书》第二十二册，上海古籍出版社、安徽教育出版社2002年版，第1914页。

② 朱杰人、严佐之、刘永翔主编：《朱子全书》第十三册，第393页。

天下”做准备，其作用自然不言而喻。

“洒扫应对之间”实为教导蒙童孝亲敬长，时刻注意自身的行为是否符合应有的礼节。朱熹极为强调蒙童“敬身之礼”，认为古人自小即以敬身之事涵养其心性，遂在《小学·敬身》中言：

> 孔子曰：“君子无不敬也，敬身为大。身也者，亲之枝也，敢不敬与？不能敬其身，是伤其亲；伤其亲，是伤其本；伤其本，枝从而亡。”仰圣模，景贤范，述此篇以训蒙士。

在朱熹看来，不能敬其身，则是伤亲伤本。因此，他把敬身作为约束、教导蒙童的一个重要方面。

“礼乐射御之际”即为传统的“六艺”。“六艺”本为传统的儒家学习内容，但宋代之时“六艺”之学形同废止，童蒙教育大多重视科举之学，“六艺”则被忽视。朱熹反对这种做法，他引用古人言论，重建“六艺”内容，把“六艺”分为“礼乐”“射御”“书数”三个大部分，并进行了具体的讨论：

> 艺是小学工夫。若说先后，则艺为先，而三者为后。若说本末，则三者为本，而艺其末，固不可徇末而忘本。习艺之功固在先。游者，从容潜玩之意，又当在后。（《朱子语类》卷三十四）

朱熹认为，“六艺”之中含有的“理”是必须要学习的内容。因此无论是大学还是小学，“六艺”都是重要的学习内容，只是关注的重点及练习的方式不同而已。如对于“乐”的学习，朱熹指出“古人自小时习乐，诵《诗》，学舞”，又说“行有余力，诵诗读书，咏歌舞蹈”，主张蒙童时期便开始学习“乐”，学习的方式为咏歌、诵诗、跳舞。“古人学乐，只是收敛身心，令入规矩，使心细而不粗，久久自然养得和乐出来。”（《朱子语类》卷三十五）通过乐教，可收敛身心使幼儿的行为更符合规矩。乐教如此，其余亦然。朱熹不仅指出童蒙教育应学习“六艺”，还详细论述了如何进行教育及教育的作用。

“小学之方，洒扫应对，入孝出悌，动罔或悖。行有余力，诵诗读书，咏歌舞蹈，思罔或逾……”① 总而言之，朱熹对幼儿教育的要义，实际上本于《周易·蒙》中的“蒙以养正”。早期教育所教所学虽浅而小，却是成圣成贤的基础，所以他以“圣贤坯璞”喻小学之功。正因如此，他一生虽集中精力研求高深学问，以从事大学教育为主，但也十分重视、关注幼儿教育，不断编写童蒙读物。

四、 教育原则与方法

朱熹认为教学必有法，“言教人者，皆有不可易之法”。他虽未系统地论述教学的方法，但我们仍可从其著作中窥知一二。朱熹的教育方法与他的“格物致知”和“知行常相须”的认识论基础是分不开的。他赞同《中庸》中的学习过程，并在《白鹿洞书院揭示》中确定了为学之序——“博学之、审问之、慎思之、明辨之、笃行之”②，实际上这也是他提倡的教育方法。其中“博学之、审问之、慎思之、明辨之”都是在“知”的方面做文章，而“笃行之”则是强调“行”的方面。在蒙童教育中，朱熹提出了及早施教、循序渐进以及为学主敬的教育原则。

（一）及早施教

在整个人生的教育过程中，童蒙时期极为重要，是为日后学

① 朱杰人、严佐之、刘永翔主编：《朱子全书》第十三册，第393页。

② 朱杰人、严佐之、刘永翔主编：《朱子全书》第二十四册，上海古籍出版社、安徽教育出版社2002年版，第3586页。

习做准备的时期，所以必须及早实施蒙童教育。朱熹赞同古人的观点，提倡胎教，张伯行在《小学集解》注释中讲到："宜乎子之气禀正，而天理全也。此立教之本原"①。他明确指出胎教是立教的本原，也是小学的奠基阶段，应该予以重视。此外，朱熹还继承传统胎教思想的精华，注重妇女怀孕期间的言行。他认为胎儿会受到母亲的影响，因而母亲在怀孕期间必须安居闲静，遵守礼法，时刻注意自身的行为，杜绝外界的不良影响，使胎儿禀受端正之气。朱熹指出，古人所提倡的及早施教是具有理论根据的。在蒙童还未受到外界环境影响时，对他们进行引导和教育，可使蒙童保持原有的纯善之心。因而自婴儿能食能言时，父母便要履行职责，进行道德行为训练，进行"三纲五常"的伦理道德思想教育。

（二）循序渐进

朱熹认为童蒙教育在教学上和学习上都应该遵循循序渐进的原则。他说："若教学者，则须循其序也。""事有大小，而理无大小。事有大小，故其教有等而不可躐"。一方面是说在教学中教师要根据学生的情况循序渐进地进行教学，"君子教人有序，先传以近者小者，而后教以大者远者"。(《朱子语类》卷四十九)另一方面，就学习而言，学习者自身的学习也应有顺序、有计划，循序渐进，不可急于求成。如其所言"学不可躐等，不可草率，徒费心力。须依次序，如法理会"（《朱子语类》卷十一），学习是有次序的，如若不遵循此次序，就是白费心力。在幼儿教育上，要从贴近实际的地方入手，这也是在教育实践中重视洒扫、应对、进退之节练习的原因。

---

① 张伯行：《小学集解》，转引自中国学前教育史编写组编：《中国学前教育史资料选》，人民教育出版社1989年版，第21页。

（三）为学主敬

朱熹极为重视为学的态度，他说："'敬'字工夫，乃圣门第一义，彻头彻尾，不可顷刻间断。"（《朱子语类》卷十二）"持敬"是求学者始终要保持的态度，是小学学习的关键。一方面，以主敬专一的态度学习；另一方面，在实际的生活当中，在洒扫、应对等事的践履中，收敛己心，常存敬畏。正所谓"'敬'之一字，万善根本，涵养省察，格物致知种种功夫皆从此出"①及"涵养、致知、力行三者……要皆以敬为本"（《朱子语类》卷一百一十五），这其实是要求学习者怀有一颗敬畏之心，态度虔诚、认真地做学问，做到精神专一、全神贯注。在幼儿教育中，使幼儿端正态度极为重要。尽管童蒙时期的主要任务是"学其事"，但也要注意培养幼儿养成恭敬的态度。居敬持志是朱熹倡导的道德修养法，强调以诚敬之心涵养其善良德性。对于幼儿来说，居敬持志不能靠抽象的概念灌输，必须落实到真实的日常生活中，体现在自然的场景中，用最平凡、最普通、最生活化的事例来教而养之，学而习之，使良好习惯与健全心智共长、气质变化与心性体悟互成。作为教育者，在小学阶段应教给幼儿洒扫、应对、进退之事，通过日常的行为规范，使幼儿在接人待物、行为举止方面形成习惯，进而达到内外统一。

及早施教、循序渐进以及为学主敬的教育原则与"学其事"的教育目标相结合，便衍生出了相应的教育方法。在幼儿教育方法上，朱熹主张"动静交养"。所谓"动"即是"行"，要求幼儿在生活实践中学习。他在《小学》和《童蒙须知》中均提出了幼儿日常行为规范的准则，要求幼儿在与人交往的过程中学习为人

① 朱熹：《答潘恭叔》，见朱熹著，郭齐、尹波编注：《朱熹文集编年评注》，第 2423 页。

处事。所谓“静”即是静坐之意，这也是朱熹“居敬持志”的重要方法之一。另外，他还主张“外无妄动”，即要求幼儿要学会静坐，学会静心修养，从小进行修身养性的练习；而“内无妄思”并非什么都不去思考，而是不要胡思乱想，扰乱心智，要全神贯注，认真地思考有意义的东西，“无事时敬在里面，有事时敬在事上。有事无事，吾之敬未尝间断也”（《朱子语类》卷十三）。无事时要静坐，反省礼与非礼；有事时要行动，明察义与不义。仅凭幼儿自身的修养难以完成，要做到这一点便需要教育者在幼儿日常行为习惯的培养中注意“动静交养”，一方面培养幼儿恭敬端正的学习态度，另一方面注意在行为规范的培养上下功夫。这既是读书的要求，也是教育幼儿的重要方法。

除此之外，朱熹提出了具体的教学方法以供教师采用，比如：教师为幼儿制定生活行为规范，要求其实践；教师以身作则，树立榜样；等等。朱熹专门为幼儿制定了日常行为规范准则，如《童蒙须知》。除了“言教”之外，教师的“身教”也是影响幼儿学习的重要因素。幼儿此时的身心特点决定了他们极易受外界环境的影响，而教师作为与幼儿相处时间最长的教导者，必然要为幼儿树立良好的榜样。

五、幼儿教育与哲学的关系

朱熹的幼儿教育思想是以其哲学思想为依据和基础的。

朱熹的蒙学思想以其心性论为依据，根据儿童的心性特点，制定符合儿童身心发展特点的教育方式。朱熹提出了“天命之性”和“气质之性”。“气质之性”是有恶有善的，如何去除“气质之性”中的“恶”，让“天命之性”得以彰显呢？朱熹提出了“变化气质”的说法，认为由于儿童自身禀受“天命之性”，本身就具有“仁义礼智信”五种品质，儿童是可教的，可以通过教育的方式来达到为圣为贤的可能。因此，朱熹主张通过教育的方式来变化气质。针对儿童“心智未有所主”，易受环境影响，以及儿童容易接受具体的事物而非抽象的义理等特点，朱熹提出，对儿童的教育要根据儿童的心性特点，符合儿童的身心发展规律。因此，他提出了灌输与启发、范例教育、行为指导等教育方式，从小培养儿童养成良好的道德习惯，久而久之，便会达到“变化气质以复性”的目的。

朱熹认为，“理”是看不到、摸不着的，所以需要“礼”这个中间环节来体现“理”，而“礼”又需要在具体的“事”中得以体现。所以，朱熹根据“事”“礼”“理”三者的关系，认为儿童教育必须强调做事。他认为，儿童要想体认天理和礼仪规范，则需要从做事中学习，因为事情是具体生动的，更容易让儿童理解和认识。儿童通过做事，学习到事情中的礼仪规范，随着对礼仪规范的思索和探究，慢慢地体认到最根本的天理。基于这种认识，朱熹很重视儿童从做中学，因此，制定了《童蒙须知》《白鹿洞书院学规》《小学》等等，来规范儿童的日常行为，让儿童从做事、从学会礼仪规范，再慢慢地体认天理。

朱熹童蒙教育的原则是从做中学，体现了格物致知的修养路线。朱熹根据格物致知的哲学思想，对儿童的教育阶段进行了划分，即小学阶段和大学阶段。朱熹认为小学阶段是大学阶段的基础，只有小学阶段打好基础，大学阶段方可“穷理”“致知”。另外，儿童教育也要重视居敬涵养，因为“敬”为万事的根本，是达到“致知”的重要条件。在儿童教育中，恭敬的态度很重要，要以恭敬的态度去做事、去学习。只有从小培养儿童的居敬涵养功夫，才可以使儿童思想端正、行为规矩、态度严肃，等到长大后，有利于更好地“穷理”“致知”，最后成为圣贤。

朱熹在一生的教育实践中形成的教育思想是十分丰富的，作为理学之集大成者，他对中国思想史的发展做出了重要的贡献，更是一位伟大的教育家。他的幼儿教育思想在古代幼儿教育发展史上占有重要的地位，对当前幼儿教育的发展亦具有借鉴意义。

第三节　王守仁的幼儿教育思想

王守仁（1472—1529年），字伯安，号阳明，世称阳明先生，浙江余姚人；28岁中进士，历任刑部主事、兵部主事、南京兵部尚书等职。他承袭陆九渊的“心即理”的学说，发展成为姚江学派的“陆王心学”。他毕生重教，建学校、创书院、立社学、行教化，形成了系统的心学教育理论体系。他的幼儿教育思想与实践是其整个教育思想体系的精华所在，在我国古代教育发展史上占有重要的地位，对今天的幼儿教育仍具有重要的启发价值。

一、幼儿教育的思想渊源

王守仁家庭背景、社会背景以及人生经历、生活环境对其童蒙教育思想的形成有着重要的影响。

（一）生平简介

王守仁生长于书香门第、官宦世家，其父王华是成化年间的状元，因而他自小便接受了良好的教育。年少时期，王守仁的兴趣主要是习武和辞章，后才转向学术研究。他曾三次参加科举考试，均由于各种原因未能及第。直至1499年才考取进士，但他的仕途却并不因此而一帆风顺。正德元年（1506年），由于替戴铣等官员上疏求情，他受到宦官刘瑾的陷害而下狱，被廷杖四十，贬谪到贵州龙场去做驿丞。这一“祸事”反而是他人生的重要转折。“龙场悟道”后，他逐渐建立了系统的心学理论体系，影响后世几百年之久。

（二）心学教育思想体系的形成

正德三年（1508年），王守仁在贵州龙场悟道。龙场所悟之道是吾心之道，不必外求于他人、他物，这与朱熹所讲“求理于事物”恰恰相反。“龙场悟道”是王守仁由否定程朱理学，进阶到建立自己的心学教育思想体系的关键。那么他的心学教育思想是如何形成的呢？

中国封建社会中，上下尊卑的阶级关系历来是封建统治者所竭力维护的。因而我们可以发现历代的思想家无论提出何种学说，其最终目的均是论证封建伦理关系的合理性。以程朱为代表的理学思想，自南宋以来一直受到统治阶级的尊崇，被视为官方正统思想，与科举考试紧密相连。由朱熹所著的《四书章句集注》是科举考试的官方参考用书。到了王守仁所生活的时代，经过几百年的发展，程朱理学已经完全沦为虚伪之学，士人们打着“学为圣人”的口号，满嘴仁义道德，实则只为追求功名利禄。为救当世学术流弊，王守仁提出知行合一、致良知的学说，这是他心学理论形成的历史背景。

大凡一种新的学说都是在批评前一种学说的基础上建立的，但不可否认的是，它也必然有吸取前人的经验。王守仁的“致良知”学说便有两个理论渊源，一是孟子的“性善论”，一是陆九渊的“明其本心”。关于人性问题，王守仁汲取了孟子的思想（有关孟子人性本善的论述，参见本书第一章）。心学的创始人陆九渊的教育思想是王守仁教育思想形成的另一个理论渊源。在陆九渊看来，“理”是天地万物的本源，而“理”就是“心”，因而我们毕生所追求的不过是“明其本心”。

心学作为一种主观唯心主义的学说，它极为强调个体的主观能动性，因而我们去分析讨论王守仁的教育思想，必然不能忽视王守仁的个人经历。王守仁十一岁之前在家乡余姚度过，在很小的时候就表现出了惊人的天赋。他曾问塾师："何为第一等事?"塾师曰："惟读书登第耳!"王守仁却回答说："登第恐未为第一等事，或读书学圣贤耳。"① 从这里我们就可以看出，他与一般的士人子弟不同：他具有崇高的理想，以圣贤作为自己的追求。年少时，王守仁曾对军事方面有很大的兴趣，并进行了深入的研究，这也为他后期平定叛乱奠定了基础；后又学习程朱理学，在其成婚之时，他结交了当时的大儒娄一谅，从而对程朱理学产生兴趣，认真研读圣贤之书，但"格竹"的失败，使其对朱子理学产生了怀疑。这之后他又曾对佛、老有过短暂的迷恋。王守仁曾谈及自己这一出入佛、老的思想经历。正德七年（1512 年），他在《别湛甘泉序》中说：

> 某幼不问学，陷溺于邪僻者二十年，而始究心于老、释。赖天之灵，因有所觉，始乃沿周、程之说求之，而若有得焉。

以后，湛甘泉也曾论王守仁，说其："初溺于任侠之习；再溺于骑射之习；三溺于辞章之习；四溺于神仙之习；五溺于佛氏之习。正德丙寅，始归正于圣贤之学。"②

王守仁生活在一个文化氛围浓厚的家庭当中，自小就受到儒家思想的熏陶。王守仁的仕途一波三折，虽然功勋卓著，但却也受人妒忌，官场失意，但这一时期却恰恰是他学术思想发展的黄金时期。

在古代，人们往往用"三不朽"来称赞一个人，视其为人生

---

① 王阳明撰，吴光、钱明、董平、姚延福编校：《王阳明全集》，上海古籍出版社 1992 年版，第 1221 页。本节以下所引王守仁著作出自该书者，只随文标注篇名。

② 王阳明撰，吴光、钱明、董平、姚延福编校：《王阳明全集》，第 14011 页。

最高境界。“三不朽”即为立功、立德、立言，但极少有人能达到这一境界，即使是孔子、孟子也只能说是做到了立德和立言，并没有建立政治功业。王守仁兼有立功、立德和立言的成就，被后世学者称为“完人”。王守仁的幼儿教育思想体系是其教育思想体系的重要组成部分，并有其独到之处。

二、幼儿教育思想的哲学基础

阳明哲学是王守仁教育思想的理论基础，其内容博大精深、形式精致独特，自成一个完整的理论体系。“心外无学”“致良知”与“知行合一”是三个主要的理论基础。

（一）心外无学

“心即理”是宋明心学本体论的典型命题。王守仁创立的“心学”，也称阳明学说，与陆九渊的学说合称为“陆王心学”。他十分重视教育对于人的发展所起的作用，认为教育的价值在于“去其昏蔽”。从这一角度来说，他反对朱熹将“心”与“理”分成两部分，在他看来，“心”与“理”本来就是一物，“理”并不存在于“心”外，而是存在于“心”中。那么究竟何为“心”，何为“理”？“心”其实是一种主观的精神现象，也就是人的意识，他说：

> 朱子所谓“格物”云者，在即物而穷其理也。即物穷理，是就事事物物上求其所谓定理者也。是以吾心而求理于事事物物之中，析“心”与“理”为二矣。（《传习录中·答顾东桥书》）

他认为“理”不是外在的东西，并不能从外在的事事物物上求来，而只能内求，即“心即理”。从人性论上来讲，“心即理”其实是一种性善论，为实现人的发展提供了理论基础。“心即理”是把人作为教育的主体，强调了人自身的主观能动性。既然天理只能内求，教育便只能在“人心”上用功夫，也就是“心外无学”。“心外无学”意味着：一切活动无不以主体的内在价值定向为前提，并以心体的实现为根本目的。

王守仁关于教育作用的思想是建立在“心学”基础上的，包含某些积极的内容。他认为“良知”是任何人都有的，这也就间接说明了人人都有受教育的天赋条件，圣愚的区别仅在于能不能“致良知”，“圣人能致其知，而愚夫愚妇不能致”。由于凡人总要受到物欲引诱，所以人人都应该受教育。教育是为了去除物欲对于“良知”的昏蔽。王守仁不假外求，而重在内求，即强调人的主观能动性的发挥，自觉“胜私复理”，“去恶为善”。如果说朱熹的“性即理”的主张体现的是把道理之理客观化，强调本质（“性”“理”）对于存在（“心”）的先决性，那么王守仁的“心即理”说则把道理之理主体化，通过强调“心”与“理”的统一，使主体存在具有对于本质的某种优先性。

（二）致良知

“良知”二字最早见于《孟子·尽心上》：

> 人之所不学而能者，其良能也；所不虑而知者，其良知也。孩提之童无不知爱其亲者，及其长也，无不知敬其兄也。亲亲，仁也；敬长，义也；无他，达之天下也。①

这里所讲到的“不虑而知”“不学而能”，也就是所谓的“良知”“良能”。在孟子看来，这些“良知”“良能”是不需要经过后天的学习而天生就有的。王守仁借鉴了孟子的这一观点，他认为“良知”是一个很广泛的概念，包括了世间一切事物，以其本体来说就是天理，以其状态来说是未发之中。王守仁说：“性无

---

① 杨伯峻译注：《孟子译注》，中华书局2005年版，第307页。

不善，故知无不良，良知即是未发之中，即是廓然大公，寂然不动之本体，人人之所同具者也。但不能不昏蔽于物欲，故须学以去其昏蔽。”（《传习录中·答陆原静书》）“良知”是善的，是美的，是人人都有的，对于圣人与愚人不存在区别。总体而言，王守仁的“良知”仍不脱离儒家伦理道德规范——仁、义、礼、智、孝等；但其与传统程朱理学的不同就在于他的“良知”是内化于心的，而不是外界强加于个人之上的。

在王守仁看来“致良知”有两条途径：一是行的功夫，“盖日用之间，见闻酬酢，虽千头万绪，莫非良知之发用流行，除却见闻酬酢，亦无良知可致矣”（《传习录中·答欧阳崇一》）；一是知的功夫，“‘思曰睿，睿作圣。’‘心之官则思’，思则得之。思其可少乎？……思是良知之发用”（《传习录中·答欧阳崇一》）。人们只有在日常生活中注意自身的行为并不断思考，才能对“良知”有更为深刻的认识，这也就是“致良知”的途径与过程。“良知”既是我们要追求的最终目的，同时也是我们各种行动的出发点。一方面，“良知”是致知过程的目标，致知活动的各个方面都置于这一总体目标之下。王守仁在《博约说》中言：“是故君子之学也，于酬酢变化、语默动静之间而求尽其条理节目焉，非他也，求尽吾心之天理焉耳矣。”另一方面，“良知”又起着规范致知活动的作用，它把各个致知环节有机联系起来。

（三）知行合一

“知”与“行”的关系在中国哲学史上受到较多的关注，很多思想家从不同的角度阐述了“知”“行”的见解。王守仁也对“知”“行”关系做了详细的论述，提出了“知行合一”的观点，这也是其教育理论的一个重要的哲学基础。在探讨王守仁的“知行合一”之时，不能不提朱熹。朱熹认为“知”与“行”从不同的角度来看有不同的地位、不同的关系：从“知”“行”顺序上来看，“知”先于“行”；从“知”“行”的轻重上来看，“行”重于“知”；从“知”“行”的关系上来讲，“知”和“行”是相互的、紧密依赖的。他的“知先行后”观把“知”作为“行”的手段，把“行”作为致“知”的目的。这一观点契合了统治阶级的需求，一方面，在科举入仕的时代，“知先行后”“知轻行重”的观点是“学而优则仕”的有力支撑；另一方面，这种观点也导致了士人只知埋首苦读圣贤书，一心只为功名。

面对当时士人“知”“行”分离的现象，王守仁提出了“知行合一”的观点，他反对将“知”“行”分离开来。在王守仁看来，正是这样一种“知”“行”分离的理念导致了士人“终身不知”“终身不行”的现象。他批评了当时社会上的学者一味求“知”、“知”而不“行”的现象，认为这是由于大家把“知”“行”看作两件事。他说：

> 今人却就将知行分作两件去做，以为必先知了然后能行，我如今且去讲习讨论做知的功夫，待知得真了方去做行的功夫，故遂终身不行，亦遂终身不知。（《传习录上》）

在王守仁看来，将“知”“行”分离，一味求“知”，或者先“知”后“行”是做不到“真知”和“真行”的。“知”与“行”的关系是一体的、合一的：

> 某尝说知是行的主意，行是知的功夫；知是行之始，行是知之成。若会得时，只说一个知已自有行在，只说一个行已自有知在。（《传习录上》）

从道德修养论的角度来讲，王守仁将“知”与“行”统一在道德实践的范畴里，认为“知”是道德认识，“行”是道德实践，知识并不是道德教育的手段，相反，知识教学与道德教育是一个统一的过程。因而他主张“知行合一”，即合一在天理上。

那么“知行合一”与“致良知”有什么关系呢？它们又是如何与“心外无学”共同构成其教育思想的哲学基础的呢？王守仁把“知行合一”的过程看成是“致良知”的途径，要“致良知”就必须做到“知行合一”。

三、“明人伦”的教育目的

关于教育目的的论述，儒家有着一脉相承的观点。孟子认为教育目的在于培养“圣贤”“大丈夫”①，“富贵不能淫，贫贱不能移，威武不能屈，此之谓大丈夫”。不难发现，孟子所培养的“大丈夫”就是符合儒家伦理道德规范的君子。朱熹继承了儒家学者的一贯主张，认识到教育可以“以复其性，以尽其伦而后已焉”。这些观点影响了王守仁“明伦之外无学”的教育观点。

王守仁将“明人伦”作为教育的根本目的，一方面，人人都有“不待学而有，不待虑而得”的“良知”；另一方面，“良知”在圣人和一般人之间是不同的。圣人的天理纯全，“良知”常在；一般人的“良知”容易被私欲所蒙蔽。“若良知之发，更无私意障碍……所以须用致知格物之功胜私复理。”（《传习录上》）他认为“致良知”就是“存天理，灭人欲”，以实现“明人伦”的教育目的。王守仁主张，教育的目的是帮助人们去除物欲的蒙蔽，找回自己的“良知”“良能”。

面对学校教育成为科举考试附庸的局面，王守仁强调教育目的应该是“明人伦”。他在《传习录中·训蒙大意示教读刘伯颂等》中明确指出：

古之教者，教以人伦，后世记诵词章之习起，而先王之教亡。今教童子，惟当以孝弟忠信礼义廉耻为专

① 杨伯峻译注：《孟子译注》，第141页。

务。其栽培涵养之方，则宜诱之歌诗，以发其志意，导之习礼以肃其威仪，讽之读书以开其知觉。

学校教育出现以来便承担着“教以人伦”的教育任务，但后世教育只注重“记诵词章”，导致这一教育目的被遗忘。当前教育幼儿必须要重拾这一教育目的，在“良知”保存最多的幼儿时期培养幼儿的“孝悌忠义”之心，以求达到“明人伦”之最终目的。

不难发现，无论是孟子、朱熹，还是王守仁，尽管每个教育家有着自己独到的教育见解、各异的教育思想体系，但其最终落脚点均是维护封建等级统治，因而德育始终是每个教育家重点论述的问题。在王守仁看来，童蒙教育中也必须首重道德教育，培养“忠孝礼义”之心，发展幼儿智力，使其健康成长。

四、“顺性自然” 的教育原则

王守仁强调幼儿教育要顺应幼儿身心发展特点，使幼儿在轻松、愉快的氛围中学习。据此，他设计了幼儿教育的内容。除重视儒家伦理纲常及经义之外，他还主张丰富教育内容，全面诱导幼儿。

（一）顺性自然，趋向鼓舞

明代是我国古代蒙学教育发展史上的辉煌时期。这个时期采用的教材主要有《千字文》《三字经》《百家姓》等。但受科举制度的影响，传统的幼儿教育均围绕识字、读书来开展，教学内容千篇一律。王守仁揭露和批判了这种教育的弊端，认为幼儿教育要顺应幼儿的天性、激发幼儿的学习兴趣。一方面，要采用鼓励奖赏的方法帮助幼儿建立自信心，激发幼儿学习兴趣；另一方面，要寓教于乐，顺应幼儿喜嬉戏、游玩的天性，采用游戏的教学方式。

王守仁曾描述当时的童蒙教育为：“若近世之训蒙稚者，日惟督以句读课仿，责其检束，而不知导之以礼；求其聪明，而不知养之以善；鞭挞绳缚，若待拘囚。”（《传习录中·训蒙大意示教读刘伯颂等》）当时的教师，每日的工作便是督促儿童读书，要求他们修身反省，从来不会用礼仪来引导他们；只要求儿童变得聪明，却不关心他们善良品质的养成，未能实施合适的道德教育。教师多用体罚，如鞭打、绳缚，像对待囚犯一样对待儿童，这样必然导致他们失去读书的兴趣，甚至把教师当仇人，以致厌恶学校，不思进取。基于此，王守仁反对教师的体罚行为，认为幼儿教育要以鼓励为主，重在培养幼儿的学习兴趣，而不在于追求学得知识的多少。

> 大抵童子之情，乐嬉游而惮拘检，如草木之始萌芽，舒畅之则条达，摧挠之则衰痿。今教童子，必使其趋向鼓舞，中心喜悦，则其进自不能已。譬之时雨春风，霑被卉木，莫不萌动发越，自然日长月化；若冰霜剥落，则生意萧索，日就枯槁矣。（《传习录中·训蒙大意示教读刘伯颂等》）

儿童都是喜欢嬉戏游玩的，就像是初生的草木。顺应就会促进他们的茁壮成长，阻扰则会影响他们的正常发育。在王守仁看来，喜爱嬉戏游玩本就是儿童的天性。教学内容的选择、教学方法的选用都应该顺应儿童的天性，满足他们的兴趣需要。因此，教育幼儿须采用游戏的方式，利用幼儿“爱玩”的天性，让他们在玩中学。幼儿内心喜悦，自然事半功倍。王守仁的这种自然主义教育理念，注意到了幼儿独特的个性特征，顺应了幼儿身心发展的规律，使幼儿在宽松、愉快、和谐的生活环境中学习和成长。这一思想比西方教育名著《爱弥儿》所倡导的自然主义教育理念还要早两百多年。

（二）全面诱导，不执一偏

王守仁认为童蒙教育必须要顺应儿童的天性，也就是要尊重儿童的身心发展规律。在这样的教育原则的指导下，他为幼儿设定了丰富的教育内容，由近及远、由浅入深、由简入繁。除了传统的童蒙教育读物之外，他又增加了“诗歌”与“习礼”两个部分作为童蒙教育的主要内容。

诗歌作为一种传统的艺术形式，节奏明快，朗朗上口。童蒙教育中可以利用诗歌的节奏来帮助幼儿快乐地学习。这样不仅可以激发志向，还可以帮助幼儿宣泄内心的愁绪。“故凡诱之歌诗者，非但发其志意而已，亦所以泄其跳号呼啸于歌咏，宣其幽抑结滞于音节也。”（《传习录中·训蒙大意示教读刘伯颂等》）学习诗歌，不仅仅要激发幼儿本身的情感和情趣，还必须让他们放开自我，顺其自然，又要以幽抑结滞的音节来诱导他们，有张有弛，有开有合，以此来培养幼儿的情感。

所谓习礼，也就是礼仪的学习。王守仁认为，童蒙教育必须重视幼儿礼仪行为习惯的培养。他提倡礼乐结合的教学方法，把礼仪学习与诗歌学习结合起来。“导之习礼者，非但肃其威仪而已，亦所以周旋揖让而动荡其血脉，拜其屈伸而固束其筋骸也。”（《传习录中·训蒙大意示教读刘伯颂等》）习礼不但可以帮助幼儿养成良好的礼仪习惯，还能够使幼儿通过习礼的过程，锻炼身体，强健体魄。

对于读书，王守仁认为：“讽之读书者，非但开其知觉而已，亦所以沉潜反复而存其心，抑扬讽诵以宣其志也。”（《传习录中·训蒙大意示教读刘伯颂等》）教授幼儿读书之时，不能简单地教他们诵读文章词句，而要让他们有一个整体的知觉，更为重要的是通过反复的练习使他们铭记于心，达到“义礼通晓，聪明日开”之目的。“讽之读书”不但可以“开其知觉”，开发幼儿的智力，增加幼儿的知识，还可以帮助幼儿形成一定的道德观念。

在《教约》中，他还将幼儿每天的功课做了精心的安排：

“每日工夫，先考德，次背书诵书，次习礼，或作课仿，次复诵书读书，次歌《诗》。”读书、习礼、歌《诗》是每天必须学习的内容；读书、诵书、背书与习礼、歌《诗》等穿插进行，避免使幼儿感到枯燥乏味。同时他还提倡组织“会歌”“会礼”的活动，规定：“每学量童生多寡，分为四班，每日轮一班歌《诗》，其余皆就席，敛容肃听。每五日则总四班递歌于本学。每朔望，集各学会歌于书院。”他希望通过多变的形式激发幼儿学习的兴趣。

总之，王守仁所提倡的教学内容都是与幼儿的天性发展相适应的：

> 凡此皆所以顺导其志意，调理其性情，潜消其鄙吝，默化其粗顽，日使之渐于礼义而不苦其难，入于中和而不知其故。（《传习录中·训蒙大意示教读刘伯颂等》）

王守仁认为不应把教学内容强加给幼儿，而是要按照幼儿的身心发展规律，给予幼儿鼓励，采用“寓教于乐”的方式调动幼儿学习的兴趣和积极性。王守仁的主张增添了传统幼儿教育思想的新因子。

五、“量资循序” 的训蒙方法

王守仁肯定了幼儿时期教育的重要性。他认为幼儿的身体、智力、心理等都处于发展之中，即“精气日足，筋力日强，聪明日开”，因此在教学活动中必须遵循幼儿身心发展的规律，考虑幼儿不断发展变化的生理和心理发展水平，做到“量资循序”。

其一，考虑幼儿的接受能力，教师或家长要根据幼儿的接受程度进行教学，不能以成人的标准去要求幼儿，即“量力而行”。王守仁指出：

> 我辈致知，只是各随分限所及。今日良知见在如此，只随今日所知扩充到底；明日良知又有开悟，便从

明日所知扩充到底。如此方是精一功夫。(《传习录下》)

所谓“致知”也就是学习，“分限所及”也就是我们常讲的量力性原则。王守仁认为在教学过程中要坚持量力性原则，考虑幼儿当前的接受能力。王守仁反对不顾幼儿实际的揠苗助长，强调幼儿有多少能力就教授多少知识，等到明日能力有所提高，再教授新的知识，这才是正确的教学方法。若不考虑幼儿当前的实际情况，只是一味地灌输知识，反而会使他们“消化不良”：

> 凡饮食只是要养我身，食了要消化；若徒蓄积在肚里，便成痞了，如何长得肌肤？后世学者博闻多识，留滞胸中，皆伤食之病也。(《传习录下》)

王守仁用吃饭饮食来比喻读书：吃饭的时候要考虑自己的消化能力，吃多了反而会不消化，不利于身体健康；读书也是一样，只是学了却没有理解，没有自己的加工，就如同伤食之病一样。在他看来，如果教学内容过多，不仅不能起到学习知识的效果，还会加重学生的负担，使得学生视学习为疾苦之事。

> 凡授书不在徒多，但贵精熟。量其资禀，能二百字者，止可授以一百字。常使精神力量有余，则无厌苦之患，而有自得之美。(《传习录中·教约》)

其二，根据幼儿不同的性格、气质、能力，采取不同的方法进行教育，不可一概而论，即“因材施教”。王守仁说：“圣人教人，不是个束缚他通做一般：只如狂者便从狂处成就他，狷者便从狷处成就他。人之才气如何同得？”(《传习录下》)人的个性千差万别，教育者在教导幼儿时不是要求所有人都整齐划一，而是要根据受教育者的个人特征来施教。“狂者”大胆进取，敢作敢为；“狷者”小心拘谨，洁身自好。教育者需要按照受教育者的性格来进行指导。他还把教育比作是治病用药：“圣贤教人如医用药，皆因病立方，酌其虚实温凉阴阳内外而时时加减之，要在去病，初无定说。”[1] 教育就如同是治病用药，需要对症下药，并没有固定的方法可用。由于遗传、家庭环境、兴趣、能力等方面的差异，即使是同一年龄阶段的幼儿，在学习方面也会存在很大的差异。因此，因材施教原则就是要顺应每个幼儿的不同需要，尽可能进行有针对性的教育。教育者要深入了解学生，熟悉每个学生的特点，有目的地进行教育。此外，他还指出：“学校之中，惟以成德为事，而才能之异或有长于礼乐，长于政教，长于水土播植者，则就其成德，而因使益精其能于学校之中。”（《传习录中·答顾东桥书》）教师要根据每个人的特长从他的长处方面成就他，善于礼乐的，就从礼乐方面成就他；善于从政的，就从政教方面成就他；善于水土播植的，就教他学会种地。总之，人与人是不同的，教育者要学会观察其长处，发扬其优点。

其三，考虑幼儿的认知发展特点，不可操之过急，即“循序渐进”。人的认识水平是一个不断的发展过程，“婴儿在母腹时，只是纯气，有何知识？出胎后方始能啼，既而后能笑，又既而后能识认其父母兄弟，又既而后能立能行、能持能负，卒乃天下之事无不可能”（《传习录上》）。王守仁认为婴儿的成长有其特定的发展轨迹，先是能哭笑，其后能识人，而后能立能行、能持能负，慢慢地学会天下事。这是一个慢慢积累、循序渐进的过程，因此教育者必须顺应这一规律来进行施教。此外，他还明确指出：“为学须有本原，须从本原上用力，渐渐盈科而进。”（《传习录上》）对于幼儿的教育也是如此，教师与家长要遵循幼儿身心发展的规律，不可操之过急。为说明这一点他把学习比作种树的过程：

立志用功，如种树然。方其根芽，犹未有干；及其

① 徐爱：《传习录序》，引自王阳明撰，吴光、钱明、董平、姚延福编校：《王阳明全集》，第 1567 页。

有干，尚未有枝；枝而后叶，叶而后花实。初种根时，只管栽培灌溉，勿作枝想，勿作叶想，勿作花想，勿作实想。悬想何益！但不忘栽培之功，怕没有枝叶花实？（《传习录上》）

教育幼儿只需按照顺序一步步来便可，不必在意结果如何，倘若前面的根基打好了，自然不用担忧最后的结果。他反对在教学上贪多求快的方式，劝导学生要把功夫做扎实了。他说："诸君功夫最不可助长。上智绝少，学者无超入圣人之理。一起一伏，一进一退，自是功夫节次。"（《传习录下》）学习是一个循序渐进、慢慢积累的过程，不可投机取巧，必须一步一个脚印打好基础。

六、 王守仁幼儿教育思想的历史评价

（一）王守仁幼儿教育思想的总体特征

王守仁的教育活动基本上是和他的政治生涯相互影响、互相交织在一起的。王守仁出生于一个诗书世家，他自己也通过科举考试进入了官场，曾经战功赫赫，被封为"新建伯"。王守仁从诗书世家的宠儿，到战场上的骁勇之臣，同时又是传授圣贤之学的伟大教育家、思想家，这份特殊经历造就了他博大精深而又独具特色的幼儿教育思想体系。王守仁对教育的那份痴迷之情和忠诚之心是值得我们称赞和学习的，他一生戎马倥偬、政务烦琐，但从来没有放弃过教育活动，甚至携带弟子随军讲学。他创办过许多著名的书院，如龙冈书院、贵阳书院等，遍及贵州、江西、浙江等地。晚年"居越讲学"时更是盛况空前。他甚至在去世前的一个月仍然在从事教育讲学活动，对教育可谓是满腔热情、呕心沥血，不愧为后世教育家效仿的楷模和典范。王守仁的幼儿教育思想是他所有教育思想中最重要和最精彩的部分之一，具有以下几个特点。

1. 具有强烈的批判意识

在长期的教育实践活动中，王守仁积累了丰富的教育理论和实践经验，批判性地继承和吸收了历代教育家的重要教育思想。他把孔子“有教无类”的教育思想，发展成为“人人具有良知，不分圣愚比比皆然”的思想，这就比孔子的“唯上知与下愚不移”[①] 的观点进步很多。同时，他还谴责和批判了被当时社会奉为金科玉律的程朱理学，并对朱熹在当时学术教育界产生的不良影响进行了揭示和批判。王守仁在《万松书院记》中说：“然自科举之业盛，士皆驰骛于记诵辞章，而功利得丧分惑其心，于是师之所教，弟子之所学者，遂不复知有明伦之意矣。”这句话辛辣地讽刺了当时社会读书人受科举制度的影响之深，造成了整个社会只懂得功利性地背诵辞章的不良风气。

王守仁以其独立的思考和强烈的批判意识，毅然决然地举起了“反朱大旗”，这对于当时学术教育界可谓醍醐灌顶，起到了解放思想的作用，令人耳目一新。王守仁还披露了当时的教育不顾幼儿身心发展特点的现状，他说：“若近世之训蒙稚者，日惟督以句读课仿，责其检束，而不知导之以礼；求其聪明，而不知养之以善；鞭挞绳缚，若待拘囚。”（《传习录中·训蒙大意示教读刘伯颂等》）为此，他还提出了许多合理的教育方法，以期教育可以顺应幼儿身心的健康发展，给予幼儿更多的人文关怀，使幼儿“中心喜悦”“趋向鼓舞”，进而好学、乐学、爱学。正因为王守仁具有这种强烈的批判意识，才使得他的幼儿教育思想具有非常重要的历史意义，在幼儿教育史上可谓独树一帜。

2. 构建了以“致良知”为核心、以“明人伦”为目的的幼儿教育思想体系

① 杨伯峻译注：《论语译注》，第 181 页。

王守仁幼儿教育思想体系可谓博大而精深，它的核心思想是“致良知”。“致良知”是王守仁“心学”理论体系的重要命题之一。王守仁说：“良知只是个是非之心，是非只是个好恶，只好恶就尽了是非，只是非就尽了万事万变。”（《传习录下》）“致良知”就是存是除非，也就是“存天理，灭人欲”。基于这一根本目的，王守仁把“致良知”作为幼儿教育的宗旨贯穿于德育、智育、体育、美育等诸方面，希望幼儿能够得到全面的发展，而不偏执一端。在德育方面，王守仁认为“以德为本”是幼儿教育思想的出发点，为此他提出了以“明人伦”为目的的幼儿教育思想。他说：“古之教者，教以人伦。后世记诵词章之习起，而先王之教亡。今教童子，惟当以孝弟忠信礼义廉耻为专务。”（《传习录中·训蒙大意示教读刘伯颂等》）这样幼儿才能更好地“致良知”。在智育方面，王守仁广泛挑选教材，认为凡是有助于幼儿“致良知”的知识都应该让幼儿涉猎并加以学习。在体育和美育方面，王守仁非常重视习礼、歌《诗》、习射等教学活动的作用，以此来锻炼幼儿的身体和增强他们的体魄，培养他们高尚的情操与优雅的气质。

3. 闪烁着辩证主义的光辉

在王守仁一系列的幼儿教育主张中，有对前人教育经验的总结，同时他又另辟蹊径，提出了自己独到而精辟的见解。他的幼儿教育思想闪烁着辩证主义的光辉，具体表现在以下几个方面。第一，“知行合一”。这是王守仁“心学”理论体系的重要组成部分之一，也是他一切教育方法的基础。王守仁提倡“知行合一”的观点是为了实践他以“致良知”为核心的教学内容。他说：“某尝说知是行的主意，行是知的功夫；知是行之始，行是知之成。若会得时，只说一个知已自有行在，只说一个行已自有知在。”（《传习录上》）王守仁认为“知”与“行”原是同一个东西，它们互相渗透、互相影响、不可分割。第二，因材施教、循序渐进。王守仁提出了“随人分限所及”的教学原则，认为教育应该遵循幼儿身心发展的规律和特点，这样幼儿才会乐学、爱学、好学。第三，教学相长、自求自得。王守仁认为教师和学生都应该拥有自己独立的观点和立场，切忌人云亦云。同时，师生之间应该多多交流，相互学习，共同进步。第四，学有余力、贵在精熟。王守仁认为，“凡授书不在徒多，但贵精熟。量其资禀，能二百字者，止可授以一百字。常使精神力量有余，则无厌苦之患，而有自得之美。”（《传习录中・教约》）教学应该留有余地，重质而不重量，使幼儿的精神时刻保持放松的状态。

（二）王守仁幼儿教育思想的不足之处

总体而言，王守仁能够在当时社会提出如此完整和先进的幼儿教育思想体系是非常具有进步意义和弥足珍贵的。由于王守仁的政治立场和阶级利益代表着封建地主阶级，这就导致他的幼儿教育思想不免带有某种程度的局限性。

1. 阶级性非常鲜明

王守仁是代表封建地主阶级利益的，因此，他提出的一系列幼儿教育主张也都是为了维护封建社会地主阶级的统治。他一生戎马倥偬，在为官为将的过程中，意识到“民虽格面，未知格心”的现状。为了使封建社会的人民能够安享太平，王守仁认为除了“破山中贼”外，更重要的是“破心中贼”。为此，他提出了“破山中贼易，破心中贼难”的论断（《与杨仕德薛尚谦》），认为只有通过“破心中贼”，使百姓洗心革面，才能使百姓俯首称臣、忠心耿耿于朝廷。王守仁历经了明朝四代的兴衰成败，当时社会土地高度集中，农业生产几乎停滞，农民和少数民族起义不断发生，阶级矛盾异常尖锐。朝廷中更是政治腐败，宦官横行，藩王争斗不休，导致世风日下，民不聊生。正是在这样的社会背景之下，加上王守仁的行侠仗义之风，他把拯救社会和唤醒民心的希望寄托于教育事业。王守仁认为当时社会之所以吏治腐败、世风泄沓、人心不古，都是由于人们不明事理、心术不正。因此，他认为必须通过幼儿教育才能达到“存天理，灭人欲”的教育目的，才能更好地维护封建社会的统治秩序，更好地保护封建地主阶级的利益。

2. 忽视劳动教育

王守仁幼儿教育的内容可谓异彩纷呈，其中包含了歌《诗》、读书、习礼等方面，即当今社会学校教育所提倡的德育、智育、体育、美育诸方面。他的幼儿教育思想内容的提出在当时社会是弥足珍贵的，但是美中不足的是他忽视了劳动教育。这不仅不利于幼儿的全面发展，而且也不符合幼儿身心发展的特点和规律。幼儿在劳动的过程中受益良多，一方面，可以体验生活，体会劳动的艰辛，进而更加热爱生活，体恤父母；另一方面，还可以把课堂的理论知识付诸实践，把“知”与“行”更好地结合在一起，更有利于自身的健康成长和全面发展。因此，劳动也是很重要的幼儿教育内容。

3. 具有唯心主义色彩

王守仁是主观唯心主义的集大成者，他的“心学”理论体系包含了“心外无学”“致良知”“知行合一”三大主要内容。王守仁认为世界上的一切事物都是“心”的产物，即“心外无物”。同时，在王守仁看来“知”和“行”是合为一体的，“知中有行，行中有知”，二者不可割裂。王守仁的幼儿教育思想是在他的“心学”理论体系的基础上形成和发展起来的，因此，不可避免地带有唯心主义的色彩。我们在学习王守仁幼儿教育思想的同时，要摒弃其中不适合当今社会发展的思想，才能更好地借鉴其中的精华部分为我国当今社会幼儿教育服务。

第四章　传统幼儿教育思想的近代转型

明万历年间，利玛窦等为中国带来了西方的文化，有志之士纷纷向西方学习，吹起了“西学东渐”之风。传统的幼儿教育思想也开始接受西方教育理念的洗礼，逐步了解域外教育。然而，随着“闭关锁国”的程度不断加深，西学的传播受到阻碍。直至1840年鸦片战争爆发，中国面向世界的大门被迫打开。面临着“三千年未有之大变局”，为挽救严重的民族危机，洋务派、维新派相继进行改革，主张学习西方先进的教育制度、模式以及理念，促进了传统幼儿教育思想的近代转型。

第一节　中国传统幼儿教育思想的近代转化

19世纪以前，世界的幼儿教育发展缓慢，基本处于经验习俗水平，即使柏拉图早在古希腊时期就提出幼儿教育应由国家和社会承担，但在漫长的封建时期，在中西方国家里，幼儿教育的主要承担者仍是家庭，尤其是母亲。至19世纪中期，资本主义工业革命的劳动力需求、女性解放以及科学思想的发展，催生了近代西方的儿童观和育儿观。1816年，在苏格兰的纽兰纳克诞生了世界上第一所幼儿学校，幼儿教育开始以社会教育的形式出现。1837年，福禄培尔在德国勃兰根堡创办幼儿学校，实践他的幼儿教育理论，1840年更名为“幼儿园”，取“儿童的花园”之意。

这一名称变更，从儿童地位和儿童教育形式上反映出19世纪欧洲率先完成了儿童观的转变。

当西方的幼儿教育开始向一门独立的学科发展时，中国传统的幼儿教育思想就相形见绌了。欲实现中国传统幼儿教育思想的近代转化，需要三个基础条件：一是传统幼儿教育思想与幼儿发展之间不可调和的矛盾；二是先进思想对传统思想的外部牵引，即提供转化的方向；三是传播媒介的有效作用，如开明人士的疾呼，翻译、教育机构的设立等。近代中国传统幼儿教育思想的转型过程实质是一部中西文化相互碰撞、交流的过程。西方幼儿教育思想的渗透、传播既是加速中国传统幼儿教育思想向西方学习的过程，同时也是西方幼儿教育思想不断适应中国本土的过程。

一、“西学东渐” 的兴起

近代中国的“西学东渐”，从横向看可分为两大群体，即传教士和留学生；从纵向看，可分为三个阶段，即明清之际、鸦片战争之后和甲午海战之后。这里的“西”不仅包括地理上的欧美西方，还包括在明治维新时期向西方开放门户的日本。

“近代以新教传教士为主体的寓华西人，通过创办一系列报纸杂志、翻译出版机构，介绍西方基督教、科学、自由民主、教育制度与思想，实质上就是一种对中国人进行西方各种文化的教育活动。”① 西方教育思想的“东渐”发端于明朝的传教士。传教士可谓中西文化交流的桥梁与纽带，先后为明清之际中国思想的裂变和晚清早期现代化运动（鸦片战争时期的“师夷制夷”思想、洋务运动、戊戌变法运动等）提供了必要的知识、思想资源

① 孙邦华：《西学东渐与中国近代教育变迁》，中国社会科学出版社2012年版，第23—24页。

和方法论基础。[1]

自16世纪以来，耶稣会秉承“文化适应”的传教政策，放弃入教的语言、着装、生活方式等要求，主动融入中国社会生活，采用以教育和学术研究为重点的迂回策略。在传教过程中，为减小阻力，传教士或以西方先进科学、器物引发非教徒的兴趣，打消他们的抵触心理，或以创办学校救济、资助贫困家庭儿童以扩大教会影响力。在素以崇“道”贬“器”、重理论轻科技的传统社会，这样的传教方式不可谓不巧妙。传教士对西方文化的传播是与其开展的教育活动相交融的。传教士的教育活动主要可分为两个层次：一是著书立说，介绍西方文化思想；二是创办学校，培养教师教育儿童。

16世纪以来，耶稣会士从利玛窦、罗明坚到艾儒略、高一志、金尼阁，他们大量结交士大夫阶层，介绍西方新兴技术，并获得不少文人支持，如徐光启、李贽等。据统计，1584至1790年间，利玛窦、金尼阁、艾儒略、利类思、邓玉函、熊三拔、傅汎际、汤若望等来华耶稣会士所译西学书籍约437部[2]，而非教义类书籍占43%。其中高一志1620年在澳门避难时所著的《童幼教育》、艾儒略的《西学凡》和《职方外纪》是此时的代表。

鸦片战争之后，西方的坚船利炮强行冲破了思想文化交流的障碍，不平等条约的签订使传教士再次获得传教权。此期的传教士多为自由派新教代表，如英敛之、马相伯、李提摩太、韦廉臣、林乐知、狄考文、丁韪良、花之安等，他们基本继承了利玛窦时期的“文化适应”政策，以文化殖民的角度认识和分析中国局势。一方面，他们译著了大量的教育著作，论述西方教育制

① 孙邦华：《西学东渐与中国近代教育变迁》，第17页。

② 钱存训著，戴文伯译：《近世译书对中国现代化的影响》，《文献》1986年第2期。

度、思想，如李提摩太的《七国兴学备要》、林乐知的《文学兴国策》、丁韪良的《西学考略》以及花之安的《泰西学校论略》和《德国学校论略》等。另一方面，他们兴办学校，培养幼教师资，关注传统社会被边缘化或忽视的妇女和儿童群体。例如，1889 年美国卫理公会传教士金振声在苏州创办英华女中；1892 年，美国监理会传教士海淑德在上海创办幼儿师资培训班；1898 年英国长老会在福建厦门创办了幼师培训班，并附设幼稚园，将师资培训与幼儿教育实习相结合；1902 年美国监理会又在苏州创办女学，培养幼稚园教师，并以纪念海淑德为由取名“景海女学”。

传教士在西方文化教育思想的传播媒介中的主导作用在洋务运动后慢慢减弱。一方面，国人开始觉醒，自觉学习西方文化；另一方面，新式教育下的留学生群体本身就是中西文化的交流载体，其文化知识、生活方式以及思想意识的转变，正以个体到群体再到社会的方式蔓延。特别是甲午战败之后，大批有志青年留学日本，中西文化交流的传媒人转而以留日学生为主。他们留学日本归国，全面系统地学习西方教育制度。留日学生群体多以发表杂志、翻译日本讲义书籍等方式向国人介绍西方教育思想。有学者统计，以京师同文馆的东文馆和大同译书局为人才机构支撑，加之习东文的新式学生、日本教习以及留学生，仅 1902 至 1904 年间，翻译的日本书籍就达 321 种，占全部东西文译著的 60%。据《中国译日本书综合目录》统计，1896 至 1911 年间，仅翻译日本教育类书籍就达 76 种[①]。当时赫尔巴特教育思想在日本时兴正浓，赫尔巴特教育思想最早经日本传播至中国，其中尤以罗振玉创办的《教育世界》为介绍日本教育思想的主阵地。

---

① 徐强：《中国语文教育研究》，贵州教育出版社 2006 年版，第 225 页。

《教育世界》自1901年5月创刊始，便陆续刊载介绍赫尔巴特及其学派思想的文章，例如《费尔巴尔图派之教育》《海尔巴脱之兴味论》《德国教育学大家海尔巴脱传》《德国海尔巴脱派教育学会纪事》《德国厄讷练习所规则》等。

晚清之际的“西学东渐”是东西文明在风云之际会中的第二次交流与对话，对近代中国产生了深远的影响。首先，它打开了中国人的眼界，使人开始意识到“九州之外复有九州”，不再视中国为天下，并且意识到中国的落后和世界发展的趋势，萌发向上之心，不断寻求强国救民之道。其次，它揭开了中国学术学科发展的新序幕，使传统的“四部之学”逐步走向“七科之学”。新式学科的建立，为中国学术、教育的发展奠定了基础。最后，它拉开了中国传统教育思想近代转型的序幕，起到了思想启蒙的作用。随着西学传播规模不断扩大，传统教育思想的弊端成为阻碍社会发展的障碍，变革思想成为时代最强音。

二、“经世致用” 教育思想的崛起

“经世致用”是中国文化思想的重要内容，是士大夫实现其道德理想和价值目标的一种精神追求，只是不同历史时期有不同的表现，或显或潜，或明或隐，或强调主体道德修养，或强调治国、平天下，或强调实用，或强调趋利。

“经世致用”思想发端于明清之际，一方面，资本主义萌芽在中国出现，商品经济和手工业生产方式冲击着积碍已久的自给自足的传统社会，引发了思想的转变；另一方面，士人有感理学末流空谈误国，遂强调经学的实用价值。就这一点而言，经世思想是对儒学思想的继承与发展。“经世致用是中国文化中一以贯之的思想传统，是中国知识分子实现其价值目标和道德理想的内在精神。"① 明清之际的经世之学自兴起便与传统汉学和宋明理学分庭抗礼，反对空洞枯燥的纯学理研究，旨在针砭时弊，通过社会改革救世济时。至明末清初，一大批思想家、教育家纷纷涌出，如东林党人提出"风声雨声读书声声声入耳，家事国事天下事事事关心"；李颙主张"明体适用"，顾炎武强调"修己治人"；黄宗羲认为"道无定体，学贵适用，奈何今之人执一以为道，使学道与事功判为两途。事功而不出于道，则机智用事而流于伪；道不能达之事功，论其学则有，适于用则无。讲一身之行为则似是，救国家之急难则非也，岂真儒哉"②；颜元把自己的治学之道归结为"实文、实行、实体、实用"；等等。经世思想在明清之际的代表人物还有陈子龙、陆世仪、杨慎、徐光启、方以智、王夫之等人，"他们或以经学济理学之弊，以复兴古学（经学）为己任；或独辟蹊径，开诸子学研究之风气；或探究'切用于世'的学问，以求实功实用；或会通西学，倾心于'质测之学'的研究"③。

明末清初的经世学派多以抨击理学末流空疏清谈为主，提倡"明道救时"的教育宗旨、"学贵适用"的治学原则和"言必征实"的为学方法。至鸦片战争，西方列强入侵，清政府的昏庸无能与人才匮乏的现实使得经世学派将视野从国内转向西方，从专注改革转为介绍西学、学习西学。提倡实用、救世的经世思想与"西学东渐"所带来的科学、民主思想相契合，这为西学在中国

---

① 王景林：《明清启蒙思想家经世致用教育思想研究》，东北师范大学2006年硕士学位论文。

② 《姜定庵先生小传》，见黄宗羲著，陈乃乾编：《黄梨洲文集》，中华书局2009年版，第77页。

③ 王景林：《明清启蒙思想家经世致用教育思想研究》，东北师范大学2006年硕士学位论文。

的传播提供了思想文化土壤。

晚清经世学派在中西文化的介绍、交流与融合上功不可没，有力推动了晚清的近代化进程。中国近代对西方教育文化思想的传播、传统教育思想的革新与经世思想的崛起是密不可分的。鸦片战争前，经世学派大多主张改革科举制度，改变日渐昏聩的教育风气，打破传统思想的闭塞和禁锢。鸦片战争爆发后，面对千年未有的大变革局面，经世学派在教育上的观点转变为重视人才培养和强调西学两个方面。

在人才培养方面，鸦片战争爆发前，龚自珍有感于科举制弊病丛生，难以选拔真才，在其《己亥杂诗》中发出“九州生气恃风雷，万马齐喑究可哀，我劝天公重抖擞，不拘一格降人才”①的时代呼唤。龚自珍非常重视教育，认为“一代之治，即一代之学也”②。鸦片战争后，魏源成为经世思想的旗帜性代表。面对士人学子终日所学空疏无用、考场舞弊风气猖獗、学校教育于人才培养形同虚设，他深知“人心之寐患”和“人才之虚患”不去，则教育无救，国家无救。抵御强敌，器物技术固然重要，但善用器物的人才更弥足珍贵。鸦片战争爆发后，多“抱头鼠窜”和“暴虎冯河”之辈，“西变以来，惟林公守粤，不调外省一兵一饷，而长城屹然”③。魏源认为：“国家之有人材，犹山川之有草木”④。由此，魏源在人才培养和选拔上倡导“养人切合实用”，以经术为治术。强敌环伺，唯有培养真正的技术人才方可卫国。

① 刘逸生注：《龚自珍己亥杂诗注》，中华书局1980年版，第176页。

② 《乙丙之际著议第六》，见龚自珍：《龚自珍全集》，上海人民出版社1975年版，第4页。

③ 魏源：《道光洋艘征抚记上》，见《魏源集》，中华书局1976年版，第186页。

④ 魏源：《默觚下·治篇九》，见《魏源集》，第57页。

反观科举考试，龚自珍在《拟厘正五事书》中如此描述："今世科场之文，万喙相因，词可猎而取，貌可拟而肖"①。当政的士人"释褐登朝十余年，而试文衡，试言职，试枢密，无非衡书艺之工敏，声律骈偶之巧丽，罔知朝章、国故为何物，其部曹观政，无非胥史文例是求，罔知漕、盐、河、兵得失何在"②。科举禁锢思想、销蚀智慧到如此地步，士人所学尽归于无用。因此，他大力主张改革科举，开"直言科"为国家大计出谋划策，操练军事兵务，巩固边防。他提出"欲制夷患，必筹夷情"，边界抵御外敌时悉晓夷情就要求有专门的外语人才和书籍，因此须"立译馆翻夷书"，培养外语人才。

在学习西方教育思想方面，"经世致用"思想的崛起开启了中国近代关于"中学为体，西学为用"的讨论。较早的代表是魏源，他受林则徐托付以《四洲志》为原本，扩充整理为《海国图志》，详细介绍西方的政治、经济制度和文化教育思想，并在中国近代史上第一次响亮地喊出了向西方学习的口号——"师夷长技以制夷"③。魏源视教育为人才成长之根本，他说："三代以上之人材，由乎教化；三代以下之人材，乘乎气运。乘气运而生者，运尽则息，惟教化则出之无穷。"④ 此后，斯宾塞的科学主义教育思想、裴斯泰洛奇的要素主义教育思想以及赫尔巴特的教育思想等都通过他们的介绍入中国，为中国近代教育思想的改革更新注入了强心针。郑观应、严复、张之洞等人对于"中体西用"思想的发展，也是抱"经世致用"之宗旨学习西方教育思想的例证。

① 龚自珍：《龚自珍全集》，第 344 页。

② 魏源：《明代食兵二政录叙》，见《魏源集》，第 165 页。

③ 魏源：《海国图志叙》，见《魏源集》，第 207 页。

④ 魏源：《默觚下·治篇十一》，见《魏源集》，第 65 页。

“经世致用”思想的崛起，不仅有为晚清国人开风气之功，更使得中国的教育界开始拥有灵敏的文化嗅觉，凡与中国社会相适宜的、可借鉴的都可以成为学习的对象。

三、“仿洋自强” 教育思想的激荡

文化思想的传播是信息源与接受者的互动过程，必然经历接触、排斥、同化、融合的过程。一旦双方存在较大的文化势差，就必然导致处于高位的先进文化思想对处于低位的落后文化思想的倾泻式冲刷，形成洪流。在中国近代史上，鸦片战争的爆发打开了中国封闭已久的思想闸门，西学潮流来势汹涌，与中国的传统文化相互碰撞，首先影响了近代早期的开明之士，他们纷纷学习西方先进技术与制度，意欲“师夷长技以制夷”。19 世纪下半叶至 20 世纪初，他们“对来势凶猛的西方殖民扩张和自西徂东的现代化浪潮，先后做出强弱不同的回应，以文化传播为契机，开始探索实现独立和富强的防御性现代化道路”①。

在“西学东渐”、列强东侵的形势下，社会上形成了“变局观”，主张实施系列改革，改变中国落后、被动挨打的局面。此时，风气渐开，国人逐渐意识到欲与泰西比肩，仅器物和技术的模仿学习根本是隔靴搔痒，唯有更新国人思想、改革封建制度，才能改变落后、腐朽的状况，由此以洋务派为代表的有识之士在中国掀起了一场自强运动。西方文化在西方的坚船利炮包裹下给鸦片战争后的中国以强烈冲击，从以“中华”自居到尊称“泰西”，晚清经历了一场病来如山倒的屈辱洗礼，是“全盘西化”还是仿洋而后自强，这场文化的意识觉醒在甲午海战全军覆没后爆发。

---

① 孙邦华：《西学东渐与中国近代教育变迁》，第 27 页。

> 时至今日，人心好异往往而然，古之华人意中国之外，无所谓文字，无所谓学问者，今则不然，无论士商官吏，怦然心动，以为中国之制度远不及欧美之良，而欲自振兴，不得不仿西法、读西学、知西史矣。①

洋务代表李鸿章就曾感叹："外国猖獗至此，不亟亟焉求富强，中国将何以自立耶!"② 人才的培养成为中国自强的关键，而育才的基础又在学校。不管是洋务派，还是维新派，都意识到谋求自强之道是当务之急，而以采西学为主要内容的兴学育才才是自强之道。

> 夫中国之宜谋自强，至今日而已亟矣。议时务者，莫不以采西学制洋器为自强之道……由此以观，是西学之不可不急为肄习也。③

如何模仿西学，建立学校制度？"务使各州、县遍设小学、中学，各省设高等大学，一体认真，由浅入深，不容躐等。"④

甲午战争后正是西方幼教思想与中国传统儿童观相互碰撞、融合的新时期。幼儿和幼教机构的发展迎来了春天，这体现在儿童地位的不断上升、幼教机构的创设以及专业师资的聘用与培养上。这一过程中对西方幼教思想的选择与吸收，则体现了教育界立足本土、兼采众长以自立自强的强烈愿望。据不完全统计，甲午海战以后，发表在报刊上的有关幼儿教育的文章达百篇以上，如《万国公报》《圣心报》《东方杂志》《教育世界》《直隶教育杂

---

① 佚名：《论译西学书》，《益闻录》1897年第1694期。

② 李鸿章：《复朱久香学使》，见《李鸿章全集》五，朋僚函稿，海南出版社1997年影印本，第2491页。

③ 梁启超：《梁启超全集》第一册，北京出版社1999年版，第26页。

④ 夏东元编：《郑观应集》（上册），上海人民出版社1982年版，第267页。

志》《益闻录》《蒙学报》《女子世界》《四川学报》（后改名为《四川教育官报》）等刊载了大量文章，介绍德国、日本的幼教思想和幼儿园设立的具体措施。例如，1904 年《教育世界》连续三期刊载节译自日本东吉基所著的《幼稚园保育法》，详论幼稚园保育的重要性与内容；1907 年发表在《教育世界》第十三期的《德国幼稚园》对德国国立幼稚园设立的背景（家庭因生计无暇顾及儿童照养，下层社会环境不利于儿童发展）以及组织要求（家庭主义、劳动主义和体育主义）有简明扼要的阐释。

关于传统育儿观念，有学者总结为成人化、功利化、摧残化、习俗化[①]。这种总结，实际上可看作对中国育儿思想弊病的概括。传统育儿观念将幼儿看作去人格化的私有产物，以成人的期望和要求苛责幼儿。同时，纯经验式的养育方式在晚清仍植根于国人思想中，“即遍观二十行省之父教其子，师教其弟者，亦莫不如是也。谬俗相沿，积非成是，饮以砒鸩，甘之如饴，方且谓舍此别无教法也”[②]。西方幼教思想的传播引发国人重新审视幼儿的地位与幼稚园的功能，晚清学者梁启超曾专论幼学之重要性：

> 西人每岁创新法，制新器者，以十万计；著新书，得新理者，以万计；而中国无一焉。西人每百人中识字者自八十人至九十七八人，而中国不逮三十人。顶同圆也，趾同方也，官同五也，支同四也，而悬绝若此。呜呼，殆天之降才尔殊哉？……春秋万法托于始，儿何为

① 朱季康：《海外近代幼教思想与中国传统育儿理念的基本差异——基于民国时期学者视野的观察（1912—1949）》，《学术界》2017 年第 6 期。

② 叶澜：《蒙学报缘起》，转引自庄建平主编：《近代史资料文库》第九卷，上海书店出版社 2009 年版，第 427 页。

象起于点，人生百年，立于幼学。①

梁启超认为，中国与西方悬殊之根本即在于教育之发达、幼学之蓬兴。马叙伦更是直言“振之之术，固非兴教育莫能为力矣，而兴教育之要，又非重儿童教育不能为力矣”，“中国而欲自强，其可不讲儿童教育哉”?② 还有人认为：“欲促一国之进步，非合一人民之趣向不可；欲合一人民之趣向，非模范最初之性质不可。故知幼稚者，成人之基础；幼稚园者，即大中小各学校之基础也。”③ 这些言论反映出国人对幼儿和幼教机构的重视。

国人自办的幼教机构始于1903年创立的湖北幼稚园。此前的幼教机构或为外国教会所办，或仅附设于女学、师范班。湖北幼稚园的开办，一是国人对于幼儿地位的改观，二是仿照西方完全教育制度的尝试，三是为提高人才质量以抗外国侵略的民族自强意识的觉醒。《湖北幼稚园开办章程》对幼稚园的开办宗旨有明确阐释：“幼稚园因家庭教育之不完全而设，专辅小儿自然智能、开导事理、涵养德性，以备小学堂之基础为宗旨”④。此时，面对“幼稚园之破坏儿童生活，促进身体虚弱，较其他各种学校为甚者”⑤ 的批评，仍有一大批开明之士因意识到幼稚园对于幼儿成长的重要性而兴办幼稚园，如北京成立京师第一蒙养院（1903年），张之洞在湖北设育婴学堂（1904年），上海务本女塾附设幼稚舍（1904年），严修创办天津严氏女塾保姆讲习所并附设蒙养院（1905年）。此后，湖南、福建、上海、南京官员大都

---

① 梁启超：《论幼学》，见梁启超：《梁启超全集》第一册，第34页。

② 马叙伦：《儿童教育平议》，《新世界学报》1902年第9期。

③ 佚名：《论幼稚园》，转引自朱有瓛主编：《中国近代学制史料》第二辑（下册），华东师范大学出版社1989年版，第750页。

④ 《湖北幼稚园开办章程》，转引自舒新城编：《中国近代教育史资料》，人民教育出版社1981年版，第386页。

⑤ 佚名：《指斥幼稚园一说》，《教育世界》1904年第78期。

对在设立小学堂时附设的蒙养院或幼稚园进行整饬。至 1908 年，我国共有蒙养院 114 所，在院幼儿达 2610 人[①]，由此可见，幼儿教育的自强之路已经起步。

中国 20 世纪初设立的幼稚园大多模仿日本幼稚园的办学模式，或由日本人直任院长，或主动延聘日本保姆、教师。例如，湖北幼稚园设立之初便聘请户野美知慧等日本保姆三人；京师第一蒙养院有两名日本教师；1905 年 7 月，张之洞在湖北成立敬节学堂，延聘日本女教习讲授女子师范以及家庭教育，“以备将来绅富之家庭延充女师之选”；同月，张之洞所建育婴学堂，聘请日本教习教以保育幼儿、教导幼儿之方法；同年吴朱哲女士受上海务本女塾经理吴馨派遣，赴日本保姆养成所学习，以期学成后归国弥补幼儿教师之缺。可见，中国近代幼儿园的创办有主动取经日本的特点。除此之外，因日本路近费省之故，甲午海战后，留日大潮涌动，大量到日本参观学习幼稚园教育方法的学者将其所见所闻记录下来供国人参考。例如，《幼儿教育谭》中记述作者多次赴日本观察，比较中日幼稚园的发展状况，并由衷感慨：

> 儿童天性之善恶，古今来尚无定论也，然习惯为第二之天性，固教育家所公认焉。诚能养其趣味，和其性质，以涵育而熏陶之，期今日快乐之幼稚生，安知非将来活动之大国民乎？[②]

由此可见，国人对于西学的传播已从技术、制度渐渐转向教育、思想，其中对于幼儿教育的关注也日渐多元和深刻。

甲午海战后，国民民族意识普遍觉醒，幼儿地位的提升与西方成熟幼教思想的传播，使中国幼儿教育思想在“西学东渐”的

---

① 唐淑、钟昭华主编：《中国学前教育史》，人民教育出版社 1993 年版，第 79 页。

② 佚名：《幼稚教育谭》，《龙门杂志》1911 年第 3 期。

兴起、“经世致用”教育思想的崛起及“仿洋自强”教育思想的激荡中，开始了中国近代幼儿教育思想的转型之路。

第二节　改革派幼儿教育思想

经过鸦片战争和第二次鸦片战争的洗礼，开明之士痛定思痛，从失败中汲取经验。为挽救风雨飘摇的清王朝统治，一批新兴地主阶级和改良派崛起，提倡学习西方先进的科学技术，而教育则是学习西方的重要手段，他们由此形成了其独具特色的教育思想，并在幼儿教育上提出了独特见解。

一、张之洞的幼儿教育思想

张之洞（1837—1909 年），字孝达，号香涛，直隶南皮人。张之洞是洋务运动的领导者之一，从小受儒家教育思想的影响。他于 1873 年就任四川学政；1882 年出任山西巡抚；1884 年又擢升为两广总督；1889 年改任为湖广总督；1907 年升任军机大臣，兼管学部，总揽全国教育大权。他在从政的过程中经受“欧风美雨”的影响，看到了传统教育的很多积弊，决定锐意改革传统教育，被誉为晚清“第一通晓学务之人”。

张之洞在整个洋务运动期间，不仅开办近代企业，并且立志改造书院、建立新式学堂，“形成了从蒙养院到高等学堂，普通、师范、职业并存的各级各类纵横教育体系和区域性学制”①。他支持建立了中国历史上第一所公立幼儿教育机构——湖北幼稚园，制定了第一部幼教规章制度——《湖北幼稚园开办章程》，开创

① 李艳莉、周洪宇：《张之洞在鄂近代化事业的一张亮丽名片——论张之洞与武汉近代文教中心地位的形成及其影响》，《湖北社会科学》2015 年第 3 期。

了第一个幼师培训机构——女子速成保育科。[①] 张之洞的幼儿教育思想在其改革传统教育的过程中孕育、发展并不断成熟。

（一）张之洞幼儿教育思想的背景

张之洞非常重视教育，在改革传统教育的过程中逐渐意识到基础教育的重要性，于是将关注的重点下移到幼儿教育领域。他认为“至蒙养院及家庭教育，尤为豫教之原”[②]，可见在张之洞整个教育思想体系中，幼儿教育是其非常注重的领域之一。张之洞关注幼儿教育不是一时兴起，而与他所处的时代和非凡的见识有很大的关系。考察张之洞幼儿教育思想的背景，可以看出其与“中体西用”教育思想在中国的演进、民族资本主义发展对传统幼儿教育模式的冲击、时人对幼儿教育的关注以及张之洞本人幼年家庭教育的熏陶这四个方面有千丝万缕的关系。

1. “中体西用”教育思想的演进

“中学为体，西学为用”简称“中体西用”。“中体西用”思想自产生起，便对中国的政治、经济、文化等领域产生了重大影响。但其实，最早提出“中体西用”思想的人并不是张之洞，“中体西用”也是经过一段时间的演变与发展才最终形成的。首先，魏源在《海国图志叙》中提出“师夷长技以制夷”[③]，这一观点被认为是“中体西用”思想在中国的萌芽。人们开始意识到要学习西方的自强之术。随后，1861 年冯桂芬在《校邠庐抗议·采西学议》中认为“以中国之伦常名教为原本，辅以诸国富强之术”[④]，

---

① 郑刚、马乐：《张之洞与湖北学前教育近代化》，《江汉大学学报（社会科学版）》2016 年第 1 期。

② 朱有瓛主编：《中国近代学制史料》第二辑（上册），华东师范大学出版社 1987 年版，第 82 页。

③ 魏源：《海国图志叙》，见《魏源集》，第 207 页。

④ 郑大华点校：《采西学议——冯桂芬 马建忠集》，辽宁人民出版社 1994 年版，第 84 页。

此时“中体西用”思想已经具雏形。接着，1892年郑观应在《盛世危言·西学》中进一步指出：“中学其本也，西学其末也。主以中学，辅以西学。”① 这时“中体西用”思想的内涵已经被明确。1896年沈寿康第一次提出“中学为体，西学为用”的概念，他认为“中西学问，本自互有得失。为华人计，宜以中学为体，西学为用”②。同年，孙家鼐把“中体西用”作为京师大学堂的立学宗旨，进一步发展“中体西用”思想。他在《议复开办京师大学堂折》中说：

> 今中国京师创立大学堂，自应以中学为主，西学为辅；中学为体，西学为用；中学未有备者，以西学补之；中学有失传者，以西学还之。以中学包罗西学，不能以西学凌驾中学，此是立学宗旨。③

然而，全面系统地总结“中体西用”思想的是张之洞。张之洞的《劝学篇》集中阐述了“中学”与“西学”的内涵、关系等。张之洞认识到幼儿教育的重要性，同时倡导“中体西用”教育思想，于是在积极学习日本学制系统的同时，借鉴并制定了中国各级学制系统，其中就包括幼儿教育。至此，张之洞在制定“癸卯学制”时，第一次把蒙养院纳入学制系统中。

2. 民族资本主义发展对传统幼儿教育模式的冲击

鸦片战争以后，自给自足的自然经济格局被打破，为民族资本主义的发展提供了契机。甲午海战之后，民族资本家纷纷开始了兴办工厂的热潮。这些工厂大多为一些轻工业厂，比如纺织

---

① 夏东元编：《郑观应集》（上册），第276页。

② 转引自郭睿：《近代国语（文）教科书外国翻译作品的选录》，语文出版社2015年版，第28—29页。

③ 朱有瓛主编：《中国近代学制史料》第一辑（下册），华东师范大学出版社1986年版，第624页。

厂、缫丝厂、织布厂等。这些轻工业厂需要大量的劳动力和手工比较灵巧的工人，心灵手巧的女性不断进入工厂劳动赚钱、补贴家用。中国传统的幼儿教育都是由母亲在家庭中进行，妇女走出家门进入工厂使传统的幼儿教育模式受到冲击。因此，探寻独立于家庭之外的幼儿教育机构成为时代发展的要求，同时也成为幼儿教育发展的必然趋势。张之洞在从事教育的过程中，意识到这一教育模式应该发生变化，在制定学制时将幼儿教育即蒙养院纳入其中，这意味着正式承认了幼儿教育在教育中的重要地位。不仅如此，他还对幼稚园设立的意义、师资的培养、幼儿学习时间的限定、费用、校址的选择等进行了详细说明，加快了中国幼儿教育近代化的步伐。

3. 时人对幼儿教育的关注

鸦片战争以后，清政府与外国签订了一系列不平等条约，外国教会有了在中国办学的资格，因此教会在“癸卯学制”颁发之前，就已经在中国开办了一些育婴堂、慈幼院、孤儿院等机构。尤其是到了19世纪八九十年代，教会在中国办的慈幼教育机构数量增多。除教会在中国开办慈幼教育机构之外，康有为、梁启超、罗振玉等有识之士也开始关注中国幼儿教育问题。1891年，康有为在《大同书》中提出对儿童进行公养公育，并设想了一套完整的教育体系。1902年，罗振玉在《学制私议》中提出“将来必立幼稚园，以三岁至五岁为保育年限”[①]。同年，梁启超也提出五岁以下的儿童属于家庭教育期、幼稚园期和幼儿期。教会和一些有识之士对幼儿教育发展的重视，使张之洞更加坚定地意识到幼儿教育的重要性，并且不遗余力地把幼儿教育纳入学制系统。

---

① 朱有瓛主编：《中国近代学制史料》第二辑（上册），第11页。

4. 幼年家庭教育的熏陶

张之洞幼儿教育思想的形成与他幼年受到的教育密不可分。张之洞出身于官宦世家，幼年丧母，其父张锳对他的教育非常严格，因此，张之洞从小便接受了严格的家庭教育。不仅如此，张之洞父亲还为他聘请优质的师资且“竭俸金购书数十橱”，另外教育诸子“贫，吾家风，汝等当力学”。[①] 正是父亲对其深刻的影响使得张之洞幼年便接受了系统的教育，是早期教育的受益者，因此他能清晰地认识到幼儿教育在人一生中所起的作用——幼儿教育的成功实施，对社会及个人会产生巨大的收益。因此，张之洞在投身于教育改革的过程中联系自己的实际经历，独具慧眼地重视幼儿教育的发展。

（二）张之洞幼儿教育思想的内容

张之洞非常重视幼儿教育，他在《奏定蒙养院章程及家庭教育法章程》《湖北幼稚园开办章程》以及上书清政府的奏折中，展现了自己在幼儿教育方面的观点。在学习日本学制的前提下，他对幼儿教育重要性的阐述、对幼儿教育课程的开发、对幼教师资的培养与创新、对幼稚园校址的选择与建设都是在结合中国的国情下提出的。

1. 幼儿教育的意义

张之洞在《奏定蒙养院章程及家庭教育法章程》之《蒙养家教合一章第一》中指出：“蒙养家教合一之宗旨，在于以蒙养院辅助家庭教育，以家庭教育包括女学。”[②] 开篇就指出蒙养院应该与家庭教育结合，以蒙养院辅助、辅导家庭教育。这彻底打破了

---

① 参见吴剑杰编著：《张之洞年谱长编》，上海交通大学出版社2009年版，第8页。

② 余子侠、方玉芬编著：《中国幼儿教育名著选读》，华中师范大学出版社2008年版，第142页。

幼儿接受家庭教育的单一模式，正确确立了公共幼儿教育的地位和功能。

他在《保育教导要旨及条目章第二》中强调："保育教导儿童，专在发育其身体，渐启其心知，使之远于浇薄之恶风，习于善良之轨范。""儿童性情极好模仿，务专意示以善良之事物，使则效之"。[①] 张之洞认为幼儿生性善于模仿，对幼儿进行适当的教育，可以使幼儿向善的方向发展；给予幼儿良好的范例，能使幼儿发挥自己善于模仿的优势，比后期对他进行说教效果会好很多。同时他还指出：

> 学算须心力锐者，学图须目力好者，学格致化学制造须质性颖敏者，学方言须口齿清便者，学体操须气体精壮者。中年以往之士，才性精力已减，功课往往不能中程。且成见已深，难于虚受，不惟见功迟缓，且恐终不深求，是事倍而功半也。[②]

张之洞认为在幼儿阶段对其进行教育极为重要和紧急，早期教育对幼儿的发展成效显著，因为无论是"学算""学图""学格致化学制造""学方言""学体操"等等，及早实施教育都比等到中年进行教育的效果要好得多。

2. 幼儿教育的课程

张之洞认为幼儿教育课程的选择应该符合幼儿的年龄特点和幼儿的接受能力，主张循序渐进地安排幼儿课程。人的身心发展具有顺序性、阶段性、不平衡性等特点，在安排幼儿教育课程时首先要考虑幼儿身心发展的顺序性。课程内容的选择一定要由易到难、由具体到抽象，保证课程循序渐进地实施。此外，他还认为"保育教导儿童，当体察幼儿身体气力之所能为，心力知觉之

---

① 余子侠、方玉芬编著：《中国幼儿教育名著选读》，第 144 页。

② 朱有瓛主编：《中国近代学制史料》第一辑（下册），第 705 页。

所能及，断不可强授以难记难解之事，或使为疲乏过度之业”①，即幼儿的课程需量力而行，绝不可操之过急，以免损伤了幼儿的积极性。所以，他认识到幼儿教育与初等小学教育的不同，认为不能授以初等小学教育的课程，否则将违背幼儿的身心发展规律，还会打击幼儿的自信心。

在关于幼儿教育课程的论述中，张之洞首先对幼儿接受教育的时间进行了规定：幼儿学习课程的时间每天不得超过四点钟。除此之外，张之洞在《奏定蒙养院章程及家庭教育法章程》中明确把对幼儿的保育教导条目分为四个方面：第一是游戏。游戏的目的主要是让幼儿保持心情愉悦、身体健康，并且要体现合作与团结，培养幼儿的乐群精神。第二是歌谣。以古人的简短歌谣和简单的五言绝句训练幼儿的各项身体器官，使幼儿在朗诵的过程中潜移默化地涵养德性。第三是谈话。谈话主要训练幼儿的语言表达能力和逻辑思维能力，尽量使幼儿免于犯次序混乱的错误。第四是手技。手技在于让幼儿亲身感受与他们生活相关的各种物体和一些自然现象，开发幼儿的兴趣。

这四个方面的内容与《湖北幼稚园开办章程》中拟定的七类课程有异曲同工之妙。《湖北幼稚园开办章程》规定幼稚园须开设七种课程，包括行仪、训话、幼稚园语、日语、手技、唱歌、游嬉。② 这些课程在模仿日本的同时也考虑到中国自身的国情，既注重中国传统教育中道德行为习惯的培养，又结合了西方幼儿教育中重视幼儿语言和自身兴趣的训练，比较符合幼儿身心发展的规律。因此，张之洞在《奏定蒙养院章程及家庭教育法章程》中规定的幼儿课程是较为科学与合理的，充分考虑了幼儿的发展

① 朱有瓛主编：《中国近代学制史料》第二辑（下册），第749页。
② 参见舒新城编：《中国近代教育史资料》，第387页。

规律并激发了幼儿学习的兴趣。

3. 幼儿教育的师资

幼儿教育的发展离不开幼儿师资的培养。张之洞深深地了解这一点。他极力主张育婴堂和敬节堂里的乳媪和节妇必须识字，如果没有一个识字者则要专门雇佣识字的人来讲授课业。他要求无论是保育人员还是讲习者都必须要有文化。张之洞观察到外国都设有女子师范学堂，师范学堂内设有保姆讲习科培养幼儿教育师资。中国没有女子师范学堂，只是在育婴、敬节两堂内附设蒙养院，给一些蒙养机构聘请外国教习，例如聘请三名日本女教习去湖北省幼稚园讲习，并且聘请其中一个女教习作为幼稚园园长。对于没有能力聘请外国女教习的幼稚机构，即在蒙养院内为保姆、乳媪等讲习保育、教导幼儿之事。愿意进蒙养院学习的保姆、乳媪必须学习将近一年的时间，随后接受讲授能力的考查。讲习认真且保育、教导合法者，地方官分别给予奖赏且发给保姆教习凭单；讲习无成效者，不给凭单。得到保姆教习凭单的保姆、乳媪可以作为幼稚机构的师资或自营生业。

4. 幼儿教育校舍的选择

张之洞对如何选择幼儿教育的校址格外用心，专门列了一章描写蒙养院房舍的选择。首先，他认为蒙养院应该以平地为宜，万万不可建造楼房，因为幼儿在楼房中登降时，往往会发生危险。除了平地建设校舍之外，蒙养院还应该具备保育室、游戏室、训话室、陈列图书玩具室等场所，每个保育室应该保证每个人一定的空间，让幼儿充分地活动和玩耍。不仅如此，室外还得开辟游戏场、游戏亭等。蒙养院内要格外注重卫生情况，院内的卫生条件均须按照小学堂之例。其次，张之洞还规定蒙养院必须配备供幼儿游戏的教学设备，培养幼儿的动手能力。按照张之洞的设想，蒙养院应建立在充分保障幼儿人身安全的前提下，让幼儿亲近自然、充分释放天性、在学习中感受到乐趣。

（三）张之洞幼儿教育思想的实践

1. 支持创建幼稚园机构

1903年春夏之际，湖北巡抚端方在张之洞的大力支持下，在湖北武昌筹办幼稚园。湖北幼稚园是全国第一所公立幼教机构，拉开了我国幼儿教育近代化的序幕。此幼稚园创办于“癸卯学制”颁布、实施之前，因此它是在学制系统未予接纳的情况下设立的，具有开风气之先的作用，对将幼儿教育纳入学制系统具有不可磨灭的作用。

1904年清政府又酌情颁行《钦定学堂章程》，将幼稚教育机构定为蒙养院，幼儿教育第一次在学制系统中确立地位。《钦定学堂章程》颁布初期规定蒙养院须附设于育婴堂或敬节堂之中，于是湖北总督府在湖北幼稚园附近设立武昌模范初等小学堂，湖北幼稚园因此更名为武昌初等小学堂附设蒙养院，简称武昌蒙养院。武昌蒙养院的建立，打破了传统幼儿教育的培养模式，使得幼儿教育独立于家庭教育。此后，全国各地开始学习湖北武昌蒙养院，兴起了开办幼儿教育机构的热潮。1904年，上海开办上海公立幼稚舍，确立了“以保卫儿童健康为主，以诱启知识为辅，并不多读蒙书，来学者幸勿专求文字”① 的宗旨，与湖北武昌蒙养院办学主旨颇为一致；1905年端方在湖南开办官立蒙养院，以湖北武昌蒙养院为蓝本，聘请日本春山雪子、佐藤操子两位女士为保姆，招收四至七岁适龄儿童进行教学，课程设置也与湖北武昌蒙养院基本相同；1911年湖南省女子师范创办了附属蒙养院。除了以上官办蒙养院外，私人蒙养院如雨后春笋般设立。各地蒙养院无论是官办还是私立，他们的办学宗旨以及开设科目等方面

---

① 朱有瓛编：《中国近代学制史料》第二辑（下册），第761页。

都与湖北武昌蒙养院的基本精神相一致。由此，全国多地开始重视幼儿教育，设立了一批蒙养院，尽管质差量少、基础薄弱，从教材设备到师资多依赖日本，但幼儿教育便在此基础上蓬勃发展起来。

2. 颁布幼稚园规章制度

湖北幼稚园是在张之洞的影响和支持下创办的。湖北幼稚园开办后不久，就仿照日本《幼稚园保育及设备规程》制定了《湖北幼稚园开办章程》。从教育宗旨和教学内容两方面看，《湖北幼稚园开办章程》都是学习日本的产物。

《湖北幼稚园开办章程》的颁布使得当时幼儿教育的办理有法可依。该章程明确规定了幼儿教育的意义、目的、宗旨、课程、招生及管理等各个方面的内容。首先，章程对幼儿教育的招生与管理提出了具体明确的要求，规定招收“五至六岁的幼儿，一年毕业；另招收四岁左右的幼儿，两年毕业，毕业后升入该园的初等小学堂”。《湖北幼稚园开办章程》对幼儿的身体状况也有一定的要求：幼儿需健康聪慧，有疾病或者身体羸弱者一概不收。另外，想要入园还得有引证人作保，登记籍贯、姓名、出生年月、父母或者引证人姓名、住所。其次，《湖北幼稚园开办章程》详细规定了幼儿入园、请假、退园事宜和幼儿教育收费问题：生病或者有事不能及时到园的幼儿，应该向学校说明具体情况，但如果要退学就必须要父兄或者保证人去幼稚园申请；在收费方面，根据区域的不同所缴纳的费用也相应有所区别。总之，在张之洞影响下颁布的《湖北幼稚园开办章程》，不管是在幼儿教育的定位、性质和宗旨方面，还是在教育教学管理方面，在当时都具有一定的影响力，给幼儿教育的创办和发展提供了很好的依托，在一定程度上实践了张之洞的幼儿教育思想。

（四）张之洞幼儿教育思想的评价

张之洞幼儿教育思想体系比较完善，对中国幼儿教育的发展具有极大的促进作用。张之洞是晚清重臣，虽然锐意改革传统教育，维护的仍然是封建王朝的统治，他的幼儿教育思想也不可避免地带有阶级局限性。

张之洞幼儿教育思想的积极意义，主要有以下几点：第一，加快中国幼儿教育近代化发展的步伐。张之洞对幼儿教育的系统论述，使人们开始关注幼儿教育的发展。此后，全国各地开始发展幼儿教育。中国出现了第一批国人自己开办的幼儿教育机构。第二，推进了女子教育的发展。幼儿教育的发展必然需要大量的师资，而这些师资基本上以女性为主。张之洞主张让略通文理的乳媪和节妇教导幼儿，并建立了全国第一个幼师培养机构——女子速成保育科，为女子走出家门接受教育开辟了道路。在张之洞思想的影响下，1907 年，清朝学部颁布《女子小学堂章程》和《女子师范学堂章程》，女子受教育权最终被确立。张之洞对女学开禁的推动作用不可忽视，虽然他的主要目的是推动中国幼儿教育的发展，却也是“无心插柳柳成荫”了。第三，加速瓦解中国封建统治的根基。张之洞尽管是保守的洋务派代表之一，维护晚清政府的统治，但是他开办企业、创办学堂的措施在一定程度上使中国封建统治的根基加速瓦解。张之洞倡导“中体西用”，让当时的人们认识到西学、西政、西艺具有比自身先进的方面，并开始大面积学习国外的先进经验，向日本、美国、英国、德国等一些国家学习。张之洞逐渐意识到传统的封建思想必然会使中国落后，遂提倡具有近代性质的幼儿教育并发展女子教育。从长远来看，张之洞对传统教育发起挑战，为维新派、改革派的发展打下了坚实的基础。张之洞的创举只是在一定程度上加速了封建统治根基的瓦解。

张之洞幼儿教育思想的消极意义，主要表现在以下方面：第一，认为幼儿教育是家庭教育的补充。张之洞在特定的时代背景下发展幼儿教育，必然具有一定的局限性。张之洞在《奏定蒙养院章程及家庭教育法章程》中对蒙养院进行了定位。他认为“幼稚园因家庭教育之不完全而设”“蒙养家教合一之宗旨，在于以蒙养院辅助家庭教育”，对幼儿的教育主要依靠家庭教育，蒙养院幼儿教育只是家庭教育的补充，是家庭教育的附属，是为家庭教育服务的。张之洞没有认识到蒙养院对幼儿的教育和家庭教育同等重要，蒙养院是对幼儿影响最大、最直接的微观环境，也是幼儿接触最早的社会环境，是家庭教育无法比拟和超越的。蒙养院教育与家庭教育要相辅相成，但也需保证各自的独立性，不可互相取代，二者在幼儿教育中所担当的功能不同。第二，培养的幼儿教育师资质量低下。张之洞倡导建立蒙养院并且在其中培养幼儿教育的教师，但是培养的幼师质量比较低下。育婴堂内的乳媪文化水平非常低下。首先，要在众多乳媪中选择识字之人教授不识字的众人，但女子教育的缺乏使得识字的乳媪人数很少，其文化程度就更无须赘述。其次，如果整堂的乳媪皆不识字，就专请一识字之人入堂按照给定的课本讲授，其质量也不得不令人怀疑。最后，有些敬节堂挑选粗通文理之节妇一百名作为傅姆科正额，并且聘请日本女教习讲习女子师范家庭教育。张之洞此次颁行的学制是模仿日本的产物，其幼儿教育也是如此。虽然聘请日本女教习来讲习，但仍然无法解决中国幼儿教育师资质量低下的困局，更何况大多数幼儿教育机构根本无力聘请日本教习。第三，未能完全摆脱封建教育思想的桎梏。张之洞固然重视幼儿教育，但他晚清重臣的身份使他不能忘却维护清政府的统治是他的责任与义务。虽然重视发展幼儿教育，但他提出的幼儿教育思想未能摆脱封建统治思想的桎梏。《奏定蒙养院章程及家庭教育法章程》是张之洞“中学为体，西学为用”思想的产物，在幼儿教育的教学内容上虽然主张学习西方的一些先进知识，但终究是中国的“体”起决定性作用：

> 保姆学堂既不能骤设，蒙养院所教无多，则蒙养所急者仍赖家庭教育，惟有刊布女教科书之一法。应令各省学堂将《孝经》、《四书》、《列女传》、《女诫》、《女训》及《教女遗规》等书，择其最切要而极明显者，分别次序浅深，明白解说，编成一书，并附以图，至多不得过两卷。每家散给一本。并选取外国家庭教育之书，择其平正简易、与中国妇道妇职不相悖者（若日本下田歌子所著《家政学》之类），广为译书刊布。①

从张之洞选取的“女教科书”内容就能看出他非常重视中国封建统治思想，并且将其移植到幼儿教育领域。

二、 郑观应的幼儿教育思想

郑观应（1842—1922 年），本名官应，字正翔，号陶斋，别号杞忧生，广东香山（今中山）人。他出生于知识分子家庭，其父为乡村师塾，以“设帐授徒”谋生，自幼“夙秉庭训”，随父熟读经史，17 岁时参加科举考试，未中，后遵从父命，于 1858 年赴上海学习经商，在叔父郑廷江当买办的新德洋行帮工，次年，因朋友介绍转到宝顺洋行工作，工作之余不忘学习英语，约广东同乡梁绘卿一起到英国传教士傅兰雅所办的英华书馆读夜班课，专攻英文两年。1874 年，他应聘为太古洋行轮船公司买办，在与外商的交往过程中逐渐认识到资本主义列强通商逐渐夺取中国人之利权，并侵占中国之地，亦致华人谋生之计日穷。基于这

① 朱有瓛主编：《中国近代学制史料》第二辑（下册），第 748 页。

一认识，他于1882年离开外国洋行，投身于李鸿章创办的轮船招商局，任总局帮办，后被委任为总办，推行洋务教育。他在《〈盛世危言〉自序》中描述了自己的一生，说："应虽不敏，幼猎书史，长业贸迁。愤彼族之要求，惜中朝之失策。于是学西文，涉重洋，日与彼都人士交接，察其习尚，访其政教，考其风俗利病得失盛衰之由。"① 郑观应对于中国近代的教育事业有着自己独特的见解，有关中国近代幼儿教育的主张是其教育思想的重要组成部分。

（一）郑观应幼儿教育思想的内容

1. 提倡"幼学"

郑观应虽多年从商，但并非孤立地强调"商战"的重要性。基于自己多年从商的丰富阅历，他逐渐认识到"学战"的重要性："从来讲备边者，必先利器，而既有利器，则必有用此利器之人。器者，末也；人者，本也。"（《盛世危言·海防下》）"器"的锐利程度取决于"商战"，而人才的培养质量取决于教育。面对拥有先进生产力及强大的经济、军事实力的西方列强的入侵，郑观应洞察出经济竞争的背后是人才的竞争。"学校者，造就人才之地，治天下之大本也……古今中外各国，立教养之规，奏富强之效，原本首在学校。"（《盛世危言·学校上》）国家欲富强，人才是关键，人才的培养须依赖学校。若要广泛地培养人才，必自幼童始，所以他说："是故中国而不欲富强则已，如欲富强，必须广育人才。如广育人才，必自蒙养始。"（《盛世危言后编·致居易斋主人论谈女学校书》）同时，他呼吁：

① 夏东元编：《郑观应集》（上册），第233页。本节以下所引《郑观应集》（上册）均采用上海人民出版社1982年版，只随文标注篇名。另，本节所引夏东元《郑观应集》（下册）均采用上海人民出版社1988年版，亦不另出注，只随文标注篇名。

> 呜呼！国家之盛衰，在于人材；人材之盛衰，在乎学校。我国而欲与列强竞争于二十世纪之舞台，而不亟思讲求教育，不可也。讲求教育，学有专门，而不自幼童始，尤不可也。是故地方负有教育之职者，宜设幼稚院多所。（《盛世危言后编·与月岩四弟书》）

由此观之，他非常重视学校教育，认为儿童自幼须接受教育，并须为儿童建立专门的教学场所，即幼稚院。同时，郑观应强调无论贫贱，人人都须接受学校教育。他说："凡年六岁者，无论贫富子女，皆须入学。"（《盛世危言后编·复蔡毅若观察书》）

2. 论幼儿教育的教学内容

郑观应把"礼教"作为幼儿教育的主要教学内容，附之以识字、读书作文、算术等内容的学习。他说：

> 《易》曰："蒙以养正，圣功也。"而养正莫先于礼，当以孝、悌、忠、信、礼、义、廉、耻嘉言懿行故事以正其心。盖人之自失其正，以自外于圣人之途者，率以童养之年不闻礼教，则耳目手足无所持，循作止语默无所检束。（《盛世危言后编·致家塾蒙师书》）

由此观之，他强调儿童从小须接受"礼教"，若未接受此类教育，及其年长，必将徇情任气，有如决堤之水，贻害无穷。他还说："纵使学术优良，技艺绝伦，而无孝、悌、忠、信、礼仪廉耻之心，不过与秦桧、严嵩一流人物而已。"（《盛世危言后编·致家塾蒙师书》）所以，郑观应认为教子婴孩，首要的是让儿童接受"礼教"，附之以识字教育，并尊重儿童的身心特点，借鉴教具进行有效教学，遵循由浅入深的规律。这在很大程度上表明：西方心理学认识规律开始运用在中国幼儿教育中，更新了中国传统幼儿教育思想。他说：

或以标本、模型、各种玩器使其认字，或以各种游戏使其体操，更将古今名人嘉言懿行编为浅近之学说、歌词使其勤习，故能出入谦恭有礼，且均知爱国家、敬父母。(《盛世危言后编·与月岩四弟书》)

3. 论幼儿教育的教学方法

第一，循序渐进。郑观应认为，学习有如登楼，须循序渐进，不容躐等。他说："孔子论学道之功，循序而进，譬诸升堂入室。余谓读书之功，亦循序而进，譬诸自地登楼。"(《盛世危言·学校下》) 因此，教导之法，"宜判其难易浅深，使学者循序渐进。如习算术，先并数而后代数，次则勾股，次则方圆。此一定之次序也"(《盛世危言后编·待鹤斋学校论》)。同时，教习汉文须选择笔画简单、发音容易的词语，由浅入深，"一月未成，学至两月；两月未成，学至三月；学成之后，再学汉文"(《盛世危言后编·复蔡毅若观察书》)。之后，教以更多的汉字，讲明其义，再授之作文，因为"若先教其识字数千，及讲明字义用法，然后读书作文，则教者不劳，而读者有趣"(《盛世危言后编·复蔡毅若观察书》)。因儿童年纪尚幼，灵性未开，接受能力弱，所以为了达到良好的教学效果，采取循序渐进的教学方法是十分必要的。他说："惟年少童蒙，性灵未凿，必视诵读为畏途，教之有方，乃能进益。学者不可躐等，当由浅入深也。"(《盛世危言后编·待鹤斋学校论》) 由是，他认为"幼学当宜日认十二字，解明字义，令其摹写。俟认识四千字，然后读书作文"(《盛世危言后编·待鹤斋学校论》)。郑观应认为，作为教师，须采取循循善诱、由浅入深的教学方式，他说："故师之教弟，知其易于分别何种，循循善诱，则异同可辨，分晰不难。"(《盛世危言后编·待鹤斋学校论》)

第二，因材施教。郑观应认为，不同年龄阶段的儿童资质、禀赋不一，因而对待每一个儿童，须采取因材施教的教学方式。他说："斯人赋禀不齐，其明晤记诵皆具于脑。如幼童善记，则宜导之记；成童善悟，则宜引之悟。"（《盛世危言后编·待鹤斋学校论》）即幼童善于记忆，须引导他操练记性，反复诵读；稍年长的儿童，宜培养他的理解力。他又强调，教导儿童不宜强迫儿童去背诵记忆，过度强调记忆，反而会适得其反；反之，应该采取启发诱导的方式，循循善诱。所以他说："凡人之灵有悟性、有记性，教童子者导之以悟性甚易，强之以记性甚难。试观五尺之童，有人讲一笑谈故事，彼即入于耳，会于心，牢记不忘，津津乐道。若课以数行《学》、《庸》，彼罔然不知所解，口吟终日尚难背诵。"（《盛世危言·学校下》）郑观应既继承了中国传统蒙学中重视诵读记忆的优长，又强调了教学中启发诱导的科学方法的运用。可见，传承与创新幼儿教育思想体现得非常明显。

第三，劳逸结合。郑观应认为，学习固然重要，却不能忽视身体的养护。只有拥有强健的体魄，才有精力学习，才有好的学习效果；否则，只会事倍功半。学习应该劳逸结合，宽严适度，"久习必倦，宜稍止息，以节其劳"（《盛世危言后编·待鹤斋学校论》）。郑观应认为最佳的休息方法是"睡"，这样才能养精蓄锐，午餐后更宜息养。更为甚者，他认为"无梦"是最佳的睡眠状态，"睡而无梦，能养精神；睡而有梦，精神损耗"（《盛世危言后编·待鹤斋学校论》）。同时，他说："倘幼童之力已尽，须令其暂息而培养之；幼童之气已怠，须鼓舞而振作之。"（《盛世危言后编·待鹤斋学校论》）作为家长或教师，应告诫儿童劳逸结合，若儿童用脑过度，须提醒其适当休息；若儿童产生倦怠情绪，须鼓舞儿童士气。

4. 论女子教育

中国近代很多思想家都提倡女子教育，呼吁男女享有平等接受教育的权利。郑观应在《女教》中提倡兴办女学，要求妇女解放，摆脱封建束缚，反对缠足等陋习。他强烈批判“女子无才便是德”的陈腐观点，并把“礼教之不讲，政化之所由日衰”（《盛世危言·女教》）归因于女学不兴。他说：“女学衰，母教失，愚民多，智民少，如是国之所存者幸矣。”（《盛世危言后编·致居易斋主人论谈女学校书》）他非常赞赏西方国家重视女子教育，“泰西女学与男丁并重：人生八岁，无分男女，皆须入塾训以读书、识字、算数等事”（《盛世危言·女教》）。女子可以学实学，入工厂就职；可以学师范，教书育人；可以学政治，入仕为官；可以入大学，开阔眼界。反观中国的女学状况，“中国之人生齿繁昌，心思灵巧，女范虽肃，女学多疏”（《盛世危言·女教》）。所以，郑观应认为中国的女子也应该与西方国家的女子一样，接受学校教育，增长现代知识。“亦必能通书文明道理，守规矩，达事情，参以书、数、绘画、纺织、烹调之事，而女工、中馈附之，乃能佐子相夫，为贤内助矣。”（《盛世危言·女教》）因而，他建议政府广立女塾，使女子皆能够入塾读书。

同时，郑观应认识到：“襁褓之婴、孩提之童，亲母之日多，亲父之日少；亲母之性多，亲父之性少。”（《盛世危言后编·致居易斋主人论谈女学校书》）母亲伴随着孩子的成长，孩子不可避免地会受母亲的熏陶，因而，女子接受教育是十分必要的。他还指出：“古重胎教，盖谓人生自孩提以至胜衣，大都瞻依慈母，跬步不离。此家有贤母，其子若女必多造就。”（《盛世危言·女教》）郑观应继承了中国传统幼儿教育中重视母亲在幼儿成长的作用，强调女子接受教育的价值。“妇人失教不知书理，其所生子女故不知教育之法”（《盛世危言后编·复蔡毅若观察书》）。“使母之教而善，则其成立也易；母之教而不善，则其成立也难”（《盛世危言后编·致居易斋主人论谈女学校书》）。由此观之，郑观应认为，唯有女子接受了良好的教育，知书达理，方能培养出优秀的孩童。

（二）郑观应幼儿教育思想的评价

郑观应虽然不是专门研究幼儿教育的专家，但是他的幼儿教育思想从他与亲友的书信往来及发表的相关文章中可窥见一斑。他非常重视“幼学”，认为国家的兴衰取决于人才的多寡，而人才的培养必须自幼童始。由是，他提倡创办学校，即幼稚院，便于儿童接受学校教育。同时，他强调幼儿的学习内容主要是传统的“礼教”，附之读书、识字、作文。对待儿童，应该采取循序渐进、因材施教、劳逸结合的教学方法。他基于对中国传统封建社会出现的“男尊女卑，女子无才便是德”的社会风气的认识，倡导“女教”。以上这些幼儿教育思想是郑观应在比较中西幼儿教育的基础上提出来的，反映了他欲学习西方、改革中国传统幼儿教育的美好愿望。郑观应的幼儿教育思想对改革中国传统的、落后的幼儿教育有着重大意义。同时，郑观应的幼儿教育思想对当前我国幼儿教育的改革仍有重要的参考价值。由于历史的局限性，他的幼儿教育思想仍存在弊端。例如，他强调幼儿学习的主要内容是“礼教”，仍未摆脱中国传统儒家文化的束缚。同时，他要求妇女遵守“三从四德”，相夫教子，成为丈夫的贤内助，此想法实应摒弃。

第三节　维新派幼儿教育思想

甲午战败，民族危机加深，维新派登上历史舞台。以康有为、梁启超等为代表的维新人士积极倡导西学，改革旧式传统教育，并提出了卓有见地的幼儿教育思想，不仅推动了幼儿教育思想近代转型的进程，而且为当时幼儿教育的改革和发展提供了有益指导。

一、康有为的幼儿教育思想

康有为（1858—1927 年），又名祖诒，字广厦，号长素，戊戌政变后自号更甡，广东南海人，人称南海先生。他幼年接受严格的儒家教育，攻读经史，17 岁时开始接触西学，曾读《瀛寰志略》和由日本传入的《地球图》。光绪十七年（1891 年），他在广州创设万木草堂，培养变法人才，高足有梁启超、陈千秋等人。《马关条约》签订后，康有为、梁启超发起的“公车上书”促成戊戌变法。变法失败后，康有为逃至香港，后抵达日本，1927 年因病逝于青岛。他的著作有《新学伪经考》《孔子改制考》《大同书》等。康有为的幼儿教育主张主要见于《大同书》中的《去家界为天民》这一部分。他对胎教及儿童的教育提出了自己的见解。

（一）论儿童的公养公育

康有为曾在《大同书》中，严厉批判立家之弊，认为若立家，因风俗、教化不一，则人性多恶；因养生不一，则体弱多病；自私、奸诈、偷盗、贪污之性赓续不绝。更为甚者，若立家，儿童便不能接受良好的教育，因父私其子、祖私其孙的缘故，富人家的子孙会因受到良好的教育而身体强健、学识通达、耳目聪明，而穷人家的子孙接受不到良好的教育，则身体虚弱、学识浅薄、耳目聋盲。当前社会“富贵少而贫贱多，则有教养者少而无教养者多，强智、仁勇者少而愚弱、暴怯者多”[①]；况且男子选择妻子，虽然有富贵贤者之家，但是能娶为做妻子的却少之

---

① 康有为撰，汤志钧导读：《大同书》，上海古籍出版社 2005 年版，第 181 页。本节以下所引《大同书》均采用此版本，只随文标注“部”名及章名。

又少，而富贵人家所娶的妻子多是不识文字之辈，“播种既然，则种桃李而得桃李，种荆棘而得荆棘，乃固然也；及长大后，乃欲稍施教以易之，岂可得哉，况多无教者哉”（《己部　去家界为天民》第一章）。所以，立家必将使人人都受其害，不利于太平之世。那么，康有为认为，“夫欲人性皆善，人格皆齐，人体得养，人格皆具，人体皆健，人质皆和平广大，风俗道化皆美”（《己部　去家界为天民》第一章），最好的办法便是消除家庭而公养之、公育之。他说：人皆天所生，故人隶属于天，“而公立政府者，人人所共设也；公立政府当公养人而公教之，公恤之”（《己部　去家界为天民》第一章）。人人都需要政府公养之，公恤之，“父母之与子女，无鞠养顾复之劬，无教养糜费之事”（《己部　去家界为天民》第一章）。所以，康有为认为政府需设立人本院、育婴院、怀幼院以公养儿童，人本院是进行胎教的场所，而育婴院和怀幼院是养育婴孩的场所；后应设立蒙养院、小学院、中学院和大学院以开展教育。儿童六岁后入蒙养院，十岁至十四岁入小学院，十五岁至十七岁入中学院，十八岁至二十岁则入大学院。康有为认为政府需设立医疾院、养老院、恤贫院、养病院以及化人院，使人人得以公恤之。总之，康有为认为，人人皆归公养，与一人之父母毫无关系，唯此，才能进入太平之世。

（二）论胎教

康有为极度强调胎教的重要性，认为胎教的好坏关乎孩子未来的发展，他说：“生人之本，皆在胚胎，人道之始，万化之原也。”（《己部　去家界为天民》第二章）幼儿的教育必须始于未成形之前，若“不于胎妊时拔其根本，及质形既成，乃思矫易，欲有以教之，治必无当也”（《己部　去家界为天民》第二章）。康有为以外象内感论为依托，认为孕妇极易受外界环境的影响，

“感染之大，未有若胎孕之易者”（《己部　去家界为天民》第二章）。外界环境势必会影响胎儿的发展，孕妇若置身于良好的环境之中，胎儿必定会受熏陶，获得良好的发展，反之则有碍胎儿的发展。他说：“胎孕多感地气，故山谷崎岖深阻之地，其生人多瘿瘤突额，锐颐黄馘，无有丰颐广颡者；其人性褊狭，锐眼重性，深阻险僻，寡有光明广大者”（《己部　去家界为天民》第二章）。所以，康有为认为，在选择孕妇所住的人本院时，必须考虑该地周围的环境，他建议：

> 院地当择平原广野、丘阜特出、水泉环绕之所，或岛屿广平、临海受风之所，或近海广平之地，次则远背山陵，前临溪水，又次则高山之顶及岭麓广平者。若不近海，亦必营之于江河原隰之地，远山而有土气，近水而无湿蒸。凡崎岖岩险，荦确崚嶒，壑谷褊隘，幽闭遮压，狭窄锐曲，皆所力戒而舍弃之。（《己部　去家界为天民》第二章）

由此观之，康有为认为人本院须建在空旷、有泉、有海的平原地带，那么，所生的幼儿“其性必能广大高明、和平中正、开张活泼，而少险诐反侧、悲愁妒隘者矣”（《己部　去家界为天民》第二章）。同时，为了改良人种计划的实施，康有为认为必须选择气候宜人之地，他建议：“今欲定胎教之地皆立于温冷带间，以受寒气而得凝固，得红白而去蓝黑”（《己部　去家界为天民》第二章）。

除院址的选择有要求之外，康有为认为对孕妇的保护也至关重要。康有为在《己部　去家界为天民》第二章中，对孕妇的品行、教育、饮食起居等都进行了详细的说明。

首先，康有为认为若想生育优秀的孩子，那么孕妇须具备良好的品性，即高洁寡欲、学道养身，“无爱私愁感以乱其中，生子乃能和平中正”。康有为认为“孕妇为大地众母，为天下传种；种之佳否皆视其母”。人本院中必须任命女傅负责监督、照看孕妇，仔细观察孕妇的言行举止，务使“孕妇目不视恶色，耳不听恶声，口不道恶言，鼻不闻恶臭，身不近恶人，心不知恶事”，而使孕妇所观所想是“高妙、仁慈、广大、和平、安乐之事”，远离“异形、怪事、恶色、恶声、刑人、恶言”。

其次，孕妇应当接受良好的教育。孕妇在人本院养胎期间，宜阅读为孕妇编写专门的书籍，即康有为建议编写的《胎教丛编》。同时，康有为对所选取之书籍的内容提出了相应的要求，“选其高明超妙、广大精微、中和纯粹、仁慈慈惠、吉祥顺正以及嘉言懿行，足以蓄德理性、兴起仁心者”，因为“胎妊之时，感入最易，其人之好杀者，盖亦其父母怀感杀心而成孕存胎有以致之”，所以，孕妇若阅读优秀之作，综合素养必定会提升，遂能潜移默化地熏陶胎儿，促进胎儿未来往好的方向发展。

此外，他还提倡对孕妇实施音乐教育，陶冶孕妇的情操，并定期展开跳舞、登临等活动，但需在医生监督、指导下适度地进行；或建议孕妇学习图画、天文、乐律这些有益的东西。

最后，康有为认为，务必使孕妇的饮食起居得到妥善的照顾，以防影响胎儿的健康成长。医生每日的例行检查必不可少，康有为说：“孕妇每日有二医者晨夕察视二次，务慎之于未疾之先，令有胎时无使小疾之侵，以弱其体而感其胎”。同时，医生须选取能够养胎健体的食物以供孕妇食用。对孕妇居住的房间的选择也有一定的要求，康有为认为，“其室外游观之所，楼观高峻，林园广大，水池环绕，花木扶疏，皆务使与孕妇身体相宜，俾其强健”。他还指出产子之时，室内亦宜阴阳、寒暑相结合，且孕妇衣服、鞋子的选择宜合适，禁止妇女缠足。

康有为继承了中国传统胎教的观点，并且添加了许多科学因子，提高了胎教的科学性。

（三）论幼儿教育

康有为认为，胎儿出生后，须入育婴院或慈幼院学习，无须父母的照顾，而公养之。环境的好坏对幼儿身心的发展至关重要，所以，康有为在《大同书》的《己部 去家界为天民》第三章中阐述了他的观点，认为婴儿知识日开，感染不可不慎重，育婴院的选择亦应当与人本院一样，选择具有优美的环境之地。他建议育婴院“当择与婴儿最相宜之式，大约楼居少而草地多，务令爽垲而通风，日临池水以得清气，多植花木，多蓄鱼鸟，画图雏形之事物，皆用仁爱慈祥之事以养婴儿之仁心”，而不是“山谷狭隘倾压、粗石荦确，水土旱湿之地，又不得近市场、制造厂及污秽之处”。同时，康有为认为婴孩体弱，应择气候宜人之地养育婴孩。

康有为对幼儿的教学内容与教育目标也做了相应的规定。一方面，康有为认为应教授发展未成熟的幼儿基本的图画、歌曲及手工艺，他说：“子能言时教以言，凡百物皆备，制雏形或为图画，俾其知识日增”，幼儿儿能歌时，“则教仁慈爱物之旨以为歌，使之浸渍心耳中”。同时，康有为建议：“知识稍开时，将世界有形各物，自国家至农工商务，皆为雏形，教之制作，则习惯若性。及其长也，贫而谋生，贵而监督，皆熟悉工艺，多能鄙事，行之自然矣。”另一方面，康有为认为幼儿教育的教学目标应该是“养儿体，乐儿魂，开儿知识为主”，即学习基本的知识，以养护幼儿的身体为主，保证其在一个愉快、轻松的氛围中成长，远离争杀、偷盗、奸诈等。

二、梁启超的儿童教育思想

梁启超（1873—1929年），字卓如，号任公，又号饮冰室主人。他出生于广东新会县的封建地主家庭。其祖父是掌管一县文教事业的官吏，母亲粗知诗书。梁启超较早地接受了启蒙教育，自四岁始，便随祖父和母亲学习“四书五经”。1884 年，年仅十一岁的梁启超考中秀才，次年，便入广州著名的学海堂读书。在学校期间，他勤奋好学，博览群书，熟读经史子集，遂于 1889 年参加广州的乡试并中举。之后，他投奔康有为名下，参与维新变法活动，组织强学会；变法失败后，流亡日本，先后创办《清议报》及《新民丛报》，以唤醒民众的意识。

辛亥革命后，梁启超回国，曾担任袁世凯在北京组织的政府的财政总长，1917 年参与“讨袁运动”。同年，他出游欧洲，参观大战后世界之趋势，实现了思想的转变，从此抛开政治生活，专事于著述与讲学工作。梁启超学识渊博且庞杂，涉猎政治、经济、历史、哲学等领域，晚年尤喜研究佛学和历史。自戊戌变法至 20 世纪 20 年代，他先后发表了《变法通议》《教育政策私议》《倡设女学堂启》等文章。

梁启超也是中国近代维新派代表人物之一，著名的思想家、政治家和教育家。同时，他也是“教育救国论”的积极倡导者，认为国家的生死存亡全赖教育。他于 1896 年发表了《变法通议》，在《论变法不知本原之害》中说：“变法之本，在育人才；人才之兴，在开学校；学校之立，在变科举；而一切要其大成，在变官制。”[①] 他认为国家的兴衰取决于德、智、体全面发展的人才，严厉斥责禁锢人们思想、阻碍人们身心发展的科举制度。儿童教育是梁启超教育思想体系中的重要组成部分。他曾在《变法通议》中，专门写了一篇论述儿童教育的文章《论幼学》，比较系统地阐述了有关儿童教育思想的主张。他说：“人生百年，立

① 梁启超：《梁启超全集》第一册，第 15 页。

于幼学”①。他曾在《少年中国说》一文中指出：

> 故今日之责任，不在他人，而全在我少年。少年智则国智，少年富则国富，少年强则国强，少年独立则国独立，少年自由则国自由，少年进步则国进步，少年胜于欧洲，则国胜于欧洲，少年雄于地球，则国雄于地球。②

也许正是基于这一认识，梁启超将儿童教育改革作为国家改革的一个重要方面。梁启超还通过比较中西有关儿童教育的思想，发现中国的儿童教育存在诸多弊端。在理解西方教育思想的基础上，梁启超反思我国儿童教育，在《论幼学》中提出了一系列的儿童教育（含幼儿教育）主张，主要有以下几个方面。

（一）论儿童的教学内容

梁启超认为，中国传统社会以科举制为导向来发展儿童教育的方法，严重违背了教育发展的规律，扼杀了儿童的学习兴趣与积极性。儿童所读之物无非是一些帖括、考据、词章之言，以应对科举考试，“凡书而非考试所有事者，可无读也。故窒脑之祸，自考试始”。

儿童所读之书不过是一些晦涩难懂的词章，充盈于脑耳，“彼其所诵之书之事物义理，非数龄之童子所解喻也”。梁启超清楚地认识到，科举制度不但禁锢了人们的思想，亦造成学非所用、用非所学的现象，进而导致蠢陋、野悍、迂谬、猥贱之学究祸天下。为转变中国传统教育落后、腐朽的局面，他主张改革现有教育制度，大声呼吁“非尽取天下之学究而再教之不可，非尽

① 梁启超：《梁启超全集》第一册，第34页。以下引《论幼学》均采用此版本。

② 引自《北大人生讲座》，哈尔滨出版社2018年版，第126页。

取天下蒙学之书而再编之不可”，倡导重新编制儿童所需的教材。他指出，儿童的教材应该包括以下七类——识字书、文法书、歌诀书、问答书、说部书、门径书和名物书（字典），并相应地介绍了阅读以上种类书籍的方法。

为提升国人的识字水平，梁启超为儿童编撰了识字书。他在前人的经验以及自身教学实践的基础上，借鉴西方先进的识字理念，详细讲解了儿童的识字教学法。他主张按照汉字的基本特点将日常所用的两千汉字按照形、声、义三类对儿童进行识字教学。他还强调，在学习以声为主的汉字前，让儿童预先学习字母，继而拼音识字；在学习以形为主的汉字时，让儿童先学习独体，再学习合体。梁启超认为运用此种识字教学法可使儿童在识字教学上取得良好的学习效果。

为实现语言与文字的结合，梁启超为儿童编撰了文法书。他主张只有“深浅先后，条理秩然”，才能做到联字成句，缀句成笔、成文。他以自己教学经验为例进行了详细讲解：首先口授俚语，将文言作为儿童主要的表达形式，对于词不达意的现象予以更正。其次先授以粗浅的事物，再逐步引申至浅近的议论上；先教授一句，尔后三四句以至十句，两个月后，可达三十句以上，几乎成文。这样儿童学习起来轻松，教授者也不会疲惫。

梁启超设想的歌诀书主要包括两个方面：一是中国传统的经史子集，二是西方的自然科学常识。这样不仅可以增强儿童对中国传统文学知识和伦理道德的理解，而且可以让儿童悉知西方的自然科学知识。

问答书编写要以歌诀书的门目为依据，条理清晰，脉络明畅，由浅入深，化繁为简，以问答的形式来呈现。歌诀的编写形式可以增强儿童对知识的记忆，而问答的形式则益于使儿童开悟，记忆与启发悟性兼备，学习者定有所收获。

梁启超之于说部书指出：古人文字和语言相合，今人却使两者相背离，其中利弊寥寥数语即可明晰。今人用现今的语言谈话，在书写时却效仿古言，这样便会导致“妇孺农氓”以读书为难事。鉴于《水浒传》《三国演义》《红楼梦》等较“六经”更受读者欢迎，他倡导“专用俚语”著以群书。

梁启超还主张为儿童编写门径书，帮助儿童在浩如烟海的《四库》之编和各种古典今籍中找寻到入门方法。

名物书即字典、词典之类的工具书。梁启超主张借鉴西方的编著方法，力求取尽天下事物，悉行编订，供学习者翻检。

同时，梁启超根据这些书籍的种类，为儿童拟定了一份课程表，详细地规定了儿童的学习内容，主要包括语文、算术、体育、外语和经学、史学、地理、历史等各科。

> 每日八下钟上学，师徒合诵赞扬孔教歌一遍，然后肄业。
>
> 八下钟受歌诀书，日尽一课，每课二百字。每课以诵二十遍为率。
>
> 九下钟受问答书，日尽一课，凡问答书皆歌诀书之注疏，问答书之第一课，即解歌诀书之第一课。余同。不必成诵，师为解其义，明日按所问而使学童答之，答竟，则授以下课。
>
> 十下钟，刚日受算学，柔日受图学。
>
> 凡受算学，先习笔算，一年以后，渐及代数，每日由师命二题，令学童布算。
>
> 凡受图学，先习简明总图，渐及各国省县分图，以纸摹印写之，日约尽一县，印毕，由师随举所已习者，令学童指其所在之经纬度。
>
> 十一下钟。受文法，师以俚语述意，令学童以文言

达之，每日五句，渐加至五十句。

十二下钟，散学。

一下钟复集，习体操，略依幼学操身之法，或一月或两月尽一课，由师指授。操毕，听其玩耍不禁。

二下钟，受西文，依西人教学童之书，日尽一课。

三下钟受书法，中文西文各半下钟，每日各二十字，渐加至各百字。

四下钟受说部书，指新编者言。师为解说，不限多少，其学童欲涉猎他种书者，亦听。

五下钟散学，师徒合诵《爱国歌》一遍，然后各归。

每十日一休沐，至日，师徒晨集堂中，祀孔子毕，合诵《赞扬圣教歌》一遍，各散归。

凡孔子生卒日，及万寿日，各休沐五日。

由此观之，梁启超比较全面地讨论了儿童应读之书及课程安排，有利于扩展儿童知识面，促进儿童身心全面发展。

（二）论儿童的教学原则

梁启超认为，中国近代儿童教育落后、腐朽的重要根源之一是教师采取了不适合儿童发展的教学方法，他在《论幼学》中极力批判教师所采取的不当的教法：

> 今之教者毁齿执业，鞭启觥挞，或破头颅，或溃血肉，饥不得食，寒不得息，国家立法，七年曰悼，罪且减等，何物小子，受此苦刑，是故中国之人，有二大厄，男女罹毒，俱在髫年，女者缠足，毁其肢体，男者扑头，伤其脑气。

他还指出，若教师“导之不以道，抚之不以术，地非理室，日闻榜杨，教匪宗风，但凭棒喝，遂使视黉舍如豚笠之苦？对师长若狱吏之尊”。梁启超认为教师若对儿童过于苛刻、严厉，会造成儿童惧怕教师的后果，儿童对学习亦会失去兴趣。梁启超在吸收西方儿童教育理论的基础上，反观中国近代儿童教育上传统的教学方法，提出了一系列新颖的教学原则。

第一，因势以导、引譬以喻。梁启超认为，中国的传统教育采用的是灌输式的教学法，主要是为应对科第，逼迫儿童死记硬背。儿童只顾机械地背诵，无法理解其内涵。

> 中国之教人，尽于记性者也，故古地理、古宫室、古训诂、古名物，纤悉考据，字字有来历，其课学童也，不因势以导，不引譬以喻，惟苦口呆读，必求背诵而后已，所得非不坚定也。

反之，西方人教导儿童，强调理解记忆，引导儿童通过领悟去寻求真知。在《论幼学》中他指出：“西国之教人，偏于悟性者也。故睹烹水而悟汽机，睹引芥而悟重力，侯失勒约翰，畴人之良也。而自道得力乃在树叶石子之喻。”所以，他认为中国近代社会的教师应该循循善诱，启发和诱导儿童，唯有改变教学方法，儿童方能理解、吸收知识。他建议教师“试变其法，或示之以卷中之事物，或告之以篇中之义理，待其悬解，助其默识，则未有不能记者也”。梁启超认为教师利用悟性教导儿童，能使他们更加容易地理解并接受知识；若利用记性教导儿童，要求儿童苦口呆读，只会适得其反。对此，他提出了自己的理由：

> 故教童子者，导之以悟性甚易，强之以记性甚难。何以故？悟性主往，其事顺，其道通，通故灵；记性主回，其事逆，其道塞，塞故钝，是故生而二性备者上也。

第二，循序渐进、不容躐等。梁启超认为，中国的教育界人士为应对科举考试，强迫儿童学习超前的知识，“未尝识字，而即授之以经；未尝辨训，未尝造句，而即强之为文。开塾未及一月，而‘大学之道在明明德’之语，腾跃于口，洋溢于耳”。梁启超认为，儿童年纪尚幼，脑力未开，根本无法理解训诂、词章这类知识，强行要求儿童学习、背诵此类知识，只会加重儿童学习的负担，造成儿童“以学为苦”、对教师避而远之的后果。所以，通过对比中西方的儿童教学法，梁启超认为，教导儿童应该采取循序渐进、不容躐等的教学原则。他说：“古人之为教也，由浅而深，由粗而精。今则不然，先后倒置，进退逆行，故四书六经者，大道之所在，终身由之而不能尽者也。”他发现中国古代的学者懂得采取由浅入深、由简及繁的方法教导儿童，而近代的中国学者往往本末倒置，颠覆教学次序。西方学者教导儿童亦注意先后顺序，“其为道也，先识字，次辨训，次造句，次成文，不躐等也”。由是，梁启超倡导教师应当采取循序渐进的方式教导儿童，先识字后学文。他指出西人的文字以声音为主，故字虽多而易识，而中国的文字，以形为主，字虽少而难识，所以，“以声为主者，必先学字母而后拼音；以形为主者，必先学独体而后合体”。但是，他亦强调：“西人之教学童也，先实字，次虚字，次活字，今亦宜用其意”。通过对比中西学者教授儿童学习文字的方法，他认为中西文字有差异，但都需要采取由简及繁的方法，并且中方需要学习西人教授儿童先实字后虚字的做法，在教习文字以后，进而教授文法，亦宜采用由浅入深、条理有序的方法。所以，梁启超认为教授儿童学习文法时，亦应当“初授粗切之事物，浅授浅近之议论，初授一句，渐三四句以至十句，两月之后，乃至三十句以上。三十句以上，几成文矣”。唯有采取此种循序渐进的方式，才能使“学者甚易，而教者不劳”。

第三，藏息相辅、优哉游哉。梁启超认为中国传统教育以科第为目标，严重束缚了儿童身心的发展，儿童花费大量的时间诵读晦涩之言，但往往事倍功半。“中国之人，不讲斯义，其惰者旦夕嬉逸，甘为游民，其动者终日勤动，罔知节制，来往宴会，曾靡定晷，酬应无度，最脞是忧，斯固然矣。”近代中国人存在两种极端，或终日游手好闲，或终日忙忙碌碌。这两种人的生活方式梁启超并不赞赏，若学习上效仿这两种方式，必定不利于成就学业。孔子说“学而时习之”，若整天要求学生正襟危坐，在教室里诵读诗书，犹如囚犯一般，那么必定会造成教师劳而功半、从而怨之的后果。反之，若教师或父母对儿童放任自流或过分溺爱，便培养不出人才。纵观西方人教导儿童，“读书执业，皆有定时，当其时也，虽有重客要事，不以废也。逾其时也，则相从而嬉，饮酒蹴蹦，所弗禁也”。因此，梁启超建议：

> 日授学不过三时，使无太劳，致畏难也。不妄施扑教，使无伤脑气，且养其廉耻也。父母不得溺爱荒学，使无弃材也。

他认为，教导儿童应该采用藏息相辅、优哉游哉的原则，劳逸结合，给予儿童适当放松的机会；空闲之余，可带领儿童前往大自然之地，观赏自然生物，或习体操或习音乐，调节儿童身心：“自余暇晷，或游苑囿以观生物，或习体操以强筋骨，或演音乐以调神魂，何事非学，何学非用，其宏多矣。”

（三）论儿童的教学方法

第一，趣味教学法。梁启超是一位极力倡导趣味教育的学者，并专门撰文论述趣味教育，还大力提倡利用趣味教育法教导儿童。趣味教育既是一种目标，又是一种手段。通过中西儿童趣味教育的比较，他看到了西人趣味教育的许多优点，由此，他认为教导儿童宜先培养儿童学习的兴趣，寓学习于游戏中：

> 必教以天文地学浅理，如演戏法，童子所乐知也。必教以古今杂事，如说鼓词，童子所乐闻也。必教以数

> 国语言，童子舌本未强，易于学也。必教以算，百业所必用也；多为歌谣，易于上口也；多为俗语，易于索解也。必习音乐，使无厌苦，且和其血气也……

或借助“恩物”和玩教具进行教学，充分发挥教学直观性：

> 又闻西人于三岁孩童，欲教以字，则为球二十六，分刻字母，俾作玩具，今日以AB两球与之，明日从彼索A球，又明日而从彼索B球，二十六日，而字母毕记矣。

总之，梁启超认为，教导儿童宜运用趣味教育的方法，让儿童快乐地学习。此方法不仅能集中儿童的注意力，还能培养儿童学习的兴趣，可谓一箭双雕。但是，梁启超并不提倡一味地运用趣味教育法进行教学，而认为此法宜适度使用。他曾在《中国教育之前途与教育家之自觉》一文中说，“教育儿童，纯用趣味引诱，则不能扩张其可能性”①，所以，梁启超主张趣味教育应适度，但不能抑制。

第二，问答法。梁启超倡议编写的七类童蒙教材中就有问答书这一类，可见其对问答法的重视程度。他说：“古人言学，皆以学问并举，《孟子》曰：‘有答问者，盖学者由外入，问者由内出，其得力盖有问焉。’”古代的教育家唯恐学生不善问，故传记之类的文章，皆出现“代其问而自答之”的现象。例如，春秋时期的《公羊传》《谷梁传》以及《大戴礼记》中的《夏小正传》等，莫不皆然。通过中西教育法的比较，梁启超发现“西人启蒙之书，专用问答，其余一切书每篇之末，亦多附习问”。所以，梁启超建议教师应该采用问答法教导儿童，循循善诱，引导儿童思考，提高儿童的思维力，导其悟性。他说：

---

① 璩鑫圭、童富勇编：《中国近代教育史料汇编》（教育思想），上海教育出版社2007年版，第275页。

> 今宜略依歌诀，书之门目，条分缕晰，由浅入深，由繁反约，一一设为问答以发明之。以歌诀为经，以问答为纬，歌诀以助其记，问答以导其悟，记悟并进，学者之能事毕矣。

（四）梁启超儿童教育思想的历史影响

1. 思想特点

第一，符合儿童身心发展规律。梁启超反对中国传统儿童教育中不顾儿童身心发展规律、超出儿童接受能力的教学。他主张儿童教育应该符合儿童的身心发展规律，教育内容、教学方法要适合儿童的身心发展特点。

梁启超批判、反思中国传统儿童教育的教学内容以及教学方法，积极借鉴西方先进的儿童教育经验，强调儿童教育不管是教学内容的安排顺序还是教学方法的选择，都应该遵循“由浅入深”“循序渐进”“由粗而精”“因势利导”的原则，以符合儿童身心发展规律。儿童的教育要讲究“次第”，不可跃进。

梁启超认为，只有按照儿童的身心发展规律、根据不同年龄阶段儿童的心理特点设计教学内容，运用合适的教学方法，儿童才会乐知乐学，不会因为“强行记忆”“妄施扑教”“进退逆行”而导致儿童畏学的情绪。梁启超在批判中国传统儿童教育的同时，为变革传统旧教育，促进近代中国儿童教育更加合理化、科学化，按照儿童的身心成长规律为儿童规划了“儿童身心发达表”。

第二，重视儿童的家庭教育。梁启超十分重视儿童时期的家庭教育。这与梁启超的成长经历是分不开的。

> 梁启超出生在一个知书达礼、家教严谨的书香门第，又处在一个“尊师务学问”的社会环境里，这就决定了他有一个良好的启蒙教育。10岁以前，梁启超的启蒙教育主要是在家庭内，由祖父和父母直接教授。他在

《我之为童子时》一文中说过，他小时候，中国还没有学校教育，他最初识字的时候，是他母亲教导的，后来改由他的祖父和父亲来教授。①

童年时期梁启超祖父对梁启超启蒙教育是多方面的，除了读书识字外，爱国主义教育以及道德伦理教育也是重要教育内容。这些教育内容一般都是采用寓教于乐的形式传递的，具体生动且易于接受，对梁启超以后的儿童教育思想有着深刻的影响。

除了祖父的传统启蒙教育外，梁启超的父母对梁启超的一言一行都有着严格的要求。梁启超在童年受到的家庭启蒙教育，一方面重视读书识字，另一方面又强调道德修养；既要求打下深厚的国学根基，又注重培养良好的伦理道德。除了父亲以及祖父的启蒙教育使得梁启超终身受用外，在梁启超童年时期还有一位不可忽视的人物即梁启超的母亲。梁启超的母亲教会梁启超做人做事一定要诚实，如果犯了错不知悔改，还自欺欺人，就和盗贼无异，必然遭到世人的唾弃。母亲的这一段训话，梁启超“常记在心”，认为是“千古名言”。正是由于童年家庭教育的影响，梁启超十分注重家庭教育。梁启超在《变法通议·论女学》一文中指出：

西人分教学童之事为百课，而由母教者居七十焉，孩提之童，母亲于父，其性情嗜好，惟妇人能因势而利导之，以故母教善者，其子之成立也易。不善者，其子之成立也难……②

可见梁启超十分赞成西方发达国家提出的儿童教育百分之七十归于家庭教育、百分之三十归于学校教育的说法。

梁启超还指出：在家庭教育中，母亲起着非常重要的作用。

---

① 李平：《梁启超传》，中国言实出版社2015年版，第6页。

② 梁启超：《梁启超全集》第一册，第31页。

如果为人母者知书达礼，善于教授，则儿童在十岁以前，一切学问浅理，皆可以由母亲亲身教授。纵观中国儿童教育失败的原因，一方面是不重视儿童时期的家庭教育，另一方面在于妇女教育的不兴，“始基之坏，实已坐此”，因此要发展儿童教育，就必须要重视女子教育。“故治天下之大本二，曰正人心，广人才。而二者之本，必自蒙养始。蒙养之本，必自母教始。母教之本，必自妇学始”。

第三，采用多样化的教育教学法。梁启超积极借鉴西方儿童教育的先进理念，结合自己的教育实践，提出了许多与时俱进的儿童教育教学方法。梁启超为了唤醒国人对儿童教育的重视，对封建旧教育的教学方法进行了无情的揭露和批判。梁启超十分反对传统学究对儿童“妄施扑教”，棍棒式的教育不仅摧残儿童的身心，而且最为严重的后果是使儿童把学校当作牢笼，把教师看作狰狞的狱吏，产生畏学的情绪。为此，梁启超在《变法通议·论师范》中指出：“故欲革旧习，兴智学，必以立师范学堂为第一义”[①]。梁启超在学习借鉴西方儿童教育经验的过程中，针对近代中国儿童教育教学方法的弊端，提出了灵活多样的教学方法。首先，梁启超极力反对中国传统儿童教育进退逆行、先后倒置的教育方法，主张儿童教育教学应该循序渐进、由浅入深。其次，梁启超认为儿童天生就具有热情、活力和强烈的好奇心，所以对儿童进行教育教学时必从儿童眼前感兴趣的事物和知识开始教授，一来可以使儿童乐于接受新知识，二来可以激发儿童学习的兴趣和求知欲。最后，梁启超反对中国传统教育中死记硬背的教学方法，主张对儿童的教育要重视对其启发和诱导，培养和调动儿童学习的积极性、主动性。

---

① 梁启超：《梁启超全集》第一册，第29页。

2. 历史作用

随着西方新式教育的输入，传统的封建教育从体制到内容都进行着变革，近代资本主义性质的儿童教育也在逐渐形成与发展。梁启超作为中国近代教育史上最早关注到儿童教育的教育家之一，在反思、批判中国传统儿童教育的同时，积极吸取西方先进的儿童教育理念。为进一步广开学风，梁启超还建议发展师范教育，培养新式小学教师。梁启超借鉴欧美发达国家教育经验以及结合自身教育实践形成的新式儿童教育思想，在一定程度上顺应了教育发展的潮流，对近代中国新式教育的发展产生了深远的影响。

第一，促进启蒙教育发展，塑造儿童新形象。梁启超的儿童教育思想建立在对传统儿童教育批判、反思的基础之上。梁启超认为，传统的儿童教育下培养出来的孩子只是科举制度下的牺牲品。传统的儿童教育忽视了儿童身心的发展规律，压制了儿童自由想象力的发挥。受这种教育的孩子，他们的思想和精神也会越来越萎靡。与此相对，梁启超主张学习先进的儿童教育理念。他提倡要采用新式教育方法教授儿童，如直观教学法、采用儿童乐知乐闻的方式等。他还主张改革教育内容，使儿童觉得学习内容不再枯燥无味，从而产生学习兴趣。

第二，重视小学教育，助推基础教育发展。梁启超儿童教育思想中最为独特的是对小学义务教育的提倡。梁启超在学习欧美发达国家以及日本的初等教育制度基础之上结合自己的教育实践经验，对近代中国创办初等教育、对儿童普及义务教育应该采取的措施以及相应的保障和原则都进行了细致的阐述。

第三，开民智，提高国民文化水平。鸦片战争之后，中国封建社会急速走向衰败，社会形态发生深刻的变化。整个中国民众陷入绝望的深渊，天灾人祸接踵而至，最为严重的不是外部侵略者的蹂躏，而是国民的精神麻木、道德堕落、思想颠倒以及民智固陋。从19世纪60年代开始，中国社会急剧变化，沦为半殖民地半封建国家，这一时期中国资产阶级维新派登上了中国历史的舞台，主张把教育作为“救亡图存”的重要手段。作为维新派的重要代表人物，梁启超审时度势，极力主张通过教育的发展来“开民智”。

梁启超的儿童教育思想，对当时的中国社会无疑具有重大的意义。一方面，它有助于改革中国落后、腐朽的旧式教育，并冲击了传统的科举考试制度，促进了考试制度的改革，有利于国家培养多样化的人才。另一方面，它有利于改变当时的社会风气，改变当时儿童受教育的情况，并从根本上扭转国家的教育水平，提高国民的综合素质，为儿童的终身发展夯实基础。但是，由于当时中国社会正处在由封建社会向资本主义社会过渡的起步阶段，梁启超除受西方文化影响以外，还不可避免地受中国传统儒家文化的影响，因此，他的儿童教育思想不免难以摆脱传统文化的烙印。梁启超的儿童教育思想并未完全摆脱封建文化的束缚。此外，梁启超虽然努力借鉴西方儿童教育的理念和经验，也尽力学习西方儿童教育学、心理学的一些新的知识和成果，但是对于西方儿童教育的学习是比较浅显的，有些甚至是不适合近代中国国情的。梁启超主张学习西方儿童教育，试图将中国儿童教育与西方儿童教育的理念以及教育方式相结合，但是，他并没有考虑到当时中国的社会发展情况。这样的结合在今天看来是一种比较简单的、不系统的学习与借鉴。因此，梁启超在近代提倡的儿童教育思想并不是成熟的资产阶级儿童教育思想。

第五章 民主幼儿教育思想的形成

辛亥革命推翻了中国延续两千多年的封建帝制，共和政体的建立使国人获得了思想上的解放。有志之士纷纷对西方教育进行主动探索，西方幼儿教育思想因此在中国得到广泛传播，并产生了深刻影响。新文化运动期间，杜威来华，宣传实用主义思想，民主和科学的观念更加深入人心，促进了幼儿教育观念的变革，掀起了科学教育、平民教育等思潮，还涌现出以蔡元培为代表的众多优秀的民主教育家。在中国社会由传统帝制向共和政体转型过程中，幼儿教育思想也初露民主的曙光，不仅给中国教育带来了前所未有的新气象，而且为“儿童中心”观念的确立及幼儿教育中国化的探索奠定了基石。

第一节 西方幼儿教育思想在中国的传播和影响

如果说清末的中国与西方教育的初次接触是一种被动应变的话，那么民国以后中国与西方的交流则开始具有一定的主动接受的意味。清末时期主要从制度和器物上进行浅层次的模仿，后者更多表现在一种思想观念的解放，人们开始主动接受和研究西方先进的教育思想。乘此东风，西方教育思想在中国掀起了传播热潮。其中，西方现代幼儿教育思想的输入对中国幼儿教育界产生了深远的影响，引起了中国幼儿教育理念的转变和思想的解放。

一、 欧美幼儿教育思想在中国的传播

早在明清之际，耶稣会来华传教士高一志就撰写过《童幼教育》一书以介绍西方儿童教育及其思想，拉开了西方幼儿教育思想在中国传播的序幕。这种零星的宣传并未掀起强大的波澜。鸦片战争以后，随着“西学东渐”的一步步深入，西方教育理论和儿童研究成果也被介绍进来。在清末制定学制和发展新式学堂的过程中，西方近代幼儿教育思想进一步传入。中国教育界真正开始系统地吸收西方幼儿教育思想是在中华民国成立以后，特别是新文化运动时期。在此期间，卢梭、福禄培尔、蒙台梭利等西方教育家的幼儿教育思想开始得到广泛的传播，促进了中国幼儿教育的发展。

（一）卢梭自然教育思想在中国的传播

让-雅克·卢梭（1712—1778 年），法国 18 世纪伟大的启蒙思想家、哲学家、教育家、文学家，法国大革命的思想先驱，启蒙运动最卓越的代表人物之一。卢梭的名著《爱弥儿》与柏拉图的《理想国》、杜威的《民主主义与教育》一起被西方学者称为教育史上的三座里程碑。卢梭的儿童教育思想自产生以来，不断为后人解读，引发了人们对儿童的重视，影响着近代教育家的理论和实践研究，促进了现代先驱者们的思想向“以儿童为中心”转变。他所倡导的顺应儿童成长规律的自然教育的基本原理对当代教育仍具有现实的借鉴意义。“从卢梭开始，才真正系统地在教育理论上实现了由尊重人权向尊重童权的过渡，开启了儿童研究的大门，吹响了儿童天性解放的历史号角，掀起了近代教育的

巨澜。"[①] 卢梭的教育思想不仅对西方的教育发展具有重大影响，在20世纪初引入中国后，对中国教育的发展也产生了巨大的推动作用。

卢梭思想及其著作最初传入我国时，人们更多是将其作为哲学家、思想家和政治家来研究。在卢梭教育思想的引入和传播的过程中，报刊发挥了重要的作用。以1901年5月罗振玉在上海创办的《教育世界》杂志为例，卢梭的生平、学说及其教育著作《爱弥儿》多次被该刊介绍。1903年《教育世界》更刊载了日本中岛端翻译的《爱美耳钞》。1904年，王国维又发表一篇较早的教育专论《法国教育大家卢骚传》。王国维把卢梭的教育思想概括为"自然主义"，并对其本质和影响做了精准的阐述：

> 卢骚之教育意见大都自洛克而来，而充之以自然主义者。以为人性本善，其陷于恶者，外界为之也，故教之之道在置诸自然之境遇，屏绝外缘，任其自然发展。后世如巴瑟德，如贝斯达禄奇，如弗烈培，所以为教育大家者，实亦由《爱弥儿》一书有以激成之。[②]

梁启超是最早受到卢梭自然教育思想影响的中国近代启蒙思想家。戊戌变法失败后，梁启超流亡日本，继续探寻救国之路，他利用"和文汉读法"广泛阅读了日文著作及日译本西洋学，"脑质为之改易"。其中，卢梭的自然教育思想对他启发很大。1902年，在《教育政策私议》一文中，梁启超对于中国学校的教育制度、领导体制、教育经费等重大政策均提出了系统性建议，特别是按照儿童身心发展的状况和特点，借鉴卢梭对儿童年龄阶

① 杨孔炽：《论卢梭的儿童观及其现代意义》，《教育研究》1998年第1期。

② 王国维：《法国教育大家卢骚传》，见姚淦铭、王燕编：《王国维文集》第三卷，中国文史出版社1997年版，第459页。

段划分的思想，绘制了一张“教育期区分表”（“儿童身心发达表”），将儿童成长阶段分为四个时期。[①] 这种具体区分尽管与卢梭有所不同，但精神实质相同。梁启超也强调教育要根据教育对象不同年龄段的身体、知、情、意、自观力的发展，依次循序而进，指责传统启蒙教育中体罚等现象，强调教师要培养儿童的理解力，以趣味教育来激发、调动儿童学习的积极性和主动性。梁启超以儿童为本位，亲自为中国儿童编写了七种易于理解和掌握的读本，对后来的儿童教育和教材编订仍有借鉴意义。这也可以说是梁启超对卢梭自然教育思想的一种本土化实践。

从 1915 年起，西方教育理论、学说的介绍和研究之风达到了高潮，其余波荡及整个 20 和 30 年代。在这种背景下，专门介绍和研究卢梭教育思想的文章颇丰，主要代表性的文章如下：静观的《卢梭及其学说》、叔琴的《卢梭之教育学说》、程其保的《卢梭教育思想》、范寿康的《卢梭的教育学说》以及沈开骥的《卢梭之教育学说及影响》。对卢梭教育思想进行评论的文章主要有：耿佐军的《对于卢梭自然教育之批评》和杨树荣的《卢梭自然教育之评论》。此外，这一时期还出版了诸多著作，部分著作有专章对卢梭教育思想进行了介绍，如姜琦编译的《西洋教育史大纲》、庄泽宣译的《近三世纪西洋大教育家》、冯品兰著的《西洋教育史》和薛文蔚著的《自然主义与教育》等等。1923 年 6 月，魏肇基将卢梭的名著《爱弥儿》根据英文节译本译成中文，由商务印书馆出版。由此，卢梭的自然教育思想和“儿童本位论”逐渐在中国传播开来。

作为一位真正的开拓者，卢梭完成了“以儿童为中心”的教育观的革命。基于反封建的需要，卢梭大力提倡个性解放，要求

---

① 参见梁启超：《梁启超论教育》，商务印书馆 2017 年版，第 108 页。

人们树立正确的儿童观。卢梭声称儿童本性善良，要求重视儿童个性，保护儿童权利；还要求研究儿童的需要、能力等特点，认为教育只有顺应自然和天性才能成功。在教育方法上，卢梭主张自然教育乃至没有任何拘束的自由教育。卢梭尊重儿童个性及身心特点、以儿童为主体去安排教育活动的思想，被后人概括为“儿童本位论”，且产生了深远的影响。杜威曾评论卢梭：

> 他认定教育应当根据受教育者的天赋能力，根据研究儿童以发现这些天赋的能力，这种主张却是现代一切发展教育事业的努力的基调。[①]

这种尊重儿童、顺应自然天性的观点为后世许多教育家所吸收。卢梭这种自然教育思想传播至中国，为幼儿教育界吹来了一股清风。

（二）福禄培尔幼儿教育思想在中国的传播

福禄培尔（1782—1852 年），19 世纪德国教育家，现代幼儿教育的鼻祖。福禄培尔创办了第一所称为“幼儿园”的幼儿教育机构，其教育思想至今仍熠熠生辉，对世界幼儿教育的发展产生了深远的影响。

在清末日本幼稚园模式输入的过程中，福禄培尔的名字以多种译法传入中国。1903 年起，日本保姆、教习相继来我国蒙养园及保姆科任教，他们在目标、课程、教材等方面的理念都是在福禄培尔教育思想和主张的基础之上改造而成的。因此，清末传入中国的福禄培尔的幼儿教育思想基本都是经过日本教育界转引而来的。中国直接从西方系统地介绍福禄培尔的幼儿教育思想是在中华民国成立以后。1912 年《教育杂志》刊登了谢天恩撰写的

① 〔美〕杜威：《明日之学校》，见赵祥麟、王承绪编译：《杜威教育论著选》，华东师范大学出版社 1981 年版，第 131 页。

《美国幼稚园略述》。该文主要介绍了福禄培尔遵循自然的教育原则和所用的“恩物”。文中指出在福禄培尔之前，教育儿童主要是通过外部训练的方式来改变儿童的心理，这是一种机械的方法；福禄培尔开始认识到教育儿童的方法应当由内及外，即顺应儿童心理的自然发展，发挥儿童作为教育主体的作用。随后，1914 年，该刊又发表了《德国柏林裴斯泰洛齐福禄培尔馆》。这是一篇参观报告。报告介绍了裴斯泰洛齐福禄培尔馆在由福禄培尔的弟子虚拉翟尔夫人办理期间，秉承福禄培尔重视游戏的幼稚园教育主张。作者借此宣传了福禄培尔幼儿教育思想的真谛。1919 年 4 月，《新教育杂志》在《福禄培尔传》中，更详细地介绍了他的生平和教育实践活动。从而，中国幼儿教育界对福禄培尔的生平及教育思想有了较为全面的认识。五四运动后，我国幼儿教育界在实践改革中吸取了福禄培尔的幼教思想，充分肯定了其注重自然、尊重儿童自由等思想。与此同时，已有不少教育家能够在理论上对其进行分析和评价。比如张宗麟在其《幼稚教育概论》中即分析了福禄培尔教育思想中的三点不足：一元论的世界整体观、“恩物”中无乐器及偏小的弊病、对宗教的迷信。张宗麟对于福禄培尔注重自然、取消责罚、以爱的感化为宗旨、以儿童自由为目标的幼儿教育思想给予了充分的肯定。

福禄培尔认为儿童具有活动、认识、艺术和宗教等四种本能，教育就是促进儿童本能发展的过程。他重视儿童的活动，认为儿童好动的天性不应横遭干涉与束缚，儿童的各种活动也不是对教师指令的消极反应，而必须是内发的、自动的自我活动。教师应促进儿童创造力的发展。这些先进思想对当时中国幼儿教育的改革具有极大的指导意义。

（三）蒙台梭利儿童教育思想在中国的传播

19 世纪末 20 世纪初，在欧洲大陆上与美国的进步教育运动遥相呼应的新教育运动勃兴。瑞典教育家爱伦·凯（Ellen Key，1849—1926年）于1900年新年伊始，发表了声讨旧教育的战斗檄文《儿童的世纪》，她发出“20世纪将成为儿童的世纪”[①]的预言。不久，新教育运动的主将、西方教育史上继福禄培尔之后的又一位杰出的幼儿教育家蒙台梭利（Maria Montessori，1870—1952年）创立了蒙台梭利教育法，对促进世界幼儿教育的现代化产生了巨大影响。

田正平教授认为，从理论导入的角度讲，蒙台梭利教育思想在近代中国的传播主要是1913至1922年的十年间。这一时期，共有二十余篇（部）文章、著作介绍蒙台梭利教学法。[②] 1913年，《教育杂志》发表了志厚所译的《蒙台梭利女史之最新教育法》。这是我国最早介绍蒙台梭利幼儿教育思想的文章。该文全面介绍了蒙台梭利与其1907年创办的“儿童之家”，并分析了蒙台梭利教育法的心理学根据。随后该刊又发表了悫生的《蒙台梭利新教育法之设施》，着重介绍了蒙台梭利教育法的特色、蒙台梭利学校的教具和新教育法的成效等。1917年，商务印书馆出版了日本人今西嘉藏著、但焘译的《蒙台梭利教育法》，较为详细地论述了蒙台梭利教育法原理，译者充分肯定了“儿童之家”根据儿童兴趣、从儿童出发的教育方法，并急切地希望它能在中国推广。同时，据高凤谦在《蒙台梭利女史新教学法·序言》中介绍，1914年春，他曾亲赶赴罗马访问蒙台梭利，目睹了“儿童之家”的教学场景。高凤谦在文章中留下了许多真实生动的记载，对当时国内的蒙氏教育实践有重要的指导意义。此外，张雪门、

---

① 〔瑞典〕爱伦·凯：《儿童的世纪》，转引自杨汉麟主编：《外国幼儿教育名著选读》，华中师范大学出版社2008年版，第220页。

② 田正平：《蒙台梭利教育思想在近代中国——纪念蒙台梭利“儿童之家”创办一百周年》，《河北师范大学学报（教育科学版）》2007年第4期。

陈鹤琴分别在1926年、1927年的文章中对蒙台梭利教学法有所论及。1933年，商务印书馆出版了陈济芸编著的《玩具与教育》，其中对蒙台梭利教具进行了专门的介绍。[①] 新文化运动前后，学界不仅从理论层面关注、研究蒙台梭利的教育思想，而且还在实践层面践行蒙氏教学法。1914年，江苏省教育会曾专门成立了“蒙台梭利教育法研究会”，聚集专家研究、探讨蒙台梭利教育理论。商务印书馆也特意仿制、发行了蒙台梭利教具。此后，法国教育家巴士第夫人曾于1916年在上海发表演说，介绍蒙台梭利教学法，并携带教具进行表演。1923年，国立北京女子师范大学附属蒙养园引进蒙台梭利教学法，并招收两个班的新生进行试验。其后，江苏省将试验情况上报教育部，反映蒙台梭利教学法采用的教具过多，不合中国国情，难于推广，于是“蒙台梭利热”日渐降温。

20世纪前半期，中国政治衰败、经济落后、人民生活贫困，幼儿园的数量极其有限且多由外国教会开办；国人办的幼儿园数量少、规模小、经费有限。国内没有生产蒙台梭利教具的厂商，幼儿园也无力进口国外教具，因此无法实施被称道的蒙台梭利教育。

> 20世纪30年代初，蒙台梭利博士致函中国教育部长，邀请中国派员赴罗马参加教师培训，并征集在中国采用蒙台梭利教育法的报告及书籍。时任南京国民政府教育部部长的蒋梦麟回信称：你的教具颇多，但不甚经济，中国多采用设计教学法，教材取自生活，不需购置教具。又称，中国没有实施蒙台梭利的报告文章及翻译的书籍等。教育部长的话虽然说得不够全面（如有翻译

① 田景正、万鑫觖、邓艳华：《蒙台梭利教学法及其在中国的传播》，《课程·教材·教法》2014年第6期。

出版的文章和书籍，有一些实验学校)，但基本上反映了蒙台梭利教育思想在近代中国的历史命运。[①]

蒙台梭利教育虽受到称赞，但不适应当时的国情，因而未能传播开来。但是，蒙台梭利主张的给幼儿以自由、培养幼儿自觉主动地学习和探索精神等观点难能可贵。这些幼儿教育的新思想对我国幼儿教育中提高幼儿的地位具有重要作用。

在中国近代教育发展史上，西方教育思想和理论的传播曾出现过两次高潮。第一次是20世纪初清末新政时期，在创办新式学堂、派遣留学的热潮中，西方思想经由日本涌入中国，对中国的教育改革产生过重要影响。第二次是“五四”新文化运动期间，西方教育理论、教育思潮纷至沓来，促进了20世纪20至30年代的教育改革。先进的幼儿教育观传入中国，不仅扩大了中国人的眼界，而且开始指导中国幼儿教育的实践。

二、 杜威来华与实用主义教育思想的传播热潮

中外教育交流史上，1919年5月至1921年7月的杜威(John Dewey，1859—1952年）访华，无疑是件绕不开的大事件。杜威的实用主义教育思想随着这次访华在中国广泛传播，其演讲和著作在国内迅速被大量地翻译和出版。加之其诸多中国弟子尽心尽力地传播其教育思想并投身实践，杜威的实用主义在中国掀起了热潮。其时，被认为代表其主要教育思想的一些观点，如“教育即生活”“学校即社会”“从做中学”等，几乎成了教育界的口头禅。其中，杜威的“儿童是教育中的太阳”的思想，一反中国传统的幼儿教育观，对传统“成人本位”的幼儿教育起到了振聋发聩的批判作用，引起了幼儿教育界观念的变革。

---

① 田正平：《蒙台梭利教育思想在近代中国——纪念蒙台梭利“儿童之家”创办一百周年》，《河北师范大学学报（教育科学版)》2007年第4期。

（一）杜威来华前中国教育界对实用主义教育思想的引介

实用主义教育思想是赫尔巴特传统教育的弊端在美国日益显露的社会背景下兴起的。杜威是这一思想的主要代表人物。杜威的实用主义教育思想与传统教育的“教师中心”“教材中心”和“课堂中心”相对立，在美国产生了巨大的影响。

实用主义教育思想在中国的引介是根植于当时的社会土壤的。就民国初年的中国社会来说，经过辛亥革命，共和政体新建之后，民族经济进一步发展，民主观念也已经深入人心。实用主义的引介正好迎合了国家对经济进一步发展以及思想文化领域对复古思潮进行批判的需要。中国对实用主义教育的宣传和引介早在杜威来华之前就已经开始。早在1912年2月，蔡元培就在《对于新教育之意见》中首次向人们推荐了杜威及其实用主义教育。蔡元培在论述实用主义教育时说：“此其说创于美洲，而近亦盛行于欧陆。”“今日美洲之杜威派，则纯持实利主义者也。”[①] 但是，中国教育界真正对“实用主义”这一名词产生浓厚兴趣，乃起源于1913年黄炎培在《教育杂志》上发表《学校采用实用主义之商榷》一文。该文力述当时学校教育之不当，而主张以实用主义救济之。随后他相继发表了《实用主义产出之第一年》《实用主义产出之第二年》和《实用主义产出之第三年》等系列文章。新文化运动兴起后，西方教育理论如潮水般涌入我国，其中杜威的实用主义教育学说在其中更属主流。1916至1919年杜威来华前，《教育杂志》《新教育》《时报》《民国日报》《新中国》等报刊上大量刊登了研究杜威及其实用主义教育的文章。例如，《教育杂志》相继发表了署名为“天民”的文章《学校之社会的

① 高平叔编：《蔡元培全集》第二卷，中华书局1984年版，第131、135页。

训练》《台威氏之教育哲学》《台威氏明日之学校》《今后之学校》等，介绍杜威学说和实用主义教育。1919年创刊的《新教育》还特意赶在杜威来华之前，推出“杜威专号”，刊登了杜威的照片，蒋梦麟、胡适、陶行知、刘伯明、郑晓沧等人较为详细地介绍了杜威的生平及其教育学说。其他如浙江的《教育潮》、北京的《晨报》副刊、上海的《时事新报》副刊《学灯》以及《民国日报》副刊《觉悟》等，也成为鼓吹和宣传杜威实用主义教育理论的主要阵地。

杜威的在华弟子此时也著文或演讲以宣传杜威的教育理论，为杜威来华造势。1919年3月，陶行知在《时报》的《教育周刊》上发表《介绍杜威先生的教育学说》，接着胡适在“杜威专号”上发表《杜威的教育哲学》，郑晓沧也在《新教育》上发表《杜威氏之教育主义》。此外，胡适在北京大学和南京高等师范学校先后做了四场演讲，介绍杜威的实用主义教育。鉴于教育界的介绍，国内对杜威的实用主义教育思想已经有了初步的了解，为杜威来华奠定了基础。

（二）杜威来华及其儿童教育思想的传播

杜威来华是在中国教育界的共同努力下促成的。1919年5月1日，美国实用主义教育家杜威受北京大学、江苏省教育会、尚志学会等五个学术团体的联合邀请来华讲学。其中，胡适、陶行知和郭秉文等人发挥了重要的作用。

本来杜威的中国之行并没有计划多长时间，但当踏上中国这片热土后，他就逐渐被中国的风土人情、社会问题、文化教育所吸引，遂在中国停留了两年零两个月之久。其间，杜威的足迹遍及辽宁、河北、山西、山东、江苏、浙江、江西、湖南、福建、广东等十余个省，做了多次演讲，宣传实用主义哲学和教育理论，其中尤以教育方面的演讲为最多。从范围上来看，杜威实用主义教育仅仅涉及大半个中国，但从影响上看，实用主义教育影响着全国。杜威在华演讲共计两百余场，内容涉及哲学、政治、教育等。他的演讲充斥着当时的各大报刊，包括《晨报》《教育公报》《教育杂志》《新青年》《民国日报》和《申报》等等。在中国报刊史上，如此密集地刊登一个外国学者的演讲稿实属罕见，从这里也可以看出中国知识界对杜威来华和其实用主义教育思想之重视。据杜威女儿写的《杜威传》记载："在许多情况下，杜威所作的讲演都由一位速记员记录下来，然后发表在一些广泛发行的小册子上。"① 演讲现场通常也是人头攒动，不仅有学生和教师，还有其他知识阶层的代表。

1. 杜威来华的儿童教育活动

新文化运动时期，在"民主""科学"旗帜的感召下，近代中国幼儿教育开始彰显出新活力。但是，封建思想犹如厚重乌云一样笼罩着幼儿教育领域。杜威在访华期间，足迹遍及大半个中国，教育活动是其重要的组成部分。中国幼儿的处境及教育状况引起杜威夫妇的关注。他们以多种形式积极投身于幼儿教育的活动中，真实地了解中国幼儿教育的状况。

（1）受邀演讲，传播进步的教育理念

胡适曾直言："杜威先生最注重的是教育的革新，他在中国的讲演也要算教育的讲演为最多。"② 其中，进步的儿童教育观念是他宣讲的主旨思想。例如，1919 年 6 月 17 日、19 日、21 日，

① 张宝贵编：《实用主义之我见——杜威在中国》，江西高校出版社 2009 年版，第 202—203 页。

② 胡适：《杜威先生与中国》，见欧阳哲生编：《胡适文集》2，北京大学出版社 1998 年版，第 279 页。

杜威应京师学务局的邀请在北京美术学校进行了“现代教育之趋势”的演讲，提出注重儿童本能的教育发展趋势及其“生长论”的相关理念。他明确指出，儿童的本能在教育上是极其重要的东西，所谓本能就是天然生来、不学而能的诸多趋向。“譬如小孩子初生下来，遇见强光，就会闭眼；遇见大声音，就会害怕；饿了就会要吃。”① 发展儿童与生俱来的性情是新式教育的宗旨所在，“从前的教育，把学生当做被动的，把许多教授的材料装进学生心里去，就算了事；现在的教育，是要学生自动，是以学生个人的本能做主，拿教育做发展他们本能的工具”②。在以“教育哲学”为主题的系列演讲中，杜威指出儿童教育及其教育哲学的重要性，认为“教育与长进（Growth）是很有关系的，教育就是长进。没有教育，就没有长进”③。他强调教育应该以儿童的生长为本，并提出了通过游戏、有组织的运动、做戏（Dramatization）和工作来发展儿童本能的方法，注重儿童经验的继续改组与改造。1921 年 5 月 10 日至 11 日，在北京女子高等师范学校所做的“教授青年的教育原理”的演讲中，杜威明确指出了学校教育脱离生活实际的弊端，呼吁教师教授与儿童需要相合的普通知识，主张简化教育内容，在实施教育时“应当从最普通的、最浅近的方面留意”④。1920 年 5 月 20 日，杜威在扬州“‘自动’的真义”的演讲中，再次强调“自动”是培养具有生气的儿童的开始，应着重培养儿童的发展精神、临机应变的能力和集中力。一周后，他在常州的“智慧度量法的大纲”演讲中，客观地分析了测量儿童智

① 单中惠、王凤玉编：《杜威在华教育讲演》，教育科学出版社 2007 年版，第 305 页。

② 单中惠、王凤玉编：《杜威在华教育讲演》，第 304 页。

③ 单中惠、王凤玉编：《杜威在华教育讲演》，第 5 页。

④ 单中惠、王凤玉编：《杜威在华教育讲演》，第 177 页。

力水平的利弊，探讨了如何依据测量结果来改善教育质量。6 月 22 日，他在无锡做了题为“试验主义”的演讲，呼吁通过科学的方法来培养儿童的科学精神。在“习惯与思想”演讲中，杜威强调习惯与思想的重要性，习惯一旦养成，“虽废九牛之力亦难强之使改”，而且习惯具有束缚思想和社会的潜力。因此，在幼儿时期形成良好的行为习惯是必要的，但绝不可“自掩其目”，失却儿童心理上之光明。“但望负此责者，能激励儿童，使之奋发、勿生畏难之心，则社会之幸也。”① 在进行“自动道德重要之原因”的演讲时，杜威指出运动和游戏是重要的德育方法，且应注意儿童的心性，实行自动的道德教育。

总之，杜威以演讲的形式，极力宣传“儿童本位”、强调生长、重视经验的教育理念，强有力地冲击了中国传统教育，为幼儿教育变革提供了理论养料。

（2）出席会议，关注中国幼儿教育改革

除了进行演讲外，杜威还受邀参加教育会议，以了解并助力中国教育改革。1919 年 8 月，杜威出席了在天津举办的为期两天的全国高校校长教育会议。杜威通过此会议看到了中国教育中所存在的问题——过于保守，培养出来的学生很难突破陈腐的传统，从而使幼儿教育、初等教育、中等教育难以焕发出新的生机，形成一个难以突破、周而复始的循环模式。杜威认为，培养充满朝气的儿童、建立现代儿童教育体系，既是变革中国教育的根基所在，也是倡行民主、自由教育理念的具体体现。

1919 年 10 月 10 日，全国教育会联合会第五次会议在山西太原举行。杜威夫妇偕女儿在胡适等人的陪同下，赴太原考察并出席此次会议。杜威的参与，对全国教育会联合会产生了深刻且直

① 单中惠、王凤玉编：《杜威在华教育讲演》，第 397 页。

接的影响。例如，“废止教育宗旨，宣布教育本义”这一议案的通过，就是杜威“教育无目的”观点影响的充分体现。该议案指出：

> 新教育之真义，非止改革教育宗旨……仍是应如何教人之问题，非人应如何教之问题也。从前教育只知研究应如何教人，不知研究人应如何教；今后之教育应觉悟人应如何教，所谓儿童本位教育是也。……故今后之教育，所谓宗旨，不必研究、修正或改革，应毅然废止。本年北京教育调查会研究结果，有“养成健全人格，发展共和精神”二语，经本会讨论，认为适合教育本义，非宗旨之改革。①

此议案存在两个要点：第一，新教育的真义为“如何教人”而非“人应如何教”。显而易见，此议案反对以教材、教师、课堂为中心，依据外在目的与要求塑造学生的传统儿童教育；提倡把学生作为教育教学的中心，以合理的手段、方法和策略促进学生本能的生长，调动学生的自主能动性，使其个性得到充分发展。这无疑是杜威“教育即生长”的教育理论和“儿童本位论”的教育思想的典型体现。第二，将教育的本义确定为“健全人格”和“共和精神”，这自然是对杜威民主教育思想的借鉴，为中国改革传统幼儿教育做好了铺垫。

尽管中国教育改革步履维艰，但是杜威对中国幼儿教育的发展前景依然抱有积极的态度。他曾告慰中国教育界：

> 西洋各国都早已有了一种根深蒂固的旧式教育制度，推行久了，不能一时彻底改革，所以只好东贴一块、西补一条，逐渐弥补，逐渐改良。中国现在教育制

---

① 璩鑫圭、唐良炎编：《中国近代史资料汇编》（学制演变），上海教育出版社1991年版，第844—845页。

> 度还不曾完全成立，一切组织设备都还不曾完备。旧教育的根底不深，故受毒也不深，这可以有及早回头、彻底改革的绝好机会。这是中国教育不幸中之大幸。我很望诸位不要失望。①

在杜威看来，中国旧教育根底较浅是教育改革、顺应大势的机遇所在，而幼儿教育为中国建立新式教育的基础，蕴藏着强大的发展潜力，切不可小觑。

（3）考察学校，了解中国儿童受教实况

当杜威真的踏上中国这片广袤神奇又正值多事之秋的土地时，研究者的习惯与责任使他对中国的教育现状产生了浓厚兴趣。杜威希望能为中国追逐现代教育的趋势指明方向。在华期间，他对儿童教育的情况进行了考察，以求能够对症下药。

1919 年 6 月，杜威初到南京便到南京高等师范学校附属小学进行了参观考察。当时该校正在建造一栋新式建筑，作为附属幼稚园所用，遂定名为“杜威院”。“杜威院”落成后，他再次应邀参观。此次参观使杜威大为震惊。

> 他们从选择蚕子和保存蚕子做起，渐渐用桑叶饲养，让它做茧；待我到时，已在抽丝的时候了。这种层次渐进的训练，倘抽象地看来，不过很有趣味罢了，其实在知识上有极大的价值……儿童从这里得到许多循序渐进的知识，都可在社会应用，这种灌输知识的价值还不大吗？②

幼儿在幼稚园里所进行的游戏、运动、手工，不仅以本能为基础，而且与社会日常生活相衔接，这与他倡导的教育理念可谓不谋而合。

---

① 单中惠、王凤玉编：《杜威在华教育讲演》，第 314—315 页。

② 单中惠、王凤玉编：《杜威在华教育讲演》，第 16—17 页。

通过在华期间对幼教的调查访问，杜威指出中国幼儿教育存在严重的“成人化”的情况。他在给女儿的家书中谈道：“街上的孩子们总是四处观望，很机灵，看上去品性良好，相当快活，但却有着令人难以忍受的老成和严肃。”① 此外他还指出：

> 中国所办的幼稚园，我不晓得是模仿哪一国的，但倘使是模仿美国，也是和美国模仿德国一样，一定要发生同样的流弊。幼稚园里都是 4 岁到 6 岁的儿童，要培养他做一个好公民，一定当给他以适合本国情形的游戏和动作。人家的原理是可以用的，不过应用的时候必当变化一下，使它适合所在地的情形，不能完全把他们的办法拿来抄写一下就算了事的。②

可见，杜威对中国幼儿教育简单模仿他国的弊病提出了严厉的批评，切中了中国近代幼儿教育事业的要害。

杜威夫妇不仅通过演讲、参会、考察和撰文的方式参与中国教育事业，而且躬行践履，把西方先进的教育理念竭力落到实处，为中国近代幼儿教育焕发生机提供了新契机。

2. 杜威对近代中国幼儿教育的“把脉问诊”

在华期间，杜威以批判传统教育为出发点，不仅对“以儿童为中心”的现代教育进行了广泛的宣讲，而且不遗余力地为中国幼儿教育的发展出谋划策。

（1）批判传统儿童教育的扭曲

为了将儿童从传统教育的牢笼中解救出来，杜威准确把握旧教育的根本特征——“不能利用儿童个人之本能”③，缺乏顺应儿

---

① 〔美〕简·杜威著，单中惠译：《杜威传》（修订版），安徽教育出版社 2009 年版，第 369 页。

② 单中惠、王凤玉编：《杜威在华教育讲演》，第 110 页。

③ 单中惠、王凤玉编：《杜威在华教育讲演》，第 255 页。

童本能发展的理念，采用灌输的方式教给儿童知识。1921 年 4 月 14 日，杜威在福州青年会的演讲中指出："中国惟其富于被动的道德，故前此教育者所施之方针，均从被动的心理上用工。"① 杜威还批评，中国教育"专事讨论为将来的生活做准备"，不注意儿童当前的生活。在他看来，这不仅会耽误儿童的光阴，而且会减少儿童对现在生活的趣味。杜威说：

> 预备将来应该是教育的结果，不是教育的目的，倘能把现在的生活看做重要，使儿童养成种种兴趣，后来一步一步地过去，自然就是预备将来。倘先悬一个很远的目的，与现在的生活截然没有关系，这种预备将来，结果一定反而不能预备将来。②

此外，杜威从"教育即生长"的角度出发，指出中国传统教育最大的毛病"是把学科看做教育的中心"③，对儿童的本能和社会需求视而不见，只要是成人所认可的知识和经验就一定要"炼成一块，把它装入儿童心里面去"④。殊不知，教育若不以儿童的先天本性、情绪状态和心理特征为参照，则无异于附赘悬疣。总之，中国传统教育的问题在于：

> 消极地对待儿童，机械地使儿童集合在一起，课程和教学法的划一。概括地说，重心是在儿童以外。重心在教师，在教科书以及在你所喜欢的任何地方和一切地方，惟独不在儿童自己的直接的本能和活动。⑤

---

① 单中惠、王凤玉编：《杜威在华教育讲演》，第 224 页。

② 单中惠、王凤玉编：《杜威在华教育讲演》，第 31 页。

③ 单中惠、王凤玉编：《杜威在华教育讲演》，第 13 页。

④ 单中惠、王凤玉编：《杜威在华教育讲演》，第 13 页。

⑤ 〔美〕约翰·杜威著，赵祥麟、任钟印、吴志宏译：《学校与社会·明日之学校》，人民教育出版社 2005 年版，第 41 页。

（2）阐释儿童受教的缘由

首先，教育是以儿童的本能为基础的，并能够促进儿童本能的生长。杜威直言，教育是必不可少的，人类在婴儿时期一旦缺乏教育，就难以长大成人。“教育就是从这个婴孩时期渡到成人时期的一只摆渡船，所以，教育不是奢侈品，是必需品。”① 此外，儿童具有吸收外部知识、经验的本能。“儿童初生的时候，对于社会说起来是很无能力的；但是假使他一无能力，那么教育的人虽然有多大的本领也是没有效力。所以，儿童必有固有的能力，才能容受教育。”② 杜威还指出，教育就是促进儿童本能发展的重要手段，在教育过程中，“亟须注意儿童之作业能否有自动自思自行研究之能力，教师能否使之自动自思以发展其本能，是为至重要之问题”③。

其次，儿童接受教育是促进社会进步的重要环节。在教育和社会的关系上，杜威主张社会是教育的目的。他从“生长论”出发，引申出“教育不进步，社会也不能进步”④ 的观点。可见，杜威认为教育有助于社会的进步，“社会的改良全赖于学校，因为学校是造就新社会的，使社会向新的方面发展的”⑤。基于此，他指出传统教育存在“未能得到普及”“以知识为中心，忽视儿童自身需要”“教育脱离生活实际”等弊病。幼儿教育应跟随时代发展与儿童本能的需要，进行必要的改革。

再次，儿童接受教育是顺应现代教育发展潮流的必然要求。杜威在有关“现代教育趋势”的系列演讲中明确指出：“现代教

---

① 单中惠、王凤玉编：《杜威在华教育讲演》，第 4 页。
② 单中惠、王凤玉编：《杜威在华教育讲演》，第 83 页。
③ 单中惠、王凤玉编：《杜威在华教育讲演》，第 255 页。
④ 单中惠、王凤玉编：《杜威在华教育讲演》，第 5 页。
⑤ 单中惠、王凤玉编：《杜威在华教育讲演》，第 1 页。

育的新趋势，就是注重个人本能（Instinct）的趋势。”[①] 但是，教育不仅要发展儿童的本能，还要引导儿童的本能与社会生活相结合，“现代的教育可说是沟通个人本能和社会生活的一种工具”[②]。教育事业是与社会紧密联系的，社会的发展趋向制约着教育的走向。“共和的国家，就是要实行平民主义的国家，必须有平民主义的教育。换一句话说，国中的学校都须向那平民主义进行才好。”[③] 在封建等级观念根深蒂固的中国，教育基本就是特别阶级的身份装饰品。所以，杜威的平民主义教育观念推动了近代教育变革，成为幼儿教育融入现代教育潮流的驱动力。

（3）提出儿童受教的原则

其一，尊重儿童的兴趣与需要。“儿童从1岁到5岁是真正自动的时期，一切外象都由自己亲自探险得来，所以他的所得亦最多，如言语、行路等都在这个时期学会的。”[④] 因此，幼儿教育是实行“自动教育”的重要阶段。传统教育下的儿童总是不愉快的、提不起精神的。究其原因，由于儿童所学的事物和他的需要关系不大，自然难以引起他的兴趣。杜威以儿童学习语言为例，“儿童在很幼稚的时候，一点经验也没有，但是他学得很快，并且是学来就能适用……儿童所以又容易又快，就是因为言语于他有用”[⑤]。可见，除了儿童语言发展关键期外，兴趣和需要的驱动是儿童学习的重要因素。再如，儿童具有好玩喜动的特点，选择合理的教学方式是使儿童受教的关键环节。“可以使小孩们自然

① 单中惠、王凤玉编：《杜威在华教育讲演》，第304页。

② 单中惠、王凤玉编：《杜威在华教育讲演》，第305页。

③ 单中惠、王凤玉编：《杜威在华教育讲演》，第237页。

④ 单中惠、王凤玉编：《杜威在华教育讲演》，第207—208页。

⑤ 单中惠、王凤玉编：《杜威在华教育讲演》，第230页。

活动和天性渐渐发生出来，以后再去学高深的学识，是有无限的价值。”[①] 因此，尊重儿童的兴趣和需要，是儿童自动受教的重要底色。

其二，教育与社会相结合。杜威所提倡的自动不是任性地、无所顾忌地去做。“真正的自动是和社会的进化互相连带的，是和社会的利益互相牵制的……所以自动必须要拿社会做标准。”[②] 所以，恰如其分的儿童教育是耐心地教导、涵养、启迪他，使他具备成为良好国民的素质和潜力，以此来建成一个真正的共和国家。“自动的原理乃是发展社会的目的”[③]，良好的教育会培养和发展儿童的创造力、思想力和发明力，三种力量结合在一起促使儿童用手去做、用心去感受社会上的角色和工作。

（4）开出幼儿教育的“处方”

针对中国教育的弊病，在精准“切脉”的基础上，杜威从两个层面开出了发展幼儿教育的“处方”。

首先，杜威呼吁政府重视教育，循序渐进地进行改革，以顺应现代教育的趋势。“我自到中国以来，常有人同我说，中国10年前革命虽把表面上形式上的制度改变了，至于精神心理实是因仍故我、不见动摇。正如演戏一样，舞台上的布景器具都已一色翻新，然而角色、曲本却依旧不变。”[④] 杜威在“教育哲学”的演讲中曾指出：

> 人患重病之时往往铤而走险，有药即饮，以希望治疗较速。中国此时也正在急不择医的时候，有新主张新方法发生立刻就去试办，甚至不加考虑，贸然施行。不

---

① 单中惠、王凤玉编：《杜威在华教育讲演》，第232页。

② 单中惠、王凤玉编：《杜威在华教育讲演》，第207页。

③ 单中惠、王凤玉编：《杜威在华教育讲演》，第335页。

④ 单中惠、王凤玉编：《杜威在华教育讲演》，第136页。

> 过当此紧急之时更需平心静气，用吾人的智慧劳力，析其病原，考其医案。采用适当的方法就是先从教育青年上着手。事虽迂缓，而成效可靠。以此变更心理思想，则表面的改制便算不得什么事了。①

因此，不论社会改革还是教育改革断不可操之过急，理应本着“有序”“不息”相因之原则。他明确指出美国国力颇强与其发达的教育不无关系，这得益于“国家用巨大经费于教育”。所以，杜威劝谏中国政府重视幼儿教育，并坦言此举将使中国“非特可与美国比，且当驾美国而上之”②。

其次，杜威号召采用实验的精神，兴办幼稚园。杜威从实验主义教育理论出发，号召重视幼儿教育。杜威认为，“中国教育所以不能达实验之目的者，厥有二故：一重视文字；二行教育统一制度”③。因此，杜威主张改革教育方法和教育制度。杜威说美国过去也没有系统的教育，“以国民之自动自觉，极力鼓吹，任意设立”④。“幼稚园中若有200万儿童，用适当的法子去教他们，将来的效果总比400万大兵还要好些。”⑤“儿童时期是最初受学校教育的时期。这时期儿童的吸收力最大、伸缩力最强，变好变坏都可以的。”⑥可见，只有培养出具有先进理念和科学教育方法的教育者，才能切实改善中国近代的幼儿教育现状。

（三）杜威教育思想对中国幼儿教育的影响

杜威访华之际，正值中国政治运动迭起、社会革命风起云涌

---

① 单中惠、王凤玉编：《杜威在华教育讲演》，第136页。
② 单中惠、王凤玉编：《杜威在华教育讲演》，第267页。
③ 单中惠、王凤玉编：《杜威在华教育讲演》，第227页。
④ 单中惠、王凤玉编：《杜威在华教育讲演》，第267页。
⑤ 单中惠、王凤玉编：《杜威在华教育讲演》，第233页。
⑥ 单中惠、王凤玉编：《杜威在华教育讲演》，第55页。

之时，各派思想相互碰撞，文化教育变革在即，直接推动了包括幼儿教育在内的中国教育的改弦更张。

1. 思想维度：隐形壁垒加速崩塌

新式教育建立以来，民众逐步认识到改革幼儿教育的重要性，但是几千年所积淀的封建教育传统理念难以轻易动摇。它好似坚不可摧的壁垒，横亘在新式教育和旧式教育之间。杜威来华所带来的先进理念和舆论影响，为中国新知识界攻破这道壁垒打开了一个缺口。

一方面，幼儿教育的重要性已成为各方共识。杜威来华打破了中国教育发展不均衡的状态，使教育重心逐步从高等教育转向基础教育。他看到中国教育最迫在眉睫的不是教育的“塔尖”，重铸岌岌可危的“塔基”才是当务之急。杜威对教育的敏锐力和独到的眼光确实让人佩服。杜威说：“儿童在幼稚时代，对于将来种种问题原没有什么觉悟，不过他的习惯常常在不知不觉之间，对于人生问题就养成了见解。”① 在杜威的倡导下，特别是在“以儿童为中心”教育理念的传播下，幼儿教育的重要性受到了更多人的关注。陶行知强调幼儿教育在个人成长中的基础作用，“人格教育端赖六岁以前之培养。凡人生之态度、习惯、倾向，皆可在幼稚时代立一适当基础”②。张宗麟在《幼稚教师谈话》中直言：“幼稚教育是一切教育的基础，这步教育可以铸定儿童终身的休咎。”③ 张雪门则更进一步，在《我国现时最需要的是何种幼稚园教育》中认为国家的建设、社会的变革、人类的演进，都

① 单中惠、王凤玉编：《杜威在华教育讲演》，第 232—233 页。

② 陶行知：《论幼稚园应有之改革及进行方法——致陈陶遗》，见方明主编：《陶行知全集》第 8 卷，四川教育出版社 2005 年版，第 214 页。

③ 张沪编：《张宗麟幼儿教育论集》，湖南教育出版社 1985 年版，第 777 页。

有赖于幼儿教育。“今日之中国，内乱频繁，外忧日迫，吾以为改造中国，其革命不在枪炮而在教育，而幼稚园应居其始。”① 陈鹤琴在为《家庭教育》写的《重版序》中高呼：“儿童是振兴中华的希望，儿童教育是整个教育的基础，关系到我们伟大祖国的命运。”②

另一方面，幼儿教育开始注重儿童的兴趣、个性发展和创造力的培养。“被动的性行，可以算是占据中国教育上最高的地位的东西”③。中国传统教育一向以“被动”见长，学生被迫坐于学堂之中，对于学习全无兴趣。这样的教育忽视学生个性发展，自无创造力可言。杜威的教育思想为这老旧的教育深潭注入了一汪活水，主张以儿童的本能作为教育的基础，“游戏是利用儿童天性的最好的方法”④，着重培养学生的创造力。这些思想成为指导教育实践的重要思想依据。蒋梦麟认为：“教育的真义，从心理方面讲，贵在教育儿童的本能”⑤。陶行知发出“敲碎儿童的地狱，创造儿童的乐园”⑥ 的呼声。张宗麟反对将儿童变成“小大人”。张雪门和陈鹤琴主张，教育要以儿童的兴趣为出发点，研究儿童心理发展规律。总之，“儿童本位”的教育观在杜威思想的传播下迅速占领了幼儿教育界。

---

① 戴自俺主编：《张雪门幼儿教育文集》（上卷），北京少年儿童出版社1994年版，第116页。

② 陈秀云、陈一飞编：《陈鹤琴全集》第二卷，江苏教育出版社2008年版，第515页。

③ 单中惠、王凤玉编：《杜威在华教育讲演》，第213页。

④ 单中惠、王凤玉编：《杜威在华教育讲演》，第232页。

⑤ 曲士培主编：《蒋梦麟教育论著选》，人民教育出版社1995年版，第176页。

⑥ 陶行知：《敲碎儿童的地狱，创造儿童的乐园》，见方明主编：《陶行知全集》第4卷，四川教育出版社2005年版，第464页。

2. 制度维度：新学制顺势而生

杜威教育理论的广泛流行对中国现代教育所产生的影响，不仅体现在思想领域，对新学制改革也产生了深刻的影响。可以说，“杜威实用主义教育学说也成为新学制改革的灵魂”[①]，对新学制改革的关键环节、内容、标准和实施的影响都是首屈一指的。

其一，新学制将幼儿教育设施“蒙养园”统一改称为“幼稚园”，规定招收六岁以下的儿童，并把它正式列入学制系统，作为三级初等教育中的第一级，肯定了幼儿教育是教育系统中“基础中的基础”的地位，使得幼儿教育在中国教育史上第一次有了合法地位。随后，幼儿教育制度进一步完善。例如，1922 年全国教育会联合会在济南举行第八次会议，通过了“推广幼稚园案”的议决案，通过“女子师范学校附设保姆科”“女子师范学校、女子师范讲习所附设幼稚园”“每县至少须设幼稚园一所”等举措[②]，进一步发展幼儿教育事业。1929 年教育部公布的《幼稚园规程》，规定：

> 幼稚园收受四足岁以上至六足岁以下之幼稚儿童，予以一年或二年之保育。但必要时，得呈准主管教育行政机关，收受未满三足岁之婴儿，予以三年或四年之保育。[③]

在民国后期，教育部则颁行了《幼稚园课程标准》《幼稚园设置办法》等法规，为幼稚园的规范办理提供了准绳。以上这些都是

---

① 元青：《杜威的中国之行及其影响》，《近代史研究》2001 年第 2 期。

② 易慧清：《中国近现代学前教育史》，东北师范大学出版社 1994 年版，第 49 页。

③ 中国学前教育史编写组编：《中国学前教育史资料选》，人民教育出版社 1989 年版，第 224 页。

杜威教育思想在中国幼儿教育改革方面的延续。

其二，新学制所依据的“七项标准”体现了杜威教育理念的内核，对近代幼儿教育变革具有重要的指导意义。例如，“适应社会进化之需要”，则是要求幼儿教育处理好与社会的关系，通过游戏、活动等方式培养儿童适应社会的能力；“发挥平民教育精神”，则是强调幼儿教育的推广与普及；“谋个性之发展”，即要求在实行教育时要以儿童的本能为基础，使儿童自动受教；“注意生活教育”，则要求幼儿教育需适应儿童的实际生活需要；“多留各地方伸缩余地”，有助于建立具有弹性的幼儿教育制度。①

3. 实践维度：幼教人才建构

首先，杜威的众多中国弟子迅速成长为中国幼儿教育发展的领军人物。从哥伦比亚大学毕业的杜威弟子，在杜威访华期间，深受导师教育思想和情怀的影响，成为中国近现代幼儿教育的引领者，诸如陶行知、陈鹤琴等。陶行知在杜威教育思想的影响下，提出了“生活教育”理论，并于1927年11月11日创办了中国近代第一个乡村幼稚园——南京燕子矶幼稚园。在幼教方面贡献最突出的无疑是中国现代幼儿教育之父——陈鹤琴，以其“活教育”思想为基础先后创办的南京高等师范学校附设幼稚园（后发展为鼓楼幼稚园）、南京东南大学附设幼稚园，更是近代幼儿教育的典范。

其次，间接促进了幼儿教育的师资建设。一方面，杜威主要以演讲的方式传播其教育思想，演讲对象以幼、小、中教员和高校师生为主，在教育工作者和未来可能从事教育工作的知识分子心中种下了一颗实验主义教育的种子。另一方面，从幼教师资培训机构上看，自五四运动后，在女子师范学校附设保姆讲习科已

① 李景文、马小泉主编：《民国教育史料丛刊》之《中国教育事业·中国教育史》，大象出版社2015年版，第19页。

日渐增多。1920 年秋，张雪门等创设了宁波幼稚师范学校；1927 年秋，陈嘉庚主持创设了厦门集美幼稚师范学校；1931 年秋，熊希龄主持创设了北平幼稚师范学校；等等。重视幼教师资的培养，当然也与“以儿童为中心”思潮相关。

再次，引起了越来越多的学者对儿童的关注，提升了幼儿教育的学术实力。一方面，20 世纪 20 至 30 年代幼儿教育研究机构如雨后春笋般涌现出来，不仅北京女子高等师范学校和北京大学设立了专门研究幼儿教育的社团，而且中华教育改进社、江苏省教育会也在其下分设了幼儿教育研究组或分会。在 1927 年后，南京和北平又先后设立了“幼稚教育研究会”；其后所创设的“中华慈幼协会”“中华儿童教育社”“战时儿童保育会”等，也均为儿童教育研究的深入或拓展做出了贡献。另一方面，国内学术界对于儿童学、儿童心理学、幼儿教育学、婴幼儿保育与护理等专业日益重视，不仅相关译介逐渐增多，而且专题论文或专著也陆续面世。幼儿教育不仅研究队伍日渐壮大，而且学术水平也逐步提高。

4. 价值维度：现代儿童观构建

杜威在华两年期间，辗转北京、南京、上海等城市进行演讲，深刻诠释了其“儿童中心主义”的儿童观，在中国教育界掀起了轩然大波，启发了中国学者的思想，撼动了中国传统的儿童观。

杜威的儿童观在中国风行一时，并非是历史的偶然，其中隐含着必然的要素。首先，杜威的儿童观契合了“五四”新文化运动的时代需要。“五四”新文化运动是一场思想解放和思想启蒙的运动，中国知识分子在这场运动中高扬“民主”“科学”大旗，抨击和批判封建专制制度和传统伦理道德，发出了实现个性解放的时代最强音。杜威“以儿童为中心”的儿童观与这一时代需求高度契合，为文化界提供了理论武器。其次，杜威的儿童观是在其实用主义哲学中萌生的，而实用主义同中国“经世致用”的学术传统有极高的相似性，颇易使中国知识分子接受。再次，其时中美文化交流和外交关系良好。一方面，当时美国和中国在抵制日本的利益和立场上是一致的，在客观上形成了双方关系相对良好的态势。另一方面，随着美国在华办学的发展，美国学者相继访华，加之归国留美生的大力宣传，中美间的文化交流逐步深入。这为杜威来华营造了良好的政治环境和文化氛围，再加上杜威弟子们的身体力行，杜威学说反响强烈、影响深远是不可避免的。

杜威访华是一次推动中国教育变革，以适应现代教育变革趋势的文化交流活动。杜威关于儿童教育的论述与实践活动，好比砾石坠入幼儿教育改革的湖面，激起了追求现代幼儿教育的涟漪。这是一次不容忽视的助力。杜威一行漂洋过海，对中国幼儿教育事业的关注与参与、对中国儿童的同情与关心以及对中国幼儿教育的美好夙愿，无不体现了他们炽热的真心，为中国教育界留下了宝贵回忆。事过境迁，杜威一行来华之旅已过百年，但其教育思想依然对当代幼儿教育发展具有重要启示和借鉴意义。

第二节　新文化运动与幼儿教育观念的变革

辛亥革命结束了中国两千多年的封建帝制，使民主共和观念深入人心。然而，随着北洋军阀独裁统治的建立，民主果实被窃取，中国再次陷入了黑暗之中。北洋政府不仅在政治上实行专制统治，在思想文化领域也掀起一股“尊孔复古”的逆流，企图继续走封建专制主义的老路。一批经过“欧风美雨”洗礼的知识分子不甘心革命的果实就这样被篡夺，在思想文化领域发动了一场反封建的新文化运动。他们高举“民主”与“科学”的大旗，批判以儒家思想为代表的传统教育思想，引进西方先进的教育理论，促进了这一时期的教育改革。幼儿教育也进入了一个新的发展时期。

一、 新文化运动对传统幼儿教育的抨击与反思

中国儿童长期处在封建礼教的束缚下，身心发展受到严重摧残。中国自清以降进入近代社会，西方资产阶级教育思想逐渐涌入，先进的知识分子如康有为、梁启超等人开始对传统的幼儿教育进行理性的反思。然而，民国新立不久，幼儿教育发展的良性势头就被袁世凯掀起的“复古”教育所掩盖。在封建礼教甚嚣尘上的时代背景下，一场以激进民主主义知识分子为领导的反对封建传统思想、引进西方资产阶级民主思想的新文化运动骤然兴起，传统幼儿教育受到猛烈的抨击和理性的反思。

（一）袁世凯的“复古”教育与新文化运动的兴起

1912 年元旦，南京临时政府成立。1 月 9 日，南京临时政府教育部成立，在时任教育总长的蔡元培先生的带领下，政府采取了一系列的措施来恢复和改革教育事业。然而，随着南京临时政府的终结以及袁世凯和北洋军阀的上台，民国初年的文化教育革新措施很快被淹没在了一片尊孔读经、封建回潮的滚滚逆流之中。

袁世凯上台后，为实现其扼杀共和、复辟帝制的野心，确立了一些以儒家思想为核心的、具有“复古”性质的教育政策，其中某些规定与幼儿教育也有密切关系。1913 年 6 月，袁世凯发布《注重德育整饬学风令》，令中称各级学校“管理认真日有起色者实不多见，大都敷衍荒嬉，日趋放任，甚至托于自由平等之说，侮慢师长”；认为这种现象“不加整饬，恐学风日坏，污俗随之，

关系于世道人心者至大”。因此，他要求各级学校要以整齐严肃为主，随时斥退不守学规的学生。[①] 这种借整饬之由来提倡于专制有利的服从主义，阻止了民主、自由、平等思想的传播，同时也是一种对幼儿教育的荼毒。同年6月22日，袁世凯又迫不及待地发布了《尊孔祀孔令》，明确规定应根据古议，详定祀孔典礼，“以表尊崇，而垂久远”；“总期宗仰时圣，道不虚行，以正人心，以立民极”[②]。袁世凯极力推崇以孔孟之道为代表的旧道德，以维护封建专制制度和等级制度。1915年，集袁世凯政府“复古”教育思想之大成的《颁定教育要旨》出台，法令废除了1912年教育部颁发的具有共和精神的教育宗旨，而重新颁布了以“复古”思想为核心的教育宗旨，规定“爱国”“尚武”“崇实”“法孔孟”“重自治”“戒贪争”“戒躁进”。袁世凯政府这七条教育要旨虽非无一可取之处，但这实际上是企图以孔子之道禁锢学生，将学生培养成为信守孔孟之道、安分守己、不犯上作乱、不反抗列强侵略的“顺民”，使教育事业为其独裁统治服务。虽然这些“复古”的教育政策是针对全国各级教育的，但其中包含的鼓吹封建专制主义思想、压制民主教育理念的精神对当时的幼儿教育必有较大的影响。

历史的车轮总是如滚滚东流之江水，一时的“复古”逆流难以挡住前进的历史大势。封建教育的倒行逆施，一方面吞噬和破坏着民国初年资产阶级的教育成果，另一方面也在客观上激发了新的教育改革动力。民主共和观念的深入人心，正如梁启超在《五十年中国进化概论》中所说的那样：“我敢说，已经挂上的民

---

① 陈学恂主编：《中国近代教育史教学参考资料》（中册），人民教育出版社1987年版，第201—202页。

② 陈学恂主编：《中国近代教育大事记》，上海教育出版社1981年版，第241页。

国招牌，从今以后千千万万年再不会卸下，任凭你象尧舜那么圣贤，象秦始皇明太祖那么强暴，象曹操司马懿那么狡猾，再要想做中国皇帝，乃永远没有人答应。"① 面对复辟势力倒行逆施的行径，以陈独秀、李大钊、胡适等人为核心的激进民主主义者掀起了一场反对尊孔读经、旧礼教的新文化运动。

新文化运动的开始，是以1915年6月15日《青年杂志》在上海创刊为标志的。陈独秀任杂志主编，李大钊是主要撰稿人并参与编辑工作。该杂志于1916年9月迁往北京并改名为《新青年》。进步知识分子以《新青年》为阵地，高举"民主"和"科学"两面旗帜，对封建主义思想文化进行猛烈抨击，其矛头直指封建专制的理论基础——儒家思想，掀起了"打倒孔家店"的潮流。陈独秀指出：

> 要拥护那德先生，便不得不反对孔教，礼法，贞节，旧伦理，旧政治；要拥护那赛先生，便不得不反对旧艺术，旧宗教；要拥护德先生又要拥护赛先生，便不得不反对国粹和旧文学。②

新文化运动中的进步人士从政治观点、学术思想、伦理道德、文学艺术等方面对封建势力进行了剧烈的冲击。他们主要抨击封建教育的危害和没落，反思传统教育的缺陷，主张恢复民国初年的教育宗旨，废除读经科，大力倡导资产阶级的新教育等。1917年起他们又举起"文学革命"的大旗，提倡白话文，反对文言文；提倡新文学，反对旧文学。从某种程度上看，五四运动正是新文化运动发展的一次高潮，这一时期批判传统教育、引进西方教育思想和反思当前教育问题成为教育领域的时代主题。

---

① 梁启超：《梁启超全集》第七册，北京出版社1999年版，第4031页。

② 陈独秀：《〈新青年〉罪案之答辩书》，见任建树主编：《陈独秀著作选编》第二卷，上海人民出版社2009年版，第10页。

随着新文化运动的发展，《新青年》实际上成了该运动的思想领导中心，并吸引了教育界的众多人士参与。新文化运动使得“民主”和“科学”的观念深入人心，对外国现代教育思想传入中国起了很好的开路先锋的作用。他们主张建立适应大工业生产需要的现代教育，为幼儿教育的改革做了思想上的准备。

（二）新文化运动对传统儿童教育的批判与反思

对待儿童的不同态度是传统教育与现代教育分野的重要标志之一。传统教育立足于成人世界，视教育为未来生活的准备，按照既定的内容和要求来塑造儿童。现代教育则立足于儿童世界，视教育为儿童生活的一部分，将教育目的转向儿童成长本身。

在新文化运动的影响下，人们对儿童教育的传统观念进行了深刻的批判和反思。在中国封建社会，由于受封建宗法制度下儿童观的制约，家长习惯于把儿童视为自己的附属品，强调儿童的服从性和家长对子女的支配地位。因此，孩子受到体罚、羞辱和精神的折磨，抑或是家长过分溺爱子女，将之视作宠物等，实为司空见惯。辛亥革命以后，蔡元培提出“共和国健全人格”的教育目标，传统的封建儿童观已经受到冲击。经过新文化运动的洗礼，一种符合科学、民主、平等的时代精神的儿童观已在新一代知识分子的思想中占据主导地位。

发现儿童、尊重儿童、解放儿童成为教育理念的一个重大变化。“以儿童为中心”的观念确立后，极大地改变了人们对教育的看法与认识，传统封建专制儿童教育就成为当时进步人士批判的矛头指向。例如，鲁迅在《上海的儿童》中深刻揭露了封建礼教观下对孩子放任不管或管束过严所导致的对儿童心理的残害和个性的压抑：

> 中国中流的家庭，教孩子大抵只有两种法。其一，是任其跋扈，一点也不管，骂人固可，打人亦无不可，

在门内或门前是暴主，是霸王，但到外面，便如失了网的蜘蛛一般，立刻毫无能力。其二，是终日给以冷遇或呵斥，甚而至于打扑，使他畏葸退缩，仿佛一个奴才，一个傀儡，然而父母却美其名曰“听话”，自以为是教育的成功，待到放他到外面来，则如暂出樊笼的小禽，他决不会飞鸣，也不会跳跃。①

从鲁迅的上述的言论中，我们可以强烈感受到他对于中国传统幼儿教育观的深刻反思及批判。鲁迅主张尊重和发展儿童个性，要求培养儿童健康活泼、独立自主、积极向上的性格，不仅在当时发挥了反封建的作用，至今仍不失其现实意义。

与儿童观变化相伴随的是儿童文学的异军突起，许多现代作家开始尝试从儿童的眼光看世界，对封建专制的儿童教育思想予以批判。例如，文学家周作人也对中国传统的类似于西方“预成论”的儿童教育观进行了抨击。他在《人的文学》中指出：“小儿也只是父母的所有品，又不认他是一个未长成的人，却当他作具体而微的成人，因此又不知演了多少家庭的与教育的悲剧。”②观念的变革促进了儿童文学创作的发展，传统儿童读物已经不能适应时代要求，现代作家着手创作新的儿童读物和作品，儿童语言、思维受到重视，儿童视角得到关注，一些童趣盎然的作品孕育而生。

总的来说，新文化运动时期上演着新旧教育思想的激烈碰撞和交锋。传统幼儿教育思想中的落后观念受到先进知识分子的猛烈抨击，在自我反思中逐渐与西方“儿童本位”的幼儿教育观接轨，使中国幼儿教育在思想层面大大改观。

---

① 《鲁迅全集》第四卷，人民文学出版社 2005 年版，第 580 页。

② 周作人著，刘绪源辑笺：《周作人论儿童文学》，海豚出版社 2012 年版，第 101 页。

二、“民主” 和“科学” 精神促进中国幼儿教育观念的变革

“民主”和“科学”是新文化运动的两面大旗，在当时被尊称为“德先生”和“赛先生”，以表达向这两位“先生”学习之意。《新青年》杂志明确宣告：“我们现在认定只有这两位先生，可以救治中国政治上道德上学术上思想上一切的黑暗。”① 自从新文化运动传入“德先生”和“赛先生”，中国思想界和教育界时刻都受到两者的影响。“德先生”指的是“Democracy（民主）”。“民主”是指民主思想和民主政治。陈独秀所谓的“人权”就是主张民主和人人生而平等。“赛先生”指的是“Science（科学）”。“科学”主要是指近代自然科学法则和科学精神。宣扬“民主”，反对封建专制，把斗争的矛头直指封建专制的理论支柱，即儒家思想；宣扬“科学”，反对封建迷信和愚昧。这一口号反映了中国社会发展的要求和人民的迫切需要，有力地推动了新文化运动的发展和人们思想的解放。

“科学”与“民主”的口号使人们看清了新文化运动之前中国传统教育的本质，人们不再模仿古人，不再无病呻吟，不再使用陈词滥调，开始追求自由的、开放的新内容和新思想。新文化运动中“民主”和“科学”思想的弘扬，动摇了封建思想的统治地位，推动了中国自然科学的进步，解放了人们的思想。这两个口号对当时的教育界产生了极大的刺激和影响，人们开始重视教育的现实作用，包括幼儿教育在内的整个教育领域迎来了一场教育观念的变革。

---

① 陈独秀：《〈新青年〉罪案之答辩书》，见任建树主编：《陈独秀著作选编》第二卷，第11页。

（一）重视幼儿教育及其研究

自民国开始进行教育革新后，中国经新文化运动大量引进西方教育理论，并于五四运动时期掀起了学习西方现代教育的高潮。对此，中国幼儿教育界也产生了不小的震动。幼儿教育地位在国人心中达到了前所未有的高度。

1922 年颁布的《学校系统改革案》将幼稚园作为三级初等教育中的第一级列入了学制，规定招收六岁以下的儿童，各地亦可视地方情形和儿童智力发展水平适当伸缩入园年龄。① 1929 年教育部公布的《幼稚园规程》对幼稚园收受儿童的年龄和保育年限做了具体规定。以上在制度上对幼儿教育的完善和具体化即是对幼儿教育地位的逐渐认可。

幼儿教育研究蔚然成风也是教育观念转变的重要表现。一方面，幼儿教育研究组织纷纷建立。1919 年，北京女子高等师范学校成立幼稚教育研究会，并创立专刊《幼稚教育的研究》。1925 年 12 月中旬，上海的广东公学幼稚园、养真幼稚园等单位联合组织了上海幼稚教育研究会。截至 1926 年，该研究会共集会五次，开展了调查研究、演讲、展览会、游戏会以及接洽教育期刊出版幼稚教育专号等活动，对当时的幼儿教育研究与发展起了重要作用。1927 年 1 月 5 日，上海青浦教育会会长盛郎西召集本县各校附设的幼稚园主任及保姆会议，组织幼稚教育研究会。可以说，当时北京、上海等地已经开始有组织地进行幼儿教育研究，这对当时幼儿教育的改革与发展必有一定作用。② 另一方面，一些幼儿教育工作者开始深入实际进行实验研究，以探索幼儿教育

---

① 参见廖其发主编：《中国幼儿教育史》，山西教育出版社 2006 年版，第 213 页。

② 参见廖其发主编：《中国幼儿教育史》，第 227—228 页。

的新模式。其中，张雪门、陈鹤琴和张宗麟等人均有突出贡献。张雪门从1919年起就开始长期进行课程、设备等方面的实验研究，发表了多篇论文，比较全面地介绍了他的实践研究成果。陈鹤琴自1919年回国任教于南京高等师范学校后，就开始了儿童心理和儿童教育科学化的探索。他曾对长子进行持续的观察与实验，以了解幼儿身心发展状况。1923年，陈鹤琴创办南京鼓楼幼稚园继续开展幼儿教育研究。不久，张宗麟前来协助。他们编印的《幼稚教育》月刊产生了极大的影响。此外，中国幼儿教育界的研究者们还发表和出版了较多的幼儿教育论著。

（二）儿童从归属于家庭到归属于国家与社会

在传统的幼儿教育观念中，幼儿是归属于家庭和父母的，而不是归属于国家和社会的。“私有产物”是民国时期民间最流行的对儿童所有权的理解。民间对于儿童的概念依然停留在私有的层面。“在以前，我们知道儿童无论是在生育或教育方面，都只是各个家庭的私事，甚至于只是各个父母的私事，与社会国家是没有关系的，从来也不发生什么问题。”① “在抱着偏狭的母性观念的母亲的心目中，子女只是家庭中的宝藏，伊和伊丈夫的附属品和所有物，所谓儿童为社会的公人，国家的一分子，那简直是出乎其意识领域外的谜语，不堪忍受的侮辱！”②

这种传统的幼儿观带来一系列的弊端和错误的育儿状况。一方面，父母将养育儿童作为防老和生利的工具，为自己和宗族服务；另一方面，儿童在私有化的所有权认知环境下受到种种不公的待遇。由于社会保障制度的缺失，“养儿防老”是当时民间最

---

① 陈碧云：《现代家庭制与儿童问题》，《东方杂志》1935年第32卷第17期。

② 金石音：《儿童年论母性》，《东方杂志》1935年第32卷第19期。

朴实和最真实的育儿目的。在“养儿防老”这一过程中，儿子的利用价值比女儿高，所以无论城乡，重男轻女都成为当时流行的思维。在这样的氛围下，多生男孩成为家庭的期盼，人皆云多男为福，如果不能多子，则为人生憾事。针对这一现象，竺可桢在《论早婚及姻属嫁娶之害》中批判道：“而后世无知之徒，遂以为人生惟一之目的，在于嫁娶生养，惟一之幸福，在于含饴弄孙。”① 为了“养儿防老”，为了“多子多福”，人们尽量地多生育子女。这种生产并非健康的优产，很多父母“粗制滥造的把许多小孩送到世上来，自己不能养育他们，却送到机器的齿轮上去一一轧死”②。育儿观的功利化远不止于此。人们普遍认为儿童归属于家庭，父母从子女的养育上获得物质回报是理所当然的，完全把子女当作一种营利品看待，强迫子女去替自己生利。“反哺”的层次分为两种，一种是衣食无忧的中上家庭为光宗耀祖，追求子女在学业上的功名；另一种是家长迫于生计压力，不惜让子女早早进入社会谋生。这就可以理解在那个时期为何童工成为一种普遍的社会现象了。宋介曾剖析过这种功利性的育儿观导致当时童工流行的原因：

> 由于父母贪心太甚，急欲谋得收入之增加，遂不惜牺牲其子女之前途，而令做工以增加家庭收入；由于父母之愚昧，不瞭解儿童教育之重要，虽家道勉强可以支持，亦听其儿童做工。③

此外，儿童属于家庭私有的观念也导致儿童处于被支配的地位，并面临着畸形变态的竞争，比如：后母、妾母虐待子女，或妯娌

---

① 竺可桢：《竺可桢全集》第一卷，上海科技教育出版社2004年版，第50页。

② 无名：《残杀儿童的社会》，《妇女杂志》（上海）1924年第10卷第8期。

③ 宋介：《儿童救济问题》，《东方杂志》1925年第22卷第17期。

之间因各爱其子而起争端；父母对子女的绝对支配权导致儿童受到父母的任意处置。

在这样的认知氛围下，儿童属于社会和国家的呼声在学术界与教育界有所回应。受到西方思想熏陶的先进知识分子将近代的幼儿教育思想传入国内，他们宣称儿童是父母与国家共有的，同时也是儿童自有的，这就直接否定了儿童完全归属于家庭的错误观念。冼百言曾揭露道：

> 从前的人待遇儿童，说起来实在可悲得很。因为故人不但不知道儿童在人类中这样重要，并且没有将他当做一个“人”看待。以为儿童是我生养的，完全是我的一个“东西”，好像一只鸡一条狗，是我买来的，我一样有时很爱他，但是我有完全处置他的特权。即令退一步说，儿童虽然不完全是我个人的，也是我这一家所私有的。至少也可以将我“家”的名义——或家长的名义——完全处置他（这种观念，在我国至今还很强盛）。①

新文化运动时期，人们的教育思想进一步解放。儿童不属于家庭私有，而是社会上独立的个体和国家的公民，同样享有很多成人拥有的权利，比如受教育权。因此，儿童从主要受教于家庭开始大规模地向受教于社会机构转变。1921 年 7 月 13 日，教育部发布训令，要求全国根据全国教育会联合会第六次会议决定的“推广蒙养园案”，推广蒙养园。该案认为：由于当时中国教育未兴，儿童父母、兄长的教育知识多缺乏，使得儿童在学龄前期未能受到适宜的保育。但儿童在这一时期身心发展甚为敏速，如果发展不适宜，对于将来品性的成就影响匪浅。因此，必须在这一

---

① 冼百言：《儿童的社会化》，《妇女杂志》（上海）1922 年第 8 卷第 2 期。

时期，对儿童施行适当的保育，以补救家庭教育的缺点。同时，家庭教育多失于放任，而学校教育趋于严格，儿童从家庭直接进入学校，因环境变迁过于急剧，其身心发展不免遇到障碍和危害。蒙养园的组织类似于学校，其保育方法类于家庭，故能调和家庭与学校环境的变化，使儿童得到自然的发展。因此，急宜于推广蒙养园。①

（三）从“成人本位”到“儿童本位”

在“民主”和“科学”精神输入国内后，中国幼儿教育思想领域出现了一次大波动，对“以家庭伦理及成人为本位”的中国传统幼儿教育观念产生了极大的震撼。

早在西周时期，中国就开始形成了一套血缘联系和社会政治等级关系密切渗透、交融的宗法制度。在宗法制度下，父母特别是父亲在家庭中拥有绝对权威，子女必然依附于家长。自先秦到汉武帝时期，中国社会具有封建等级性质的“三纲”和“五常”的尊卑秩序被强化了。儿童在等级社会及纲常伦理中始终处于被支配地位。成人将儿童视为“缩小的成人”，对儿童实施教育。儿童在家长面前没有任何权利，由家长决定儿童的命运。家长可以任意打骂儿童，按照自己的意愿安排儿童的生活，可以完全无视儿童自身的心理发展特点和教育需求。虽然中国向来有重视幼儿教育的传统，但其最终价值取向仍是“成人本位”或“家族本位”“社会本位”。

及至民国时期，这种幼儿教育的“成人本位”仍然表现得十分明显，许多学者对此都有阐述。陈鹤琴在《儿童心理及教育儿童之方法》中说：

---

① 参见《教育部训令推广蒙养园（附蒙养园案）》，《教育杂志》1921年第13卷第8期。

> 常人对于儿童的观念之误谬，以为儿童是与成人一样的，儿童的各种本性本能都同成人一色的，所不同的，就是儿童的身体比成人小些罢了。……我们为什么叫儿童穿起长衫来？为什么称儿童叫“小人”？为什么不准他游戏？为什么迫他一举一动要像我们成人一样？这岂不是明明证实我们以为儿童同成人一样的观念么？①

这种将儿童当作成人的雏形的儿童观在当时的社会上还相当普遍。谢颐年说：“目今社会上一般家庭中的家长，类多认自己的儿女，是一个具体而微的成人，无论其对于儿女的行为和思想，总是喜欢拿自己的行为和思想来解释他们。”② 姚之瑛璧进一步补充道：“一般家庭，十有九家，不重视‘儿童’两字，不问什么事，总以成人的眼光为标准，以为儿童是具体而微的成人，处处当随成人行动。”③ 可见，这种儿童是“具体而微的成人”的观念在学者们的文章中已成为口诛笔伐的重要对象。除了将幼儿当作成人来看待，家长在对幼儿进行教育的时候也予以成人的标准。“不问儿童的心理如何，而仅以自己所要学的来教儿童学。并且拿成人的眼光来希望儿童照样的做。”④ 这样的要求首先体现在行为方面，“儿童是动的，成人是静的，也不问儿童的天性如何，一定要坐如石人，立似偶像，走路要规行矩步，装出几十年前大

---

① 陈秀云、陈一飞编：《陈鹤琴全集》第一卷，江苏教育出版社 2008 年版，第 1 页。

② 谢颐年：《儿童时期的重要与家庭的改造》，《妇女杂志》（上海）1931 年第 17 卷第 11 期。

③ 姚之瑛璧：《为父母者须研究儿童学》，《妇女杂志》（上海）1921 年第 7 卷第 8 期。

④ 谢颐年：《儿童时期的重要与家庭的改造》，《妇女杂志》（上海）1931 年第 17 卷第 11 期。

人先生的模样”①。儿童的天真烂漫被看作不合规矩、不成体统的表现，会被家长完全禁止。除了在家庭，在社会上仍弥漫着“成人本位”的幼儿教育思想。陈鹤琴在《我的半生》中这样形容传统教育的教学情景：“私塾里的先生个个都要装腔作势，做出‘圣人’模样。不准学生顽皮，不准学生游戏，笑笑说说都在禁止之内。”② 在“以成人为本位”的幼儿教育观的长期影响下，大量儿童丧失了天真，成为传统幼儿教育的牺牲品。

“五四”新文化运动期间，杜威一行访华。在杜威和其众多中国弟子的影响下，杜威的“儿童本位论”迅速在国内传播。杜威立足于儿童的生长以及其民主观念，借鉴卢梭等前人的思想基础，大力倡导“儿童本位论”，成为20世纪前后“儿童本位论”的著名代表。他的幼儿教育思想的核心是主张幼儿是中心。受杜威教育思想和整个社会进步的影响，新文化运动时期许多先进知识分子极力推崇“儿童本位”的幼儿教育思想。蔡元培主张“尚自然、展个性”的新教育，即有崇尚自然、尊重儿童，让儿童自由发展之意。鲁迅倡导“幼者本位”的儿童教育观，“一切设施，都应该以孩子为本位”③。叶圣陶在谈到幼儿的家庭教育时，考虑到孩子的气质、性格、兴趣、能力的不同，要求父母了解孩子的动机、愿望和要求。此外，陶行知、陈鹤琴和恽代英等人也有尊重儿童的相关论述。可见，新文化运动时期，“幼儿本位论”的幼儿教育观已经得到了很多人的认可，“民主”和“科学”的精

① 姚之瑛璧：《为父母者须研究儿童学》，《妇女杂志》（上海）1921年第7卷第8期。

② 陈秀云、陈一飞编：《陈鹤琴全集》第六卷，江苏教育出版社2008年版，第504页。

③ 鲁迅：《我们现在怎样做父母》，见《鲁迅全集》第一卷，人民文学出版社2005年版，第140页。

神贯穿在整个教育领域中。

（四）从育儿经验化到育儿科学化

民国建立后，虽然留学欧美人数日渐增多，西方幼儿教育理念也渐次涌入中国，但是就民间而言，家长还是缺乏科学的幼儿教育素养，盲目地跟从旧习俗的育儿观的指引，教育孩子主要以个人或前人的经验为主。

新文化运动前，民间的育儿经验存在不少消极因素，家长按照这些经验教育孩子，不利于孩子身心的健康发展。育儿的经验化主要表现在某些违背科学的育儿方式和不适应社会发展的育儿习俗上。前者可以民间对儿童游戏的态度为例说明。很多人认为游戏会影响到儿童的品性，“主张禁止的人仿佛儿童一涉于游戏，即鳃鳃以嬉游为业，甚至谥游戏为顽皮二字。他们以为活泼的儿童，就是难教的儿童。儿童苟终日从事于游戏，便不能务正，便是废材了”①。与科学不符的另一种情况是，有的家长滥用体罚，信奉“棍棒底下出孝子”的教子之道，忽视儿童的天性而以粗暴的方式纠正儿童的“不良”行为。后者主要指母亲受“严父慈母”思维的影响，或爱之过甚，视子女为掌上明珠；或任子女无度放纵。母亲文化素养不高，缺少育儿知识，无法正确表达爱的方式是一种不适应社会发展的幼儿教育情况。新文化运动掀起的思想巨浪波及了整个社会，“民主”与“科学”的精神深入人心。即使在民间，人们也同样受到这次新思想的洗礼，开始尊重儿童，了解儿童的心理发展规律和身体成长的需求，育儿方式朝着科学化的方向发展。

在欧风东渐、新教育思潮在国内广泛传播的新文化运动时

---

① 张铭鼎：《儿童心理在儿童教育上之意义》，《教育杂志》1926年第18卷第8期。

期，知识分子引进西方近代幼儿教育思想的行为发展至群体性传播阶段。民国政府、社团和学者对西方近代幼儿教育思想呈现出主动接纳的姿态，进行消化和吸收。

三、 儿童公育思潮的兴起及演变

西方幼儿教育的核心思想真正被接受是在新文化运动时期。彼时各种西方思潮如火如荼地涌入中国。蒋梦麟曾这样形容这一时期西方文化的输入："由华东沿海输入的西方文化，却是如潮涌至，奔腾澎湃，声势慑人"①。在思想剧烈震动的新文化运动的影响下，儿童公育思潮、科学教育思潮、实用主义教育思潮和平民教育思潮开始勃兴或进一步发展。教育思潮通常是指流行一时的，反映了一定阶级、阶层或社会群体利益要求和普遍心理的教育思想潮流。② 流行于"五四"新文化运动时期的教育思潮对中国幼儿教育思想的发展具有重要意义。

在此汹涌的时代大潮中，儿童公育思潮可视为一朵夺目的浪花。尽管它相较于"民主"与"科学"的浪峰不太为人们所熟知，但是它所代表的理想主义却激励了诸多"五四"青年，使他们毅然踏上了为真理而献身的途程，并使社会主义或共产主义思想的火种得以广泛传播。就教育视角而论，它使此前相对滞后的幼儿教育在刷新观念的前提下，在制度和实践两方面均获得了长足的进步。

（一）儿童公育思潮勃兴的思想渊源

从儿童公育思潮兴起的思想源远来看，它既受启于中西古代

---

① 蒋梦麟：《西潮与新潮：蒋梦麟回忆录》，东方出版社 2005 年版，第 273 页。

② 董宝良、周洪宇主编：《中国近现代教育思潮与流派》，人民教育出版社 1997 年版，第 2 页。

先哲对理想社会的设计与描摹，又从“西学东渐”后所传入的各种新兴思想中汲取了诸多养料。当时，国人已普遍意识到，中国社会若不加以改造或实现转型，那就必将是死水一潭、死路一条。有鉴于此，求变和求新便成为思想界的主旨，儿童公育思潮也就应运而生。

1. “传统思想”的启蒙

儿童公育思想源远流长，中西皆有源头，这也就是研究者所谓的“传统思想”。就中国而论，它与中国儒家的“大同”理想密切相关。在《礼记·礼运》中，对于理想社会的描述是：

> 大道之行也，天下为公。选贤与能，讲信修睦，故人不独亲其亲，不独子其子；使老有所终，壮有所用，幼有所长；矜寡、孤独、废疾者，皆有所养。①

此后的历代儒士，无不奉此为圭臬；近代康有为，则据此撰写了《大同书》，对儿童公育制度进行了详密设计（参见本书第四章第三节）。

就西方而论，柏拉图在《理想国》中主张：

> 小儿亦既产生，则即当授之负此专职之官……充斯职之官，当置优秀父母之儿女于养育之所，并备专门之看护，为之抚养。彼不良者之儿女或父母本优秀而儿女乃弗能类，则均置之于人所不知之处……②

此即对儿童公育最早的设计。其后，经康帕内拉、傅立叶、尼采、萧伯纳等的倡导，儿童公育思想在西方的影响力日益增强。

若冷静剖析，东西方儿童公育思想实有着本质区别。中国古代所倡言的儿童公育，是以“原始公社”为蓝本、以“儿童公有”为前提，由全体社会成员共同承担教养职责；所注重者，为

① 阮元校刻：《十三经注疏》，中华书局1980年版，第1414页。

② 〔古希腊〕柏拉图著，吴献书译：《理想国》，上海三联书店2009年版，第143页。

社会教养形式。西方的儿童公育主张，大体依柏拉图的思路，以“儿童国有”为前提，主张由国家设立公共教养机构，委命专职人员抚育幼儿；所注重者，为学校教养形式。若称前者为“全儿童公育”，则后者便可称为“半儿童公育”。

在中西思想碰撞、融通并会聚之际，古老的儿童公育主张重新焕发出蓬勃的生命力，并升腾为一股强劲的思潮。

2. “女权主义”学说的推动

“女权主义”又被称为“女性主义”，旨在争取男女平权。它发端于18世纪法国的启蒙运动，19世纪中叶后勃兴于西方国家。这种平权，不仅指教育权、婚配权、生育权等，而且还包括工作权，即须将妇女从繁重的家务劳动中解放出来，由她自主择业，成为职业妇女，实现经济独立，从而消除依附型人格的基础。如此，女子传统的育子职责，便只能转托于社会公共教养机构。因此，儿童公育实可视为“女权主义”兴起的伴生物。

当西方的“天赋人权”思想和“女权主义”学说传入中国后，觉醒的知识精英便以此为理论武器，向以“三纲五常”为核心的封建伦理展开猛烈抨击，并将“不缠足运动”的身体解放提升为“平享教育权运动”的知识解放。“五四”时期，“自主婚姻”“走出家庭”等观念更如原上之野火，焚尽那种种陈规陋习。

在此背景下，通过政府或社团设立各式各样的公共育儿机构，以替代传统家庭的育儿教子功能，便日显迫切。陈布雷等人于1920年创设的“宁波第一儿童公育社”，便可视为支持妇女解放的尝试。质言之，在反思传统文化与探索近代妇女解放问题的过程中，儿童公育成为“彻底的妇人问题解决法”“处分新世界一切问题之锁钥”① 被提了出来。

① 沈兼士：《儿童公育》，《新青年》1919年第6卷第6号。

3. “互助进化”主张的影响

“互助进化”思想源于达尔文进化论。当“社会达尔文主义”昌炽后，它便成为社会科学领域里的一种反制政治哲学。它既反对包括政府在内的一切统治和权威，也反对在“天演”过程中的残酷竞争。由是，它便成为无政府主义者的一种方法论。克鲁泡特金明确主张，人类依靠互助的本能，就能够建立和谐的社会生活。①

当无政府主义传入中国后，“革命党人”无不如获至宝。1907 年，刘师培在日本东京创办《天义报》时，就开始宣传“互助进化”思想。他认为，人类社会中的强权凌弱、自私自利、秩序混乱等不平的现象，皆源于对“竞争”的夸大和误解。所以，刘师培坚决反对“竞争”，主张以“互助”作为社会生活的基本原则。他的理想设计是，建立一个消灭阶级、实行男女绝对平等、幼童全部集中教养的“人类均力主义”社会。

与此同时，吴稚晖也认为，人类的生存法则不是竞争，而是互助；人类只有通过互助，才可能实现“各尽所能、各取所需”的无政府主义社会。在这个无政府主义社会里，方可实现互助共进的理想：

> 凡不婚之男女，平时则出其余财余力，以助公会，有事则入居公院，以生养休息。而公会公院一切职务，亦由不婚之男女自任之，使老有所养，壮有所用，幼有所长。②

由上可见，这种依靠互助进化所构想的无政府主义社会，明显带

---

① 丘权：《互助论：进化的一个要素》之《中译本序言》，商务印书馆 1984 年版。

② 鞠普：《毁家谭》，见胡伟希编选：《民声——辛亥时论选》，辽宁人民出版社 1994 年版，第 187 页。

有儿童公育的色彩。

4. “新村主义”理想的启迪

20世纪初，日本“白桦派”作家武者小路实笃，开始大力倡导“新村主义”。1918年，他在宫崎县山区创设“新村”，开展共同劳动、平均分配的社会理想试验。他认为，非人的生活是“革命的祸根”；他希望通过建设“新村”作为示范，建立起一个“各人须尽对于人类的义务，又能享个人的自由”①的幸福美好社会。

时任北京大学教授的周作人，具有较大影响力。他早年在日本留学时，便接受了《白桦》杂志的宣传；当“新村”开办后，又订阅了《新村》杂志，并赴日在“新村”居留了三四日。自1919年起，他相继发表了《日本的新村》《新村的理想与实际》《新村的精神》《访日本新村记》等多篇文章，对“新村”试验广为宣传。周作人指出，“新村”里“没有行政司法等组织，也没有规定的法律训条，只以互相尊重个性为限”②；人们无论贵贱贫富，都是一样的同类人，都能过“正当的人的生活”。

1919年3月，王光祈等发起成立“北京工读互助团”。它既以互助为主旨，同时也可视为城市“新村”的试验。北京工读互助团的成立，得到了蔡元培、周作人、陈独秀、李大钊、胡适等北大学人的支持，因而上海、天津、南京、武昌、广州和扬州等地也纷纷成立了类似社团，并以各种形式开展了“新村”试验。

1919年6月3日，蔡式之等联名在《申报》上发表《试办模范村之计划》，试图在上海市郊龙华试办“新村”。在其设计的

---

① 周作人：《新村的精神》引《新村的生活》，见杨宏峰主编：《新青年》第七卷，宁夏人民出版社2011年版，第205页。

② 周作人：《新村的理想与实际》，见钟叔河选编：《周作人文选（1937—1944）》，广州出版社1995年版，第82页。

“十部”事业中，“教育科”即为其一。该科之下，“有小学校、幼稚园”；幼稚园内，又分设“摇篮科”或“婴儿代哺处”。

此类“新村”试验尚有多处多种。他们在试行“共同生活”中，除要求摆脱家庭、各尽所能、财产归公外，还将分工协作列为重要方法。依此原则和方法，儿童公育便成为不二选择。据此立论，“新村”试验亦可视为儿童公育思潮的思想渊源之一。

（二）儿童公育思潮由萌生到勃兴

儿童公育思潮与任何事物一样，也经历了萌生、形成到衰亡的过程。它大体与新文化运动同步，而极盛期则不过两三年。

1. 儿童公育思想的酝酿与萌芽

从戊戌变法到新文化运动，为时不超过二十年，而这二十年的中国社会则呈现出新旧交替、中西杂糅、多元发展的态势。面对急剧的思想和社会变革，康有为在《大同书》中的相关设计(参见本书第四章第三节)，以及孙中山所倡言的“天下为公”理想，可视为儿童公育思潮兴起的前奏。

“民主革命先行者”孙中山，诚如他对严复所言，自己并非“思想家”，而只是“实行家”。他所追求的“天下为公”，较少具有康有为“空想社会主义”的色彩，而较多包含“国家社会主义”的因子。他所强调的民族主义，指明了民族与国家在未来社会中的主导地位；他所强调的民权主义，则要求将君主专断的权力收回并交归全民；他所强调的民生主义，是试图通过国家运作，来发展经济、拓展公益。基于这种理想，他对“三民主义”社会之教育的描摹是：

> 圆颅方趾，同为社会之人，生于富贵之家，即能受教育；生于贫贱之家，即不能受教育，此不平之甚也。社会主义学者主张教育平等。凡为社会之人，无论贵贱，皆可入公共学校，不特不取学膳等费，即衣、履、

书籍，公家任其费用。①

由此可知，这种“公共学校”即可视为“教育为公”，它是“天下为公”的初阶。

中华民国南京临时政府成立后，在孙中山的首肯下，黄兴夫妇在南京升平桥创设“忠裔院”，收容辛亥革命烈士的遗孤。该院也称“开国纪念第一贫儿教养院”。其后，孙中山又批准马伯援等在武昌创设“烈士遗孤教养所”，收容、教养武昌首义的烈士遗孤。这两处设施均为公育性质，且均收容六岁以下的幼稚生。此类举措使自古以来的慈幼思想得以光大，并成为新兴民国的一抹亮色。这当然与孙中山的“天下为公”理想密切相关。

2. 儿童公育思潮的形成与初兴

儿童公育思潮的形成与初兴，若以时间来判定，则为“五四”前后；若以人物来论定，则可推蔡元培、沈兼士和熊希龄作为代表。现依时序，对这三人的主张和实践予以介绍。

（1）蔡元培的明确提出

1919年3月15日，蔡元培应北京青年会之邀，出席为“北京贫儿院”募捐的大会。会上，他发表了颇动感情的演讲：“鄙人对于贫儿院，有一种特别感想，并且有一种特别希望。所以看得这一次的募捐，比较别种慈善事业尤为重要。”这是因为该院的“贫儿”多为失去了家庭的孤儿，“他们的不幸”理当唤醒人们的恻隐之心。同时，他又指出：“鄙人对于家庭教育很有点怀疑。”紧接着，引发出他的“特别希望”：“我的理想：一个地方必须于蒙养院与中小学校以外，有几个胎教院、几个乳儿院，都由专门的卫生家管理。……不论哪个人家，要是妇人有了孕，便是进胎教院；生了子女，便迁到乳儿院。一年以后，小儿断乳，

---

① 孙中山：《社会主义之派别及方法》，见舒新城编：《中国近代教育史资料》，人民教育出版社1981年版，第1007页。

就送到蒙养院受教育，不用他的母亲照管。”这“胎教院”和“乳儿院”便是施行儿童公育的场所。其创设理由有四：第一，就师资而论，“教育是专门的事业，不是人人能担任的”；第二，就时间而论，“有子女的人，不是人人有实行教育的时间”；第三，就身教而论，现今大多数家庭成员，不配做“儿童的榜样”；第四，就古人“易子而教”的历史经验而论，“圣如孔子，贤如孟子，尚且不敢用家庭教育，何况常人呢”。①

此后，蔡元培在《美育实施的方法》中更为明确地指出：“我从不信家庭有完美教育的可能性”②。对于儿童公育的设施，他将其定名为“公立胎教院”“公共育婴院”和“幼稚园”。这三级设施衔接递进，均须与家庭隔离，并需交与教育“专门家”办理。这是他有关儿童公育的制度设计。

（2）沈兼士的具体设计

1919年11月1日，沈兼士在《新青年》上发表《儿童公育》③一文。他以“妇女解放”作为切入点，倡导实施“儿童公育”：“今欲解决妇人问题，若不先从处置儿童方法着手，是妇人解放云者，但为一时的而非到底的。”

他对于儿童公育组织的设计，分列有如下五要项：第一，儿童教养区的专设——“于适当地方设一公共教养儿童之区”；第二，儿童公育设施的完备——在该区之内，须设置“胎儿所、收生所、哺乳所、幼稚园、小学校、儿童工场、儿童图书馆、儿童病院等，及其他卫生设置”；第三，儿童公育师资的优良——“担任教养之人材，以体格壮健、常识完备、秉性亲切，为合格

① 高平叔编：《蔡元培全集》第三卷，中华书局1984年版，第262—264页。

② 高平叔编：《蔡元培全集》第四卷，中华书局1984年版，第211页。

③ 《新青年》1919年第6卷第6号。

之三大要件”；第四，儿童研究的精深——“当设一‘儿童学研究会’，聘任儿童学专家（如儿童心理学者、儿童生理学者、儿童教育学者之类），随时调查、讨论”；第五，以竞争、评比促其改进——“每年联合若干区，开一‘儿童比赛会’，请专门‘儿童学者’评定成绩之优劣，以期竞争改良儿童公育之组织，至于尽善尽美”。

沈兼士还对儿童公育的优长予以分论：第一，可“发达其对于人类互助之观念”；第二，“可以扫除崇拜祖先、依赖家长之恶习”；第三，可纠正“先天遗传之恶根性或病质”；第四，“其德育智育体育可以平行发达”。基于以上分析，沈兼士所给出的断语是：

> 欲解决社会一切问题，非先解决妇人问题不可；欲解决妇人问题，非先解决家族问题不可；欲解决家族问题，非先解决儿童问题不可。解决儿童之惟一良法，曰“儿童公育”。

如此立论和设计，多有新意。

（3）熊希龄的初步试办

1917年夏末，熊希龄受命赈济河北遭受水灾的难民。鉴于灾后难童的孤苦无依，他遂于同年11月创设了“北京慈幼局”，以作为暂时的收容、教养之所。水灾过后，仍有两百余名难童无人认领或收养。于是，熊希龄创办了“香山慈幼院”，以作为长久之计。1920年10月3日，该院正式宣告成立，践行“幼有所长”和“幼吾幼以及人之幼”的慈幼之旨。

慈幼院与育婴堂一样，同属慈善性质，因而具有“公育”色彩。但是，它与育婴堂的殊异不仅反映在办学主旨的与时俱进上，更反映在其院内教育机构设置的完备上。慈幼院相继添设婴儿园、幼稚园、小学、初级中学、普通师范、幼稚师范、职业学校等一系列教育机构。由此可知，由出生至成人，慈幼院是负责到底的，且以教育为重的。

在香山慈幼院的办理中，熊希龄受儿童公育思潮的影响，在师保方面力求优良。香山慈幼院不仅聘有国内知名大学的毕业生，甚至还吸纳了多位海外留学归国人员；就连校医，也聘请外国医生戈登担任。在设施方面，慈幼院更以优良完备著称。以幼稚园论，除设有寝室、教室、活动室、食堂、浴室外，还设有动物园、植物园、小农村、顾远亭、买卖街、小厨房、健身房、军械室、体育场、俱乐部、三圣陈列室等。按熊希龄的说法，设动、植两园，可"以为自然之启迪"；设小农村，可"生农事之观念"；设买卖街，可"练人生之常识"；设体育场，可"供游戏之运动"；设各教庙寺，可"启伟人之敬仰"。①

客观地说，熊希龄与蔡元培、沈兼士的思想不尽相同，对于儿童公育的设想也未必一致。但是，他们均开始关注关系到国家、民族未来的儿童问题。香山慈幼院的试办事实上体现了儿童公育思潮的初兴。

3. 儿童公育思潮的勃兴与高涨

学术的成长离不开争鸣，儿童公育思潮的勃兴正是在各种不同主张的碰撞、交锋中实现的。至于争论的焦点，则主要集中于是否要毁弃家庭、废止婚姻上。若以沈兼士作为"正论"的早期代表，那么杨效春则扣动了"反论"的第一枪。其后，恽代英、沈雁冰、俞颂华等人也纷纷加入这场论战之中，使儿童公育思潮喧腾于一时。现仅介绍杨效春与恽代英、沈雁冰与俞颂华各自陈述的观点。

(1) 杨效春与恽代英的激烈论战

当杨效春于《新青年》上获读沈兼士《儿童公育》一文后，

---

① 熊希龄：《香山慈幼院发展史》，香山慈幼院1927年自刊本，第33页。

随即撰写了《非儿童公育》[1] 的文章，发表于1920年3月1日的《时事新报·学灯》上。该文的核心观点为："我以为我们的家庭制度是应当大大改革，但家庭组织，是万万不能废除。"至于"儿童公育就是直接破坏家庭，间接破坏社会的一种制度"，所以切切不可贸然施行。他所阐明的理由有四：

第一，就"儿童公育与人生"而言，"有小儿的家庭，是最快乐的，是有生气的；没小儿的家庭，是干枯无味的，是暮气沉沉的"。"我想儿童公育之后，必不能享到这种情景。岂不是把人生的兴趣减少么？"

第二，就"儿童公育与妇女解放"而言，他认为，妇女未得解放的原因有二："（一）教育不均等。（二）买卖的婚姻。女子经济不能独立，也是这两个原因生下的果。"在他看来，"若不从根本着想，把这两个大原因去掉，我知儿童公育之后，妇女的权力益将薄弱"。

第三，就"儿童公育与儿童"而言，他指出，国外育婴堂"公育"的儿童，其死亡率明显高于在普通家庭中教养的儿童。在他看来，这就是由于母爱缺位的缘故。因此，他断然认为，"公育机关中的妇人，无论怎样高明，怎样才智，这个终是不如他儿童自己的母亲"。

第四，就"儿童公育与社会进化"而言，"儿童公育不过于社会的效率方面，稍微有点好处"；然而，若就"社会的和谐"和"社会的生存"这两个目的来分析，它却有"减少人生乐趣"和"使儿童容易夭亡"的弊端，因而影响了社会的进化。

有鉴于此，杨效春所得出的结论是："儿童公育便是破坏家庭。破坏家庭便是使社会散漫、不安、扰乱、退化。"

---

① 《东方杂志》1920年第17卷第5号。

当恽代英获读杨效春之文后，认为“杨君的立论，有许多谬误的地方”。随即发表了《驳杨效春君“非儿童公育”》[①] 一文。该文的基本观点是：“杨君立论，有些地方是没有将因果看清，有些地方是将公育机关当作眼前育婴堂一类的组织。我信儿童公育，因为他是人类正当生活的一部分，因为他很可以帮助人类到正当生活的田地。”

同年5月5日，杨效春又发表《再论儿童公育》的长文，对于恽代英的质疑，进行了针锋相对的辩驳。他所重申的观点是：“家庭是使人生生活格外丰富、格外美满，又是使儿童社会化的机关。其中，别的事都可以委托其他机关，惟产生与养育社会新分子的责任，不能旁贷。”[②] 不过在此文中，他退了一步，即认为“公育机关可以设立”，只是用以收养孤儿、残疾、癫狂之儿童。这仍与育婴堂、孤儿院的性质无异。

仅沉寂一月有余，恽代英便在《时事新报·学灯》连载长文，题为《再驳杨效春君“非儿童公育”》。随后，杨效春以《答恽代英君“再驳儿童公育”》予以回应。一时间，二人的论争引起了学界的广泛注意。

不过，此后再未见杨效春在报刊上发声。倒是恽代英在《中华教育界》上，发表了长文《儿童公育在教育上的价值》[③]，似为这场论争画上了句号。该文依据历史唯物主义、马克思经济学说以及教育的基本原理，认为儿童公育在教育上的价值，主要体现在如下四个方面。

第一，教育要普及于一生。他要求“从婴儿到老年，都要多少受教育的陶冶”。这是就个体的纵向人生立论的。在作者看来，

---

① 《恽代英全集》第四卷，人民出版社2014年版，第18—25页。
② 杨效春：《再论儿童公育》，《时事新报·学灯》1920年5月5日。
③ 《恽代英全集》第四卷，第279—295页。

所谓“强迫教育”，只是对学龄初期儿童实施的；对于学龄前的儿童，则未能顾及。因此，要施行合理的、顾及全人生的教育，“只有促进儿童公育，使每个儿童在他下地以后，便在合宜的场所中，合宜的指导人下面，受教育的训练”，才能造就出一代新人。

第二，教育要普及于全民。他要求“没有阶级种族的分别，每个人都得受同等的教育”。这是就群体的横向差别立论的。在作者看来，当时的幼稚园教育，是有钱的、有地位的、有知识的人的子女所能享受的；况且，幼稚园教育还有三六九等之差。因此，要想达致教育公平，“非社会共谋儿童公育的实现不可”。

第三，教育场所的合宜。恽代英认为，“家庭原不是儿童合宜的教育场所”，这主要是就优化教育的物质环境立论的。在他看来，家庭私育不可能专辟施教的场所和购置必需的设备或教具；在社会公育机关中，这些条件则可能满足，而且可“减少许多不经济的消耗”。这就像开设了“公共食堂”，可免除每个家庭的厨房之设及其厨具购置一样。

第四，教育者的称职。在他看来，儿童父母的“爱”，固然是子女长成的要件；然而，“教育者的修养知识技能”，却不是也不必是每个父母都要具备的。相对而言，要求每个父母具备教育能力，显然较难；要求精选的教师具有爱心，则明显较易。由此可知，“儿童公育比家庭教育为可靠”。

在该文的结语中，恽代英诚挚的寄望是：

> 要传播人的教育，去改正人的社会，先不可不努力求一部分儿童公育的成功。我信我们从共同生活的小团体，去求儿童公育的实现，是绝对可能的事。一部分的儿童公育，果然试验得一个理想的成功，那便他的成绩是一种广告，他的出品将是人类中最优秀最健全的分子。

（2）沈雁冰与俞颂华的冷静剖析

当恽代英与杨效春开展了第一轮论战之后，沈雁冰便开始研究儿童公育问题，并于1920年5月下旬，撰成了《评儿童公育问题——兼质恽、杨二君》[①] 一文，对这场论争进行了冷静剖析。该文首先指明，西方的儿童公育论者有“社会主义者”和“女子主义者”两派；前者大抵以“社会改造”为目的，后者大抵以“妇女解放”为目的。沈雁冰接着指出，恽代英和杨效春所讨论的儿童公育，“便是社会主义者和女子主义者所讨论的儿童公育”。

社会主义者对于妇女问题，“是欲解放女子做个‘社会的’人”，“儿童公育问题是连带家庭问题起的”；女子主义者的主张，“是欲解放女子做个‘自由的’人”，“儿童公育问题是连带妇女经济独立问题而起的”。在女子主义者中，又有纪尔曼和爱伦凯两派的不同。

纪尔曼是明确赞成儿童公育的。沈雁冰将其理由归纳为如后三项：第一，“要先从经济独立做起”，“妇女必得要有个职业”，因而不可能在家育子；第二，“最大多数的女子”尚未具备“教养儿童的资格”，因而不宜于承担育子的重任；第三，“家庭的环境终不及公共机关的环境好”，因而不利于儿童社会化。

爱伦凯则明确反对儿童公育。沈雁冰将其理由归纳为如后四项：第一，“母亲的爱”具有不可替代性，因而“公育无益于儿童的精神生活”；第二，“公育不是自然的事”，母亲育子，“有无穷的快乐”，因而不宜剥夺这种“自由”；第三，公育机关的教师起码一个人照顾五六个人，因而不如母亲照管“一二个孩子”周

---

① 《解放与改造》1920年第2卷第15期。

到；第四，“社会化”后，人品有“愈趋于平庸的危险”，因而家庭私育于“个人化”有利。

在沈雁冰看来，“他们两位的辩论是就儿童公育发生的结果一面说得多”，且属“社会本位”性质的；自己理想的研讨，当为“儿童本位”性质：“当就儿童本身上研究，就是欲问儿童公育于儿童身上的利益到底有多少？于儿童身上的害处到底有多少？”

有鉴于此，沈雁冰“绝端赞成”儿童公育的原因也就不难理解了。因为当时中国儿童的生活境遇，用“水深火热”来形容实不过分。因此，这种陈旧的家庭私育必须改变。至于所采用的公育方式，“能像上海几个幼稚园”即可。

沈雁冰所主张的“公育”，俞颂华在《儿童公育问题的我见》① 中将其概括为“半公育”性质，或称“半公育制”，即为“公共育儿机关”。俞颂华的诠释为：

> 什么叫半公育的机关呢？即是所立的公育机关，如义务学校一般：早上由父母送儿童进去，晚上仍由父母领回家。其中有父母不愿领回的，或没有父母的，则留在公共宿舍。如此，既不妨害父母日间的工作，又不致减少父母对于家庭的趣味，很利于推行。

应该说，俞、沈二人的意见是基本一致的，所采用的基本策略也大体相同。即鼓吹时，不妨宣传“完全儿童公育”；而实行时，则“先从设立半公育的机关入手”。他们所深深忧虑的问题，诚如俞颂华文中所言：“实行了公育之后，怎样可以不伤亲对子爱的本能，适合于人性的要求；怎样可以使儿童公育的社会化不致流于‘画一’的弊病，而碍个性自由分化的发展”。

---

① 《解放与改造》1920 年第 2 卷第 15 期。

对于沈雁冰、俞颂华的质疑，恽代英则撰写了《大家为“儿童公育”努力》[①] 一文，刊载于1920年8月19日《民国日报》副刊《觉悟》。该文将俞、沈质疑的观点概括为如后五项：第一，“母亲的爱，是儿童精神生活所最需要，非保姆所能具有”；第二，“女子宁以养儿为乐”；第三，“家庭状况改良，妇女可有充分时间教育儿童，比保姆一人管多数儿童，要照顾周到些”；第四，“感情太社会化了，人品愈趋凡庸”；第五，“父母爱子性斫丧了，社会会变成冷酷”。

在该文的最后，恽代英表示：“我祝杨效春君努力去改良他的家庭，雁冰君颂华君各去实现他心目中的半公育机关；我亦在这里竭我所有的力，促进我们的共同生活，以为实现我的公育理想的预备。”同时，他还表示，“口舌争”固然有味，然而终究比不过“用手脚做出来”的成果“更有益，更有味”，所以，期待以后“大家比比成效”。言下之意，他再也不想继续这种纸面上的论争了，而将投入社会改造、共同生活的实践中。这可能正是这场论争暂时休战的原因。

参与儿童公育论争者，除上述诸位外，有文论可稽者，还有杨钟健、英武、邵力子、罗家伦、任开国等人。他们均为热血青年，尽管各人所持的观点不尽相同，但真诚地表达、冷静地说理，并无二致。正由于这场论战的参与者众多，儿童公育才可能蔚为思潮，并呈勃兴之态势。

（三）儿童公育思潮的消退原因与转型表现

儿童公育思潮由酝酿至勃兴，为时不超过十年；真正引起世人普遍关注的时间，则不过两三年。当“启蒙”的时代主题开始被“救亡”时代强音所盖过之后，儿童公育思潮便呈衰颓之势。

---

① 《恽代英全集》第四卷，第182—185页。

1. 儿童公育思潮消退之原因

儿童公育思潮之消退，大体与如下三大标志性事件相关。

（1）无政府主义的破产

1921 年 7 月中国共产党成立后，马克思主义学说得以广泛传播。对科学社会主义的深入领会使共产党人认识到，共产主义的理想社会既有别于古代东方的“大同社会”或西方的“理想国”，又有别于“桃花源”或“乌托邦”，还有别于欧文、傅立叶的“空想社会主义”。

不可否认，共产主义理想也曾鼓起“儿童公育”的风帆，但共产党组织的建立则标志了无政府主义在中国的破产。前文业已言及，无政府主义思潮的兴盛可视为培育儿童公育理想的温床。清末的“安那其主义”和“虚无党学说”主要由俄国传入，所以“十月革命”完成革命性的制度变革后，已用事实否定了无政府主义。在此背景下，中国共产党人也由对远大理想的憧憬，转而迈出进行社会革命的坚实一步。

观念层面的新奇虽有着鼓舞人心的作用，但它毕竟难以持久。现实政治的混乱和黑暗，又将人们的关注点重新拉回制度层面。换言之，须首先改变那腐朽的政治制度，然后才可能使社会、经济、文化、教育乃至妇女等问题，获得一揽子的通盘解决。

在此背景下，有志青年更多地被“主义”所吸引、打动，而将“问题”暂置于一旁。“少年中国学会”的分化便很能说明这个问题。新兴的中国共产党事实上吸纳了大多秉持儿童公育理想的青年，恽代英、任开国即为其中的典型代表。当他们全身心地投入革命运动以后，事实上再也无暇或无心重倡那美好但缥缈的公育理想了。

（2）“壬戌学制”的颁行

若就教育内部而言，1922 年 11 月颁布的“壬戌学制”（“学校系统改革案”）无疑是中国学制建设史上的大事。该制又称“新学制”。其“新”便新在摒弃了此前的“日本色彩”，而为崭新的“美国色彩”所取代。此后，实用主义、平民主义、工读主义、实验主义等教育要素便开始浸润中国教育。

具体到幼儿教育领域，1904 年“癸卯学制”首次确立的“蒙养院”制度不仅是照搬日本的产物，而且“中体西用”的气息浓重。正因其不伦不类，故在热闹了一时之后即消沉。民初的“壬子-癸丑学制”虽将“蒙养院”更名为“蒙养园”，但并无实质改变。这不仅反映在其附属性质上，而且在内容、方法上也了无新意。或可如此认定，儿童公育思潮勃兴之一因，便是对前此幼儿教育的不满。

“壬戌学制”将幼儿教育设施统一定名为“幼稚园”。这种更定似可视为“与国际接轨”。最早采用“幼稚园”之名者，为来华传教士所办理的幼儿教育设施。1903 年湖北幼稚园创办之时便采用了此名。张之洞虽为该园的领衔创办者之一，但他最终还是在“癸卯学制”中采用了“蒙养院”之名。这是因为“蒙养”能反映“中学为体”的精神。此后，官立者均称“蒙养院”或“蒙养园”，而私立或教会立者则多称“幼稚园”。这种名称的混乱实则反映了办理思想的保守或杂乱，而当名称统一之后，先进的办园理念也随之而至。

先进的办园理念可由制定“壬戌学制”的七项标准得以反映：适应社会进化之需要、发挥平民教育精神、谋个性之发展、注意国民经济力、注意生活教育、使教育易于普及、多留各地方伸缩余地。① 次年，陈鹤琴便于自家开办幼稚园，实验幼教新理。1925 年，他又将该园单设为南京鼓楼幼稚园，并使之成为中国幼

① 朱有瓛主编：《中国近代学制史料》第三辑（下册），华东师范大学出版社 1992 年版，第 804—805 页。

稚园的楷模。张雪门则在北京深研幼教理论，先后在孔德学校开办幼稚园和幼稚师范科。他立志献身于幼教事业并致力于幼教理论的中国化。“南陈北张”的获名，事实上标志着中国幼儿教育的理论和实践均已跃升到了一个新的高度。

幼稚园的定制和中国幼儿教育理论的初步形成，是“半公育制”占据上风的体现。正因为人们的关注点已聚焦于“公共育儿机关”的完善和普设，所以人们对于虚幻或缥缈的“全公育制”的兴趣也就不再那么浓厚了。换言之，儿童公育思潮的消退实为顺乎自然之事。

（3）第一次国共合作的实现

1924 年 1 月，中国国民党第一次全国代表大会在广州召开，共产党员以个人名义加入国民党，国共两党为“北伐革命”而结成了统一战线。在这次大会上，孙中山重新解释了“三民主义”，并确定了“联俄、联共、扶助农工”的三大政策，从而拉开了“大革命”的帷幕。

为了配合即将到来的革命高潮，社会上不仅开始扫除腐朽的封建传统思想，而且对近代以来所倡言的各种改良学说也进行了全面的清算和批判。在教育领域，教育救国说、教育独立说、教育神圣说、教育中正说、教育清高说等均开始失去了“兜售的市场”，此前的“教育改造说”也变为“教育革命说”。

在此背景下，“党化教育”主张应运而生。1926 年 7 月，广东国民政府确立了“党化教育方针”，要求教育必须配合“以党治国”的国策，并配合“北伐革命”的中心任务。当“打倒军阀”“打倒列强”的口号响彻云天后，人们热血贲张，所关注的只是现实政治，再也无暇空谈那玄远的理想，儿童公育思潮的消退自然也就成为情理中事。

2. 儿童公育思潮转型之表现

尽管儿童公育思潮隐入了革命浪涛之下，但革命并不排斥理想，甚至革命的精神动力还须靠理想来哺育。因此，在民国后期的教育实践中，儿童公育仍被不时提及，甚至还有所试验。尽管它已鲜有“五四”时期的空想成分，但视其为儿童公育思潮的转型也未尝不可。这种转型，可分以下四方面来加以考察。

（1）社团及私人办理者

中华慈幼协会筹设的上海慈幼教养院。中华慈幼协会系全国性慈幼团体，会长为孔祥熙，另有邝富灼、高凤池、郭秉文等作为骨干。该协会于 1928 年成立，设会于上海。1930 年 5 月，该协会在上海闸北虬江路开办慈幼教养院，收容孤儿予以“公育”。其办理经费主要依靠募集，其办理特色为“教养兼重”。该院为未足学龄者开设幼稚班，学龄儿童则依学制开班；对于稍长者，则试行半工半读，用以习得谋生之技能。该院曾举办儿童节、儿童年等活动，影响相对较大。

杜从坡办理的北平儿童公育院。1933 年 9 月，该院开办。院址为北平北沟沿 4 号的一幢民宅，经费主要依靠筹募所得。其办理概况为：

> 在院子的四周，有他们的寝室。每人一张小床，盖着洁白的被单；盥洗室里，各人有各人的盥具、布巾；作业室里，各人有各人的桌、椅；图书馆，摆着应用的图书；游艺室，摆着各种玩具；浴室、厨房，没有一处不是清洁、整齐，宛然一个小小的学校。①

该院办理时间不长，影响相对较小。

---

① 上海《晨报》记者：《参观北平儿童公育院》，转引自喻本伐、张汶军、郑刚：《理想天穹下的那道彩虹——百年前儿童公育思潮的蔚然蒸腾》，《教育研究》2019 年第 7 期。

陶行知办理的北碚育才学校。1939 年 7 月，陶行知以“生活教育社”名义创始该校，实则为独力支撑。他在《育才学校教育纲要草案》中说明他的创设初衷为：“抗战以来，中国破天荒产生了儿童公育的事业，而育才学校是其中特殊的一种。我们希望将具有特殊才能的儿童之公育，予以充分的试验。”① 该校的招生对象为各保育院中的天才难童。选才方式既通过智力测验来检测，又通过具体的才艺表演来判断。儿童入学后，分设音乐、戏剧、文学、绘画和社会科学（后增设自然科学、舞蹈）各组，进行分途培养，以使人才幼苗不致枯萎。该校为陶行知所办理的“三大教育典型”之一。

（2）国共两党合办的“战时儿童保育院”

“西安事变”后，国共两党实现了第二次合作；“七七事变”后，则携手共同抗战。1938 年 3 月，“战时儿童保育会”设立，宋美龄任理事长，邓颖超为常务委员。同年 5 月，“战时儿童保育会”在汉口创设“第一临时保育院”，后又陆续创设数十所保育院，专门负责收容和教养战争难童，八年间总计教养难童近三万人。此类保育院属儿童公育性质无疑。

（3）共产党人所办理的“陕甘宁边区第一保育院”

该院在名义上属于“战时儿童保育会”，然而在办理中，除经费外，则拥有较大的独立自主性，并且儿童公育的色彩更浓。从设班来看，该院分设有婴孩班（6 个月～4 岁）、幼稚班（4～6 岁）和儿童班（6～15 岁），相对重视幼儿教育；从经费来看，得到了党和边区政府更多的支持，所以生活条件和教养设施也相对优越。

（4）共产党人所办理的“洛杉矶托儿所”

早在 1934 年 2 月 21 日，中华苏维埃共和国的工农政府便颁

① 方明主编：《陶行知全集》第 4 卷，第 383 页。

布了《托儿所组织条例》，在江西掀起“托儿所运动”。陕甘宁边区政府成立后，于1940年设立“中央托儿所”。该所为中共中央机关的保育设施。1942年接受美国洛杉矶爱国华侨的捐赠后，方改此名。它原本便实行“供给制”，由边区政府出资，修建了游戏室、卧室、餐厅、澡堂、厨房、厕所等，其设施甚至优于政府机关。在接受华侨捐赠后，办所条件更有所改观，其优越性从保育员的配备便可看出：婴儿班（2岁以下），专人负责；幼儿二班（2～3岁），5人配一保育员；幼儿大班（3～4岁），8人配一保育员；幼稚二班（4～5岁），12人配一保育员；幼稚大班（5～6岁），16人配一保育员。

上列设施，均或多或少地具有儿童公育的因子，然而又与理想中的儿童公育有所差距，故可视为儿童公育思潮的余波或转型。

新文化运动时期，是中国“人的发现”和“儿童的发现”的初期。在新文化运动的影响下，教育家们批判封建幼教观念的呼声从来没有这样高昂。儿童公育思潮不仅进一步揭露了中国传统家庭教育的弊病、提高了妇女的社会地位，还促进了幼儿教育机构的增设和中国儿童教育的科学化发展。

四、 科学教育思潮的形成与发展

除儿童公育思潮外，这一时期科学教育思潮、平民教育思潮等对幼儿教育思潮的革新以及幼儿教育的发展起到了促进作用。

科学教育思潮是“五四”新文化运动时期非常流行的一种教育思潮。中国教育和近代科学的联结始于清末。真正意义上的科学教育思潮的形成始于1914年以任鸿隽为首的留美学生在美国成立的中国科学社和次年发刊的《科学》月刊。“五四”新文化运动时期，科学教育思潮达到鼎盛，此后逐渐进入实施阶段。科学教育思潮主要倡导通过科学知识的传授和科学方法的训练，培养专门的科学人才，养成人们的科学态度、精神和思想方法，促使“科学教育化”和“教育科学化”。这一教育思潮对包括儿童教育在内的整个教育领域都产生了重要影响。

随着新文化运动如火如荼地展开，科学教育思潮借着“赛先生”的东风，达到了空前的高度。陈独秀认为就科学而言，一个人乃至一个民族、一个国家，如果不懂得科学，就会“无知妄作”，不论士、农、工、商、医，都将受害不浅。因此“科学之兴，其功不在人权说下”，中国要摆脱愚昧时代，“凡此无常识之思，惟无理由之信仰，欲根治之，厥维科学”。[①] 在“五四”前后，留学欧美的学生纷纷回国。他们在欧美国家亲见科学对一个国家生产力的发展所起的重大作用，遂感到中国的未来必受科学洗礼。科学教育思潮主要包括两层含义：一是“物质上之知识”的传授，二是应用科学方法于教育研究和对人的科学精神、科学态度的训练，尤以后者为重。[②] 陈独秀在《宪法与孔教》中从批判传统教育入手来倡导科学教育，认为科学和儒教是根本对立的，没有调和的余地：

> 万一不安本分，妄欲建设西洋式之新中国，组织西洋式之新社会，以求适今世之生存，则根本问题，不可不首先输入西洋式社会国家之基础，所谓平等人权之新信仰，对于与此新社会新国家新信仰不可相容之孔教，不可不有彻底之觉悟，猛勇之决心；否则不塞不流，不

---

① 陈独秀：《敬告青年》，见任建树主编：《陈独秀著作选编》第一卷，上海人民出版社 2009 年版，第 162、163 页。

② 参见孙培青主编：《中国教育史》，华东师范大学出版社 2000 年版，第 389 页。

止不行！[1]

要“输入西洋式社会国家之基础”，就必须倡行科学教育。陈独秀主张尊重客观事物、探索科学规律、发扬科学精神和提倡自然科学实验方法。新文化运动时期的另一位代表胡适也是坚定的科学教育倡导者，其“大胆的假设，小心的求证”这一实验主义的科学方法论，在思想启蒙中起到积极的作用，深化了科学教育思潮的内涵。

科学教育思潮对儿童教育的影响主要侧重于研究方法方面。科学教育思潮提倡以科学的方法研究儿童教育，包括儿童心理和教育心理的研究，各种心理、教育统计与测量及量表的编制应用，等等。同时，它关注儿童的生活经验和个体差异，注重发展儿童的个性和能力，强调“做中学”，以科学的方法来促进儿童教育的发展。新文化运动为科学教育思潮的形成、发展乃至鼎盛提供了适宜的社会土壤。科学教育思潮成为新文化运动的一股思想推动力量，为中国文化教育界吹来一缕清风，使中国幼儿教育受到近代科学思想的洗礼，促进了儿童教育的科学发展。

新文化运动期间，西方教育思想大量传入中国，从理论和实践两方面不断影响着中国的传统教育，使得中国教育从封闭走向开放、多元，极大地改变了中国教育理论的价值取向，促进了中国教育的进步。新文化运动在幼儿教育领域所引起的教育观念的转变也是划时代的，中国人开始反思传统的幼儿教育以及现实的教育问题，并在思想层面自觉主动地学习西方先进的幼儿教育思想。

① 任建树主编：《陈独秀著作选编》第一卷，第252页。

第三节　蔡元培的幼儿教育思想

蔡元培（1868—1940 年），字鹤卿，浙江绍兴人，被誉为“中国近现代教育学之父”，首开新教育的民主风气。蔡元培关心儿童教育，认为人一生的事业多取决于婴孩时期。他从人才培养和国家的命运前途出发，提出了教育救国的理念，主张教育应该遵循自然规律，发展儿童个性。虽然他专论幼儿教育的文字并不多，却另辟蹊径，见解独到，富有远见卓识。他的幼儿教育思想立足于“康德哲学”之上，既汲取了中国传统优秀思想养料，又吸收、借鉴了西方教育理论，实现了中西融通，为民主幼儿教育思想的发展奠定了基础。

一、　着眼于健全人格的“五育并举”

蔡元培认为儿童关乎国家命运、民族未来。他对儿童有着殷切的希望，主张对儿童要及早进行教育。他在《全国临时教育会议开会词》中提出“民国教育方针，应从受教育者本体上着想，有如何能力，方能尽如何责任；受如何教育，始能具如何能力”，并引用瑞士教育家裴斯泰洛齐的名言加以佐证，主张教育应该以儿童为中心，“立于儿童之地位而体验之”，[①] 养成共和国健全人格。

蔡元培在《新教育与旧教育之歧点——在天津中华书局“直隶全省小学会议欢迎会”上的演说词》[②] 中指出：“夫新教育所以异于旧教育者，有一要点焉，即教育者非以吾人教育儿童，而吾人受教于儿童之谓也。”中国传统教育以养成科举人才为目的，

① 高平叔编：《蔡元培全集》第二卷，第 262 页。

② 高平叔编：《蔡元培全集》第三卷，第 173—175 页。

以“四书五经”、八股文、五言八韵诗等“殿试朝考所重”为内容，对儿童进行强制性的灌输。这种教育把儿童当成了可以任意处置的物件，使学生只能盲从教师，而失去了思考的能力和学习的兴趣，造成了师生之间、亲人之间的对立情绪。他具体剖析了中国传统蒙学教育的弊端，痛斥了“教者预定一目的，而强受教者以就之”的做法，视此“如吾人之处置无机物然”。他又对比阐明了：“新教育则否，在深知儿童身心发达之程序，而择种种适当之方法以助之。”他所得出的结论是：“因而知教育者，与其守成法，毋宁尚自然；与其求划一，毋宁展个性。”为达此目的，他建议：“欲救其弊，第一，须设实验教育之研究所。第二，教员须有充分之知识，足以应儿童之请益与模范而不匮。第三，则供给教育品者，亦当有种种参考之图画与仪器，以供教员之取资。”他认为，教育不同于政治和宗教，其本质是培养人，使人养成健全的人格，造成最大多数之最大幸福。由于传统教育远离儿童现实生活，违背教育规律，故儿童在学堂对所学内容往往不求甚解；而先生以“夏楚之物迫之”，亦是违背了自然原则，束缚了儿童的个性发展。

他强调要通过军国民教育、实利主义教育、公民道德教育、美感教育、世界观教育“五育”的和谐发展，培养儿童的健全人格。他在《对于新教育之意见》中以人体各种机能协调作用解释“五育”不可偏废的道理。

> 譬之人身：军国民主义者，筋骨也，用以自卫；实利主义者，胃肠也，用以营养；公民道德者，呼吸机循环机也，周贯全体；美育者，神经系也，所以传导；世界观者，心理作用也，附丽于神经系，而无迹象之可

求。此即五者不可偏废之理也。[①]

根据当时教育界流行的德、智、体、美的划分，蔡元培认为在这“五育”中，军国民教育为体育；实利主义教育为智育；公民道德教育为德育；美感教育为美育，可以辅助德育；世界观教育将德、智、体三育合而为一，是教育的最高境界。只有“五育”全面和谐发展，才能培养具有健全人格的儿童。

“五育”中，蔡元培认为健全的体格是从事其他活动的基础。他说：“夫完全人格，首在体育。”[②] 他化用英国教育家洛克的名言“健全的精神寓于健全的身体”，强调健康身体的重要性，并指出当时国人普遍轻视体育的弊病：

> 群以为知识发达，道德增加，便足为毕人生事，于是，囚首垢面者，反目为是，雄躯壮干者，鄙为不足道。殊不知有健全之身体，始有健全之精神。[③]

体育不仅可以增强儿童体格，塑造儿童体型，更重要的是，体育能振奋儿童的精神。他主张中国教育应该重视体育，不但为保卫国家，亦为强健身体。他认为各学校都应该一律提倡体育。体育最要之事为运动，所以体育比赛或运动会，足球、网球等运动，深得儿童喜爱，只是这种活动只为引起学生体育运动的兴味，不可为争强好胜。其次，蔡元培认为体育运动要合乎儿童的生理。一方面，体育要遵循儿童生理发育趋势。儿童喜欢游戏，采用游戏运动可使儿童乐于参加。又因儿童尚幼，卫生之道多受于父母兄长，遂对儿童的饮食、服饰、作息、运动时间等要有严格规

---

① 高平叔编：《蔡元培全集》第二卷，第135页。

② 蔡元培：《在爱国女学校之演说》，见高平叔编：《蔡元培全集》第三卷，第8页。

③ 蔡元培：《在南开学校全校欢迎会上的演说词》，见高平叔编：《蔡元培全集》第三卷，第46页。

定。另一方面，要培养儿童树立正确的体育运动观，弘扬体育精神。“若只求个人的胜利，或一校的名誉，不管生理上有无危险，这不要说于身体上有妨害，且成一种机械的作用，便失却体育的价值了。而且只骛虚名，在心理上亦易受到恶影响。”① 最后，体育运动贵在坚持，对待一项体育活动须持之以恒地进行锻炼。如若不勤加练习，便会荒废；只有勤加练习，才会更加熟练。

蔡元培认为实利主义教育即智育，即向儿童传授文化知识，养成其科学的思维方式，并发展其智力。实利主义教育也是促进我国国富民强的重要工具。他在《对于新教育之意见》中说：“我国地宝不发，实业界之组织尚幼稚，人民失业者至多，而国甚贫。实利主义之教育，固亦当务之急者也。”② 他把实利主义看作实现富国强兵、发展国计民生的重要手段。他在《中学修身教科书》中认为，随着科学技术的发展，当今世界各国之间的竞争，早以不再局限于武力的范畴：

> 自人文进化，而国家之贫富强弱，与其国民学问之深浅为比例。彼欧美诸国，所以日辟百里、虎视一世者，实由其国中硕学专家，以理学工学之知识，开殖产兴业之端，锲而不已，成此实效。是故文明国所恃以竞争者，非武力而智力也。③

当今世界中西方文化碰撞，各国之间交际频繁，智力的竞争也日益激烈，教育者应十分重视通过智育开发学生的智慧。蔡元培强调教师进行知识传授时不能像注水入瓶一样，只一味地注入和灌满，这种做法既违背了自然的原则，也容易造成师生对立的

---

① 蔡元培：《普通教育和职业教育——在新加坡南洋华侨中学演说词》，见高平叔编：《蔡元培全集》第三卷，第 474—475 页。

② 高平叔编：《蔡元培全集》第二卷，第 131 页。

③ 高平叔编：《蔡元培全集》第二卷，第 184 页。

关系。他希望通过启发式的教学方式，因材施教，引导学生独立思考，养成自动、自学的习惯。他认为现在的学校教育把学生按年龄分成班次，虽获得了最大的经济效益，却忽视了儿童的个别差异，泯灭了儿童的个性。儿童的个性不同主要体现在：有的儿童喜文学，有的喜算术等；各人各科进步的快慢，也不能一致。因此，教师在教学中应结合儿童实际，应势利导，培养学生读书和学习的兴趣。另外，智育的教学应重视科学知识，因为科学技术的进步改善了我们生活，带给我们身体上的享受和精神上的安宁。他认为现代儿童对科学应持一种“不但享受科学的成绩，也要有点贡献”的态度，鼓励儿童读《科学画报》，时时留意科技进步，进行发明创造。

至于德育，蔡元培认为，“五育”中“以公民道德为中坚，盖世界观及美育皆所以完成道德，而军国民教育及实利主义，则必以道德为根本”①。资产阶级教育实现了资本主义国家的富国强兵，然而出现了列强间以强欺弱的侵略战争，导致贫富悬殊，最终爆发世界大战的悲剧。蔡元培认为法兰西革命倡导的自由、平等、博爱与中国传统的义、恕、仁有异曲同工之处，是一切公民道德的根源。自由、平等、博爱，代表的是一种根本的道德原则，是公民应当共同遵守的行为规范，“乃是在不论何时何地照此做法，大家都能适宜的一种举措标准。是以万事的条件不同，原理则一”②。但是，他认为评价具体的行为表现应随时随地依据事势发展的情形。去批评别人时，要考察他人当时所处的环境怎样再下断语。同时，这些原则是相对的，公民欲自由，亦当尊重

① 蔡元培：《全国临时教育会议开会词》，见高平叔编：《蔡元培全集》第二卷，第263页。

② 蔡元培：《普通教育和职业教育——在新加坡南洋华侨中学演说词》，见高平叔编：《蔡元培全集》第三卷，第476页。

他人的自由；若不以平等、亲善待人，人亦不会以平等、亲善待你，正如孔子所言："己所不欲，勿施于人"。在道德教育的实施方法上，蔡元培反对死记道德格言，主张重在实践，使儿童养成良好的道德习惯，最终造福国家和社会。他认为，德育的实施场所始于家庭："家庭者，人生最初之学校也。一生之品行，所谓百变不离其宗者，大抵胚胎于家庭之中。"[①] 家庭教育之道，首先在于创设一个善良且充满爱的家庭氛围。其次，父母兄长的言行举止应大方得体，为儿童树立道德楷模。另外，儿童幼年时虽启蒙于父母，但是家庭教育的氛围、父母的教育能力等都逊色于学校教育。因此，教育者应加强家校联系，遵循教育教学规律，根据德育、智育、体育、美育和世界观教育的联系，在各学科教学中注意对儿童进行引导。

蔡元培把世界分为"现象世界"和"实体世界"两个不可分割的方面。他认为两者的区别在于，现象世界是相对的，其范围受因果律的制约，与空间、时间密不可分，现世的幸福是可以体会的；实体世界是绝对的，其范围超越因果律的制约，无空间、时间可言，是一种观念，不可言状，只能通过直观感受。二者是相通的，是一个世界之两面，而非此消彼长的关系。他在《对于新教育之意见》中说：

> 现象世界之事为政治，故以造成现世幸福为鹄的；实体世界之事为宗教，故以摆脱现世幸福为作用。而教育者，则立于现象世界，而有事于实体世界者也。故以实体世界之观念为其究竟之大目的，而以现象世界之幸福为其达于实体观念之作用。[②]

---

① 蔡元培：《中学修身教科书》，见高平叔编：《蔡元培全集》第二卷，第200页。

② 高平叔编：《蔡元培全集》第二卷，第133页。

最好的政治无非是追求最多数人的现世的最大幸福，然而人们也需要追求更崇高的人生价值，即终极价值。所以，世界观教育就是要培养儿童一种立足于现实世界，但又能超脱现实世界，到达自由、平等、博爱的实体世界的理想信念。蔡元培认为，美术以现象世界为材料，美感将美丽和尊严合二为一。所以，他认为美育是沟通现象世界和实体世界的桥梁，是实现世界观教育的主要途径。

何为美育？蔡元培在《美育》一文中，对美育下的定义是："美育者，应用美学之理论于教育，以陶养感情为目的者也。"① 他认为，美育无处不在，中国古代教育以礼、乐、射、御、书、数为教学内容，其中乐为纯粹美育；书是以文字为记录，书法字体亦很美观；射、御在于技术上熟练，亦有态度上娴雅；礼的本义是守规则，而其作用又在远鄙俗。"六艺"中除数以外，无不含有美育的成分。近代的德育、智育、体育中亦有不同成分的美育，体育于养成健康的身体之目的外，亦有塑造形体之美的功能。美育可以代替宗教，辅助智育，促进道德教育。美育的实施要从学校教育、家庭教育和社会教育三方面全面系统地进行。他主张对胎儿的美育要在公立胎教院进行。胎教院要设在风景优美、空气清新、远离城市喧嚣的地方，院舍的建筑要玲珑、匀称、美观，园中要有观赏的花木，院内应陈列雕刻、图画，还要选择品种丰富及内容健康、乐观、和平的书籍和音乐。胎儿出生后迁至公共育婴院，其建筑与胎教院大略相同，院内成人的衣饰、言语与动作，都要有符合美的要求，可以作为儿童的模范。孩童三岁进入幼稚园，其环境、布置等，应力求优美；更为重要的是，还应开设舞蹈、唱歌、手工等"美育的专课"。与此同时，

① 高平叔编：《蔡元培全集》第五卷，中华书局1988年版，第508页。

教育者要充分利用其他课内含的美育因素，如计算、说话，从排列上、音调上迎合儿童的美感。蔡元培认为游戏本身是一种美育，并且游戏是儿童喜爱的活动，要通过游戏培养儿童对美术、自然的鉴赏能力。蔡元培始终坚持“以美育代宗教”，他认为，美育是自由的，而宗教是强制的；美育是进步的，而宗教是保守的；美育是普及的，而宗教是有界的。美育完全可以代替宗教。总之，蔡元培对于教育培养目标以及“五育”的论述具有很强的前瞻性，为民国政府时期教育方针的制定以及幼儿教育实践和理论的发展提供了指导。

总之，蔡元培尚自然、展个性的主张是他和谐发展观的具体表现之一。他反对教育者“硬以自己的意思压到学生身上”，并“挟成见以从事焉”。他要求一切须从儿童出发。早在 1912 年，他在《全国临时教育会议开会词》中便明确地阐明了这种主张：

> 从前瑞士教育家（沛斯泰洛齐）有言：昔之教育，使儿童受教于成人；今之教育，乃使成人受教于儿童。何谓成人受教于儿童？谓成人不敢自存成见，立于儿童之地位以体验之，以定教育之方法。①

二、 论胎教院和育婴院

蔡元培认为，养育、教导孩子是父母的第一本务，而家庭教育是学校和社会教育的起点，“幼儿受于家庭之教训，虽薄物细故，往往终其生而不忘”②。他虽认为家庭教育十分重要，但对家庭教育始终持一种怀疑的态度：第一，教育是专门的事业，不是人人都能担任的，没有经过专门训练的父母恐不能胜任教师之

---

① 高平叔编：《蔡元培全集》第二卷，第 262 页。

② 蔡元培：《中学修身教科书》，见高平叔编：《蔡元培全集》第二卷，第 200 页。

职；第二，父母囿于职务，恐无暇教育子女；第三，不良家庭习惯、父母的不当举止对成人来说可能无害，但往往有害于儿童的心理健康。许多儿童接受了家庭的不良教育，进了学校后不易改正。他列举古代的圣人孔子“远其子”、孟子“易子而教”的故事。所以，蔡元培在《美育实施的方法》中明确地指出：“我从不信家庭有完美教育的可能性”①。既然传统的家庭教育不宜于婴幼儿的成长，那么，如何才能为他们提供良好的幼儿教育呢？蔡元培在《贫儿院与贫儿教育的关系——在北京青年会演说词》②中毫不含糊地申明了自己的儿童公育主张：

所以我的理想：一个地方必须于蒙养院与中小学校以外，有几个胎教院，几个乳儿院，都由专门的卫生家管理。……不论那个人家，要是妇人有了孕，便是进胎教院；生了子女，便迁到乳儿院。一年以后，小儿断乳，就送到蒙养院受教育，不用他的母亲照管。

他进而建议，儿童公育的试验，“我想先从贫儿院下手。要是贫儿院试办这种事情很有成效，那就可以推广到不贫的儿童了”。蔡元培主张以胎教作为幼儿教育的起点，这无疑是对中国传统幼教观念的继承。他又力主设立乳儿院、蒙养院等公共保教设施，无疑是对西方幼教体制的借鉴。

蔡元培认为，中国自古以来就重视胎教：

夫人类遗传之规则，胎儿灵性之有无，在今日虽尚为聚讼之问题，然孕妇之疾病、羸弱与夫非常之激动，不能不影响于胎儿，为生理上所可信；体魄与心灵有密切之关系，又为近世所公认者；然则胎教之说，当亦不

① 高平叔编：《蔡元培全集》第四卷，第211页。

② 高平叔编：《蔡元培全集》第三卷，第262—267页。

无假定之价值也。[1]

所以，孕妇的卫生保健、周围环境需要精心的安排。国家须设立胎教院，为所有孕妇提供良好的环境。蔡元培认为胎教院的建筑、院内外的陈设，起居的环境、饮食的规则，陈列的图画、书报，休闲的音乐，等等，皆须参合卫生术、美学、教育学的原理而规定。

婴儿诞生后，母亲须携子住入育婴院。“凡此等婴儿之生而无母或其母有故不能自育者，以曾受特别教育之保姆育之，所不待言；即有母而且能自育者，亦得携儿而来，于适宜之建筑，循普通之规则，而无以生计家政之属分其心。”[2] 蔡元培对育婴院也进行了详细的介绍，主张国家设立公共育婴院，婴儿及其母亲都应该入住。育婴院内要提供儿童游戏的场所，以满足儿童好动的天性。同时，保育人员在教儿童学习语言的过程中，要重视言传身教，保证优雅的教学语言和健康的教学内容。

蔡元培在留德期间曾师从冯特，十分推崇实验心理学。他认为教育应该遵循儿童心理发育的独特性，进行教育实验，对于好的实验经验应该推广到全国。1925 年世界教育会联合会第二次大会上，蔡元培作为中国代表团的一员提出了两条议案，其中一条就是有关“胎教院与育婴院的试验”，可见蔡元培希望通过胎教院和育婴院的普及使儿童接受更好的教育。

三、 论幼稚园

蔡元培认为，幼稚教育是家庭教育和学校教育的过渡阶段。

---

① 蔡元培：《一九〇〇年以来教育之进步》，见高平叔编：《蔡元培全集》第二卷，第 409 页。

② 蔡元培：《一九〇〇年以来教育之进步》，见高平叔编：《蔡元培全集》第二卷，第 409 页。

1922年，北洋政府教育部召开学制会议时，蔡元培被推荐为主席。在对“教育总长交议案”的审议中，他指出学校教育系统改革要遵循教育原理，并顾及本国情形。他主张在初级小学之下，加设蒙养院，各地方应酌情设立蒙养院，收受三岁至六岁之儿童。1925年在世界教育会联合会第二次大会上，他发表了《中国教育的历史与现状》，认为中国当前面临的最大问题是：“仿照欧洲的方法创办学校，从最基本的幼儿园到大学。”① 1927年颁布的《小学暂行条例》第三条也规定：“小学得附设幼稚园及其他初等教育机关”②。

（一）幼稚园教育内容

蔡元培认为，中国传统教育旨在科举考试，教学方法多是强迫灌输、严厉体罚，而在教育内容上又偏重德育和智育，忽视体育和美育。在德育和智育的实施过程中也多有不符合科学的地方，与新教育的要求相悖。他说：

> 今之言新教育者，以体育、智育、德育并重，其功效胜于旧教育什百。以言体育，旧时习惯，偏重勤习，而于身体之有妨碍与否，皆所不顾，且以身体与灵魂为二物。人之智慧学术，皆由灵魂出，故重视灵魂，而轻视身体。

殊不知“人之智慧学术，皆由人之脑质运用之力而出，故脑力盛则智力富，身体弱则脑力衰”。③ 所以新教育应该从幼稚园开始，重视体育锻炼。至于智育，蔡元培认为旧式学校为科举的附庸，

---

① 高平叔编：《蔡元培全集》第五卷，第30页。

② 上海法学编译社编：《中华民国国民政府法令大全》七（教育），上海法学编译社1928年版，第23页。

③ 蔡元培：《在浙江旅津公学演说词》，见高平叔编：《蔡元培全集》第三卷，第58—59页。

教儿童的大多是一些不符合时代精神的封建知识，新教育应该以科学来武装儿童。再言德育，他认为旧教育以忠君爱国奴化儿童，使儿童驯良，树立皇权至高无上的意识。故旧教育培养的人往往缺乏团体意识和社会责任感。新教育应该从幼稚园就培养儿童自由、平等意识，帮助儿童树立集体的观念。他强调培养儿童健全的人格，必须使个性和群性和谐发展。总之，幼稚园应该从德育、智育、体育、世界观教育和美育出发，培养儿童健全的人格。

（二）幼稚园教育要循序渐进、因材施教

福禄培尔在《人的教育》一书中指出："一切专断的、指示性的、绝对的和干预性的训练、教育和教学必然地起着毁灭的、阻碍的、破坏的作用。"他还拿园丁修剪葡萄藤作为比喻：

> 因此，为进一步接受大自然的教训，葡萄藤应当被修剪。但修剪本身不会给葡萄藤带来葡萄，相反地，不管出自多么良好的意图，如果园丁在工作中不是十分耐心地、小心地顺应植物本性的话，葡萄藤可能由于修剪而被彻底毁灭，至少它的肥力和结果能力被破坏。①

蔡元培十分认同福禄培尔的说法。他认为旧教育以教师为中心，坚持整齐划一，固守成规，违背儿童个性发展；新教育是根据儿童的心理、生理发展的顺序进行的，新旧教育的分歧就在于此。他在《夫妇公约》中说"教子当因其所已知而进之于所未知，以开其思想之路"②，这也符合《礼记·学记》中"不陵节而施之谓孙"③ 的规律。总之，蔡元培认为凡事都有次序，正如登高要从

① 福禄培尔著，孙祖复译：《人的教育》，人民教育出版社2001年版，第10页。

② 高平叔编：《蔡元培全集》第一卷，中华书局1984年版，第104页。

③ 阮元校刻：《十三经注疏》，第1523页。

下往上、入室该由户到内，循序不乱。人的智力发展也是如此，所以他强调幼稚园教育要遵循儿童身心发展的顺序性和阶段性，由浅入深、循序渐进。

蔡元培特别推崇孔子的因材施教，认为这种方法注意到了儿童发展的个性化差异，有助于培养儿童的完全人格。1919年，他在杜威先生六十岁生日晚宴上所做的演讲中，详细地阐释了孔子的这种方法。他说："他的三千个弟子，有狂的，有狷的，有愚的，有鲁的，有辟的，有喭的，有富的如子贡，有贫的如原宪"，但是"照《论语》所记的，问仁的有若干，他的答语不一样；问政的有若干，他的答语也不是一样。这叫作是'因材施教'。可见他的教育，是重在发展个性，适应社会，决不是拘泥形式，专讲画一的"①。他在《新教育与旧教育之歧点——在天津中华书局"直隶全省小学会议欢迎会"上的演说词》中还以农学家养育植物进行了形象的比喻："干则灌溉之，弱则支持之，畏寒则置之温室，需食则资以肥料，好光则复以有色之玻璃。"② 后来，他在美国卜技利（Berkeley，今译伯克利）中国学生会发表演讲时，向全校的师生推荐因材施教的方法。他认为孔子因材施教的方法可以陶冶学生性情，并发展其独特个性，是值得借鉴和学习的。

总之，蔡元培认为幼稚园教育包括小学教育都应该遵循循序渐进、因材施教的教学方法。这两种方法既符合教育的客观规律，又有利于发展儿童的个性，促进儿童健全人格的发展。

（三）幼稚园要培养儿童自立、自动的精神

蔡元培认为旧教育的高压手段剥夺了儿童的话语权，泯灭了儿童的个性。他指出：

---

① 高平叔编：《蔡元培全集》第三卷，第350页。

② 高平叔编：《蔡元培全集》第三卷，第174页。

> 旧日道德，隐然有一种魔力，法规所定，无论当否，无丝毫违抗改变余地。国之君主，家之家长，私塾之师，其令之严，被动者惟有服从，无所谓自由其思想，使居于判断是非之地。此种思想之箝制，积数千年，至今日学校校长犹存此风。其是也，全校是之；非也，全校非之。①

旧教育使儿童丧失了独立思考的能力，丧失了自立、自动的精神。蔡元培在《夫妇公约》中写道："养子而不教，不可也"，而"教子不可用威喝朴责，以养其自立之气"②。他认为，自立精神是一个人具备完全人格的关键，丧失这种精神的人是可悲的。

> 自立性者，万物所公有也。金之坚也，火之炎上也，水之下也，人所不能强也，而况于人。人之所以自立者二：曰职分所当为者是也，曰权分所当得者是也。能为而不敢为，失职，即失权也；可得而不能得，失权，亦失职也。二者互相持以完其自立者也……自立性失，甚者，子弟席祖父之荫而废其正业，妇女图悦己之容而梏其天形，而彼昏昏不知，且一以为全权，一以为识职也，悲夫！③

因此，蔡元培非常注重儿童自动精神的培养，认为自动精神是儿童健全人格的重要组成部分。教师是不可能知道每个儿童的个性的，最了解的只能是儿童自己，所以教师不能把自己的思想强加在儿童身上，儿童也应该学会独立思考，不能师云亦云。

① 蔡元培：《在南开学校全校欢迎会上的演说词》，见高平叔编：《蔡元培全集》第三卷，第47页。

② 高平叔编：《蔡元培全集》第一卷，第104页。

③ 蔡元培：《剡山二戴两书院学约》，见高平叔编：《蔡元培全集》第一卷，第95页。

四、论儿童读物

蔡元培在《〈小学生文库〉之编印》中认为，未来的世界是属于儿童的，“因为将来的世界，完全靠儿童们长大以后的活动；我们不愿为他们养成被动的习惯，而要引起他们自动的探求，不可不为之预备材料，以备参考也”①。但是旧教育以科举为目的，最初以《千字文》《神童诗》《龙文鞭影》《幼学须知》等为启蒙书，进而又以“四书五经”、八股文、五言八韵诗为教材，是不科学的。因为经书里讲的内容大多过于抽象，儿童不容易领会；再者，经书所用均为文言文，教儿童读经太费时间，于儿童也不相适宜。他鼓励儿童多读有用的书，学习科学知识，养成科学的头脑。小学校应设有图书馆，普通图书馆应该有专门的儿童阅览室，家庭文库应有丰富的儿童读物。同时，印刷机关应该出版大量的儿童读物，使得学校、图书馆、家庭能大量购进儿童读物，以满足儿童发展的需要。为此，他高度赞扬了商务印书馆的《小学生文库》的编印，认为这是“吾国儿童之幸运也”。

在儿童读物的选材和编写上，他认为必须符合儿童的阅读心理和差异心理。1934 年 8 月 1 日，他在《题上海儿童书局分部互用儿童国语教科书》中说：

> 儿童的抽象作用，较直观为弱，所以吾人在智育方面，即不能不授以概念，而要在多用直观的材料为引导。直观的对象，最好是实物，次标本，次图画，这是现今教育家所公认的。我国地大物博，兼跨寒、温、热三带，儿童所见，显有不同：对南部的儿童，讲雪人冰窖；对北部的儿童，讲木棉甘蔗，虽有图画，若要举实

① 高平叔编：《蔡元培全集》第六卷，中华书局 1988 年版，第 323 页。

> 物来证明他，就很少机会了。上海儿童书局有鉴于此，特分编北、中、南三部国语，所含名词，均择本部中最彰明较著的；而关于听觉的，如歌谣等，也在本部中选出耳熟能详的，穿插其间；这对儿童的领会，必有极大的助力。特志数语，以为绍介。①

可见，儿童读物的编写要遵循直观性原则；儿童读物的内容应新颖有趣、图文并茂，能够满足儿童好奇、好动等天性，也应注意结合各地方的特色。编写儿童读本的每一道程序，都需要书局、广大儿童教育工作者、学校、家长齐心合力，只有这样才能为儿童身心发展提供内容健康的书籍。

蔡元培的儿童教育思想的总目标是希望通过德育、智育、体育、世界观教育和美育，培养健全人格的儿童。他在吸收借鉴西方教育家先进教育思想的基础上，结合中国教育现状，批判了旧教育对儿童的压迫，提出了遵循儿童发展规律的新教育，促进了儿童个性的解放。虽然，蔡元培对家庭教育的看法有失偏颇，对胎教院和育婴院的设想也存在理想化等问题；但是，从总体来看，蔡元培的幼儿教育思想还是有很多合理的成分，为推动近代幼儿教育的民主化奠定了基础。

第四节 叶圣陶的儿童教育思想

叶圣陶（1894—1988 年），原名叶绍钧，字圣陶、秉臣，集教育家、编辑家、文学家多重角色于一身。不同的社会身份交相影响，使叶圣陶形成了独树一帜的幼儿教育观察视角。叶圣陶对儿童高度关注，促使他从成人文学的领域逐步深入儿童文学的领

① 高平叔编：《蔡元培全集》第六卷，第 436 页。

域，创作了丰富的优秀儿童文学作品，还精心编写了数册语文教材。叶圣陶认为民族的未来在于儿童，儿童的成长不仅在于身体的茁壮成长，更重要的是儿童精神世界的滋养。丰润儿童精神世界的营养液便是儿童文学，即为了儿童、基于儿童而创作的文学作品。作为“五四”时期最先注目于儿童文学的教育家和作家之一，叶圣陶凭借其笔耕不辍的创作实践，积累了丰富的创作经验。叶圣陶的儿童文学创作和教育实践，倾注了他对儿童成长的深切关爱和对民族未来的热切关注。他所创作的儿童文学作品和提出的儿童教育思想至今还闪烁着耀眼的光芒，对当前我国儿童文学的创作和儿童教育的发展有着很多启示。

一、儿童文学和儿童教育衔接点：语文教材编写

20世纪二三十年代，儿童文学由于深受儿童垂青，被广泛地选入、运用于儿童所学的教材之中。“儿童文学化”逐渐成为民国时期语文课本的主流趋势。叶圣陶敏锐地察觉到儿童文学与国文教学之间隐含的密切联系，遂身体力行地编著了《国文百八课》和《开明国语课本》等语文教科书。他以教材为载体，将儿童文学和国文教学有机融合起来，然后借助儿童文学的教学和解读，使儿童的智慧得到开发、心灵得到涵养。

叶圣陶基于自身丰富的编写经验，总结、提出了语文教材编写的三大原则。

第一，原创性原则。从近代语文独立成科以来，我国语文教材（以教科书为主）的编写一直采取文选式，即选取古往今来现成的适合的文章作为教材。叶圣陶没有固守成规，认为应该打破这种传统的编写教材的方式。在他看来，“最理想的方法是依照青年的需要，从青年生活上取题材，分门别类地写出许多文章

来，代替选文"[①]。因此，他在整个的教育生涯中，为课文的创作和改编倾注了大量的精力。叶圣陶认为，语文教材不仅担负着传递语文知识的重担，而且要让儿童愉快地学习，而儿童文学则是能够使两者均得到实现的重要途径。因为，儿童文学和语文教育之间具有天然的契合之处，二者目的都在于促进儿童健康有序地成长，使之成为健全的人。

第二，"儿童本位"原则。叶圣陶深受杜威教育思想影响，将"儿童本位"奉为圭臬。他说："因为既以儿童为本位，则非儿童所自需，就不得强为授与。"[②] 想象是儿童喜爱的，那么课本里就要充满妙趣横生的故事；朗读是儿童热爱的，那么编者就要给予其朗朗上口的儿童诗歌；游戏是儿童喜欢的，那么编者就要在课本里为儿童营设游戏的场景。叶圣陶认为，凡是儿童需要的，都是每个儿童教材编写者所需要下力气琢磨的。他还指出开明的、有效的儿童教材是基于"儿童中心"的视角产生的，要围绕儿童能够接触到的事物，因地制宜、就地取材；教材内容要与儿童的自然心理状态高度契合，让课堂和教学充满童趣和童真，让儿童的天性得到尊重和释放。在叶圣陶看来，只有生动活泼的行文风格，才能让儿童在快乐、自由和游戏中受到美的熏陶。

第三，"生活本位"原则。"以生活为本位"是叶圣陶编写教材的又一重要理念。他一向反对只会僵硬地灌输、不管儿童受用几何的教学方法和理论。在叶圣陶所写的编辑要旨中，可以看到他所选编的教材和儿童生活之间的紧密联系。"本书内容以儿童生活为中心。取材从儿童周围开始，随着儿童生活的进展，逐渐

---

① 叶圣陶：《关于〈国文百八课〉》，见中央教育科学研究所编：《叶圣陶语文教育论集》，教育科学出版社1980年版，第179页。

② 叶圣陶：《小学国文教授的诸问题》，见刘国正主编：《叶圣陶教育文集》第三卷，人民教育出版社1994年版，第15页。

拓张到广大的社会。”①《开明国语课本》的重要特征之一就是富含生活类的选文题材，其中所包含的文章基本来源于学生的日常生活，如社会生活、学校生活、家庭生活等等。比如《欢迎新朋友》一文，描写了新同学第一次见面时的场景：“今天我们新见面，大家过来拉拉手。我们从此在一起，相亲，相爱，相帮助，同说，同笑，同行走。”② 此外，叶圣陶还强调教材的编写要顺应儿童年龄增长所带来的认知水平和心理特征的发展变化，因此要呈现出螺旋上升的规律，具体表现为沿着家庭生活、学校生活和社会生活的路子进行编写。

叶圣陶还形成了别具一格的教材观，即“凭借说”和“例子说”。所谓“凭借说”，即知识的获得要依靠一定的手段和工具，而教材就是学生重要的获取知识的依靠。叶圣陶指出教材篇幅不宜过长，短小精悍的文章更适合促进儿童的精细琢磨。所谓的“例子说”，即语文教材选文要典型，具有一定的代表性，并遵循一定的课程标准，为儿童日后的学习和阅读打下坚实的基础。在《谈语文教本——〈笔记文选读〉序》中，他指出：

> 语文教本只是些例子，从青年现在或将来需要读的同类的书中举出来的例子；其意是说你如果能够了解语文教本里的这些篇章，也就大概能阅读同类的书，不至于摸不着头脑。所以语文教本不是个终点。从语文教本入手，目的却在阅读种种的书。③

可以看出，叶圣陶认为只有具有典型性且涵盖丰富知识的教材选文，才能引起学生的学习兴趣，成功地实现知识传递，继而实现

① 中央教育科学研究所编：《叶圣陶语文教育论集》，第 166 页。

② 刘国正主编：《叶圣陶教育文集》第四卷，人民教育出版社 1994 年版，第 190 页。

③ 中央教育科学研究所编：《叶圣陶语文教育论集》，第 182—183 页。

教学目标。他在编写《开明国语课本》时，选文力求典范性和趣味性的统一，尽可能容纳儿童生活需要的各式文体，同时还要兼具儿童文学的独特趣味，遣词造句、插画排版都要求精密准确。

二、 叶圣陶的儿童教育思想体系

早在踏入儿童文学创作领域之前，叶圣陶就已经注意到儿童教育的相关问题了。1911 年，他发表了一篇题为《儿童观念之养成》的论文。这是叶圣陶第一篇教育论文。需要明确的是，叶圣陶的儿童教育观是和其儿童文学创作相耦合的，绝不可分而识之。

（一） 家庭教育

“五四”时期，在西方教育观念的影响下，众多知识分子将目光投注于儿童自身的成长。叶圣陶便是其中一员。教育工作者的身份驱使他更为精细地剖析了当时儿童教育所存在的诸多问题，提出了众多切实可行的观点，为推动儿童教育现代化助了力。首先，他以多体裁的方式提出了他对儿童家庭教育的观点。

1. 家庭教育的重要性

叶圣陶将家庭教育视为整个教育系统中最为基本的教育，认为家庭教育的优劣甚至会对儿童以后的发展和其他教育的接受产生重要影响。在《父母的责任》一文中，他说：

> 对婴儿和孩子负有教育责任的，当然是父母。做父母的倘若没有好的教育，也没有可以改正的不好的教育，只是不教育，就是一个重大的错失。婴儿和孩子时期，在一个人的一生中多么紧要，一切人类的理解习惯，都从此时获得；若能受到好的教育，岂不更可以超越地进取；反过来说，倘若受不到一点教育，就是极深

重地被损害。而父母便处于损害者的地位，因为他们是负有教育责任的人，但是并没有教育他们的子女。

做了父母就注定应该负教育子女的责任，在生物进化的途径上显示得很明白，但是除了本能以外，还需要知识技术等的帮助。所以母鸡的事业总得到成功，而在人类中，父母的事业非但成功难必，或且全然不能做教育这件事。要教育子女却不能做，不做又是重大的错失，使做父母的十分为难了。但是应负的责任总在那里，不因为难而减轻。

做父母这件事是不自料的，并不希望做，然而子女来了，就不得不做，同时也就负上了很重大的责任。那些确然不能负起责任的父母，好在大多是不自知的；如其自知，不知要怎样懊恼他们自己犯了这样大的错失呢！更从他们的儿女方面说，受到的损害是多么沉重：最初的权利丧失了，最重要的受教育的时光虚度了，虽然随后有种种的教育，但是在先的根本不坚牢，怎么会得到充分的发展呢？①

父母在儿童的早期教育中扮演着重要角色，遂要担负起教育孩子的责任。叶圣陶多次发出教重于养的号召。在《马卡连柯的〈父母必读〉》一文中，叶圣陶说道："凡是身边有了儿女的男人或是女人，全都有一种非认真负起不可的责任，就是家庭教育的责任。"② 基于此，叶圣陶做出这样一种假设：倘若父母在为人父母之前皆可以事先做出预算，了解和衡量自己是否具备为人父母的能力，在确定能够担负起教育的责任后再生子女，这样子女的

---

① 刘国正主编：《叶圣陶教育文集》第二卷，人民教育出版社 1994 年版，第 44—45 页。

② 刘国正主编：《叶圣陶教育文集》第二卷，第 459 页。

教育问题必将大大改观。倘若成年人难以负担养育子女的重担，不能给予子女以心灵的慰藉，那么不生育子女便是对未生者最满足的爱了。

2. 父母教育儿童的原则

第一，家庭教育要与学校教育的方向保持一致。叶圣陶《儿童观念之养成》中便对这一问题进行了论述。他指出家庭是儿童生活的场所，儿童的活动范围只有学校和家庭，因而除学校外，家庭是教育儿童最佳的场所。那么父母如何在家庭之中，与学校教育的方向保持一致，形成教育合力？对此，叶圣陶指出，父母不做损害儿童“智识”“道德”的事情便是最基本的要求。他认为倘若儿童在学校接受的教育和要求，与在家庭中父母的行为和教育不尽相同，儿童的心里和脑袋里会发生混乱，继而为了顺从父母，将学校所学的“智识”和“道德”抛之脑后。他还指出，一个人的童年足以影响一个人的一生，而且孩童的模仿力极强，习惯是很容易养成的，但是习惯一旦养成便难以改变。父母需要时刻关注自身的言行举止，防止对儿童产生不好的影响。唯有家庭、学校相互配合，在教育方向上保持一致，儿童的“智识”和“道德”才可以顺利养成。在家庭之中，与儿童相处最久的是母亲，基于此，叶圣陶进一步阐释了女子教育的重要性。

第二，尊重和理解儿童人格和好动活泼的天性。叶圣陶一向反对家长专制的、强势的、一厢情愿甚至暴力的教育观念和模式。在他看来，儿童正处于爱玩、顽皮的年纪，充满了探索世界的欲望，强盛的好奇心和顽皮的不安分正是儿童天性的重要体现。如此一来，以成人的标准和要求束缚儿童，使其安静、懂事、合规矩都是对儿童天性的违背。叶圣陶在《儿童读物展览会》一文中，提到“宜认定现代中国儿童之立场。夫儿童之非缩小的成人，言教育者罔不知之，故成人之教养与观感虽未必全不适于儿童，要不可挹此注彼，必须自儿童之立场出发”①。在家庭中，儿童嬉戏玩耍不可避免地会影响成人的生活。叶圣陶反对家长将这种行为视为捣乱甚至作恶的存在，选择用打骂的形式让孩子“安静”下来。他也指出，要将捣乱的程度加以划分，划分的标准便是孩子是有意的还是无心的。在他看来，成人与孩子之间存在见解上的差异，大人眼中的“恶行”不过是孩子天性催促下的无心之举，向孩子发脾气就更加不应该，一旦发了脾气，对孩子的伤害便是难以弥补的，会造成子女和父母之间的隔阂。

在叶圣陶的文学作品中不乏对不合理教育方式的映射和批评。譬如，在童话《跛乞丐》中，跛乞丐由于不愿意继承父辈做棺材匠的事业，被父亲驱逐出家门，最终流落于街头巷尾，沦为乞丐。叶圣陶将这种封建家长专制教育影响下的子女比喻成“一摊烂泥”。在各种儿童文学作品中，由于父母强势的压制所造成的人间悲剧不在少数。家长在对待子女的成长时往往急于求成，过分干预子女的发展轨迹，试图为子女提前安排好前途未来，但对于子女真正的理想、兴趣充耳不闻，甚至嗤之以鼻。任何反抗的行为都被视作任性，被扣上“不孝”之罪名。顺从的子女逐渐失去童真，最终变为毫无主见的大人，创新性思维和能力在无形之中被扼杀。对于如何合理、适切地表达父母对子女的关爱，叶圣陶在《做了父亲》一文中做出这样的回答：

> “教育是专家的事业”，这句话近来几乎成了口号，但是这意义仿佛向来被承认的。然而一为父母就得兼充专家也是事实。非专家的专家担起教育的责任来，大概走两条路：一是尽许多不必要的心，结果是“非徒无益，而又害之”；一是给了个“无所有”，本应在儿女的

---

① 刘国正主编：《叶圣陶教育文集》第二卷，第267页。

生活中给充实些什么，可是并没有把该给充实的付与儿女。

…………

自家就没有什么把握，一切都在学习试验之中，怎么能给后一代人预先把立身处世的道理规定好了教他们呢？

…………

做父亲的真欲帮助儿女仅有一途，就是诱导他们，让他们锻炼这种心思能力。若去请教专门的教育者，当然，他将说出许多微妙的理论，但是要义大致也不外乎此。

可是，怎样诱导呢？我就茫然了。虽然知道应该往哪一方向走，但是没有往前走的实力，只得站在这里，搓着空空的一双手，与不曾知道方向的并无两样。我很明白，对儿女最抱歉的就是这一点。将来送不送他们进大学倒没有多大关系。因为适宜的诱导是在他们生命的机械里加添燃料，而送进大学仅是给他们文凭、地位，以便剥削他人而已。（有人说起振兴大学教育可以救国，不知如何，我总不甚相信，却往往想到这样不体面的结论上去。）

他们应付环境不得其当甚至应付不了的时候，一定会怅然自失，心里想，如果父亲早给点儿帮助，或者不至于这样无所措吧。这种归咎，我不想躲避，也没法躲避。①

3. 父母应该培养儿童独立生活的能力

① 刘国正主编：《叶圣陶教育文集》第一卷，人民教育出版社1994年版，第585—587页。

叶圣陶一向重视儿童独立生活能力的培养。“教是为了达到不需要教”是他最著名的教育观点之一。在儿童的家庭教育上，他同样主张培养儿童独立解决问题的能力。叶圣陶在《带点儿教育意味的事都一样》一文中指出，真正会教育的父母，会教幼儿如何自己穿衣服、洗脸，只要是幼儿能力范围之内的事情，就放手让他们去做，绝不替他们完成。儿童只有体验到成功所带来的愉悦，才能树立自信、增强能力。叶圣陶还解释道，之所以认为这样的父母是善于教育的，是因为这样的父母既懂得培养子女独立生活能力的重要意义，又会选择合适的方式培养这种能力。叶圣陶注重儿童独立解决问题能力的培养，与他“以生活为本位”的儿童教育观不无关系。

（二）儿童教育观

“五四”之后，旧的教育传统受到挑战和冲击，新兴的教育思潮争相涌出，给中国教育吹来了一股清新的空气。叶圣陶作为经历过传统私塾教育向新式学堂变革的学生之一，对新旧教育的差别深有体会，这使他认识到中国儿童教育的问题和希望。

叶圣陶认为，儿童教育是让儿童养成良好习惯。就德育而言，儿童要养成待人接物的良好习惯；就智育而言，儿童要养成学习知识的良好习惯；就体育而言，儿童要养成健康卫生的良好习惯。儿童的身心发展可塑性较大，这一时期是养成良好习惯的关键时期。儿童具有“向师性”，容易服从。以合理的方式让儿童学习和感受行为规范，可以在儿童心里形成坚定的执行信念，使儿童养成良好的习惯。叶圣陶还对行为习惯进行了区分，只在特殊状况下展现一两回的是“扮戏”。正如，纵使知识再有价值，只流于口头的话，终不能成为自己知识体系的一部分。这样的学习，在叶圣陶看来，不过是语言的游戏，所以真正好的教育是让儿童在举手投足间、言语思维时自然地养成和表现出种种好的习惯。这样的好习惯一旦养成，儿童必将终身受用。他指出，儿童养成真实受用的好习惯，较之升学、文凭等“利禄”之事，更为有用而重要。

叶圣陶在《两种习惯养成不得》[①] 中说，有两种习惯是要不得的，“一种是不养成什么习惯的习惯，又一种是妨害他人的习惯”。不养成的习惯就是阻碍儿童形成良好习惯的习惯。叶圣陶指出：

> 如果在先没有强制与警觉，今天东，明天西，今天这样，明天那样，那就什么习惯也养不成。而这今天东，明天西，今天这样，明天那样，倒反成为一种习惯，牢牢的在身上生根了。……这种习惯是与其他种种习惯冲突的，养成了这种习惯，其他种种习惯就很少有养成的希望了。

另一方面，叶圣陶还举例说明了妨害他人的习惯：

> 走进一间屋子，砰的一声把门推开，喉间一口痰涌上来了，扑的一声吐在地上，这些都好像是无关紧要的事。但是很关紧要，因为这些习惯都将妨害他人。屋子里若有人在那里作事看书，他们的心思正集中，被你砰的一声，他们的心思扰乱了，这是受了你的影响。你的痰里倘若有些传染病菌，扑的一声吐在地上，这些病菌就有传染给张三或李四的可能，他们因而害起病来，这是受了你的影响。所以这种习惯是“妨害他人的习惯”，最要不得。

在叶圣陶看来，儿童养成良好习惯并不难，只要自己能够随时保持警惕，及时采取强制措施纠正和规范自己的行为。他还强调要在一桩桩小事情中养成良好的习惯，不要做那些有名无实之

① 刘国正主编：《叶圣陶教育文集》第二卷，第 290—291 页。

事，因为真正的好习惯是“必须随时随地，就事事物物上养成习惯，才属可能”①。养成习惯必须要有持之以恒的毅力。同时，叶圣陶还指出好的习惯与实践休戚相关：“习惯是从实践里养成的……一定要把知识跟实践结合起来，实践越多就知道得越真切，知道得越真切就越能起指导实践的作用。不断学，不断练，才能养成好习惯，才能真正学到本领。”② 好的习惯是在不断地做和应用中内化为自身的自然行为的。

（三）注重教育和生活的联系

叶圣陶认为，“即知即行”是知识的价值所在，以前将儿童的学习和知识获取视为为将来做的准备，这不利于激发儿童学习的兴趣。所以，他指出：“如果改变以前的见解，认定儿童的现在就是他们整个人生的一部分……那么他们在当前的环境中有所需求，自然会自己去研究，寻求出道理和方法来，还会自己去试验这些道理和方法是否切合实用，来证实它们的价值。经过这样的研究和试验，他们得到的便是真的知识。”③ 在1919年的中国，对儿童主动性的尊重是难能可贵的，呼吁打破学校和社会之间的“围墙”的勇气是值得钦佩的，强调知识和实践的融合是有前瞻性的。叶圣陶不仅仅将自己的主张诉诸字里行间，还努力地实践着自己的儿童观、教育观。他为儿童开办校园农场，组织儿童表演话剧，带学生走出校园观赏自然风景。他身体力行，为儿童教育改革做出了独特的贡献。此外，他还明确提出反对体罚。在《如果我做教

---

① 叶圣陶：《给教师的信》，见刘国正主编：《叶圣陶教育文集》第二卷，第97页。

② 叶圣陶：《认真学习语文》，见中央教育科学研究所编：《叶圣陶语文教育论集》，第140页。

③ 叶圣陶：《小学教育的改造》，见朱永新编：《叶圣陶教育名篇选》，人民教育出版社2014年版，第25页。

师》一文中，叶圣陶谈到，体罚儿童不仅损害了儿童的身体，也伤害了儿童的自尊心，给儿童的心灵造成难以弥补的伤害。教师要控制自己的感情冲动，儿童顽皮了，要找出他们这么做的理由，不可不分青红皂白地打骂学生。

总之，叶圣陶提出教材编写目的是提供给儿童成长的养料，要求在教育过程中遵循儿童的身心发展规律。这些主张具有一定的客观性和科学性。叶圣陶把儿童文学创作融合到教材编写中，树立了教材编写的新风尚，是值得当前教材编写工作者学习和借鉴的。

第六章　幼儿教育思想多元化探索

为实现“教育救国”的愿望，众多中国学者对幼儿教育进行了探索，民主化的幼儿教育思想进一步发展，呈现出“儿童本位”教育思想的高涨和马克思主义者幼儿教育思想的萌芽。“儿童本位”教育思想成为“五四”时期的时代最强音，在与幼儿教育相关的各领域都有体现。鲁迅、余家菊和熊希龄等三人就是文学界、教育学界和政界秉持“以儿童为中心”观念的代表人物。马克思主义者的幼儿教育思想以恽代英和徐特立为代表。他们孜孜不倦地探索，促进了幼儿教育思想的多元化发展，为幼儿教育思想的本土化探索奠定了基础。

第一节　“儿童本位”教育思想的兴盛

中国传统的教育严重忽视幼儿的主体地位，培养出来的儿童往往缺乏生气，难以委以改造社会、救国救民的重任。为改变这一旧式幼儿教育的“顽瘴痼疾”，挽救国家和民族的未来，许多学者主张“儿童本位”的教育思想，重塑儿童在教育中的中心地位。

一、鲁迅的儿童教育思想

鲁迅（1881—1936 年），原名周树人，字豫才，浙江绍兴人。

鲁迅以教育为武器，通过撰写杂文、发表演讲等形式深刻地揭露和批判了中国几千年来封建礼教对人的奴化。鲁迅认为儿童的将来关乎国家和民族的将来，因为“将来是子孙的时代”①，关于儿童教育的问题“于我们民族前途的关系是极大的”②。他一生的奋斗目标，就是希望儿童不再承受父辈的苦难。他在《故乡》中表达了他对儿童教育的殷切希望：

> 然而我又不愿意他们因为要一气，都如我的辛苦展转而生活，也不愿意他们都如闰土的辛苦麻木而生活，也不愿意都如别人的辛苦恣睢而生活。他们应该有新的生活，为我们所未经生活过的。③

他提出了社会改革“首在立人”④，故改革应该从儿童教育开始。为此，他以“横眉冷对千夫指，俯首甘为孺子牛”⑤ 的精神，勇敢无畏地揭露旧教育对儿童的戕害，以毕生的精力保卫儿童、解放儿童。

（一）“以幼者弱者为本位”的儿童教育观

鲁迅曾在多篇文章中表达了在半殖民地半封建社会的中国，儿童为社会最底层的人，生活在水深火热之中。他写道：“中国有许多妖魔鬼怪，专喜欢杀害有出息的人，尤其是孩子”⑥。他通过小说、杂文等形式，大胆揭露了封建社会“吃人”的本质。例

① 鲁迅：《随感录五十七》，见《鲁迅全集》第一卷，人民文学出版社2005年版，第366页。

② 鲁迅：《“立此存照”（七）》，见《鲁迅全集》第六卷，人民文学出版社2005年版，第658—659页。

③ 《鲁迅全集》第一卷，第510页。

④ 鲁迅：《文化偏至论》，见《鲁迅全集》第一卷，第58页。

⑤ 鲁迅：《自嘲》，见《鲁迅全集》第七卷，人民文学出版社2005年版，第151页。

⑥ 鲁迅：《我的第一个师父》，见《鲁迅全集》第六卷，第596页。

如他在《故乡》中，描写了闰土从一个天真、活泼、烂漫的儿童，变成了一个迟钝、呆滞、麻木的成人。封建礼教压抑、摧残着儿童的身心，故鲁迅在《狂人日记》中大声呼喊着“救救孩子……”①。

鲁迅在揭露中国儿童艰难的生存境地的同时，还深刻剖析了旧教育毒害儿童的本质。他认为旧教育的重心在成人，即在“长者”，而非儿童。在家庭教育中，以父亲为重心；进入学校教育后，则以教师为重心。他主张儿童教育应该“以幼者弱者为本位”。但受过旧教育毒害的“圣人之徒”，把父权置于神圣不可侵犯的地位，殊不知父母子女，“本来各各都只是生命的桥梁的一级，决不是固定不易的”②。鲁迅通过引用进化论的观点，反对封建专制。鲁迅认为生命总是不断向前发展的，今日之子亦是明日之父。生物界延绵不休，要遵循保存生命、延续生命、发展生命的规律。在他看来，父生子，是为了延续生命，不算一种恩赐，不能将儿童置于不平等的地位。相反，为了生命的延续，父母应树立义务观念，为使儿童的生命更有意义和价值，甚至可以牺牲自己，成全后者。但是在中国，出现完全相反的情况，“本位应在幼者，却反在长者；置重应在将来，却反在过去。前者做了更前者的牺牲，自己无力生存，却苛责后者又来专做他的牺牲”③，将儿童看成“长者”的附庸，实行专制的教育，把儿童培养成了唯唯诺诺的“小奴才”。

鲁迅认为父子之间具有一种天性的“爱”，长者总是挚爱他的幼子，不含功利之心。但是这种天性被受封建旧教育的“孝”“烈”等人伦道德观熏染的“圣人之徒”异化，他们“抹煞了

---

① 《鲁迅全集》第一卷，第455页。

② 鲁迅：《我们现在怎样做父亲》，见《鲁迅全集》第一卷，第134页。

③ 鲁迅：《我们现在怎样做父亲》，见《鲁迅全集》第一卷，第137页。

‘爱’，一味说‘恩’”[①]，认为幼者的全部应该由长者支配。在鲁迅看来，未受过旧教育残害的乡野村姑是决不会把哺育幼儿看作一种施恩的行为。所以，鲁迅认为改变长幼错位的教育观，解放儿童，首先应该要解放父母。因为父母之于子孙不仅是生理上的遗传，而且许多精神上的缺点也会传给后代。如果父母的自私利己观传给子女，必将对整个社会产生负面影响。他还认为现在的人，即使不是现任的父母亲，将来也一定是父母亲，应该从现在学起，做一个勇于牺牲自己培养新人的父母亲。鲁迅以此为标杆，以身作则。譬如，一次吃鱼丸子，其儿子海婴说不新鲜，别人都不信，鲁迅却把它拿过去尝了尝，发现丸子果然是不新鲜的。在海婴母亲许广平的回忆录中，我们可以看到鲁迅是一个关爱幼子的伟大父亲，从他对幼子海婴的教育中也可窥探到他的民主幼儿教育思想。他认为儿童是一个独立的个体，主张在教育儿童时要尊重儿童，建立平等的长幼关系。

（二）培养“新人幼芽”的儿童教育目的

鲁迅把儿童的将来和国家的命运、民族的振兴相结合。他认为从十岁的儿童身上可以看到中国二十年后甚至五十年后的情况。但是，当前的儿童教育现状不容乐观。他指出，中国的父母只生不养，只管要多而不管他们是否能成才，把孩子当成“父母福气的材料”。如此，孩子不会成为“新人幼芽”，长大以后便是不能称为“人”的父亲，他生的孩子依然不能成为“人”的萌芽。社会将永无止境地重复前代的状况，甚至出现一代不如一代的倒退现象。即使偶有父母把儿童送进学堂，旧式教育也会把儿童培养成为顺从长者、听命摆布的“小奴才”。鲁迅认为社会革命应该从解决儿童教育问题开始，要打掉那些制造“小奴才”的

---

① 鲁迅：《我们现在怎样做父亲》，见《鲁迅全集》第一卷，第138页。

机器，打掉那些毒害儿童的“药饵”，打掉那些陷害儿童的“阴谋”，培养“新人幼芽”。

鲁迅认为，“新人幼芽”需要具备“耐劳作的体力，纯洁高尚的道德，广博自由能容纳新潮流的精神”①。这些素质需要通过合理的教育进行培养。他指出，人是“万物之灵”，是不断进化发展的，是“从幼到壮”的，因而人性和人的素质也是不断发展的，没有天生的“愚”和“智”。他说：

> 其实即使天才，在生下来的时候的第一声啼哭，也和平常的儿童的一样，决不会就是一首好诗。②

首先，儿童应该有健康的身体。因为“健康的精神寓于健康的身体之中”，身体羸弱、精神萎靡的儿童是不能成为“新人幼芽”和“未来的战士”的。他将自己种痘而获健康的经历和一个漂亮女学生不种痘而变成麻子的惨痛经历进行对比，告诫父母要重视儿童的身体健康。

其次，要培养儿童纯洁高尚的道德。鲁迅在《我要骗人》③一文中描写了孩子们天真烂漫，主动为那些遭受水灾的难民募捐，即使募捐款根本到不了灾民的手中。然而，封建教育把大多数的儿童培养成了“温文尔雅，不大言笑，不大动弹”的“好孩子”，唯唯诺诺、毕恭毕敬的“小奴才”。因此，为实现培养“新人幼芽”目的，教育改革必须进行，以唤醒儿童身上纯洁高尚的精神。

最后，要培养儿童广博自由、能容纳新潮流的精神。社会不断发展，时代不断进步，知识不断更新，儿童必须要以海纳百川

---

① 鲁迅：《我们现在怎样做父亲》，见《鲁迅全集》第一卷，第141页。

② 鲁迅：《未有天才之前——一九二四年一月十七日在北京师范大学附属中学校友会讲》，见《鲁迅全集》第一卷，第176页。

③ 《鲁迅全集》第一卷，第503—507页。

的胸怀，批判性地吸收和借鉴中华传统文化和国外优秀文化。鲁迅在《拿来主义》中说："没有拿来的，人不能自成为新人，没有拿来的，文艺不能自成为新文艺。"[①] 他希望通过吸收和借鉴，实现中西融通，培养既能认同本民族文化，又能尊重其他民族文化的"新人"，促进人类文明繁荣进步。

（三）儿童教育的基本方法

儿童是新人的幼芽，是国家和民族的未来。教育方法的选择，对儿童的成长起着至关重要的影响。鲁迅认为中国传统的教育儿童的方法一般有两种趋势：一是"禁"，二是"任"。

"禁"即"一味的禁止"。旧式的学校教育中，儿童的愤怒、悲伤和高兴等表情都是被禁止的，学校中除了读书以外的活动也是被禁止的。鲁迅在《从百草园到三味书屋》[②] 中回忆了自己幼时在私塾读书的情景。鲁迅问先生"怪哉"是什么虫，先生却不愿回答，因为与读书无关。先生通过呵斥、戒尺打扑和罚跪等形式，强迫儿童读书。鲁迅接着写道，他十分羡慕大人们可以随便大说大笑，希望自己能赶快长大。这种"一味的禁止"的方式使儿童被打压得精神萎靡，被教育成了拘谨呆板、不会思考和创新的"小木偶"。

"任"即"任其跋扈"。父母与教师对待儿童既不打也不骂，放任儿童毫无责任地自由，导致儿童形成欺软怕硬的个性，在家中是暴君，称霸王，但是到了外面，就像"失网的蜘蛛"，毫无能力。这种"任其跋扈"的教育方式容易导致儿童行为放纵，形成不良的个性，缺乏社会责任感。

鲁迅先生从儿童的将来和国家的前途出发，批判了传统教育

---

① 《鲁迅全集》第六卷，第 41 页。

② 《鲁迅全集》第二卷，人民文学出版社 2005 年版，第 287—291 页。

方法对儿童天性的压抑。他通过学习和借鉴其他国家的教育方法，提出如下三种幼儿教育的方法。

1. 坚持理解、指导、解放三原则

鲁迅认为，父母和教师必须要坚持理解、指导、解放三原则。

第一，要正确理解儿童。儿童既不是成人的预备，也不是缩小的成人，他们有自己的内心世界，有自己的思想、情感、兴趣、爱好。父母和教师应该把儿童看成一个独立的个体，切不可把成人的思想强加于他们，应该尊重、理解儿童的童心和童趣，以平等的原则对待儿童，使儿童的身心健康发展。因此，鲁迅先生告诫父亲、教师："开宗第一，便是理解。……倘不先行理解，一味蛮做，便大碍于孩子的发达。"①

第二，要正确指导儿童。无论父母或者教师，都具有比儿童更多的知识和更加丰富的生活经验，能够为儿童提供指导，而且儿童身心发展不成熟，不能进行正确的选择和判断，需要父母和教师的指导。以儿童读物的选择为例，父母和教师需要帮助儿童选择思想健康、科学有趣的儿童读物，并且指导儿童选择适当的阅读方法。父母和教师应该成为儿童的指导者和协商者，而不是专横的"命令者"。

第三，要解放儿童。"父子间没有什么恩"，父母只不过是新生命的经手人而已，而儿童亦不是任何人的附属品，所以父对子没有绝对的权力和威严。父母不应把子女看成"福气的材料"，不负教养的责任，相反父母应从人类进化的大局出发，尽心教育子女，把他们培养成为独立自主、具有自由天性的人。

---

① 鲁迅：《我们现在怎样做父亲》，见《鲁迅全集》第一卷，第140页。

2. 遵循儿童身心发展的规律，寓教于乐

儿童天生活泼好动，喜欢游戏和玩具，富有想象力和创造力。鲁迅曾回忆自己和海婴童年时期，都曾将万花筒拆开，探索内部的奥秘；冬天在雪地里堆雪人，把龙眼核当作雪人的眼睛，拿母亲的胭脂涂在雪人的嘴唇上。这些都是儿童童真的表现。在《风筝》一文中，他表达了对弄坏小兄弟风筝的深深悔意，并从中领悟到了儿童教育的真谛：

> 我不幸偶而看了一本外国的讲论儿童的书，才知道游戏是儿童最正当的行为，玩具是儿童的天使。①

游戏活动可以满足儿童好动的天性，培养儿童的独立意识和探索精神，同时也有利于儿童创造力的发挥。玩具是儿童进行游戏的主要道具。鲁迅在《玩具》② 一文中表达了对中国的大人们不重视玩具的愤怒和对中国玩具一味照搬国外玩具的痛心，鼓励中国大人和儿童进行创作，认为即使创造出来的是“粗笨的机枪玩具”也是我们坚强自信和质朴才能的体现。

3. 鼓励儿童从模仿到创造，培养儿童的创新精神

鲁迅认为中国的教育把儿童“驯良”成了“低眉顺眼”“唯唯诺诺”的“好孩子”。在《玩具》中，鲁迅描写了一幅外国儿童和中国儿童对照的场景：

> 公园里面，外国孩子聚沙成为圆堆，横插上两条短树干，这明明是在创造铁甲炮车了，而中国孩子是青白的，瘦瘦的脸，躲在大人的背后，羞怯的，惊异的看着，身上穿着一件斯文之极的长衫。③

鲁迅认为，这种“驯良”并不是一种美德，而是一种没出息，泯

---

① 《鲁迅全集》第二卷，第 188 页。

② 《鲁迅全集》第五卷，人民文学出版社 2005 年版，第 523—524 页。

③ 《鲁迅全集》第五卷，第 523 页。

灭了儿童的个性。同时，他认为把民族危机下对外来文化盲目排斥作为爱国主义教育的内容，不是可取之举。在鲁迅看来，与“洋气”为仇，甚至与“洋气”唱反调不是明智之举。他认为“洋气”中有不少优点是值得我们学习的。近代的日本正是通过“摹仿”欧美国家的“洋气”并加以创新，一跃成为当时世界上的强国。可见，模仿是创新的基础。幼儿从牙牙学语时，就会不自觉地模仿大人的语言。教育应该鼓励儿童进行模仿，引导儿童在模仿的基础上进行创造，培养儿童的创新精神。

（四）论教科书和儿童读物

鲁迅认为儿童心性未定，具有很大的可塑性。教科书是实施儿童教育的主要工具，儿童读物则是儿童获取科学知识的重要源泉，故教科书和儿童读物质量的好坏，直接影响儿童教育的效果。

在半封建半殖民地的旧社会，统治阶级宣扬“万般皆下品，惟有读书高”的教化思想和封建伦理道德，使得儿童读物内容陈旧，脱离生活，充斥着封建主义的忠、孝和迷信思想，“天真烂漫的孩子”变成“愚忠的奴隶”。例如，鲁迅在翻译《表》时写的《译者的话》中对《龙文鞭影》进行了批判：

> 这些故事的出世的时候，岂但儿童们的父母还没有出世呢，连高祖父母也没有出世，那么，那“有益”和“有味”之处，也就可想而知了。①

另一方面，当时社会流行的一些所谓现代读物粗制滥造，忽视了儿童的阅读心理。鲁迅对此提出严肃的批评，以当时大受欢迎的《看图识字》为例：

> 先是那色彩就多么恶浊，但这且不管他。图画又多么死板，这且也不管他。出版处虽然是上海，然而奇

---

① 《鲁迅全集》第十卷，人民文学出版社2005年版，第437页。

怪，图上有蜡烛，有洋灯，却没有电灯；有朝靴，有三镶云头鞋，却没有皮鞋。跪着放枪的，一脚拖地；站着射箭的，两臂不平，他们将永远不能达到目的，更坏的是连钓竿，风车，布机之类，也和实物有些不同。①

鲁迅在《“立此存照”（七）》中指出，《儿童专刊》中《小学生们应有的认识》一文，扭曲事实，弱化帝国主义列强对中国人民的残害和蹂躏，把中国人当成不分青红皂白“杀害外国人”要“罪加一等”的东西，充溢着崇洋媚外的思想。② 编辑对读物内容不加筛选，无疑将毒害儿童纯洁的心灵。

鲁迅认为，儿童读物的编写必须以儿童为本位，符合儿童的身心发展特点。

第一，编者要深入儿童的世界，了解儿童的喜好，使用儿童的语言，不要用难字和生僻的字。因此，他提出作者要理解儿童，须向儿童学习语言。鲁迅在《人生识字胡涂始》中说：

倘要明白，我以为第一是在作者先把似识非识的字放弃，从活人的嘴上，采取有生命的词汇，搬到纸上来；也就是学学孩子，只说些自己的确能懂的话。③

同时，他提倡使用白话文，让儿童也能够说出自己的心声，变“无声的中国”为“有声的中国”。

第二，编者还必须有丰富的知识，能够博古精通。

孩子是可以敬服的，他常常想到星月以上的境界，想到地面下的情形，想到花卉的用处，想到昆虫的言语；他想飞上天空，他想潜入蚁穴……所以给儿童看的图书就必须十分慎重，做起来也十分烦难。即如《看图

① 鲁迅：《〈看图识字〉》，见《鲁迅全集》第六卷，第36页。

② 《鲁迅全集》第六卷，第657—659页。

③ 《鲁迅全集》第六卷，第306—307页。

识字》这两本小书，就天文，地理，人事，物情，无所不有。其实是，倘不是对于上至宇宙之大，下至苍蝇之微，都有些切实的知识的画家，决难胜任的。①

第三，好的儿童读物应该是图文并茂的。儿童具有幼稚爱美的天性，色彩鲜艳的图片更能吸引儿童的注意，而通篇的论述会让儿童感到枯燥无味。但是在当时中国的私塾，只要是看略有图画的本子就会被私塾先生视为玩物丧志，要被禁止、呵斥甚而打手心。鲁迅强调插图不但应该有，而且是有益的。图片应该依据事物设计，既要有美感，又要有真切形象。

第四，鲁迅非常重视科学精神和科学知识，主张为儿童创办通俗的科学杂志，用浅显易懂的文字向儿童普及科学知识和生活常识，使他们从小就养成学科学、爱科学的兴趣和习惯。当然这种杂志也应该配有许多色彩鲜艳、有趣的插图，让儿童有兴趣阅读。

最后，他还希望在剔除封建糟粕的基础上，吸收和借鉴中华民族优秀的文化遗产，并加以选择和创新，形成体现时代精神的优秀儿童读物。他认为浅显易懂又充满乐趣的神话故事是符合儿童年龄特征且深受儿童喜爱的读物，而中国古代的神话传说，可以成为儿童读物的素材。他主张作家对古代神话进行选择和加工，突出民族精神和优秀品质。例如，在民间传说《白蛇传》中，可以增加白娘子百折不挠的勇气，减少白娘子报私恩和为一己之私水漫金山伤及百姓的情节。

鲁迅批评“出版界不肯印行大部的学术文艺书籍”，却大量出版一些粗制滥造的教科书和儿童书，使其像“黄河决口似的向孩子们滚过去”②，导致教育界缺乏大量优秀的儿童读物，儿童缺

---

① 鲁迅：《看图识字》，见《鲁迅全集》第六卷，第37页。

② 鲁迅：《新秋杂识（一）》，见《鲁迅全集》第五卷，第287页。

乏优秀的精神食粮。为此，他不断呼吁文学家严肃地对待教科书和儿童读物，为儿童创作适合儿童特点的优秀作品。同时，他还身体力行，翻译了许多外国儿童读物，例如爱罗先珂的《爱罗先珂童话集》、海尔密尼亚・至尔・妙伦的《小彼得》、荷兰的童话故事《小约翰》等。总之，教科书和儿童读物是儿童的精神食粮，从儿童读物的编写工作者到教育界、出版界和每一位家长都应该十分重视，秉持负责任的态度，严肃对待。

鲁迅先生殷切地希望中国的作家和学者，要做真正的“文豪”和真正的“学究”。他不但号召人们注意现实的儿童教育的研究和改革，而且鼓励人们对儿童教育做历史的考察，以便吸取以往儿童教育的经验和教训。他在《我们怎样教育儿童的?》中说：

> 倘有人作一部历史，将中国历来教育儿童的方法，用书，作一个明确的记录，给人明白我们的古人以至我们，是怎样的被熏陶下来的，则其功德，当不在禹（虽然他也许不过是一条虫）下。①

由此，我们可以真切地体会到鲁迅对儿童的深切关怀。

鲁迅时刻关心着儿童的健康成长，一生都在为儿童教育事业做着不懈的努力。他的儿童教育思想内容丰富，敢于揭露封建教育的“吃人”本质，提出培养“新人幼芽”的教育目的，具有革命性和先进性。与此同时，鲁迅为儿童读物的建设做出了重大贡献，对当代儿童读物事业的发展具有启示和借鉴意义。

二、 余家菊的儿童教育思想

余家菊（1898—1976 年），字景陶，湖北黄陂人，中国近现

① 《鲁迅全集》第五卷，第 271—272 页。

代著名的教育家和社会活动家。众所周知的是，余家菊是最早提出“收回教育权”的教育家，亦是乡村教育运动的首倡者。他对传统儿童教育“重知识之实质而不重求知之过程”进行了深刻的批判和反思，在学习、吸收西方先进儿童心理学知识和儿童教育思想的基础上，逐渐形成了独具特色的儿童教育思想。

（一）“儿童本位”教育观

“儿童本位”教育观是以卢梭、杜威为代表的近代儿童教育观的一种，强调在教学过程中以儿童为中心，遵循儿童身心发展规律。余家菊是“儿童本位”教育观的追随者，主张教育不应视儿童为缩小的成人，认为儿童的身心发育情况以及自身的情感体验等都与成人存在明显的不同。他强调师生之间应该建立民主、平等的关系，主张尊重儿童的独立人格。

1. 教育乃师生间的共同活动

何谓教育？这是教育家进行教育理论研究以及教育实验探索时必须论述的一个基本问题。余家菊在《教育原论》第一章引《说文解字》对“教”和“育”的解释（“教，上所施，下所效也。”“育，养子使作善也。”），对“教育”进行了更加明确的定义。他认为教育必须具有以下两方面的内涵：

> 第（一）教之中必有施者与受者之两极，育之中必有养者与被使作善者之两极。换言之，即皆有教者与受教者之两方也。第（二）为有所施，有所效，有所养，有所作，换言之，即双方皆有所活动也。①

基于两者，余家菊总结：“所谓教育者，即教者与受教者间所起的一种活动也。”②

---

① 余家菊：《教育原论》，大陆书局1933年版，第1页。

② 余家菊：《教育原论》，第1页。

关于教育者和受教育者在教育活动中所处的位置，余家菊认为，教育既然是一种师生间的共同活动，那么教育者和受教育者同为一种活动的两级，两者应是一种民主、平等的关系。在教学活动中，首先，“教育家必须施行指导，亦必须接受指导。是统治者，亦是受统治者。……换言之，亦即宇宙之固有理性也”①。教学活动需要专门的教师进行组织和安排，同时，学生作为发展中的人，也需要教师的引导和帮助。总之，发挥教师的主导作用是教学活动中必须遵循的一个基本原则。其次，余家菊认为受教者是具有主体意识的独立个体，因此教学必须发挥受教育者的主观能动性，使“自己具有学习的动机发为学习的努力而后可，决非他人所得而代劳者”②，正所谓“大匠不能使人巧”是也。余家菊从剖析教育的内涵入手，对传统“师道尊严”的不平等师生关系进行了批判，为建立一种“平等”“博爱”“互助”的师生关系提出理论依据。

2. 教育需遵循儿童身心发展规律

余家菊认为儿童心灵发育具有阶段性，不同年龄阶段的儿童不论是在心理上、生理上，还是表现方式等方面，都体现出一些不同的特征，面临着不同的发展任务。余家菊主张教育需遵循儿童身心发展规律，针对儿童身心发展的不同阶段选择适合的教育内容和教学方式。他指出：

> 依照儿童身心发育的情状，可约略分为四段。（一）六岁以前为幼稚期，（二）六岁至十二岁为童年期，（三）十二至十八岁为少年期或称青年前期，（四）十八

① 〔英〕John Adams 著，余家菊译：《教育哲学史》，中华书局 1934 年版，第 336 页。

② 余家菊：《教育原论》，第 2 页。

至二十四岁为青年期或称壮年期。[①]

那么依据儿童心灵发育阶段，学制应包括四个教育阶段：幼稚教育、初等教育、中等教育、高等教育。随之，学校也应划分为幼稚园、小学校、中学校、大学校。不同年龄的教育阶段应依据儿童心理发育的情况，制定教育目标和发展重点。余家菊坚信儿童的心灵发育存在阶段特征，教育应依此为依据进行阶段划分，正如：

> 一定之种籽，只能产生一定之植物，是固诚然，然而仍有老农老圃施展其作为之余地焉。为园夫者，须为其稼穑，求出其沃美之土壤，而且注意其空气水润，务使供给充足，不感缺乏。为教育家者，其事正类乎此。教育家必须置受教者于优良的环境之中，且用适宜的学科以滋养其心能。[②]

3. 教育需尊重儿童个别差异

个体的气质、性格、能力和兴趣等，受到遗传、家庭文化环境等多种因素的影响而存在较大的差异。余家菊认为，教育需尊重儿童的个别差异，做到因材施教。他指出："人类的性情能力，就其所有的种类言，实莫不相同。就其所有的特长言，或就其一种之大小强弱言，则颇有出入。"教育者应根据儿童的个别差异，"于各儿童的个性宜有以利导而发扬之，于各儿童间的个别差异，宜有以顺应而将就之"。[③] 余家菊对儿童气质、能力和性别方面的差异进行了具体分析，强调教育活动应该遵循差异，做到因材施教、因性而教。

首先，儿童的气质差异。余家菊认为气质"乃感情意志上的

---

① 余家菊：《教育原论》，第 13 页。

② 〔英〕John Adams 著，余家菊译：《教育哲学史》，第 335 页。

③ 余家菊：《教育原论》，第 19 页。

天生特征与生理机能具有密切关系而为吾人所多少不能自主者"[①]。气质虽存在差异，但没有好坏之分，任何一种气质都有长处和短处。余家菊主张教师在教学过程中要善于观察儿童的气质，针对不同气质类型的儿童因材施教，以扬其所长、补其所短。

其次，儿童的特长差异。余家菊认为儿童特长亦存在很大差异。他从不同的侧重点对儿童的特长进行了划分。在教学过程中，教师要根据儿童不同的特长，选择适宜的教学内容和教学方式，促进儿童的发展。

再次，儿童能力的差异。教学过程中，教师要认真观察一个班级中学生的能力分布情况，因材施教，对普通儿童实施普通教育，对天才儿童实施天才教育，对能力低下的儿童实施特殊教育。

最后，儿童的性别差异。余家菊认为男女之间的性别差异主要表现在以下五方面：（1）男子喜动，女子喜静；（2）男子更加关注事物间的广大关系，女子更加关注事物内部的细微之处；（3）男子喜独立性，女子喜群聚性；（4）男子憧憬崇高，女子憧憬优美；（5）男子刚决，女子慈祥。余家菊认为在教育活动中，教师应树立男女平等而不是男女同一的教育观念，尊重男女性别差异，使男女双方都能各展其长。[②]

余家菊对于儿童个别差异的分析是基于西方最新的实验心理学研究成果，而做出的对儿童存在差异的各个方面的概括也较为全面和科学，对存在差异的儿童选择不同的教学方法亦符合"儿童本位"的教育理念。

① 余家菊：《教育原论》，第 19 页。

② 余家菊：《教育原论》，第 21 页。

（二）儿童游戏教学方法

余家菊的《游戏教育》[①] 对儿童游戏做了多方面的讨论，我们有必要做详细的分析。

余家菊认为儿童游戏是一种最好的教育机会，他指出：

> 我们要知道：不知道从游戏中去施教育，就是不知道利用儿童底本能，就是不知道以儿童为本位，就是不知道注意儿童底现时生活，就是失掉了最好的教育机会；这种的人还配谈什么教育，办什么学校？

在他看来，教育并不是呆板的课堂教学活动，教师应随时随地利用各种机会进行施教；游戏能够提供最好的施教机会，并且达到比课堂内的教学活动更好的效果。

1. 儿童游戏的价值

余家菊认为游戏是发于儿童本能、适宜儿童生长和发育的，能够调动儿童兴趣的最经济有效的活动。在余家菊看来，游戏之于儿童的身体、精神、德育、社会生活、美育等五个方面都具有极高的价值。

（1）对于身体的价值。游戏有益于儿童身体的发育。游戏可以使儿童在活动中灵活地使用肢体和关节，促进其血液流畅和骨骼发展。此外，余家菊认为儿童游戏还具有“使人活泼自如”的价值，“儿童有忧郁不乐的事情，如从事游戏就自然忘却了，免得妨害身心的发育”。

（2）对于精神的价值。游戏有益于儿童精神的发育。游戏是儿童出于本能、自发的一种活动，于儿童来说有很强的吸引力。余家菊认为“游戏是最好的刺激，使得儿童有自然的、及时的生长和发育”。

---

① 《中华教育界》1921年第10卷第9期。

（3）对于德育的价值。游戏有益于培养儿童的道德品性。余家菊批判当时的道德教育往往重视说教：

> 国内讲德育的人，素来偏于静的教训，而不知道从儿童底自然活动上加以陶冶；素来偏重存心养性，而不知道行为与心习的关系。须知静的道德是主知的道德，知识只能做我们底参谋而不能做我们底统帅。须知专重存心的道德，每每行与愿违，每每明知故犯。

教师可以通过游戏，向儿童传递规则意识，培养其守法精神以及其他积极品质。此外，游戏还可以为儿童剩余的精力、正当的发泄提供渠道，如儿童好争斗、吵闹，喜做恶作剧，可以通过竞球、比赛等活动，引导儿童正当发泄。

（4）对于社会生活的价值。游戏有益于增进儿童的生活经验。儿童通过团体游戏，更加深入地接触同伴，培养团结意识，学会分工合作，学习待人接物等社会生活所必须遵循的规则。总之，“凡是社会生活中所必须的精神和态度和常识，都可在游戏中培植一点初基”。

（5）对于美育的价值。游戏具有陶冶儿童性情的美育价值。音乐游戏、舞蹈游戏、表情游戏不仅可以协调儿童的肢体动作，帮助儿童塑造美的形体，还可以丰富儿童的创造力、想象力，陶冶儿童的审美情操。

2. 儿童游戏的特质

游戏对儿童的身心发展如此重要，那“什么是游戏”呢？余家菊认为，这是一个看似很容易其实很难辨别的问题，因为游戏通常会与苦工、作业相混淆。同一件事，有人做起来会觉得很好玩，但是有人做起来如同在做苦工。所以，在现实的教学中往往存在这样的一种现象：

> 儿童性好绘画，当他高兴时，随笔乱涂，为所欲

为，这是游戏。若是教师命出题目，定出方案，要他照着法度去制作，这就成了作业；若是他完全不愿意做，或者力不能做，只是因为先生底命令不得不勉强做去，那就是苦工了。

因此，余家菊将游戏与苦工、作业进行比较，使读者更加清楚地明白儿童游戏所具有的特质。

苦工具有过度性、机械性、强迫性的特点。它并不是出于自己的兴趣爱好，而是迫于现实生活、屈于社会压力的工作。苦工重视的是从事的活动带来的收益，并不在乎这种活动本身的成果，仅把活动作为获得收益的一个手段而已。如同作家写一篇小说，并非为艺术而创作，而是为了养家糊口。"作业是自主的、志愿的努力，虽说要有牺牲，有恒心，有忍耐，然而自己知道自己所操作的事务底价值，稍微可以有一点慰藉。"作业不同于苦工，所求的结果就是活动的完成，而学生的苦工就是过重的课业负担。在余家菊看来，"游戏是活泼的，自发的，快乐的，于活动以外没有目的"。与作业相比较，游戏虽然也强调活动的完成，但是游戏活动更加自由。

余家菊总结得出："总之，游戏和作业与苦工的不同，并不在所作的事务的不同，乃在作业的态度和意趣的差异。"在教学过程中，教育者应当努力"使苦工成为作业，作业成为游戏，免得学生在校如坐监狱，上课如罚苦工；那就是说：要使学生操作一切业务，正如他们自己游戏一样"。此外，教育者还应该注意："游戏并不是让学生好玩，必须根据儿童所爱做的事务中之有用的，勉励他努力去做，以养成他底忍耐力和注意力。"

3. 儿童游戏教育的实施

余家菊认为，实施儿童游戏教育首先必须具备客观的现实条件。各校可依据其经费情况设置能够引起"活泼气象"、容纳全体儿童的游戏场，要有适合儿童需要的游戏器具。其次，儿童游戏的实施必须要适于儿童的本能，儿童“各本能底发生有先后不同，儿童所嗜好的游戏亦随年龄而异。游戏底繁简难易乃至于种类，都要按着儿童底年龄去支配，不可本着成人底意思去定夺”。此外，余家菊还提出了几条具体的措施，供教育工作者参考。

（1）坚持教师的指导

余家菊认为无论是正常的课业教学还是游戏活动都必须坚持教师的指导，而教师指导的有效发挥又必须具备以下两个条件：第一，教师必须具备“因应自如而胜任愉快”的能力，所以教师应学习儿童心理学的相关理论知识，了解各种游戏的价值、注意事项以及各种游戏可能带来的后果。第二，在教师的指导过程中最忌讳的就是教师的直接干涉。余家菊认为“所谓指导，并不是遇事干涉，干涉最足以妨害儿童底自动，减少儿童底兴趣和活气。指导只是于不知不觉中给与儿童以适宜的暗示去救济当时的情形，或者补助儿童底缺欠”。因此，教师还必须掌握基本的教育学知识，不仅能够教知识，而且还要能够“教玩”。

（2）使“正课”与游戏发生联络

游戏是基于儿童本能发生的，往往是简单快乐的。儿童在进行游戏活动时大多是兴高采烈的，而且注意力相当集中，效率非常高。余家菊批判老学究们把儿童游戏视为万恶之源，认为游戏使儿童“玩野了心”的观点是与事实不符的。在传统课堂教学过程中，教师往往要采取相当的刺激方式，并使出浑身解数才能使学生集中注意力。在余家菊看来，课堂教学如果能够与儿童游戏发生联络，使学生如同参加游戏活动时那样专注，方能收到更好的教学效果。所以，他指出：“倘若学校底正课，如国语，地理，历史等科都能和游戏联络起来，使得正课即是游戏，游戏即是正课，那就是最完善的教育了。”他殷切地希望我国的教师们也能够做到像欧美教师那样将儿童游戏思想运用到课堂教学中，做到寓教于乐。

（3）校内外游戏相结合

教学必须保证校外影响与校内影响的一致性。校外游戏必须与校内游戏保持一致，才能使学校教育达到圆满的效果。因为校外的不良，必定会在儿童身上埋下许多潜在的毒瘤，儿童在活动中可能会把从校外游戏中学来的不良行为运用到校内游戏，从而影响其他学生的行为。但是，“若是校内所从事的游戏，有若干种是儿童在校外所可从事的，儿童散学归家后就不至于做出不正当的勾当”。为了促进校内外游戏的结合，余家菊主张，一方面教师对于国外儿童游戏的引进和实施不能照搬照抄，应在实际的教学过程中通过观察儿童活动了解儿童游戏的种类和实施的方式，创造适合中国儿童的游戏活动；另一方面，教师可以将校外有益且有趣的游戏引入校内活动，“儿童对之，将更饶兴趣，更为热心从事，于教育底效果亦必费力小而成功大”。

余家菊通过全面具体地论述游戏的价值、特质以及实施，提出了丰富而科学的游戏教育理论。这在20世纪20年代的儿童教育家群体中是不多见的。余家菊的游戏教育理论一改传统教育将游戏视为玩物丧志的观点，更新了人们对儿童游戏价值的认识。

（三）儿童教育的课程设置

课程是教育实施的一个重要依据，亦是教育取得良好成效的关键。余家菊十分关注儿童课程设置，先后在《教育杂志》《中华教育界》等杂志上发表了《国语科的几个问题》《个性与学程编制》《爱国教材在小学教育上的地位》等文章，论述儿童课程、教材的设置原理，并发表了独到见解。

1. 课程乃是发展民族性的载体

余家菊认为课程者即教师、学生间有组织的全部共同活动，而学校课程的设置与废弃是随着教育目的与儿童需要而转移的。列强除了对我国进行武力侵略、经济侵略外，“其最为毒辣可以置吾国于万劫不复之域者，则为文化侵略”①。为维护国权、抵御文化侵略，余家菊主张通过发展民族性教育，培养国民的民族情感和民族信仰。

余家菊在《爱国教材在小学教育上的地位》② 一文中主张，在教育中充分发挥爱国教材的重要作用，通过爱国教材传递给儿童爱国知识，培养儿童的爱国理想与情操，使儿童成为爱国国民。鉴于爱国知识广博、爱国精神培植不易，余家菊认为，爱国教材的实施非单一科目能担任的，应由多种科目共同担任，达到协同培养的目的。例如，国文科可选取中华文化的精粹和宣扬爱国精神、民族独立的诗词，如岳飞的《满江红》、文天祥的《正气歌》等，激发儿童的爱国志气。历史科向学生展示本国盛衰的历史轨迹，激起儿童的保护之心或使人产生雪耻之念，如向儿童展示近代以来中国被迫开国门、割地丧权的历史，可激起儿童救国雪耻之情。地理科教导儿童各国地利之要，“吾国之锦绣河山，无尽宝藏，乃各国之所垂涎，宜教国人思所以防护之；国土日削，国富日竭，皆缘列强压榨，而宜教国人以力图收回者”。地理科可以培养儿童对国家大好江山的喜爱之情，增强儿童的领土意识。自然科学则可传授科学、国防等知识，提高儿童保家卫国的能力。

余家菊在《爱国教材在小学教育上的地位》中认为：

> 总之，社会意识与爱国情操之种子，皆为儿童之所已有，教育之事在有以促进之、开发之、长养之、充实之。

“儿童本位”教育观要求教育需遵循儿童的发展规律，小学儿童

① 余家菊：《国家主义教育学》，中华书局1925版，第6页。

② 《中华教育界》1926年第16卷第1期。

的思维主要以具体形象思维为主，爱国精神具有一定的抽象性，故余家菊建议在进行爱国教育时，教师可采用以下三种方法。第一，可利用象征，帮助儿童理解抽象概念。第二，可利用比喻。“教儿童爱国，而能多用比喻，则其困难自消。”如教儿童拥护国权，可譬以反对外人突来管理家庭内事、学校内事或班级级事，教儿童维护家权、校权和班权，从而上升到维护国家主权。第三，可利用自爱心。余家菊认为：“儿童之自存本能与生俱来，利用之以教育爱国，则爱国教育之目的将无有不可实现者。”儿童都有爱己之心，教师应充分利用儿童的爱己之心，推己及人，引导儿童爱他人、爱祖国。

2. 课程须兼具玩耍与做事

余家菊于1925年发表了《课程论》[①] 一文。余家菊认为，课程须兼具玩耍和做事，并将二者共称为“业务”，而课程“即学生之种种业务也。至平常所谓教材者，则不过活动之凭藉也”。然而，常有人视“幼年时期，玩耍之时期也。成人时期，做事之时期也”，而不知成人亦有玩耍的时间，即所谓的藏息相辅。为消除常人误解，余家菊对玩耍与做事进行了详细的论述。

首先，关于玩耍的价值与性质。余家菊批判古代教育视玩耍为消遣娱乐且毫无价值的看法。他引用麦独孤[②]（McDaugall）的言论，认为玩耍为儿童发泄情绪的一种行为表现，是儿童生而具有的活动天性。他表明玩耍于儿童具有十分重要的价值。那么玩耍与做事的区别何在？余家菊又通过引用冷恩对玩耍的定义，对

---

① 《中华教育界》1925年第14卷第9期。

② 麦独孤（Wmiam McDaugall，1871—1938年），英国心理学家，西方社会心理学创始人之一，1902年出版了《社会心理学导论》，构建了一套以遗传本能和相应的情绪以及后天形成的感情为基础的人类社会行为的学说。

玩耍与做事进行了区分：

> 凡行为者，若能对其所有之活动，任意作辍或随意改变其操作之条件，斯时即感觉其为玩耍；若活动之加于其身，乃不可规避的或为义务及职业所约束时，则觉其为苦工矣。

总之，同一行为有人视为玩耍，亦有人视为做事，其区别在于：玩耍是儿童自发的、能胜任的、愉快的活动，否则就是做苦工。余家菊认为自福禄培尔把玩耍引入幼稚园，“及至今日则一切课程之玩耍化已为时代思想之一大潮流”。

余家菊强调玩耍和做事都是儿童已习得的、能胜任活动的能力，是儿童精神释放的一种形式，它们的区别仅在于所获得的愉快程度不同。此外，这两种活动常需要发挥儿童的“作信作用”(Make-believe)，即儿童在玩耍过程中借助虚幻的想象，化虚为实，创造其所渴望的境界。因此，玩耍与做事并无本质区别，都为儿童时期的课程设置须关注的重点。余家菊的这种课程分类法思想源于英国学者弗因得莱（Findley），将学校课程分为玩耍与做事两大类，其具体的分类如下：

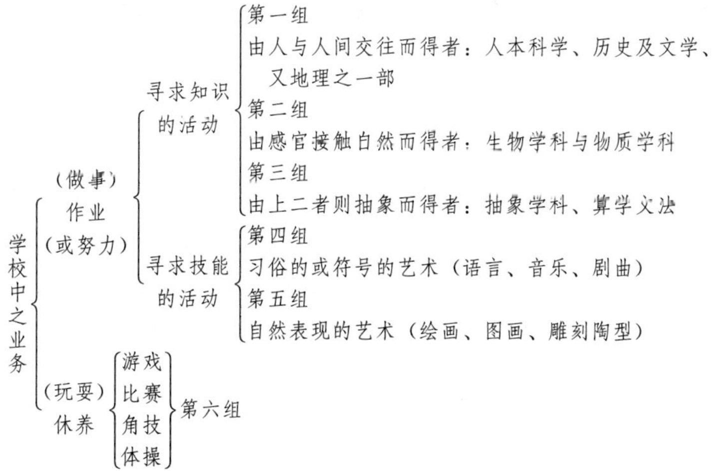

余家菊认为在我国儿童教育课程设置中，国语科属于习俗的艺术，社会科属于通过人与人之间的交往而获得的知识，自然科属于由感官接触自然而得到的知识，工用艺术、形象艺术以及音乐科属于自然表现的艺术，体育科属于玩耍组。总之，儿童教育的课程应兼具玩耍与做事的功能，所学学科皆可按照此两种活动进行划分。

3. 课程设置以儿童为中心

余家菊在《课程论》中主张通过分科教学来实现课程目的，其原因有四点：

> 其1，为便于一时之专注；其2，为便于前后之衔贯；其3，为便于透彻熟练；其4，为便于深进的研究。

然对于学科分类，不同的学者有不同的观点。如柏特来(Burtler)依据人的活动，将课程分为科学的、文艺的、美术的、制度的（或社会的、宗教的、实业的）。戴伽谟[①]（DeGarmo）依据知识的对象，将课程分为自然科学、人文科学、应用科学。余家菊认为，这两种分类法皆错在“未顾及儿童之本身，故皆可云为科学的，而非教育的”。他赞同以儿童为中心，将课程分为玩耍与做事。教材作为课程的具体体现形式，在教材的选择与安排上，余家菊也有独到见解，主张教材的选择与安排要适于儿童生活、合乎儿童心理。

（1）教材选择来源于儿童生活

余家菊坚信：“教育当以儿童为中心，故选择教材，亦宜以儿童之经验为中心。换言之，吾人不宜采取论理的、客观的、划分严密的教材，宜采取感情的、切己的、富有活动性的教材。”或者也可以说，“以儿童经验为教材或以其经验为教材之张本”。例

---

① 戴伽谟（Charles DeGarmo，1849—1934年），多译为德加谟，美国著名的教育理论家、教育实践家，美国赫尔巴特学派的主要创始人。

如，乡村儿童通晓园艺农事，教师可以依其园艺农事之经验传授自然科学知识，如生物、地理、气象等。余家菊评价："杜威主张以作业（Occupation）为主，而历史、地理等科目，则附带的（Incidental）教学之者，即此意也。"以儿童经验为中心组织教材，克服了学校教育与儿童生活相分离的弊端，有利于激发儿童的兴趣，发挥儿童的自动精神。

（2）教材安排合乎儿童心理

余家菊认为，教材安排还应合乎儿童心理：

> 儿童当幼稚时期，分析力薄弱，故此期教材以浑为佳；及长，能力增加具有追求精密之可能，此期教材始可臻于精密。

随着年龄的增长，儿童解决问题的能力越来越强，因此，年级愈高，教材应该愈分化。此外，针对国语教材中出现的问题，余家菊提出了科学的解决办法。如儿童识字问题，首先，他认为国语教材选字原则，应遵循两个标准：其一，儿童所应学的，即学习与生活的联系；其二，儿童所能学的，即基于儿童心理发育阶段所能理解的字。其次，关于儿童识字数量的多寡，余家菊认为须依据儿童心理研究的结果进行安排。

余家菊认为，选择教材的原则除了遵循上述两点外，还应遵循的原则包括：一、长进原理，即教育应适应儿童长进的变化，不能强迫使用固定的教材；二、个性原理，即教育应发扬儿童的长处，弥补其短处；三、均衡原理，即教育要促进儿童的和谐发展；四、兴味原理；五、衔贯原理；六、联络原理；七、集中原理；八、诊察原理。

（四）余家菊儿童教育思想的时代特征

余家菊的儿童教育思想形成于中国教育近代化的启蒙时期，留下了深深的时代烙印，体现了民主性、科学性、民族性的时代特征。

1. 民主性

在中国传统教育中，儿童被视为父母的私有财产，受父母和长者以及教师的支配。这种传统的、长幼错位的儿童教育观忽视了儿童的独立人格，造成了师生之间的不平等。在这种儿童观的影响下，教师采用灌溉式、填鸭式的教学方法对儿童进行强迫教学。这种强迫教育把儿童当成了可以任意处置的物件，置儿童于固定的座位，传授科举考试内容，采用能背诵就奖励、不能者就罚的方法，使儿童成为教师的附庸：儿童只会背诵，不重理解，从而失去了学习的兴趣，而且造成了师生之间、亲人之间的对立情绪。儿童在学堂对所学内容不求理解，仅仅背诵，亦远离儿童现实生活。总之，这种教学方式视教育为一种单向的知识传递活动，忽视了儿童自身的创造力和主动性，不利于师生良好关系的形成，严重阻碍了教育近代化的进程。

2. 科学性

科学教育思潮包括两方面的含义："科学的教育化"以及"教育的科学化"。它不仅强调教育内容的科学性，强调自然科学知识，而且倡导用科学的精神和科学的研究方法从事教育研究。在余家菊看来，当时的学校课程设置中自然科学已占很大比重，但是"教育的科学化"仍然发展缓慢，教育研究仍以思辨为主，教育的实施违背了儿童身心发展规律，缺乏科学精神。

以余家菊为代表的近代儿童教育家致力于儿童心理学的研究与推广，推动了中国教育科学化的进程。1922 年余家菊留学英国，选择了当时中国的薄弱学科——心理学。他于学习的百忙之中，不忘向国人引进西方心理最新理论。同年，他在《中华教育界》第十一卷第七期上发表了《教育类和心理类西书介绍》，介绍有关西方教育心理学、儿童心理学等的论著，以期开阔国人视野。在《儿童心灵底发育》① 一文，他对儿童不同阶段的心理发育特点及教育重点进行了全面的论述。余家菊充分认识到心理学与教育学之间密不可分的关系，他的教育思想处处体现了儿童教育心理学的内涵，促进了近代儿童学科由传统理论思辨向实证主义研究方向发展，推动了中国儿童教育学科科学化发展进程。

3. 民族性

余家菊认为自西学传入以来，国内教育界就存在一种“模仿主义”，致使中国固有的文化“殆濒崩溃”。他说：

> 从前只要是日本的就抄，现在只要是美国的就抄，将来或者有一天只要是法国的就抄。幸而抄对了，就是一国之福；不幸而抄错了，于是又从新再抄。抄袭生活之可耻且不必讲，抄袭生活之危险，岂不应防备吗?②

他认为这种“抄袭”存在很大问题，因为各国社会环境、文化氛围不同，教育存在着很大的民族差异。例如英、法两国，人员往来很频繁，但两国国民的性格存在显著差异，英国人庄重而切实，法国人活泼而浪漫。受儒家文化熏陶的中国人亦有其民族性。余家菊认为“教育情况随文化情况为转移，此一定不易之则也”③，而儒家思想是中国文化的精髓，故儿童教育亦应该培养儿童的“仁爱”精神。他强调“救中国的教育恐怕不是美国式的教育，亦不是法国式的教育，亦不是英国式的教育，德国式的……教育，而有待于一种未产生的中国式的教育”④。他希望在吸收借

---

① 《北京高师教育丛刊》1922 年第 2 卷第 1 期。

② 余家菊：《民族性的教育与退款兴学问题》，《中华教育界》1922 年第 12 卷第 2 期。

③ 余家菊：《中国教育史要·绪言》，商务印书馆 1934 年版，第 1 页。

④ 余家菊：《民族性的教育与退款兴学问题》，《中华教育界》1922 年第 12 卷第 2 期。

鉴西方儿童教育思想的过程中，取长补短，发扬民族性。余家菊主张立足本国国情，开展本土化教育。

综上所述，以余家菊等为代表的近代儿童教育思想家已经充分认识到儿童的重要性，将儿童教育置于重要地位，欲通过儿童教育培养适应时代发展的“新民”，实现救亡图存。此外，彼时正值传统教育的转型之际，余家菊等人学习西方教育思想，提出了“以儿童为中心”的教育观，其思想特征亦是19世纪末20世纪初中国教育向民主、科学、民族化方向发展的时代特征。

（五）余家菊儿童教育思想的历史意义

余家菊是近代以来最早关注儿童的教育家之一。他针对当时中国儿童教育存在的重知识轻活动、重结果轻过程的弊端，提出了丰富而又完备的儿童游戏教育理论。他通过引进和传播西方先进理论，为近代教育学和心理学的发展做出了重要贡献。他的儿童教育思想内容丰富，贴合中国儿童教育实际，推动了近代儿童教育的发展。

1. 提出完备的儿童游戏教育理论

余家菊曾高度评价了福禄培尔的游戏教育思想，并于20世纪20年代就提出了非常丰富且完备的儿童游戏教育理论，堪称近代中国儿童游戏教育理论研究的先驱之一。在“儿童本位”教育观的指导下，他的儿童游戏思想系统论述了儿童游戏的价值、游戏的本质以及儿童游戏教育的实施等。他强调游戏必须具备使儿童天性得到自然发展、强健儿童体格、涵养儿童德行、发展儿童创造力的作用，否则游戏就不具有教育意义，仅仅是一种娱乐活动。他通过将游戏与苦工、作业进行比较，使读者更加清楚儿童游戏所具有的特质，即游戏是儿童自发的活动，充满趣味性。他主张儿童游戏的选择应适宜儿童的年龄、发育特点，在进行游戏活动时要坚持教师的指导；同时，教师还应充分发挥儿童游戏的本质，努力使学校“正课”与儿童游戏发生联络，真正地做到寓教于乐；此外，教育工作者还应保证校内外游戏的一致性，保证游戏教育影响的一致性。

2. 促进了中国儿童教育与心理的研究

余家菊对中国儿童教育持有坚定的信念，他主张发展民族性教育，鼓励教育工作者们不仅要学习西方优秀思想文化，还应致力于研究中国儿童教育的发展现状。一方面，他努力地学习西方最新思想理论成果，建构自身坚实的知识结构和思想理论体系。1922年初，余家菊留学英国，深入学习西方实验科学。他在完成伦敦大学心理学课程外，还选修了伦敦女子学院的儿童心理学。余家菊一直致力于传播和介绍西方最新学术研究成果，力图拓宽青年学者的眼界和视野。他认为“当时志士之胸襟清新活泼而肤浅空洞，思想自由之机运已启而见解大率短近，议论殊为庞杂”①。他于百忙之中抽出时间，归纳整理了西方教育论著，发表了《教育类和心理类西书介绍》一文，系统介绍了教育原理、教授法、儿童心理、各级教育等十二大类书籍的概要，为处在信息闭塞的中国学者了解西方学术研究的最新动态提供了有利的条件。

另一方面，余家菊一直以辩证的眼光对待外来文化。他认为中国传统儿童教育存在教育理论不够系统科学、教学方式简单粗暴等问题，学习西方先进教育思想是改变中国儿童教育现状最简单便捷的方式。但是，学习并不是“东涂西抹”“抄袭仿摩”。他认为学习西方并不是一味地抄袭或模仿西方，毕竟各国的文化与所面临的实际问题存在很大差异。他希望在中西思想的交流与碰

① 余家菊：《余家菊（景陶）先生回忆录》，财团法人台北市慧炬出版社1994年版，第220页。

撞中激发中国思想文化的活力，在吸收和借鉴的过程中实现“取人之长，补己之短，兼收并蓄，调和起来，成为我们自己特有的教育”① 的目的。余家菊认为中国的民族文化悠久而灿烂，尤其是以“仁”为核心的儒家文化博大精深，不仅是中华民族精神的精髓，也是实现教育变革的根脉所在。

3. 推动了儿童教育近代化的发展

余家菊在儿童教育研究方面有很大建树。他的儿童教育思想孕育、产生于20世纪初。当时欧洲新教育运动和美国进步主义教育运动正在如火如荼地进行中，中国也正面临着由传统教育向近代教育的转型。余家菊的儿童教育思想的产生不仅顺应了近代儿童教育改革潮流，同时还推动了中国儿童教育的发展。余家菊强调教育是立国之本，是挽救民族危机的重要途径，通过旧式教育培养出来的儿童已经不能满足近代社会的要求，中国教育改革迫在眉睫。首先，余家菊在全面系统地学习和研究西方心理学的基础上，对儿童的心理发育进行了阶段划分，并依据心理发育特点科学划分了教育阶段，积极为中国学制改革献言献策。其次，他吸收了当时先进的教育理论，提出了科学的儿童教育理念，完善了游戏教育思想，促进了民族性教育的发展。在传播西方最新教育理论的同时，余家菊也积极引进西方先进的教学方法，他是最早对道尔顿制进行详细介绍和推广的教育家。总之，余家菊的儿童教育思想将西方先进教育理论与中国儿童教育改革相结合，提了许多有价值的观点，为当时的儿童教育改革奠定了理论基础，推动了中国儿童教育近代化的发展历程。

4. 为当代幼儿教育改革提供有益的历史借鉴

首先，余家菊提出了“儿童本位”的教育观。他有关教育要

---

① 余家菊:《中英教育之异点》,《中华教育界》1926年第15卷第7期。

遵循儿童身心发展规律、因材施教等思想符合当前素质教育理念。他认为，在教学过程中，教师既要发挥主导作用，又应尊重儿童的主体地位，把每个儿童看成独立的、有潜能的个体，尊重儿童的个性差异，通过鼓励和适当的引导，调动儿童的求知欲和好奇心。其次，余家菊主张实施游戏教育，提出了完备的儿童游戏教育理论，对当代教师游戏教学的实施具有一定的启示意义。最后，余家菊还强调民族性的教育。课程的开发要充分发挥学校和教师的积极性，考虑到当地的特色，开发旨在发展学生个性特长的、适应当地社会发展的、可供学生选择的特色课程。

总之，余家菊凭借着其睿智的眼光和全新的教育理念，形成了内涵丰富的儿童教育思想，不仅促进了中国儿童教育近代化的发展，于当代儿童教育改革和发展也有借鉴和指导作用。

三、 熊希龄的慈幼教育思想

熊希龄（1870—1937 年），字秉三，湖南凤凰县人，我国近代著名的教育家、社会活动家和慈善家。民国肇造，熊希龄曾出任财政总长和国务总理，后因不满袁世凯复辟帝制，被迫辞职，退出政界，专心致力于慈善和教育事业，先后担任京畿水灾筹赈会联合会会长、湖南义赈会会长、华北五省灾区协济会副会长、世界红十字会中华总会会长等职。1920 年，熊希龄在北京创办了驰名中外的慈幼教育机构——香山慈幼院，为中国近代慈善事业和幼儿教育的发展做出了重要贡献。

（一）论儿童教育的地位

熊希龄是一个儒家学者。他对《礼记·礼运》中“幼有所长”的大同理想充盈着歆羡之情，对孟子“幼吾幼以及人之幼”的思想更有深刻的体会。他在阐释佛教普度众生、慈悲为怀的同时，又对基督教的博爱情怀大加倡扬。他在香山慈幼院中专辟

“三圣堂”，中间供奉孔子，左边供奉释迦牟尼，右边供奉耶稣，以表示对“三教”所共有的人道思想的一体推崇。

在人道思想的指引下，他先从举办慈善事业入手，最终走上了专注慈幼教育的道路。他曾多次交代过自己远离政坛的原因，也曾多次表示过他对在乱世举办慈善事业的灰心。他在香山慈幼院开办后，便视此为自己的精神家园，一扫以往的悲观和消极。这是因为：“他们孩子都是真心的爱我，把我当他的父母，我却把他们当我的儿女，成立我们这个大家庭，这便是我的终身志愿了。”①

熊希龄认为，人民是国家的根本，儿童是人民的基础；欲医治社会，须先医治人心；而欲医治人心，则须首先从儿童教育入手。所以说，儿童教育是国家的根本，关乎国家的富强与振兴。他甚至把儿童教育提到了“卫国存种”的高度。他曾说：

> 夫国之不富，由于民贫；兵之不强，由于种弱。贫而且弱，将为亡国灭种之兆。欲救贫弱，须于婴儿时代充分保育，使其身体健全，能耐劳苦，然后智慧增长，技能精练，方可以卫国存种也。②

同时，他把儿童比作“没有开的一个大璞”和“没有染污的一张白纸”，较之好坏都已经“定规”了的成人而言，其身心具有很大的可塑性，可培养成健全的国民。正如他将幼稚师范学校的校歌定为：“纯朴兮孩子，未来世界唯一之主体。浑然心地，不知

① 熊希龄：《香山慈幼院创办史》，见周秋光编：《熊希龄集》（下册），湖南出版社1996年版，第1526页。

② 熊希龄：《在北平婴儿教保院成立会上的报告词》，见周秋光编：《熊希龄集》（下册），第1995页。

害利……"①

总之，在熊希龄看来，教育为立国之本，而儿童教育是"教育根本中之根本"②，并且"窃维国家之强弱，视乎教育之能否完善；种族之强弱，视乎卫生之能否精密。然此皆以儿童为基础。故儿童教育能普及，其国必强"③。熊希龄不仅认识到了教育的重要性，还全身心地投入中国慈善教育事业，推动了近代幼儿教育的发展。

（二）论儿童教育的物质保障

受天灾水患的影响，许多儿童流离失所，熊希龄对此深感痛惜。于是，熊希龄等人修建了一所大规模的慈幼院，并为其中的蒙养园题写了一幅门联，即"幼幼及人之幼，生生如己所生"，其人道主义思想可见一斑。同时，蒙养园的横书为"蒙以养正"，他以此作为蒙养园的教育目的。为保证幼稚教育目的的实现，熊希龄十分重视物质保障，其中包括营养、卫生以及生活设施建设。

在营养方面，熊希龄认为，儿童身体差的主要原因是营养不良，而"本院儿童出于艰难困苦饥寒交迫之中，其心理上之愉快，当不如富室之儿童，而体育运动，中国儿童亦不如美国儿童之活泼"④。因此，他主张在胎儿时期加强营养："东西各国关于

---

① 香山街道办事处主编：《香山——熊希龄未了情》，新华出版社2016年版，第222页。

② 熊希龄：《为婴儿教保院撰标语对联》，见周秋光编：《熊希龄集》（下册），第1997页。

③ 熊希龄：《为天津〈庸报〉所撰儿童教育特刊词》，见周秋光编：《熊希龄集》（下册），第2011页。

④ 熊希龄：《香山慈幼院发展史》，见周秋光编：《熊希龄集》（下册），第1793页。

婴儿营养者，大抵初生之孩，予以羊乳，继则人乳牛乳或代乳粉，六个月之后，加以谷、菜、肉三项食品，除牛乳外，即人乳亦不可多食，此为普通保育之定例。”[①] 同时，他在继承中国传统胎教理论的基础上，系统学习西方科学的养胎学说，主持制定了一份《儿童哺乳饮食营养配制表》，规定园内儿童每餐必须有肉食、蔬菜、豆类品等，并适当配有牛奶、鱼肝油等富有营养性的补品；对于零食，则一律禁止。根据该表规定，大约每一婴儿每月须二十至三十八元的营养费，这显然高于全国平均水平，“非上等富室，不能任此负担”，即使中等之家，“除其母自有乳外，担负亦非易易”。于是，熊希龄提出可以用当时北平协和医院试制出来的豆浆代替牛乳，其价贱于牛乳，“可为贫儿无乳者之福音”。除了牛乳可用豆浆替代，其他各种补品，诸如鸡蛋、鱼肝油、水果汁之类，仍不可少。贫苦人家的婴儿怎么办？为此，熊希龄希望政府能够像法国那样采取奖励生育的办法，由国家对农工贫民之多育子女者设法补助，“不独无产阶级子弟之幸福，亦实国家种族强弱之关键也”[②]。

在卫生方面，熊希龄在慈幼院专设医务室和检查部，聘请校医和护士定期检查儿童身体，并组织宣讲卫生常识。同时，他还在院内开办卫生训练班，培养医务室的卫生服务员。他要求校医每月定期给儿童进行身高和体重的测量，以了解儿童身体发育状况。在每届春秋气候变迁之时，校医均要给儿童种牛痘、注射药针，以预防白喉、猩红热等各种疾病。如果发现儿童身体稍有变化，则随时进行诊治。为使预防工作更为有效，他还对患病儿童

---

① 熊希龄：《为天津〈庸报〉所撰儿童教育特刊词》，见周秋光编：《熊希龄集》（下册），第2011页。

② 熊希龄：《为天津〈庸报〉所撰儿童教育特刊词》，见周秋光编：《熊希龄集》（下册），第2012页。

采用分房制，同时，儿童经常使用的脸盆、毛巾、碗、匙等物品均遵循一人一件的原则。他强调婴儿食品应重清洁，冲乳粉的器皿必须消毒，而乳母也必须由名医检查身体，以免危害婴儿。据1920年北京医科学校检查，“慈幼院的幼儿患寄生虫病的平均只占百分之二十四，而北京其它学校的儿童平均为百分之七十三。可见当时慈幼院幼儿的身体一般都是比较健康的”①。

在设施方面，香山慈幼院地理位置优越。熊希龄不仅提供了良好的居住设施，而且为增强学生体质，在院内置办了完备的体育设施，设有乒乓球、体操、足球、游戏体操、盘杠、跑马、游泳、溜梯、自由车、武术等体育项目。院内建有男女宿舍共十二所，西式三层楼房两座，各类用房达两百三十一间。房内的家具一应俱全。房内有专门从美国购回的双层床（五十件），还配有席梦思垫、书桌、衣柜，洗刷、清扫用具一应俱全。院内还修建了“水道工程”，将香山的泉水引作自来水。“儿童在这里简直像入了天堂一般”。

（三）论儿童的道德教育

香山慈幼院诞生于战火中，虽然办学条件极为艰苦，但是熊希龄十分重视对儿童的培养。慈幼院课程设置十分丰富，各年级都开设有国语、算术、手工、图画、音乐、舞蹈、体育等课程。除此之外，高年级儿童设有英语、物理、化学、历史、地理等课程。这些课程归纳起来主要包括德、智、体三方面。在所有课程中，德育始终放在重要位置。德育主要包括以下几个方面。

1. 培养儿童爱国情怀和服务意识

当时，中华民族已处于最危急的时刻，熊希龄寄希望于教育

① 中共凤凰县委党史办、凤凰县政协文史委员会编：《熊希龄》（下），内部资料1985年版，第172页。

救国。他强调要从小培养学生的爱国情怀和服务社会的意识。他将每年的5月9日定为“国耻日”，并带领全校师生集会宣讲，还聘请专业教师给学生讲述近代签订的不平等条约以及侵华战争等等，让学生知国耻，并立志雪国耻。他要求香山慈幼院的儿童，无论年龄大小，都必须会写“国耻”二字。为了强化学生的民族危机意识，增强学生保家卫国的能力，熊希龄在香山慈幼院领导开展了“童子军”活动，要求中、高年级的儿童参加，并且还为童子军提供统一的制服、军帽、军服、领巾、运动鞋等。此外，熊希龄十分强调引导学生树立服务社会的意识。他说：

> 本院之儿童，出身孤贫，受社会慈善家之帮助，得有相当之教养，则求学时与毕业后之宗旨，亦应帮助社会，为种种救济之事业，以酬报社会慈善之德意，饮水思源，乃不忘本。①

他经常组织学生参加救济活动，并从童子军当中挑选出优秀学生组成救援队，救援难民和伤兵。这也是熊希龄人道主义思想的延续。

2. 培养儿童勤俭节约的生活作风

香山慈幼院的资金主要来源于各方救济、捐助和政府拨款，儿童完全不需要交学费、生活费。但是，熊希龄认为，公费培养存在三点隐患：首先，这些儿童的“一切衣食器物均由本院供给，久则视为常事，不知不觉地流露出一种倚赖性”。其次，这些儿童被养在院内，“对于院外之社会情状不免隔阂，及至毕业出院，一与社会接触，往往于交际上之言行动静，未能圆满，甚或趋步于社会之虚荣恶习，而忘其本色者”。第三，这些儿童在院内受到较好的教育，生活无忧无虑，慢慢就会“日思学位高

---

① 熊希龄：《香山慈幼院发展史》，见周秋光编：《熊希龄集》（下册），第1787页。

提，报酬优厚，只计及一身之私利，而爱国之观念，因以日薄”。[1] 他十分厌恶懒惰、浪费之习，主张要让儿童从小就知道“稼穑艰难”，“以去掉懒惰之恶习，养成自励勤劳之良习”。为此，他亲自制定《儿童劳动法》十八条，规定三岁以上、十岁以下的儿童必须进行两项劳动工作：一是手工之劳动，每天由教师带儿童到各工厂学习工业一两个小时，“益以察其兴趣，以练五官”，“以为将来择业之基础”；二是事务之劳动，由教师带儿童参加植树、烹饪、打扫卫生等活动，“益以习其勤动练其事故也”。为了培养儿童的节约意识，慈幼院规定年长儿童每月仅有生活费五元，由儿童自己掌管经费，自主购买学习用品和生活用品，每月节省下来的钱归学生个人所有，以奖励其勤俭节约。这一规定的实施，促进了院内俭朴务实之风的兴起。当时，每个儿童无不精打细算地使用自己的经费。

3. 培养儿童良好的行为习惯

良好的行为习惯将使儿童受益终生。熊希龄主张要从幼儿时期就开始培养良好的生活和学习习惯。他将香山慈幼院的校训拟定为“勤、谦、俭、恕、仁、义、公、平”，学生的学习及行为习惯必须遵循这“八字准则”，有助于养成学生尊重师长、爱护同学、讲究公共道德、遵守公共纪律等好品德和好习惯。熊希龄还亲自制定《儿童习礼法》一百四十五条，并颁布实行。其主要内容是：

> 一、对自己的要求是：“不可巧言取媚；不准说谎；不许浪费；不准说损人之语；不许言过其实；不准文饰过失；成绩不如人宜自奋勉，不许妒忌；衣服不如人不

① 转引自周秋光：《熊希龄传》，百花文艺出版社 2006 年版，第 488 页。

可引以为耻；知者为知，不知者为不知，不准伪造及狡饰；应自爱，谋自立，不可有倚赖求人之心；应力求谦虚，不许自足自傲”。二、对别人的态度是：“无论何人无故赠以金钱物品，一律谢绝不受；不可轻易向人借钱或赊欠；不许偷盗和随便使用他人之物；不许毁坏公物；不许在与友共事时，自择便利不顾他人；对于朋友所约时刻，必须准时，而往其应许友人之事不可迟延不办；不可因小事与人争论长短；遇有正大重要事情，不可缄默过让；对朋友规过劝善，不许袖手旁观；他人之日记、账簿、书信不可偷看，不许拆他人之信件；与友聚谈时，不可谈人长短及臧否人之善恶；对于友人劝告，有则改之，无则不可生怒；对人应磊落光明，不许暗箭伤人或挑拨是非，捏造谣言”。三、对社会的态度是：“社会公益事业应出力相助，不可只顾一己私利；应时思己身贫苦艰难，对于社会无告之人，应加怜悯，立定将来救济志愿；不准讥笑残废人，对乞丐不许生厌；对途中老人、病人之迷途，应力为护送或报知警察；对于问路应诚实和气相告；对跌伤及溺水被火之人，必须力为护救；对于水旱灾难民，应节省以救济；至公园及名胜地方必须遵守规则，不许纵牛羊犬豕扰害农民庄稼；对于道路遗物，须守候其人质对而后退还，不可拾为己有；对于各种车马行道之时，不可当中站立，尤不可在旁大声呼喊；不可偷食农民瓜果；对于游览之中的宾客应加敬意”。①

在坚持正面教育的同时，熊希龄也不放弃反面的惩戒。香山

① 中共凤凰县委党史办、凤凰县政协文史委员会编：《熊希龄》（下），第169—170页。

慈幼院曾严令禁止体罚儿童，但在实际办理中，有感化院、审判厅、反省室的设置。在熊希龄的思想中，他始终信奉中国传统家教中的惩戒理念。他主张，对于婴幼儿的恶习应尽早严加干涉；只有到儿童知识稍开之时，方可改严厉为宽松。他之所以试用“分居家庭制”，原因之一便是要让各位“家长”及时分担起管教儿童的职责。

（四）论儿童教育方法

香山慈幼院取得巨大成功的原因之一在于其先进的教育方式。熊希龄不仅高度重视引进西方先进教育理念，而且十分强调教育方法的转变。他将自己的女儿熊芷送至哥伦比亚大学专门研究慈幼教育问题，学习教育理论。熊芷留学归来后成立“怀幼会”，将西方先进教育方法与慈幼院的教学实际相结合，形成了一套颇具特色的教育方法。

1. 推广启发式教学

熊希龄倡导启发式教学，鼓励学生自己独立思考、动手实践。由于慈幼院的儿童入学年龄和程度不尽相同，熊希龄改变以往纯按年龄划分年级的做法，按照儿童个性和年龄层次相结合的方法重新分级：将智力高的分为一级，智力低的分为另一级，并实施启发式教学。他认为传统课堂偏重知识传授，强调死记硬背，导致学生积极性不高，学习效果也不理想。他认为儿童并非“小大人”，其身心发育特点深受年龄的影响，对于知识的学习和理解，需要教师的引导和帮助。如在低年级教授文言文，学生会学得很慢、很吃力；在高年级，学生有了一定的知识和经验后，对学习文言文的重要性有了更加深刻的认识，学习也更加积极，成效也越发显著。因此，他主张在教材内容的选择和编写上要依据学生的年龄、兴趣爱好以及个性特点。熊希龄不主张一味地依赖各书局和教育部门编写的教材，提倡教师自己依据本班学生的特点整理和编写教材，开发出适合学生学习的校本教材。另外，他对教师也提出了更高的要求。在上课之前，教师不仅要研究教材、了解学生的个性差异，同时，还要制订相应的教学计划、课程表、讲义和参考书目，为学生的自我教育提供指导。课后，教师要及时反思教学过程，撰写教学日记。这种做法不仅有利于学生发展，还有助于教师能力的提高，真正做到了教学相长。

2. 强调设计教学法

设计教学法是美国教育家克伯屈于 1918 年创立的一种教学组织形式。1927 年克伯屈受邀访问中国，宣传设计教学法，促进了国内教育家对设计教学法的研究、实验和推广。熊希龄十分推崇克伯屈的设计教学法。在教学过程中，他坚持“凡事让学生自己计划，自己设计”。在活动开始时，教师要讲明规则和要求，让学生自己开动脑筋设计和安排活动内容、方法，教师只需从旁指导；最后，再由教师总结和点评。在培养学生良好行为习惯的教学中，熊希龄常用设计教学法，让学生自己扮演小主人或者小客人，自己设计活动，并进行表演，使之在活动与游戏中得到教育。此外，熊希龄还为慈幼院准备了十分完备的教学设备和设施，如植物园、动物园、买卖街、家庭小厨房、小农村、儿童俱乐部等，为设计教学的顺利实施提供了有利的物质环境。熊希龄认为设计教学法可以培养学生独立思考的习惯和动手能力，激发学生学习兴趣。在实际教学过程中，这一教学法受到学生的欢迎，同时也取得了很好的教学效果。

3. 教学与实践相结合

熊希龄认识到当时的学校教学存在重知识传授、忽视教育实践的问题，而且这个问题严重阻碍了学校教学质量的提升。他要求慈幼院的教师在传授知识的过程中，注重学生的实地学习。例如让学农的学生先跟着教师一起选种、耕地、除草、施肥、喂牲畜，到花园去修剪、浇水，使学生将学习到的各种农机器具的操作使用知识落实到实践中；安排学工的学生跟着教师去工厂学习做工，熟悉原材料、工具、机器及操作要领等；安排学商的学生跟着教师熟悉商品、熟悉服务要领、学做买卖、记账、核算等；让学习表演的学生跟着教师参与戏剧的编排和演出。一方面，学生通过亲身体验，将理论知识与社会实践相结合，真正做到了学以致用；另一方面，学生在实践的活动中积累了一定的感性认识，在学习各种理论知识时就会事半功倍。

（五）论幼儿教师的培养

为了使幼儿教育达到效果，熊希龄指出，应当重视幼儿师资的培养和训练。儿童的教养能否收效，关键在于培养他们的师资。“欲改良幼稚教育，尤须着手训练佣妇；佣妇不良，即可为幼稚教育之障害。”在公育机关的幼稚园里，保姆与保妇对于幼儿负有极大的责任，保姆处于教师地位，保妇处于看护地位。保姆毕业于师范学校，多属未嫁女子，对于养育幼儿，颇少浓厚之情。尤其是公育机关所养成的师范教员，因其本身自幼即离开家庭，对于其他女生，立于同学地位，乐群互助虽有之，抚育幼小则无经验。保妇固多由生育过的妇女充当，虽有人母经验，却又缺少理论常识，并且抚养他人之儿女，毕竟不如自己的子女亲爱。故为了消除这些缺陷，对于保姆来说，应当在幼稚师范学习期间，多进婴儿园与幼稚园里实地练习，日日与婴幼儿相处，获取实践经验，即所谓“当保姆者婴儿化”；对于保妇来说，更应当补习育儿的科学知识，必要时可由一些幼稚园设立保妇养成班，让她们进修，培养她们具有慈母心肠，即所谓“当保妇者父母化”。总之，无论保姆还是保妇，对待幼儿都应是“幼幼及人之幼，生生如己所生”。只有这样，才可以办好幼儿教育。

1930 年 10 月，熊希龄与张雪门共同成立了北平幼稚师范学校，专门训练教育幼儿的专业人才。该校培育出的教保人员不仅具有丰富的专业知识、娴熟的实践技能，且达到了此校特有的“五大标准”，为慈幼院及社会幼稚园输送了很多优秀的教师。

熊希龄认为，教保人员首先应具备丰富的专业知识。北平幼稚师范学校三年内开设了大量的专业课程：国文、英语、人生哲学、教育史、教育心理、家政学、心理学、教育学、儿童学、儿童文学、儿童卫生、幼稚园教育概论、幼稚园组织法、幼稚园课程、幼稚园与小学低年级课程、小学教材研究、幼儿保育法、小学教学法、儿童游戏、手工、音乐、自然、社会等。此外，学校还开设了各种研究会，如文学研究会、音乐研究会、美工研究会、幼稚教育研究会等，以供学生自由参加学习。

北平幼稚师范学校非常重视学生的实践技能，故每年都会定期安排学生实习，其实习分作三个步骤实行：参观、参与、支配。从学生第一年第一学期开始，每周安排三个学时到慈幼院蒙养园参观，参观的内容主要有蒙养园的设备、整体设计、教师、教学过程及对幼儿的处置方法。第一学年第二学期则为参与，即参与教具的制作、讲故事、工作设计等。第二学年后则进入完全支配阶段，即全方位从事幼儿教育的实际工作。通过这三个阶段的实习，学生在毕业之时皆具有娴熟的实践技能。

熊希龄在陶行知“生活即教育”思想的基础上，为幼儿教育工作者提出了“五大标准”：科学的头脑、劳动的身手、平民的生活、宗教的热忱和团结的精神。科学的头脑指幼儿教师有科学安排幼儿一日生活的能力，且能合理制订出每月、每周的计划表；劳动的身手指教保人员不应图于安逸，除上课、吃饭之外的课余时间，都应安排劳作，养成劳动的习惯；平民的生活则指幼儿教师需注重勤俭朴素，其衣食住行皆应以平民的生活为标准；宗教的热诚与团结的精神指教保人员应忠于职守，有高度的敬业精神，并讲求团结互助。据1937年毕业的校友王碧元回忆："每年到了寒假，各地的聘请函件，便如雪片飞来，原因是别的师范大多注重知识的传授，而我们却要被训练成十项全能"①。由此可见熊希龄领导的北平幼稚师范学校的办学成果。

熊希龄是中国近代史上杰出的教育家和慈善家。北京香山慈幼院的创办是他慈幼教育思想及实践的具体体现。当然，他所办的婴儿园是高标准的，特别是费用数目很大，故当时有人认为他的婴儿园未免贵族化了。熊希龄却不以为然，他说：

> 予所办之慈幼院，有人谓予太费者，殊不知人以子孙托吾，即如吾之子孙，何忍有所歧视，有所惜费乎！人以为太过，吾犹以为不足也。惟仅限于京师一隅，殊非博爱之道。矢于两年内，在外省成立分院，先从湖南入手，以次推及全国。惜同志太少，一方面须亲身募经费，一方面又须筹划办法，殊有所苦。然予亦决不以此稍有所懈。②

确实，像香山慈幼院这样的幼稚儿童教育机构，在那样的时代和社会，一般的民众是无法做到的。熊希龄在引进西方先进的幼儿教育理念的基础上，结合中国教育实际，形成了独具特色的幼儿教育思想，为近代幼儿教育事业做出了巨大贡献。

第二节 马克思主义者幼儿教育思想的萌生

"五四"时期，除了西方的实用主义影响中国外，"十月革

---

① 转引自周秋光：《熊希龄与慈善教育事业》，湖南教育出版社1991年版，第153页。

② 熊希龄：《表白心迹与某报社记者之谈话》，见周秋光编：《熊希龄集》（下册），第1481页。

命”的炮火还为中国传来了马克思主义。马克思主义传入中国后，很快被一批先进的中国人所接受，并深刻影响着中国社会的方方面面，幼儿教育也不例外。许多学者在接触、学习马克思主义后，认识到马克思主义理论的正确性，坚持以马克思主义为指导进行无产阶级革命，产生了对幼儿教育的新认识，并以此指导幼儿教育实践。

一、 恽代英的幼儿教育主张

恽代英（1895—1931 年），祖籍江苏武进，生于湖北武昌，无产阶级革命家。1913 年他考入武昌中华大学预科，1918 年毕业后担任中华大学附中教员兼教务主任。他在学生时代就积极参加革命活动，是武汉地区五四运动主要领导人之一。1920 年他与林育南组织利群书社，后又创办共存社，传播新思想、新文化和马克思主义。1921 年他加入中国共产党，1923 年任上海大学教授，同年 8 月被选为中国社会主义青年团中央委员、宣传部部长，创办并主编《中国青年》，以其雄辩的才能、生动的文章、热烈的激情培养和影响了一代青年。1924 年，第一次国共合作实现后，他和毛泽东、邓中夏等参加了国民党上海执行部的领导工作，编辑《新建设》月刊，宣传中国共产党的原则、立场。1926 年 5 月，受党的委派，恽代英到黄埔军校担任政治主任教官。在 1927 年中国共产党第五次全国代表大会上，他当选为中央委员，同年先后参加南昌起义和广州起义。1930 年 5 月，恽代英在上海被捕，1931 年 4 月 29 日在南京英勇就义，时年 36 岁。在幼儿教育方面，恽代英明确提出“打破私产”“儿童公育”等主张。

（一）倡导儿童公育

恽代英是我国儿童公育最早的倡导者之一，并且是倡导儿童公育的主将。在第五章论及儿童公育思潮时，我们已叙述恽代英与杨效春关于儿童公育思想的激烈论战，并对恽代英儿童公育主张进行了阐述。此处，我们将集中总结恽代英儿童公育思想的核心内容，由此考察他对幼儿教育的主要主张。恽代英坚持唯物史观，从整个人类社会的发展来看待儿童公育："我们人类的生活，一天天向越是分工越需要互助的方面走"①，社会的分工越来越细，社会合作的需求越来越大，这是一种不以人的意志为转移的历史趋势。未来社会的发展趋势决定了儿童公育的必然性。

1. 重视早期教育

理想的教育"要普及于一生"。从婴儿呱呱坠地起，便应有专设的公共教育设施进行养育，这便是恽代英的理想。他认为，人类的教育应该从胎教开始。强迫义务教育而放弃了学龄前期的教育，将是人的成长过程中的极大的损失。"幼年期既然是生物的事实，无关于法律的规定，我们可以知道人类的教育，是在他结胎堕地即有必要，不能从法律上所谓学龄开始。"② 他还从德育、智育两个方面论述幼儿教育的重要性。首先，幼儿时期是圆满人的道德最重要的时期。"人类的本能，多在幼稚的时候逐渐发达，在这个时候，若无合当的指导，易因彼此仿效，发达于错误的方面。"③ 其次，幼儿阶段也是个人智育发展的重要时期。"人类求知的欲望又在学龄以前早已发达"④，而人们把儿童这个正好求学的时机任意虚掷了，造成了极大的浪费。

---

① 恽代英：《儿童公育在教育上的价值》，见《恽代英全集》第四卷，人民出版社 2014 年版，第 279 页。

② 恽代英：《儿童公育在教育上的价值》，见《恽代英全集》第四卷，第 282 页。

③ 恽代英：《儿童公育在教育上的价值》，见《恽代英全集》第四卷，第 282 页。

④ 恽代英：《儿童公育在教育上的价值》，见《恽代英全集》第四卷，第 282 页。

他进而指出，实行胎教和学龄前教育的最好办法是实行儿童公育。他说：

> 我们真信幼稚教育的可能，真信幼稚教育的重要，只有促进儿童公育，使每个儿童在他下地以后，便在合宜的场所中，合宜的指导人下面，受教育的训练，才是最根本的教育，亦是最经济的教育。①

儿童公育的推行使儿童在合宜的场所、合宜的教育者指导下接受合宜的教育训练，使教育不分阶级、种族地普及于全民，不分年龄阶段地普及于全人生。

2. 儿童公育机关是理想的儿童教育园地

家庭对儿童有教育的职能，这是历史必然。但是，在大生产出现后，只有富贵人家的子女才能享受得到家庭教育，而劳动人民的子女无真正意义的家庭教育可言。然而，“就社会学说，儿童不是他父母的儿子，乃是社会的一个新份子”②。因此，若要创造一个公平的新社会，“非以社会的自觉，使每个儿童得一样的教育不可”③。另一方面，家庭教育日益暴露出对社会要求的不适应性。恽代英明确断言：“家庭原不是儿童合宜的教育场所，夫妇亦原不是儿童合宜的教育者。”④

就家庭环境的褊狭而言，大多数家庭并不具备教养儿童的条件和设备，尤以都市劳工家庭为甚。即便是富贵家庭的子女，

---

① 恽代英：《儿童公育在教育上的价值》，见《恽代英全集》第四卷，第284—285页。

② 恽代英：《儿童公育在教育上的价值》，见《恽代英全集》第四卷，第285页。

③ 恽代英：《儿童公育在教育上的价值》，见《恽代英全集》第四卷，第285页。

④ 恽代英：《儿童公育在教育上的价值》，见《恽代英全集》第四卷，第287页。

“亦只生长于板壁柱头之间”。他们接触自然和社会的权益往往被无情剥夺，不利于他们“真正的社会化”。

就父母的知识技能而言，恽代英认为，大多数父母并未系统接受“教育子女的教育”。“因为父母是几乎人人要做的，要人人学一样的教育能力，是必然不可成功的事”。[①] 诚然，父母在对子女的教育中具备情感上的优势，但“亦不能不承认我们今天看见许多把子女爱死了的人”[②]。儿童公育机构的教师则受过专门训练，掌握了有关的“知识技能”，有“教育能力”，能胜任教育儿童的任务。

相对于家庭幼教而言，幼稚园教育无疑是一个进步。但是，它“仅仅是把儿童受教育的年龄从六七岁提前到二三岁”，并不符合终身教育的原则。恽代英列举了西方当时的幼教制度作为比照：

> 一则如德国、荷兰、瑞士等国，虽有了许多幼稚园或幼童学校，但这并不入正式的学校系统，不受强迫教育法规的制裁，所以不能普及。再则如英国的（幼儿园）Infant School，固然列入正式学校系统，法国的（幼儿园）Ecole maternelles，固然受国家监视保护，但是英国的儿童，是须年龄在三岁以上，法国的儿童，是须年龄在二岁以上，才能受这种教育。这以前的教育，仍是公众所不注意的事。[③]

① 恽代英：《儿童公育在教育上的价值》，见《恽代英全集》第四卷，第294页。

② 恽代英：《儿童公育在教育上的价值》，见《恽代英全集》第四卷，第292页。

③ 恽代英：《儿童公育在教育上的价值》，见《恽代英全集》第四卷，第283页。

可见，幼儿教育制度并不能满足人类接受教育的需要，必须要有全新的教育机构来满足人类“普及于一生”的教育需要。同时，在现实幼稚园的办理中，由于幼稚园未被归入强制性的义务教育的范畴之内，它的办理经费也未被列入国家预算，所以只能靠收取学费和慈善募捐来维持。如此，便只有少数富贵人家的子女或孤儿难童可以享受幼稚园教育。恽代英指出：

> 幼稚园若只成为一种慈善团体，不认为正式社会的教育机关，那便社会上的人，必自不愿，亦且不能十分用力去监督促进他。这样，必然有许多儿童没有幼稚园进去，亦必有许多儿童没有合当的幼稚园进去。①

另外，就幼稚园师资的培训和检定而言，也未受到国家和社会应有的重视。自清末创设蒙养院以来，虽有保姆讲习所或保姆传习所之设，但这类机构的附庸地位只能任其随风消长，所培养出的专才并不是很多。加之国家并未制定一套严谨的幼教师资的检定制度，故造成“创办幼稚园的人，可以没有什么教育知识”②。这显然对施行幼教不利。

在恽代英看来，家庭和幼稚园都不是实施儿童教育的合宜场所，父母和幼稚园教师都不是合格的教育者，不能完全解决儿童教育的问题，所以只有实行儿童公育，才能使儿童受到理想的教育。

3. 儿童公育的实施

恽代英清楚地认识到，在当时的社会条件下，儿童公育不可能完全实现，他冀求一部分儿童公育的成功。他设想建立

---

① 恽代英：《儿童公育在教育上的价值》，见《恽代英全集》第四卷，第 286 页。

② 恽代英：《儿童公育在教育上的价值》，见《恽代英全集》第四卷，第 286 页。

“理想的儿童俱乐部”，供儿童共同游戏、活动、学习，使儿童健康发展。他认为如果这种“一部分的儿童公育，果然试验得一个理想的成功，那便他的成绩是一种广告，他的出品将是人类中最优秀最健全的分子”①。如此便可逐步推广，最终实现儿童公育。

教育是一个复杂的过程，它要依据生物学、社会学、生理学、心理学等各种理论与实践，才能寻求出一个正确的教育方案。因此，恽代英对从事儿童公育的教育者提出严格的要求：要有很高的素养，要了解人的发展、社会的发展，要根据生物学、社会学、生理学、心理学的各种理论得出正确的方案来实施。

恽代英的儿童公育思想体现了马克思、恩格斯《共产党宣言》的相关精神。但他也承认，儿童公育只有在社会彻底改造后才能真正实现，“非世界彻底改造，谈不上什么理想的儿童公育”②。

（二）论“三育并举”的家庭教育

在儿童公育尚未实现、幼稚园尚未普及的背景下，家庭教育仍然承担着教育儿童的重要角色。恽代英重视家庭教育，视家庭教育为人生发展的基石和学校教育的根基，“在受胎襁褓以及成童，家庭教育实为惟一主要之教育，至儿童满学龄，受学校教育以后，家庭教育为学校教育之补助教育”③。因此，他主张实施德、智、体“三育并举”的全面发展的教育，并强调游戏在家庭

① 恽代英：《儿童公育在教育上的价值》，见《恽代英全集》第四卷，第295页。

② 恽代英：《儿童公育在教育上的价值》，见《恽代英全集》第四卷，第294页。

③ 恽代英：《家庭教育论》，见《恽代英全集》第一卷，人民出版社2014年版，第75页。

教育中的重要作用。

1. 德育：家庭教育的关键

在西方教育思想的影响下，恽代英认为教育目的应包括两方面：其一，在于“利导人类可教育的本能……以达到增进人类幸福，个人身心壮健之目的”。其二，在于“利导人类可陶冶的本能……使各种本能合当发达，社会由之改进”。① 要达到上述目的，恽代英认为，必须进行道德品性教育，使学生成为具有现代道德、现代人格的新人。因此，教育的关键或首要任务是对受教育者进行道德品性的教育。

恽代英强调“儿童之德育，以有善良可资模仿之模范为最要”②。因此，父母要反求诸己、自修其身，养成有秩序的、勤俭的、好善的和清洁的习惯，为孩子树立良好的榜样，使孩子潜移默化地受到影响。此外，“家庭之责任，不但在家庭内之陶冶，即家庭外之防范，亦为重要之事”③。父母要为孩子慎重选师择友，对于交往的对象，要“熟察之，监督之”，务使良善者多、不良者少，避免孩子受不良之暗示，“以尽败家庭教育之功”。

2. 智育：家庭教育的重点

早年时期的恽代英满怀“教育救国”的理想，从“教育救国”的现实需要出发，强调教育要关注学生的智力，要教给学生能为社会服务的现代科学知识。他主张家长对孩子进行感官教育、简单的读书识字教育以及自然科学和实用知识的教育。

恽代英主张感官教育从一出生就应该开始。他指出感官教育不仅将影响孩子今后智力的“锐钝”，而且如若缺乏对五官的训

① 转引自田子渝、任武雄、李良明：《恽代英传记》，湖北人民出版社1984年版，第21页。

② 恽代英：《家庭教育论》，见《恽代英全集》第一卷，第76—77页。

③ 恽代英：《家庭教育论》，见《恽代英全集》第一卷，第80页。

练，还会造成孩子近视、口吃、驼背等不良后果。[①] 除了感官教育，家长还要特别重视读书识字教育。读书识字要把握两个原则：一要注意儿童的兴趣，家长“宜参以极有兴趣之原素，使儿童不感疲劳”[②]。二要量力而行，“儿童之读书，不可责效过速，使彼有不能胜之感”[③]。此外，“自然科学及家庭实用之技能，虽不识字之人，亦可学之。此正儿童未能识字读书以前，所可学习之学科”[④]。总之，对儿童进行知识教育不能操之过急、苛求计日程功之效，也不可区分程度优劣、及格与否，要给予儿童充分的自由，使其循序渐进、自然地发展。

3. 体育：家庭教育的基石

恽代英从个人和社会的角度论述了开展家庭体育的重要性。对个人而言，进行体育运动可以活动筋骨，增强抵抗力，强健体魄。与此同时，体育活动还会间接影响智力活动，“身体之活动，每与脑筋之活动有关。故资质钝拙者，人亦多不活动。而天分高明者，则多腾跃不羁也”[⑤]。对社会而言，进行体育锻炼可以改变国人羸弱的体质，进而达到强种、强国的目标。

恽代英认为，家庭体育主要从以下五个方面进行：一是养成有秩序的生活习惯。儿童的饮食起居要有固定的时间，而且饮食要有节制，不能暴饮暴食。二是养成清洁的习惯。清洁、卫生的习惯可以避免细菌滋生，预防疾病。三要经常参加户外活动。家

① 唐淑主编：《学前教育思想史》，人民教育出版社2010年版，第106页。

② 恽代英：《〈儿童读书年龄之研究〉按语》，见《恽代英全集》第二卷，人民出版社2014年版，第40—41页。

③ 恽代英：《〈儿童读书年龄之研究〉按语》，见《恽代英全集》第二卷，第41页。

④ 恽代英：《儿童读书年龄之研究》，见《恽代英全集》第二卷，第42页。

⑤ 中央档案馆等编：《恽代英日记》，中共中央党校出版社1981年版，第476页。

长要经常带孩子旅行、露营、户外睡眠，使孩子沐浴日光，呼吸新鲜空气。四是要经常运动。儿童生性好动，父母要利用这一特点使儿童保持身体强健。五是向儿童灌输相关的生理卫生知识。

4. 游戏：家庭教育的方法

游戏在儿童教育中的重要性不言而喻。恽代英认为，人类的教育要根据生物学、社会学、生理学、心理学的各种理论，才能找出一个正确的教育途径，使婴幼儿生理上得合度圆满的发达，心理上得合度的理想地步。在继承传统游戏观点的基础上，恽代英积极吸收西方有关游戏的最新理论，重视游戏在儿童成长、教育中的作用，“家庭教育，实以游戏为教育惟一之法者也”①。他主张父母从以下几个方面指导儿童游戏：一是，重视新式游戏，主张引进西方的体育类游戏如乒乓球、网球、舞蹈之类来改良家庭游戏。二是，为儿童选择玩具时，要使玩具与儿童能力相适应，并“使儿童能于游戏品上，用其脑筋，发达其能力”②。三是，父母要以平等的地位参与游戏，“与之同甘苦，共行止”③。在共同游戏中，父母可以“加以暗示之教，子女自然模仿之，遵从之”④。他指出，旧家庭的贫富悬殊很大，少数资本家、官僚、地主有钱，可以为孩子购置一些玩具，但富家子弟“亦只生长于板壁柱头之间”，没有足够的机会去接触大自然，也没有游戏、玩耍的空间，也不可能像公育机构那样有齐全的玩具和教学设备。他认为，只有儿童公育才能保证一切儿童都享受平等合理的教育，否则穷人的子女便得不到合理教育的机会。儿童是社会的

---

① 恽代英：《家庭教育论》，见《恽代英全集》第一卷，第93页。

② 恽代英：《儿童游戏时间之教育》，见《恽代英全集》第一卷，第327页。

③ 恽代英：《家庭教育论》，见《恽代英全集》第一卷，第95页。

④ 恽代英：《家庭教育论》，见《恽代英全集》第一卷，第95页。

一分子，社会有义务教育他们。

关于家庭教育的原则，恽代英认为要做到以下几点：

第一，顺应自然、适应个性。恽代英十分推崇自然教育："自然教育者，每以游戏或他种有兴趣之事为方法，务诱致儿童，使于学问有饥渴之心，使觉其必须，使觉其可乐。"① 在家庭教育中，父母要顺应儿童身心发展的规律和年龄特征，用儿童感兴趣的形式在日常生活中循序渐进地进行教育。此外，儿童是正在发展着的、独特的个体，在家庭教育中，父母应注意观察、了解子女的个性，在教育中要适应其个性化需要，做到因材施教。

第二，父母表率、见信于幼。恽代英强调，父母要做到"见信于幼"，才能利于家庭教育的开展。一方面，父母要"以身作则，使之观感而易化"②。父母是子女最亲近的人，相对于其他人，其影响是最易起作用的。另一方面，父母要动之以情，晓之以理。"从理论上告以此等习惯之利益，使之心悦而诚服"③。"信然后从"，只有对子女摆事实、讲道理，在情感上打动子女，子女才会从内心接受父母的教诲。

第三，任其自由、合理指导。在进行教育时，恽代英认为，父母应"任其自由，而立于背后与以合当之指导"④。父母一方面要给予儿童充分的自由，任其发展。因为儿童在进行游戏或学习活动时，有着自己的思考和计划，如果父母过分干涉其活动，将会打断儿童的思考，不利于儿童智力的发展。另一方面父母在儿

---

① 恽代英：《斯通勒夫人教育学说》，见《恽代英全集》第一卷，第43页。

② 恽代英：《儿童问题之解决（二）》，见《恽代英全集》第二卷，第36页。

③ 恽代英：《儿童问题之解决（二）》，见《恽代英全集》第二卷，第36页。

④ 恽代英：《儿童问题之解决（二）》，见《恽代英全集》第二卷，第38页。

童遇到困难而停滞不前或儿童主动求助时，要给予及时的指导，促进儿童向前发展。

第四，严而有格、适当暗示。恽代英认为，父母必须严格要求子女，对子女提出合乎情理、符合其个性的要求，以促进子女良好行为的养成。同时，子女对父母情感上的暗示比较敏感，因此父母要经常给子女适当暗示。当子女做了好事或改正错误时，要给予肯定，示以欣喜之情；子女做了不该做的事，要给予否定，示以严肃的目光；当子女遇到困难而退缩时，父母要示以期待的目光、鼓励的眼神，给子女以无形的力量，增强子女的信心。

（三）论儿童教育的改造

恽代英认为“教育确是改造社会的有力的工具”①，但要使教育发挥这一作用，关键在于要以社会改造的目的来办教育，要以社会的需要来决定教育。因此，恽代英以整个社会的改造作为他教育思想的出发点，即对每个人来说，“要求他的身心各方面发展，可以有利益于他自身及他同时以及后代人类的生活”②。教育是人生的训练，读书做文章总是一种方法，但不能以读书作为衡量教育的标准。因此，教育要普及一生，从婴儿到老年，都要受教育的陶冶。基于这样的教育目的，恽代英提出儿童教育、中等教育的改造。这里主要论述恽代英关于儿童教育改造的主张。

在教育场所和机构方面，恽代英认为，幼稚教育至关重要。他主张儿童一坠地便应受到公众的教育。要设置儿童公育的机构，必须由具备教育能力、关爱儿童的教育者来从事儿童教育。

---

① 恽代英：《革命运动中的教育问题》，见《恽代英全集》第六卷，人民出版社 2014 年版，第 91 页。

② 恽代英：《儿童公育在教育上的价值》，见《恽代英全集》第四卷，第 281 页。

在儿童教育方法上，恽代英主张儿童教育需要靠刺激以引起恰当的反应，而非靠灌注以储积知识；使儿童养成“发表力”的教育（积极主动的、创造性的教育），比养成“容受量”的教育（被动的、灌输式的教育）更重要。德育方面，教育者要善导儿童本能朝着有益于个人及社会的方向发展。智育方面，教育者要利用儿童游戏、猎寻、搜集、模仿诸种本能，随处引导儿童获得正确的知识，乃至正确的技能。体育、美育方面，教育者要适当地培养、训练儿童，使儿童强健优美，避免养成荏弱冗杂的习气。

恽代英作为儿童公育的最早倡导者之一，他的儿童公育思想有显著的特点：他从唯物史观出发，站在整个人类社会发展的高度来看待儿童公育；强调儿童公育要从襁褓中开始；预设实现一部分儿童公育，再扩而广之。此外，恽代英从批判传统的家庭教育入手，较为全面、深刻地论述了家庭教育的内涵、理念、内容、方法和原则，形成了较为完整的家庭教育思想体系。这些主张为家庭教育的近代转型提供了理论指导，不仅有助于当时旧式家庭的改良，甚至对今天仍有现实的指导意义，值得我们继续深入探讨。

二、 徐特立的儿童教育思想

徐特立（1877—1968 年），湖南长沙人，中国无产阶级革命家。他早年就读于私塾，学习“四书五经”；1895 年后执教于本乡蒙馆；1905 年入长沙城宁乡速成师范学校，毕业后在长沙周南女校任教；1910 年赴日本考察教育；归国后，任周南女子师范学校校长兼附属小学校长，创办了湖南最早的教育刊物《周南教育》；1913 年创办长沙师范学校并任校长；1919—1924 年在法国勤工俭学，归国后创办长沙女子师范学校和湖南孤儿院；1928 年到莫斯科中山大学学习，1930 年从苏联回国。1934 年 10 月，57 岁的徐特立参加了长征。1940 年 10 月，徐特立被任命为延安自然科学院院长。1968 年 11 月 28 日，徐特立在北京病逝。

徐特立长期从事教育工作，提出了较为独特的儿童教育观。他主张要加强研究儿童心理、教育心理和学习心理，对儿童进行革命教育，注重共产主义理想的灌输、集体主义精神的养成以及艰苦奋斗等革命传统的教育。在儿童保育上，他极力强调儿童身体健康是保育工作的核心，主张设立公共保育机关并加强婴幼儿的营养。

（一）论幼儿教育的基础地位

徐特立毕生重视基础教育，尤其是幼儿教育。他视幼儿教育和幼儿师范教育为“基础的基础”。他在《给湖南省幼儿师范学校的一封信》中说：

> 幼儿教育是教好后一代的基础的基础，它关系到进入青少年时期德育、智育、体育的健康发展。所以说幼儿教育是一项重要的工作，是非常细致耐心的工作，也是一项极其光荣的工作。①

徐特立主张从德、智、体等方面培育幼儿，使其健康成长，成为栋梁之材。他注重社会环境和教育对幼儿品德形成的影响，并指出：“幼儿的本性是很纯洁的，而他的习惯好坏是在成长过程中所接触的环境逐渐模仿形成。”② 因此，对幼儿进行道德教育，“应择道德中之极卑近、极切实而足以使儿童实践者授之，

---

① 中央教育科学研究所编：《徐特立教育文集》（修订本），人民教育出版社 1986 年版，第 307 页。

② 中央教育科学研究所编：《徐特立教育文集》（修订本），第 307 页。

决非与以高尚之伦理知识也"[1]。徐特立还以"孟母择邻"的典故来说明幼儿成长的环境对幼儿行为习惯的重要影响。

对幼儿的智育，徐特立认为要从幼儿的生理特征出发，根据幼儿年龄的大小，予以科学的安排。如托儿所和幼稚园并不适宜教授科学和文字，日常生活就是课程。他还指出教与学都要适合当时社会的要求和受教育者的个人情况。幼儿生活范围比较狭窄，正处于具体形象思维阶段，他们掌握的概念大部分是具体的，与直接感知的对象相联系。徐特立主张直观教学，让幼儿观察具体的事物，培养幼儿的注意力、观察力、思考力和语言表达能力，丰富幼儿的感性知识。他还要求对幼儿进行手脑并用的教育，使知识与行动、用脑与用手统一起来，这样的幼儿不仅会思考，动手能力也很强。

现代儿童心理学表明：游戏是学前儿童的主导活动。所谓主导活动是最适合儿童身心发展的一种活动形式。徐特立很重视幼儿的娱乐游戏活动。他指出：要使幼儿身体好，必须根据幼儿的特点进行游戏，让幼儿得到自由的活动。城市的幼儿更应如此。他在《公园设立管见》一文中介绍法国巴黎"使市中的妇女、少儿离开不见天日的居室，终日在公园中作工或游散"[2]，并建议在长沙城设立公园，以便幼儿进行户外活动，并与万物为友，使幼儿眼睛、头脑、双手、嘴巴、空间、时间，均得到充分解放。

徐特立不仅看到幼儿教育的紧迫性，而且非常重视幼儿师资的培养。他认为，要搞好幼儿教育，首先是要有好的师资和好的

---

① 徐特立：《小学各科教授法（上）》，见武衡、谈天明、戴永增主编：《徐特立文存》第一卷，广东教育出版社1995年版，第154页。

② 湖南省长沙师范学校编：《徐特立文集》，湖南人民出版社1980年版，第29页。

领导者。他在《对于边区儿童的我见》中说：

> 我以为对保育工作和儿童教育工作，应该进行科学的研究，并分配有经验的、有学识的、有能力的干部去领导这一工作。对保姆和小学教师，应该提高他们的学识能力。①

在抗战时期的陕甘宁边区，徐特立除主持自然科学院的工作外，还常常抽空去附近的杨家湾小学视察；向边区直属的保育院（幼儿园）第一保小、第二保小和八路军子弟小学，派去了受过高等教育和师范教育的教师和有经验、有学识、有能力的领导干部。他强调师德："做好这个工作，首先要求搞幼儿教育工作的同志自身要有高尚的共产主义的道德修养，热爱自己的专业，专心致志，钻研业务，对培养好幼儿具有高度的责任感。"②

（二）论革命的儿童教育

徐特立早年是一个教育救国论者，1927年走上了革命救国的道路后，教育观念也随之发生了变化，马克思列宁主义开始成为其指路的明灯。此后，他开始逐步形成了革命的儿童教育观。

在教育对象上，徐特立曾在举办的教育讲座中指出："因此，可以断言教育的本质和方法是受同一的历史条件和社会形式决定的。"③"教育的作用是按一定的社会形式，培养一定的人格，为一定的社会服务。"④在这里，他依据"人是一切社会关系的总

---

① 中央教育科学研究所编：《徐特立教育文集》（修订本），第87页。

② 徐特立：《给湖南省幼儿师范学校的一封信》，见中央教育科学研究所编：《徐特立教育文集》（修订本），第307页。

③ 徐特立：《教育讲座》，见中央教育科学研究所编：《徐特立教育文集》（修订本），第203页。

④ 徐特立：《教育讲座》，见中央教育科学研究所编：《徐特立教育文集》（修订本），第199页。

和”的结论，对教育的阶级属性给予了足够的重视。他指出，无产阶级的教育是为人民服务的，教育的对象是全体人民，特别是工农群众及其子女，实行的是普及的、免费的儿童教育和民众教育。由此可知，他此时所认定的教育本质，属上层建筑，由政治、经济所决定，但又为一定的政治、经济服务。

在儿童研究上，徐特立认为：

> 我们研究儿童心理，教育心理和学习心理，不应该单纯的以自然人类为对象，且应该以社会人类为对象。而研究的方法，不只是生理的和物理化学的反映，而是生产关系和社会关系的分析。①

也就是说，研究儿童心理和学习心理的重心，不是抽象的儿童，而是一定社会制度下的儿童，应该从社会矛盾中加以分析。教育的效能和教育发展的制约因素，不能单纯从教育本身来分析，而应当与整个社会制度问题相结合。因此，在儿童教育方面，他首重共产主义理想的灌输，次重集体主义精神的养成，再为革命传统的教育，旨在培养革命事业的接班人。这是他的儿童教育观的一个鲜明特征。

（三）论儿童保育

徐特立终身重视儿童的保育工作。他早年创设的湖南孤儿院，即为流浪儿童提供保育。在苏区和边区，他又非常重视托儿所和保育院的办理。新中国成立后，他对于儿童保育工作更是关注有加，临终前留下遗言，将平生积蓄全部捐赠给中国儿童福利基金会。

他在《对青年人的几点希望》中认为：“一个人的身体，决

---

① 徐特立：《教育讲座》，见中央教育科学研究所编：《徐特立教育文集》（修订本），第201—202页。

不是个人的，要把它看作是社会的宝贵财富。”① 因此，他吁请全社会都来关心儿童的保育问题。早在 1941 年，徐特立便在《对于边区儿童的我见》一文中，阐明了自己的主张：

> 现在的托儿所，是由各机关学校自己组织的。后起的机关和学校，常没有能力建立这种组织，常妨碍其母亲的工作，其寄托民众家养育者，因家庭妇女对于育儿的无知而影响到小孩发育的不充分。我们应该有组织、有系统的进行乳羊的生产。而托儿所应该有总的领导机关。②

显然，设立公共保育机关和加强婴幼儿营养是他此时所关注的两大问题。

徐特立强调儿童保育的核心内容是身体健康。1944 年 9 月，延安举办了一次卫生展览会。展览举办了七天，他参观了八次。他特别注意的便是妇婴卫生保育问题。展览结束后，他又特别写了《卫生展览会的重要意义》一文。他在剖析了当地胎儿流产率高、婴儿死亡率高等现实问题与卫生观念（妊妇过于劳累，对饮食起居无知等）、习俗、条件（接生方法不科学，剪脐带的工具未经过消毒导致新生儿得脐风而死等）的关系后指出：

> 所有这些问题不是单纯由医生所能解决，而是风俗习惯、社会制度及文化教育的程度问题。立法机关、司法机关、文化教育机关以至负领导群众责任的每一个共产党员，都应该引为自己应有责任。③

由此可见他对保育问题的重视。徐特立指出，孩子生下以后，就

---

① 中央教育科学研究所编：《徐特立教育文集》（修订本），第 306 页。

② 中央教育科学研究所编：《徐特立教育文集》（修订本），第 88 页。

③ 徐特立：《卫生展览会的重要意义》，见武衡、谈天明、戴永增主编：《徐特立文存》第二卷，广东教育出版社 1995 年版，第 300 页。

要善于抚养，使他们健康成长。他对如何加强婴幼儿的保育工作深有研究，从合理营养、防治疾病、卫生习惯、体育锻炼、建立保健制度等方面，论述了婴幼儿的保健问题。在营养方面，他认为要根据孩子的不同年龄，保证孩子身体发育所需要的食品。由于边区生活条件艰苦，他建议边区儿童保育院的饮食优于其他一切部门，儿童有获得牛奶、鸡蛋等营养品的优先权。在卫生展览会上有儿童食品、产妇食品和一般的食品展览，他认为这种分别展览，将食品的对象加以区别，是科学的。在卫生方面，他发现乳儿的疾病以肠胃病最多，而肠胃病直接关系于饮食（尤其是乳儿所饮的乳），关系于母亲饮食的良否及足否的问题，所以妇女产后的饮食关系到自身和孩子双方，必须予以足够的重视。在建立保健制度方面，徐特立提出："卫生有些是个人问题，但基本上还是社会问题，所以有建立保健制度的必要。我们的保健制度应该以广大群众为对象，以目前的条件为根据，作向前发展的规定。"① 他还特别强调体检，因为儿童和青年均处于发育的重要时期，一生的健康或疾病基本上决定于这一时期。他建议在这一时期应该有经常的体格检查。他要求对儿童的体重、身长、目力等定期进行检查并妥善保存检查的成绩，使每个人了解自己的健康状况。他还根据当时的条件指出体重、身长、目力等检查设备是最容易的，应首先进行这些检查。

（四）论儿童个性培养

徐特立认识到儿童有其自身的特点，且培养个性是教育中非常重要的内容。他在考察法国教育时就指出："我只喜欢法国的教育，就是给小孩以充分的活动。再说一例，小孩玩泥，要是不

① 徐特立：《卫生展览会的重要意义》，见武衡、谈天明、戴永增主编：《徐特立文存》第二卷，第306页。

妨害公物，教员是不干涉的。”[①] 他还指出：“个人主义要不得，个性是非常重要的。”[②] 什么是个性？如何发展儿童的个性？徐特立提出了自己的独到见解：“没有个体发展也就没有系统的发展。如人猿同祖，同类发展到相当程度，先由个体发展到相当程度，而分为人类、猴类，就成为两个系统，这两个系统中各产生不同的个体。”[③] 可见，他认识到没有个体的充分发展，就没有同类的充分发展。个体是以他每一个独特的个性生活于社会的，个性是在一定社会历史条件下通过社会实践活动形成和发展起来的。没有个性的充分发展，就不可能有人类的充分发展。这种对人类个性的高度肯定，在当时是弥足珍贵的。基于对个性的认识，徐特立强调活动是发展儿童个性的根本途径。“儿童有求知欲、活动欲。学生要活动的，要他安分守己不动不可能”[④]。他批评：“中国的普通旅行是严格的，步伐整齐，规则森严，以为是发达身体，其实小孩是很烦闷可怜呢！”[⑤] 他反对活动公式化和千篇一律：“这样就会限制个性的发挥和奔放，就不能有创造，不能发展每个人的天才。……生动活泼，敢做敢为，才能产生出各种人才来，才能推动社会向前发展。”[⑥]

基于儿童个性的培养，他认为：“对于儿童，必须用种种游艺，适合着儿童智力体力的发展，去引导他们来观察和了解新的

---

① 徐特立：《法国小学状况》，见中央教育科学研究所编：《徐特立教育文集》（修订本），第 19 页。

② 转引自吉多智、李国光、戴永增编：《徐特立教育学》，广东人民出版社 1990 年版，第 123 页。

③ 转引自吉多智、李国光、戴永增编：《徐特立教育学》，第 123 页。

④ 转引自吉多智、李国光、戴永增编：《徐特立教育学》，第 278 页。

⑤ 徐特立：《法国小学状况》，见中央教育科学研究所编：《徐特立教育文集》（修订本），第 19 页。

⑥ 转引自吉多智、李国光、戴永增编：《徐特立教育学》，第 332—333 页。

问题，新的事物，新的现象和运动”[①]。他主张把学习与活动结合起来，把活动与意志力的培养结合起来。他指出：“学龄前期运动训练占首要地位，不只是强化健康，且是训练意志。行动是意志最基本的成分。”“决定儿童的创意不是思想而是快感。”[②] 在活动中，发展儿童的兴趣、爱好、能力、气质、性格，使他们得到快感，从而发展个性，所以说活动是发展儿童个性的重要途径。

（五）论儿童家庭教育

家庭是孩子的第一所启蒙学校，父母是孩子的第一任教师。对家教在孩子一生中所起的重要作用，徐特立是非常重视和深有体会的。他 13 岁时过继给伯祖母做孙子，和童养媳妻子成婚后，就受到极严格的家庭教育，所以他认为他一生的刻苦和他妻子在他参加革命工作后能够很好地独自持家五十年，完全得益于严谨的家教尤其是他祖母的教养有方。

徐特立指出，无数事实证明，凡是历史上的杰出人物，无不从小受到良好的家庭教育。我国“孟母三迁”“岳母刺字”的故事就是生动的证明。孩子从小就在父母身边，他们的一举一动、一言一行，都是从父母那里学来的。父母的道德品质、文化修养、喜怒哀乐无不对孩子产生潜移默化的影响。因此，徐特立十分重视家庭教育。

他对“因家庭妇女对于育儿的无知而影响到小孩发育的不充分”“父母对于子女既不知教又不知养”的状况深感痛心。[③] 他认

① 转引自吉多智、李国光、戴永增编：《徐特立教育学》，第 277 页。

② 徐特立：《心理学基础知识》，见武衡、谈天明、戴永增主编：《徐特立文存》第二卷，第 292 页。

③ 徐特立：《对于边区儿童的我见》，见中央教育科学研究所编：《徐特立教育文集》（修订本），第 86—87 页。

为教育好子女是做父母的义不容辞的责任。他曾经将父母教育子女的内容和要求概括为“生、养、卫、管、教、用”六个字。生就是要做到优生；养就是要精心养护，使孩子健康成长；卫就是要保卫孩子的合法权益；管就是管理好孩子；教就是要对孩子进行良好的教育；用就是要使孩子适得其所，用其所长，发挥孩子的特长。这几个方面密切联系，相互渗透，在孩子不同的年、月龄段上，侧重点有所不同。孩子生下以后，父母主要是养育好孩子，使他们健康成长。当孩子学会走路、能单独行动时，父母就要很好地看护和保卫。当孩子长大，对一切事物处在无知或半知状态时，父母就必须加强管理，协调各方面教育力量，让孩子读好书，知书明理，学会劳动技艺。最后是父母要使用得法，发挥孩子所长，让孩子做于人于己有用的事。1963 年 1 月 16 日，徐特立在接受《解放军报》记者采访时，对这个问题论述得更为明确。他说，父母应该从思想、学习、生活等各个方面关心和帮助孩子。他认为，生活上关心他们，使他们吃得饱、穿得暖，身体健康，精力充沛，固然是重要的、必要的，但是更重要的是要关心他们的思想状况和政治生活，使他们的心理和思想健康地发展。只有我们把抚养和教育后代的任务都很好地完成时，才可以说我们已经尽到了父母应尽的责任。要真正尽到这种责任，徐特立认为父母要身体力行，言传身教，以身作则，为孩子创造和谐的家庭环境是非常重要的，是必不可少的条件。此外，徐特立强调，对儿童的教育是社会的一个系统工程，它需要家庭、学校、社会密切配合。只有家园一致、学校与社会一致，才能产生教育的合力，才会取得预期的教育效果。他指出，儿童健康成长取决于三方面的因素：一是家庭教育，二是社会和学校的教育，三是自己的努力。他说，要把我们的后代培养成革命的红色接班人，就必须把这三方面的工作做好。

（六）论儿童教育工作者的素养

徐特立历来重视师范教育，十分关心幼教师资队伍的建设，高度评价教师工作的意义，认为教师工作不仅是光荣的、重要的，而且是崇高的、愉快的事业；教师对国家人才的培养、文化科学事业的发展以及新生一代的成长，都具有十分重要的作用。1963年，他为湖南省幼儿师范学校题词“认真搞好幼儿教育是共产主义事业中最光荣的任务”。他反复强调要有优秀的教师承担儿童教育工作，要建立一支好的师资队伍。他认为，一个合格的儿童教育工作者必须做到以下几点。

1. 热爱幼教，热爱儿童

要当好一名幼儿教师，徐特立认为首要的要热爱这一工作。他指出：“做好这个工作，首先要求搞幼儿教育工作的同志自身要有高尚的共产主义的道德修养，热爱自己的专业，专心致志、钻研业务，对培养好幼儿具有高度的责任感。”① 徐特立强调，教育是有情之事，教师热爱教育事业，就必须接受并关心、热爱自己的教育对象。儿童需要关心的时候关心他，需要帮助的时候帮助他，对儿童既严格要求，又尊重人格，反复疏导，耐心细致，绝对禁止强迫、威吓，甚至敲打儿童。惩戒尤其是体罚、虐待儿童，是不热爱儿童的表现，要避免这种现象在儿童教育实践中出现。

2. 教书育人，为人师表

徐特立十分重视对儿童进行全面教育，使儿童“德育、智育、体育健康发展”。他总是把儿童的德育放在领先的地位。他指出，应该养成儿童的共产主义道德。为了达到这一教育目的，

① 徐特立：《给湖南省幼儿师范学校的一封信》，见中央教育科学研究所编：《徐特立教育文集》（修订本），第307页。

徐特立特别强调作为幼儿教师要有高尚的情操，教书育人，言传身教，为人师表。他说："做教育工作的人，一般总是先进分子"，"自身要有高尚的共产主义的道德修养"，这是因为幼儿教师不仅传授儿童知识，更重要的是教人，教育后一代健康成长为具有共产主义思想品质的人。因此，对幼儿教师来说，"做人民教师的人，他的思想品质的好坏，也就格外显得重要"。[①] 徐特立指出："教师是有两种人格的：一种是'经师'……一种是'人师'。人师就是教行为，就是怎样做人的问题。经师是教学问的，就是说，除了教学问以外，学生的品质，学生的作风，学生的生活，学生的习惯，他是不管的，人师则是这些东西他都管。"[②] 他要求教师同时做"经师"和"人师"。一方面教师要具有丰富的科学文化知识，是一个有学问的人；另一方面又要有高尚的共产主义道德修养，是一个模范人物。

3. 钻研业务，勇于创新，掌握儿童教育规律

徐特立认为，要成为一名合格的幼儿教师，必须不断提高自己的业务水平，努力钻研业务，提高学识、能力，"做一个有全面知识又有专长的人"。幼儿教师只有在实践中不断提高自己的业务水平，才能担负起教育儿童的艰巨任务。他认为对儿童的教育不能只进行简单的说教。儿童有儿童的需要，儿童有儿童的特点，因此儿童教育应有儿童教育的特色。儿童有求知欲、活动欲，不可能安分守己，一动不动，因此儿童教育要与儿童活动结合起来，否则"几岁的儿童，教呆了则不宜于将来"。他要求儿童教育工作者要懂得儿童教育教学的规律，要不断努力学习业务知识，做"通才"。

---

① 转引自吉多智、李国光、戴永增编：《徐特立教育学》，第152页。

② 徐特立：《各科教学法讲座》，见武衡、谈天明、戴永增主编：《徐特立文存》第四卷，广东教育出版社1995年版，第248页。

（七）论儿童教育的原则

对年幼儿童的教育要注意形成他们爱祖国、爱人民、爱劳动、爱科学、爱护公共财物等初步的国民公德，形成守秩序、有规矩的品质；另一方面，幼小儿童“需要唱和跳”，教育要符合儿童身心发展规律，根据儿童心性特点进行，使儿童养成活泼的性格。这是徐特立所说的“小孩子要规矩还要活泼”的基本内涵。徐特立认为，要使儿童既有规矩又活泼，教育工作者必须遵循以下三条儿童教育的基本原则。

1. 要了解儿童

教育儿童，首先要了解儿童，然后再根据儿童独异的心理特点和个性特征进行科学的教育，从而达到预期的教育目的和良好的教育效果。徐特立说，我们要教育好儿童，就要研究儿童的普通心理、教育心理和学习心理，“不应该只以自然人类为对象……我们的研究重心，不是放在抽象的儿童身上”[①]，而是在具体的社会里，在错综复杂的社会关系中了解儿童的心性特点，并根据其心性特点，着眼于促进儿童健康成长来实施儿童教育。

2. 要指导儿童

徐特立认为不管是学校还是社会，都应承担指导和教育儿童的职责，而且教育者和受教育者的关系是平等的。他曾在长沙创办孤儿院，收养社会上的孤儿和流浪儿进行教育。他说：“我对于小孩，感觉一句话，就是小孩是没有罪过的。”“因为小孩之不幸，乃是社会上没有好的教养”[②]。他反对以“教者为本位”的封建教育观念，反对粗暴地压服儿童的错误做法，主张对儿童贵在

① 徐特立：《教育的几个问题》，见武衡、谈天明、戴永增主编：《徐特立文存》第五卷，广东教育出版社 1995 年版，第 182 页。

② 徐特立：《欧洲义务教育现状》，见武衡、谈天明、戴永增主编：《徐特立文存》第一卷，第 71 页。

"诱导劝告和帮助"，对儿童的错误或过失行为要给予说理教育，正确指导，既不放任自流，也不压制打骂，做"野蛮"的事情。

3. 要解放儿童

徐特立说，"教育儿童者，不可不谋其个性之发达"①，小孩子"要规矩还要活泼。你这样规矩是很好的，但需要唱和跳"②，也就是说，要给儿童以充分活动的时间，让儿童玩。要创设愉悦的环境使儿童在娱乐和活动中智力、体力和道德品质（即个性和社会性）都得到发展。在教育过程中，要把儿童从封建礼教中解放出来。他强调，"我们的教育就是消灭奴隶制，消灭奴隶教育，我们不做奴隶，也不奴役人"③。要教给儿童自主的能力，使他们接受不受人为约束的教育，健康地成长。徐特立还要求教育工作者运用合宜的教育方法，其实施的结果是使"一切纪律只是自觉的遵守，不是受到无理的外力压迫而遵守"④。这些方法就是当时在通讯上连续登载的陈鹤琴等教育家普遍采用的引导、鼓励、说服、感化等正确的方法，而绝对不是惩戒的方法。

当时一些教育工作者认为，在不失爱护儿童的原则下，适当的惩戒如罚站、推迟放学时间等是必要的。其主要理由有三：第一，"老百姓的娃娃，过的都是粗线条的生活，就是说父母对他们实施教育时，有时也用打骂。学校过细的训导方法，与家庭生活不相调和"。第二，当时建立了苏维埃政权的苏联，实行的是社会主义的教育，但教育实践中也有惩罚儿童的事件。第三，部

---

① 徐特立：《教师与儿童家庭之关系》，见武衡、谈天明、戴永增主编：《徐特立文存》第五卷，第174页。

② 徐特立：《给徐禹强的信》，见武衡、谈天明、戴永增主编：《徐特立文存》第三卷，广东教育出版社1995年版，第363页。

③ 转引自吉多智、李国光、戴永增编：《徐特立教育学》，第121页。

④ 徐特立：《非要惩罚不可吗?》，见中央教育科学研究所编：《徐特立教育文集》（修订本），第148页。

队和政府有关部门对人的犯罪行为普遍予以惩罚，因此对儿童的过失行为给予适当的约束不算为过。针对这些观点，徐特立给予了尖锐的批评，并进行了反驳。首先，他强调，当时劳动人民的家庭为了维持生计，父母终日奔波操劳，再加上缺乏教育所需要的基本知识，因而采用简单粗暴的方法教导孩子，这种教育现象的确存在。但儿童公共教育机关采用类似的方法是不允许的，因为儿童教育机构是有计划、有组织、有目的的教育场所。因而“学校与家庭使用教育的方法不同”[①]。其次，徐特立在《非要惩罚不可吗？》[②] 中指出，“由于苏联刚由旧社会进到新社会，一切渣滓是不能一举而淘汰的”，因此教育上不可避免带有一些封建性，其中用“打骂，不讲道理”的方式教育儿童，就是“严重的封建残余”。我们学习苏联的教育，是学习它新的、进步的、能反映社会主义性质和特点的教育的精华，而不是汲取糟粕。再次，法庭、部队和政府其他部门对犯罪活动实行打击、对违法的人实施强制，这是维护社会安定、保障人民利益所采取的必要措施。然而，儿童是祖国的花朵，是未来社会的主人，罪犯怎么能与他们相提并论？对儿童的教导方法与对罪犯的管制手段怎么能同日而语呢？徐特立指出，孔子是维护封建道统的一个教育家，他尚且懂得对人的教育宜用德礼而不用政刑，而“我们的教育是革命的教育，其目的是教国民而不是教顺民”，难道还要沿袭封建教育那一套来教育少年儿童吗？徐特立在针锋相对地批驳了赞成适当惩罚的人的错误论调后，进一步分析了惩罚可能造成的恶果。他说，单纯的惩罚或使儿童“无理的屈服，即盲目的服从”，

① 边区教育通讯社给徐特立的信，见中央教育科学研究所编：《徐特立教育文集》（修订本），第149—150页。

② 中央教育科学研究所编：《徐特立教育文集》（修订本），第148—149页。

养成奴性；或使儿童更为不满，以其人之道还治其人之身，“另找寻报复的机会”，导致“更加不讲理了”。为此徐特立明确提出“惩戒方法以不用为是”。“对于破坏纪律的学生，不是惩戒而是说服。说服的方法不是由教师片面的注入，而是双方的讨论和研究。不是压下学生的坚强意志，而是增加对问题进一步的了解，以正确的知识来克服无知的盲动。”当然，徐特立也认为，对那些屡戒不悛、重犯相同错误的儿童，偶尔也不妨试用惩戒的方法。但他同时指出，即使在这种情况下，也还“可以和当事人共同商讨惩戒的办法，以示爱护他和转变他的诚意，切不宜抱敌对的态度”，并且在惩戒中要特别注意“使感情弄好不是弄坏”。

徐特立从国家、人民、儿童的立场出发，提出幼儿教育是基础的基础。他提出德、智、体“三育并举”的培养方案，强调良好环境对儿童道德培养的重要意义，强调依据儿童的个性特征因材施教，并注重养成儿童健康的体魄。他强调儿童身体健康是保育工作的核心，主张设立公共保育机关并加强婴幼儿的营养。他站在阶级教育的立场上，注重共产主义理想的灌输、集体主义精神的养成以及艰苦奋斗等革命传统的教育，也是其幼儿教育的一大特色。

第七章　幼儿教育思想中国化的探索

20 世纪以来，各种西方教育思潮传入我国，在扩大国人视野的同时，也使得新式教育习染欧美、日本的弊端。为改进和发展我国幼儿教育事业，20 世纪 20 至 30 年代，一批教育工作者开始意识到中国新式教育除吸收西方的优秀经验外，更应立足于中国的国情与民性。质是之故，他们着手重新审视、思索幼儿教育，在中国幼儿教育界开始了幼儿教育本土化的探索。在对幼儿教育进行改革的同时，他们不断更新传统的幼儿教育观念，纠正洋化偏向，形成了具有中国特色的幼儿教育思想。

第一节　陶行知的幼儿教育思想

被毛泽东称为“伟大的人民教育家”的陶行知（1891—1946 年），原名文濬，后改名知行、行知，安徽歙县人。陶行知 15 岁就读于歙县崇一学堂，1909 年秋考入南京一所教会组织开办的高等教育机构——汇文书院①，次年转入金陵大学文科。1914 年 6

① 汇文书院，为美国传教士傅罗于 1888 年在南京乾河沿创立，以“教授高级科学课程以便在知识阶层获得一席之地”为目的。1910 年，汇文书院与宏育书院（由基督、益智二书院合组而成）合并，改名为“金陵大学”。见余子侠：《山乡社会走出的人民教育家——陶行知》，湖北教育出版社 1999 年版，第 39—40 页。

月 22 日，陶行知毕业于金陵大学，其后赴美留学，入伊利诺伊大学（University of Illinois）学习市政，仅一年即获得政治学硕士学位。时隔一年后，陶行知入哥伦比亚大学师范学院（Teachers College，Columbia University）就读，受学于施吹耳（George Drayton Strayer）门下，主攻教育行政学。1917 年回国后，陶行知任教于南京高等师范学校。1924 年，陶行知即开始注意幼儿教育，他立足于本国国情，从人民群众的立场出发，以博爱的精神，较早地创立了较为全面的中国化幼儿教育理论，在幼儿教育史上写下了光辉的篇章，成为推动中国幼儿教育思想形成与发展的主力之一。

一、 幼儿教育理论的构建——“生活教育” 理论

1928 年 8 月 1 日，陶行知将晓庄试验乡村师范学校正式改名为晓庄学校，到 20 世纪 30 年代初，该校的事业发展到中心小学 8 所、中心幼稚园 6 所（其间鼓楼幼稚园亦被纳入幼教试验体系）、民众学校 3 所、劳山中学 1 所，以及中心茶园 2 所、乡村医院 2 所、中心木匠店 1 所、石印工厂 1 所和联村救火会 1 所等。[①]此外，陶行知还先后于 1928 年 4 月和 1929 年 3 月，指派学生前往浙江杭州和江苏淮安，分别办起了湘湖师范和新安小学等。

尽管晓庄学校仅存在了三年又一个月的时间，然而，这段时间是陶行知平生教育生涯中最惬意的时光。正如时人所言：

> 前此无论是主持改进社社务，还是奔走平民教育运动，他虽都是主要角色，但那毕竟是“集体创作”群体出场。晓庄试验则是他主编主导主演的一出新剧，从头

---

① 余子侠：《山乡社会走出的人民教育家——陶行知》，湖北教育出版社 1999 年版，第 198 页。

到尾都烙上了他个人风格的教育革新活动。[①]

在此期间，有了晓庄的办学经验及事业基础，陶行知提出了他的“生活教育”理论。为防止社会上对“生活教育”的误解，他在《生活教育》一文中，给“生活教育”下了一个明确的定义：生活教育是生活所原有、生活所自营、生活所必需的教育(Life Education means an education of life, by life and for life)。[②] 所谓“生活教育”的三大基石，即“生活即教育”“社会即学校”“教学做合一”。

“生活即教育”，主要强调寓教育于幼儿生活之中，使生活无时不含教育的意义。以一日为例，幼儿晨检、早操、作业、游戏、自由活动、散步、进餐、午睡、如厕、回家等每一个环节都是幼儿学习的过程，也是教师教育的机会。陶行知认为，生活含有教育的意义，教育的根本意义是生活的变化；生活无时不在变化，故而生活无时无刻不含有教育的意义，即“生活即教育”。陶行知为“生活教育”确立了六项特质——“生活的”“行动的”“大众的”“前进的”“世界的”“有历史联系的”[③]，从而使“生活教育”得到了较为广泛的认同。总的说来，“生活教育”是针对传统教育脱离生活的弊病而提出的，同时又表示了对杜威“教育即生活”改良意向的不满。

“社会即学校”，这是“生活教育”之“世界的”特质的放大，即须以整个世界、整个社会作为一个大学校。它主要是针对

---

① 章开沅、唐文权：《平凡的神圣——陶行知》，湖北教育出版社 1992 年版，第 213 页。

② 方明主编：《陶行知全集》第 3 卷，四川教育出版社 2005 年版，第 206 页。

③ 陶行知：《生活教育之特质》，见方明主编：《陶行知全集》第 3 卷，第 604—606 页。

中国传统教育只知闭门读书、只会关门办学而言的。这种在学校与社会之间挖出鸿沟或垒起高墙的做法，显然不利于儿童的社会化。另一方面，“社会即学校”又是对杜威“学校即社会”主张的拨正。陶行知指出：

> 学校即社会，就好像把一只活泼泼的小鸟从天空里捉来关在笼里一样。它要以一个小的学校去把社会上所有的一切东西都吸收进来，所以容易弄假。社会即学校则不然，它是要把笼中的小鸟放到天空中去，使它能任意翱翔，是要把学校的一切伸张到大自然界里去。要先能做到“社会即学校”，然后才能讲“学校即社会”……①

为此，他主张“开笼放雀”，使教育的材料、方法、工具、环境、范围都极大地增加和扩大。陶行知指出，幼儿教育不能只局限于狭小的教室里，应使幼儿生活在大自然、大社会的怀抱里，如住所周围的街道、商店、粮油站、自然景象、动植各物，无一不是幼儿教育的场所、范围和内容。

“教学做合一”，是由“教学合一”发展而来的。这是指教与学以做为中心，以行求知，手脑并用。在“生活教育”理论中，陶行知对其阐释最多且最详。陶行知指出，在方法方面，他主张教的办法需根据学的办法，学的办法又依据做的办法。不然，则“学非所用，用非所学”了。值得提及的是，陶行知还对“生活法”进行了说明：

> 教学做合一是生活现象之说明，即是教育现象之说明。在生活里，对事说是做，对己之长进说是学，对人之影响说是教。教学做只是一种生活之三方面，而不是

① 陶行知：《生活即教育》，见方明主编：《陶行知全集》第2卷，四川教育出版社2005年版，第399页。

三个各不相谋的过程。①

由此不难看出，生活中所有的事，只要一经“做”，则“做”者本人即为学，由是使他人学会如何“做”，即为教。因此，陶行知提醒幼儿教师，幼儿教育适宜用“教学做合一”的方法。幼儿可以在活动中通过操作进行学习，教师则可以在幼儿的活动过程中进行教育、教学。此外，幼儿教师不应当对幼儿空口说教，应将“教”与“学”统一在“做”中，从而使幼儿教育切实有效地促进幼儿的发展。

综上可见，经过晓庄时期改造乡村教育的实验，陶行知借此完成了自己思想理论体系的建构，从而将自己的“生活教育”理论应用于毕生的幼儿教育实验中。

二、“为中国幼儿教育寻觅曙光”

陶行知指出：“自福禄伯发明幼稚园以来，世人渐渐的觉得幼儿教育之重要；自蒙梯梭利毕生研究幼儿教育以来，世人渐渐的觉得幼稚园之效力”②。他认为，重视和发展幼儿教育是“普及现代生活教育”的起点。“生活教育与生俱来，与生同去。出世便是破蒙，进棺材才算毕业。”③ 这就决定了“生活教育”既要“全面地普及”，又要“立体地普及”。他将普及教育的要义确定为：

（甲）整个民族的现代化　不仅是学龄儿童及失学

① 陶行知：《教学做合一下之教科书》，见方明主编：《陶行知全集》第2卷，第528页。

② 陶行知：《创设乡村幼稚园宣言书》，见方明主编：《陶行知全集》第1卷，四川教育出版社2005年版，第70页。

③ 陶行知：《普及现代生活教育之路》，见方明主编：《陶行知全集》第3卷，第206页。

成人之普遍入学。

（乙）整个生活现代化　不仅是普遍识字或文盲之普遍消除。

（丙）整个寿命现代化　不仅是四个月、一年、二年、四年之义务教育。[①]

在“民族现代化”和“寿命现代化”中，包含了普及幼儿教育的命题；在“生活现代化”中，则隐含了幼儿教育内容必须更新的要求。

在教育实践中，陶行知清晰地认识到，凡人生所需要之重要习惯、倾向、态度，多半可以在六岁之前培养成功。换言之，六岁之前是人格陶冶最重要的时期，若这个时期培养得好，以后只需顺着他继长增高地培养上去，自然可以使儿童成为社会优良的分子；倘使这时期培养得不好，那么，“习惯成了不易改，倾向定了不易移，态度决了不易变”[②]。当这些形成不良习惯的儿童升到学校，教师需要费九牛二虎之力去纠正他们已经形成的坏习惯、坏倾向、坏态度，真可算为事倍功半。至于不负责的教师，根本顾不上去纠正这些坏习惯、坏倾向、坏态度，他们只是一味地放任，偶然亲自看见学生做坏事，也不过给学生一个消极的处分。于是坏习惯、坏倾向、坏态度蓬蓬勃勃地长，不到害已、害人不止。这是必然的趋势，所以说：

教人要从小教起。幼儿比如幼苗，必须培养得宜，方能发荣滋长；否则幼年受了损伤，即不夭折，也难成材。所以小学教育是建国之根本，幼稚教育尤为根本之

---

① 陶行知：《中国普及教育方案商讨》，见方明主编：《陶行知全集》第 3 卷，第 233 页。

② 陶行知：《创设乡村幼稚园宣言书》，见方明主编：《陶行知全集》第 1 卷，第 70 页。

根本。小学教育应当普及，幼稚教育也应当普及。[①]

有鉴于此，他首先大声疾呼“有志之士，起而创设幼稚园，以正童蒙”[②]，继而他身先士卒，探寻传统幼稚园的改革之方和新型幼稚园的创建之路。陶行知还进一步指出：“承认幼年生活教育之重要，是普及幼稚园之出发点；承认幼稚园为全社会幼儿的教育场所，是普及正当幼稚园的出发点。我们必须得到这两种态度，幼稚园才有普及的希望。”[③] 这种主张，事实上也可作为当今办理幼儿教育事业的参考。

然而，在当时的中国，社会上普遍存在着对幼儿教育不够重视的现象，认为幼儿教育无甚紧要，幼儿早一年入学与晚一年入学区别不大，从而忽视了幼儿的需要、能力、兴趣与情感，对幼儿的健康成长产生了不良影响。针对此种情形，为进一步强调幼儿教育的重要性，陶行知意识到必须让国人明白幼儿教育是最重要的教育，要让老百姓都重视幼儿教育，乐意将自己的孩子送进幼稚园。早在 1924 年，他于《民国十三年中国教育状况》一文中，即对幼儿教育事业给予了极大的关注。他撰写英文论著《中国》时，即提醒人们关注幼儿教育，呼吁社会对幼儿教育予以普遍的关心与支持。在《创设乡村幼稚园宣言书》中，陶行知即提到幼儿教育“实为人生之基础”[④]。

显然，陶行知的这些观点是从人民大众立场和当时中国幼儿教育的实际出发的。根据这些观点，陶行知一面大声疾呼、广泛

---

① 陶行知：《如何使幼稚教育普及》，见方明主编：《陶行知全集》第 1 卷，第 115 页。

② 陶行知：《论幼稚园应有之改革及进行方法》，见方明主编：《陶行知全集》第 8 卷，四川教育出版社 2005 年版，第 214 页。

③ 陶行知：《如何使幼稚教育普及》，见方明主编：《陶行知全集》第 1 卷，第 116 页。

④ 方明主编：《陶行知全集》第 1 卷，第 70 页。

宣传，以引起社会对普及幼儿教育尤其是乡村幼儿教育的关心和重视，同时躬行实践，创办了一所又一所乡村幼稚园。1927 年 11 月 8 日，陶行知创建的中国第一所乡村幼稚园——南京燕子矶乡村幼稚园开办。在开园典礼上，他亲自致辞，号召创办更多的乡村幼稚园。1927 年 11 月 11 日，在《在燕子矶幼稚园开学典礼上的讲话》一文中，陶行知强调：

> 第一次我觉得乡村里有设立幼稚园之必要，是宋调公[①]君告诉我：农忙时往往有母亲一只手抱着小孩子，一只手拿着凳子，到学校里来托先生给她看管。她只求先生守着小孩子不给她走开，她就感激不尽了。又一次看见一位母亲在田中做事，对面地下放一个筐子，里面坐着一个小孩子，这孩子便是她的儿子。又一次我遇了一个小学生，我问他为什么不进学校，他说现在田里很忙，他要帮助妈妈带小妹妹。受了这三次感触，我便想创办乡村幼稚园。[②]

自后，陶行知多次在公开场合言及幼儿教育的重要性，为中国幼儿教育寻觅曙光。1938 年 5 月 15 日至 28 日，陶行知于第一次全国教育会议上，提出关于幼儿教育的提案即多达五个。陶行知自身也在为幼儿教育的发展奔波。其后，他不仅倡办了晓庄幼稚园、和平门幼稚园、迈皋桥幼稚园、新安幼稚园等，而且还创办了试验劳工幼儿园、幼儿工学团等。陶行知创办幼稚园，主要是想借此引起全社会重视幼儿教育的改进和发展。

三、“打破外国偶像”，建立中国式幼稚园

民国前期，中国的幼儿教育有了一定程度的发展，究其原

---

① 宋调公，南京尧化门小学校长宋鼎。

② 方明主编：《陶行知全集》第 2 卷，第 305 页。

因，主要是受到西方和日本幼儿教育思想的影响。西方幼儿教育思想在清末时期就已传入我国，主要表现为福禄贝尔、蒙台梭利幼儿教育思想在中国的广泛传播，并且他们的教育模式和教育理念在国人头脑中产生了一定的影响。

（一）对当时幼儿教育的批判

陶行知有感于我国当时的幼儿教育以及开办的幼教机构的“外国病”“花钱病”“富贵病”，开始致力于中国式幼稚园的建立。他认为，中国的幼稚园存在一些弊端，不仅不利于幼儿的成长，而且对幼儿教育事业的发展形成了阻碍。1926 年，在《创设乡村幼稚园宣言书》中，陶行知抨击和揭露了其时幼稚园的三种弊病：

> 一是外国病。试一参观今日所谓之幼稚园，耳目所接，那样不是外国货？他们弹的是外国钢琴，唱的是外国歌，讲的是外国故事，玩的是外国玩具，甚至于吃的是外国点心。中国的幼稚园几乎成了外国货的贩卖场，先生做了外国货的贩子，可怜的儿童居然做了外国货的主顾。二是花钱病。国内幼稚园花钱太多，有时超过小学好几倍。这固然难怪，外国货那有便宜的。既然样样仰给于外国，自然费钱很多；费钱既多，自然不易推广。三是富贵病。幼稚园既是多花钱，就得多弄钱，学费于是不得不高。学费高，只有富贵子弟可以享受他的幸福。所以幼稚园只是富贵人家的专用品，平民是没有份的。①

他在致江苏省省长陈陶遗的信函中又指出：“遍观国中之幼稚园，其弊有三：取法外国，不适国情，一也；费用太大，不能

① 方明主编：《陶行知全集》第 1 卷，第 71 页。

普及，二也；所收儿童，多属贵族，三也。”[①] 为此，陶行知明确指出，若要创办幼稚园，就要改革这三种弊病。“我们下了决心，要把外国的幼稚园化成中国的幼稚园；把费钱的幼稚园化成省钱的幼稚园；把富贵的幼稚园化成平民的幼稚园”。他高声疾呼，“我们在这里要力谋幼儿教育之适合国情，不采取狭义的国家主义”。[②]

（二）建立中国式幼稚园的主张

陶行知将“中国的”“省钱的”“平民的”，作为创设幼稚园的基本方针。

“中国的”幼稚园。陶行知认为，我们应当力谋幼儿教育适应中国国情，应当以中国本土所出的材料为中心，即充分利用眼前的音乐、诗歌、故事、玩具及自然界去陶冶幼儿；对于外国的东西也不是全盘否定，他指出，“外国材料之具有普遍性、永久性的亦当选粹使用”[③]。

“省钱的”幼稚园。陶行知主张，充分利用现有资源和条件，创办省钱的幼稚园，让更多的幼儿能接受幼儿教育。“打破外国偶像是省钱的第一个办法。我们第二个办法就是训练本乡师资教导本乡儿童。一村之中必定有一二天资聪敏、同情富厚之妇女。我们就希望他们经过相当训练之后，出来担任乡村幼稚园的教师。他们既可以得一新职业之出路，又可使幼稚园的薪金不致超过寻常小学额数，岂不是一举两得？这些妇女中最可有贡献而应

---

① 陶行知：《论幼稚园应有之改革及进行方法》，见方明主编：《陶行知全集》第 8 卷，第 214 页。

② 陶行知：《创设乡村幼稚园宣言书》，见方明主编：《陶行知全集》第 1 卷，第 71 页。

③ 陶行知：《创设乡村幼稚园宣言书》，见方明主编：《陶行知全集》第 1 卷，第 71 页。

最先训练的，无过于乡村校长教员之夫人、姊妹及年长的女学生。他们受过训练之后，只要有人加以提倡，幼稚园就可一举而成。第三个办法就是运用本村小学手工科及本村工匠仿制玩具，如此办来，一个钱可以抵数钱之用。”① 若是三种办法能够齐头并进，即可以实现省钱的幼稚园。

“平民的”幼稚园。陶行知强调，平民的幼儿应当享受均等机会，故应把幼儿教育从富贵人家和伪知识阶级的专利品，改变为整个国家幼儿的共享物，在平等原则的指导下，普及于平民社会中。教师取之乡间，“与村儿生活气味相投，自易亲近”。陶行知认为，乡村幼稚园是农民普遍的永久的需求。当农忙之时，主妇忙得天昏地暗，既要烧茶水、弄饭菜、洗衣服，还要在田园里工作，根本没有空去管小孩子。而孩子们的哥哥姐姐也是忙得不得了，谁也没有工夫陪弟弟妹妹玩。所以在农忙之时，村中幼儿不是跟前跟后，就是没人照应，“真好像是个大累”。倘使乡村幼稚园办理得当，他们就可以送来照料，一方面父母可以免去拖累，一方面幼儿又能快快乐乐地玩耍，岂不是“得其所哉”！陶行知认为，幼稚园所招收的幼儿，“正是农民要解脱的担负，要他们进来，正是给农民一种便利”。倘使办理得当，乡村幼稚园可以先小学而普及。陶行知认为，“幼稚园既是应济平民的需要，自有彻底平民化之可能”。②

然则，要建设一个“中国的”“省钱的”“平民的”乡村幼稚园，并不是一说就可以成功的。他呼吁必须用科学的方法去试验，用科学的方法去建设。1927 年 11 月，陶行知创办了我国历

---

① 陶行知：《创设乡村幼稚园宣言书》，见方明主编：《陶行知全集》第 1 卷，第 71—72 页。

② 陶行知：《创设乡村幼稚园宣言书》，见方明主编：《陶行知全集》第 1 卷，第 72 页。

史上第一所乡村幼稚园——南京燕子矶幼稚园。南京燕子矶幼稚园的建立，是他对当时中国幼儿教育事业患有“外国病”“花钱病”“富贵病”进行实践批判的理性结果，更是他“幼吾幼以及人之幼”的崇高道德原则的实践结晶。①

1929年，陶行知的恩师克伯屈访问中国时，曾应陶行知之请，对中国的幼稚园发表了自己的看法。他的总体印象是：“现在中国的幼稚园，还是在二十五年以前的幼稚园。”这缘于西方的幼教理论和制度已有了较大的发展，而中国还刻印板式地遵循着清末引进幼教制度时的做法。克伯屈进一步说明了自己的观点：

> 就是一切都是机械的，同是一律的天天在那里拍拍手，走走圆圈，一个教师在那里弹着琴……总之，一切活动，都是机械的，千篇一律、万篇一律、一成不变的。②

这种针砭给了陶行知一个很大的刺激。他在带领克伯屈参观了晓庄幼稚园和燕子矶幼稚园之后，虽使克伯屈的印象有所改变，但陶行知依旧意识到及时地引入和借鉴国外幼教新理论的重要性。他对晓庄师范的师生提出了要求：

> 我们一方面在这里干，我们一方面还要吸收别人的经验，我们要把英国的、法国的、日本的、意大利的、美利坚的……一切关于幼稚教育的经验都吸收进来，我们来截长补短冶成一炉，来造成一个“今日之幼稚园”！③

---

① 余子侠：《山乡社会走出的人民教育家——陶行知》，第209页。

② 陶行知：《今日之幼稚园》，见方明主编：《陶行知全集》第2卷，第383—384页。

③ 陶行知：《今日之幼稚园》，见方明主编：《陶行知全集》第2卷，第385页。

在洞悉了中国幼儿教育的通病之后，陶行知将改革中国幼稚园教育的重心，放在了“平民化”问题上。因为中国是一个穷国，只有满足劳苦大众的需求，方才可能“中国化”；“平民化”的自身，即要求“经济化”和避免贵族化倾向。为使“平民化”的方针真正得以贯彻，他认为，“幼稚园的下乡运动和进厂运动必须开始”，并视农村与工厂为“幼稚园之新大陆”。①

（三）幼儿教育的新大陆——工厂与农村

在建设适合国情、节省费用、裨益平民的幼稚园的幼教思想指导下，陶行知在《幼稚园之新大陆——工厂与农村》一文中大声疾呼：“最需要幼稚园的地方是什么？最欢迎幼稚园的地方是什么？幼稚园应当到而没有到的是什么地方？幼稚园还有什么新大陆可以发现？”② 在陶行知看来，依据中国的国情，尤其是社会经济生产的状况与条件，“工厂与农村”是幼儿教育可以发现的新大陆。陶行知进而指出，创办平民幼稚园不仅是幼儿身心发展的需要，而且对于广大工人和农民朋友来说也是现实的需要。由此，他对创办平民幼稚园的可行性及发展前景做了充分的、令人信服的论证。

在工厂区，上班的女工对幼儿的处置处于进退两难的境地。这是因为，妇女既要上班，又要带孩子，分身乏术，但又无钱将孩子送入收费高昂的幼稚园。然而，若将幼儿留在家中，无人照应，母亲往往最感痛苦。若将幼儿带入厂内，那么工厂内特殊紧张的环境不仅影响女工的正常工作，且阻碍幼儿的正常发育，有时还会危及幼儿的生命安全。在中国农村，幼稚园更是格外需

---

① 陶行知：《幼稚园之新大陆》，见方明主编：《陶行知全集》第 1 卷，第 93—94 页。

② 方明主编：《陶行知全集》第 1 卷，第 93 页。

要。尤其是农忙的时候，农夫、农妇们异常忙碌，村中幼儿不是跟前跟后，就是没人照应，此时，孩子就成为家长们的累赘了。在此种情况下，如果有既能使孩子受到教育、收费又便宜的幼稚园，家长们肯定乐意将孩子送入幼稚园就读。故而，农村幼稚园的功效比城市幼稚园还要大。

为此，陶行知高呼："幼稚园的下乡运动和进厂运动必须开始，实无疑义。"① 在工厂，开办相当之幼稚园，以此"增进儿童之幸福而减少为母者精神上之痛苦"②；在农村，不仅可以为乡村幼儿创造幸福条件和积极表现自己的场所，而且可以为农妇在农忙时节解除无暇照管孩子的后顾之忧，直接帮助小学生减少旷课或辍学，也为受过教育的乡村女性开辟一条职业上的出路。陶行知进一步指出，幼稚园若想推广至工厂与农村，需要经过一番变化：

> 第一要打破外国的面具，第二要把贵族的架子放开，第三要省钱，不当用的不必用。这里要整天整年的幼稚园。半天的幼稚园只能解决一半的困难。幼稚园放假也只能跟着女工农妇空闲的时候为转移。③

由此不难看出，陶行知的上述要求，皆是以其时中国劳动妇女的实际为出发点，真正为劳苦大众解决了一定的实际困难，促进了中国乡村幼儿教育事业的发展。陶行知以其教育民主精神，对于工厂和农村这两块"幼稚园新大陆"的探获，为中国幼儿教育事业指出了正确的发展道路，将工农大众子女带进了幸福的乐园。

---

① 陶行知：《幼稚园之新大陆——工厂与农村》，见方明主编：《陶行知全集》第1卷，第94页。

② 陶行知：《幼稚园之新大陆——工厂与农村》，见方明主编：《陶行知全集》第1卷，第93页。

③ 陶行知：《幼稚园之新大陆——工厂与农村》，见方明主编：《陶行知全集》第1卷，第94页。

四、 改革幼师培训制度

20 世纪 20 年代，陶行知提出了面向大众普及幼儿教育的主张。陶行知指出："幼儿比如幼苗，必须培养得宜，方能发荣滋长；否则幼年受了损伤，即不夭折，也难成材。所以小学教育是建国之根本，幼稚教育尤为根本之根本。"① 然而，如何才能使幼儿教育普及呢？陶行知提出了如下三个步骤。

其一，改变我们的态度。承认幼年生活之重要，是普及幼稚园之出发点；承认幼稚园为全社会幼儿的教育场所，是普及正当幼稚园的出发点。有此态度，幼稚园才有普及的希望。

其二，改变幼稚园的办法。办理幼稚园是费钱的，若不节省，必不容易普及。他认为，在乡间推行幼稚园好比是"牵只骆驼穿针眼"②，只有遵循"省钱"之方针，幼稚园才有普及的希望。

其三，改变训练教师的制度。陶行知认为，在中国普及教育，最大难关之一是合格教师的训练，而其中幼师的培养及其来源，更是最难的问题之一。他认为必须根本改造幼儿师范，才能培养新型幼稚园的合格师资。

早在 1924 年，陶行知即关注到幼师的队伍建设问题，指出改革训练幼师制度是普及幼儿教育的重要步骤之一。为此，陶行知认为不能专靠正式幼儿师范去培养全部的师资。他指出，要想普及幼儿教育，至少需要教师一百五十万。要训练这些教师，首先就是"经费浩大"；再就是，如果"训练不得其法，受了办理幼稚园的训练，不一定去办幼稚园，或者是去办出一个不合国情

① 陶行知：《如何使幼稚教育普及》，见方明主编：《陶行知全集》第 1 卷，第 115 页。

② 陶行知：《如何使幼稚教育普及》，见方明主编：《陶行知全集》第 1 卷，第 116 页。

的幼稚园，那就糟了”。[①] 针对当时实际，陶行知提出三条培养幼教师资的途径，一为根本改造幼儿师范，培养新幼稚园之师资；二为采用艺友制培养幼儿教师；三是训练妇女来培养师资。

需要补充说明的是，以“生活教育”理论为基础，陶行知强调必须坚持“教学做合一”的教学方法。“教学做合一”包括三方面：一是事怎样做就怎样学，怎样学便怎样教；二是对事说是“做”，对己说是“学”，对人说是“教”；三是教育不是教人，不是教人学，乃是教人学做事。无论哪方面，“做”成了“学”的中心，即成了“教”的中心。在“教学做合一”思想的指导下，陶行知于1928年发明了幼儿师范教育的艺友制方法，所谓艺友制，用陶行知的话说，就是用朋友之道教人学做教师。这是他借鉴手工行业的徒弟制创立的培养乡村幼儿教师的“穷办法”。他指出艺友制“不但为培养人材最有效力之方法，而且为解除乡村教师寂寞与推广普及教育师资之重要途径”[②]。

陶行知提出艺友制的方法主要基于两方面的原因：一是当时的中国教育非常落后，他发现在工厂和农村，幼儿教育还是一块未开垦的“新大陆”。但要在这些地方推广幼儿教育，又倍感师资之缺乏。为了及时解决师资矛盾，陶先生觉得有必要使用一种既快捷又有效的方式培养师资，艺友制就是当时为了发展农村幼儿教育应对师资短缺的一种“应急”方法。二是他认识到当时师范教育的最大弊端是理论与实际相脱离，理论学习与教育实习被人为分隔，犹如以大书呆子教小书呆子，致使大多数受过师范训练的人，既不会教学生也办不出一个可以令人佩服的学校；同

---

① 陶行知：《如何使幼稚教育普及》，见方明主编：《陶行知全集》第1卷，第116—117页。

② 陶行知：《艺友制的教育》，见方明主编：《陶行知全集》第2卷，第476—477页。

时，他通过观察发现各种行业采用艺徒制培养学徒，普遍比较有实效性，如木匠、裁缝、漆匠采用艺徒制所教授的徒弟，技艺水平普遍较高。当然陶先生也敏锐地觉察到，艺徒制虽有效力也有缺点，即师傅一般担心“饱了徒弟，饿死师傅”，所以不肯轻传秘诀，白白浪费徒弟许多光阴。受此启发，他再对艺徒制进行了创造性的吸收和改造，并将之运用到师范教育，取名为艺友制。

艺友制是陶行知在实践探索的过程中创造出的以乡村幼稚园自身的教、学、做来训练乡村幼师的方法。他指出：艺，是艺术；友，就是朋友。凡用朋友之道，跟着别人学艺术或手艺的，叫作艺友。幼稚园是一片艺术的园地，幼儿教师的事业也是一种手艺。陶行知认为，跟朋友操练比从师来得格外自然、格外有效力。所以，要想做好教师，最好是和好教师做好朋友。艺友制的一个根本观点，即幼儿教师要在幼稚园里学，才能得到真实的本领。同时，他指出，采用这种艺友制来培养乡村师资，应以训练本乡师资为主要途径，应多招现任乡村教师之夫人、未婚妻、近亲训练之，以求“造就一人，便得一人之用”①。如此一来，多办一所幼稚园，即是多加一所训练师资的地方。

艺友制的过程大致分三个阶段：第一阶段为参观，第二阶段为参与，第三阶段为实习。具体即以乡村幼稚园为基地，由有经验的教师带两三个妇女做徒弟，按做上教、做上学的道理，徒弟跟随师傅学习幼稚园的各项“教学做”活动，并辅以必要的教育理论知识和管理幼儿的技能、技巧。第一阶段“艺友”以学生角色参与幼稚园所有活动，一切活动均由“导师”主持，“艺友”参加幼儿的一切活动，并接受“导师”的指导。“导师”每天要为“艺友”讲授幼儿教育方法及幼儿身心研究。此外，“艺友”

① 陶行知：《推广乡村幼稚园案》，见方明主编：《陶行知全集》第2卷，第321页。

每天要练习半小时音乐技能，写一篇观察日记，记录幼稚园一切活动经过和感悟。到了第二阶段，大约一学期后，“艺友”就成为助教角色，幼稚园的一切活动一半由“导师”主持，一半由“艺友”主持。第三阶段“艺友”就成为教师角色，各种活动多由“艺友”主持。“导师”拟定问题，之后“艺友”作答，以检验“艺友”是否具有幼儿教师的各种专业技能。这样的方法正如陶行知所提出的“教学做合一”的方法：“事怎样做便怎样学，怎样学便怎样教。教的法子根据学的法子，学的法子根据做的法子。”[①] 大约经过一年半至两年的时间，“艺友”便可以独立工作，担任乡村幼儿教师。

艺友制具有四个基本特点：采取师徒制的实用精神，重视现场实习，强调发展实践智慧，把理论与实践有机结合。陶行知虽然强调“做”，但他并不反对理论学习。他一贯反对那种“先生教而不做，学生学而不做”以及“先生教死书，死教书，教书死；学生读死书，死读书，读书死”的不良倾向。陶行知对传统的师范学校先学习两年理论、最后一个学期去实习的做法也表示反对。这种“先理论后实习”的模式在陶行知看来实际上就是“把一件事分作两截”，他形象地将其比喻为“早上烧饭晚上请客”。艺友制的方法旨在“把理论与实习合为一炉而冶之”[②]，在具体运作上就是以如何处理课堂教学实务为中心来组织的。“导师”在幼教的实际课堂中通过自身的实践为学生做出“示范”，这种“示范”不是那种需要精心设计、反复排练的所谓“示范课”，而完全是真实场景中的“原生态”呈现，有利于“艺友”

---

① 陶行知：《艺友制师范教育答客问》，见方明主编：《陶行知全集》第1卷，第130页。

② 陶行知：《晓庄三岁敬告同志书》，见方明主编：《陶行知全集》第2卷，第452页。

观摩、效仿，获得完全真实的第一手材料。更为重要的是，“艺友”不是只看不练，还通过后续的“助教”“教师”的角色扮演，现场处理各种教学实务，反思教学过程中的各种问题，包括做得成功的和不成功的，都要与“导师”一起讨论、交流。这有助于“艺友”提升实际工作能力。总之，艺友制通过对现场、实践的充分把握与运用，有效提升了师范生适应教师岗位的工作能力，确保了艺友制教育模式的有效性。从实际成效上看，艺友制教育模式培养的乡村幼儿教师，与幼儿师范学校培养出来的幼儿教师一样具有看护的身手、科学的头脑、儿童的伴侣、乡村妇女运动之导师的素质，其基本素质并不逊于三年制幼儿师范学校的学生。并且，艺友制教育模式培育出来的幼儿教师，在实践教学能力方面往往更胜一筹。实践证明，艺友制有效地弥补了幼儿师范教育中理论与实践脱节的缺憾，成为一种周期短、成效好的幼儿教师培养新模式。正如有学者评价，“作为当时师范学校的一种有力补充，极大地推进了教育师资的普及，有效地解决了学生实践技能和理论基础、科学文化素养方面的矛盾”①。

值得言及的是，在广开幼儿教育师资来路的同时，陶行知还着眼于师资质量的提高，指出乡村幼儿教师必须“受过严谨的卫生训练”②，以保证幼儿的身体健康。

五、幼儿师范教育思想的系统构建

（一）论幼儿师范教育的重要性

陶行知非常重视师范教育。陶行知认为教育是“国家万年根

---

① 沈堰奇：《提高高师幼教师资培养质量的思考——重读“艺友制”的启示》，《成都中医药大学学报》（教育科学版）2008 年第 4 期。

② 陶行知：《幼稚园之新大陆》，见方明主编：《陶行知全集》第 1 卷，第 94 页。

本大计”[①]。他从教育与民族的命运、国家的前途紧密联系这一根本思想出发，明确指出作为普及教育之本的师范教育办得好不好是关系民族兴衰、国家存亡的大事。他在《地方教育与乡村改造》一文中指出：“教育就是社会改造，教师就是社会改造的领导者。在教师的手里操着幼年人的命运，便操着民族和人类的命运。”[②] 显然，陶行知把师范教育的地位和作用提高到一个新的高度，认为“师范学校负培养改造国民的大责任，国家前途的盛衰，都在他手掌之中”。他还认为，共和国要有适当的国民“就全靠教育”，“要造成适当的国民，须有适当的教员”。[③] 在《中国师范教育建设论》一文中，陶行知指出：“中国今日教育最急切的问题，是旧师范教育之如何改造，新师范教育之如何建设。国家所托命之师范教育是决不容我们轻松放过的。”[④] 他进一步指出“师范教育可以兴邦，也可以促国之亡”[⑤]。陶行知把师范教育同民族的前途和国家的命运紧密地联系在一起。这在认识上是一个重大的飞跃。他本人也以自己的切实行动来推进师范教育的发展。1927 年，他透彻地表示：“我从前曾经为师范教育努力，现在正是为师范教育努力，以后仍是继续为师范教育努力。”[⑥] 事实证明，陶行知先生的确为中国的师范教育事业做到了鞠躬尽瘁、

---

① 陶行知：《我们的信条》，见方明主编：《陶行知全集》第 1 卷，第 74 页。

② 方明主编：《陶行知全集》第 2 卷，第 352 页。

③ 陶行知：《师范教育之新趋势》，见方明主编：《陶行知全集》第 1 卷，第 318 页。

④ 方明主编：《陶行知全集》第 1 卷，第 82 页。

⑤ 陶行知：《师范教育之彻底改革》，见方明主编：《陶行知全集》第 8 卷，第 115 页。

⑥ 陶行知：《师范教育之彻底改革》，见方明主编：《陶行知全集》第 8 卷，第 115 页。

死而后已。

在重视师范教育的同时，陶行知还特别强调发展幼儿师范教育。他对幼儿师范教育的重视是基于对幼儿教育的重视。他认为幼儿教育是整个人生中最重要的教育阶段，“教人要从小教起。幼儿比如幼苗，必须培养得宜，方能发荣滋长，否则幼年受了损伤，即不夭折，也难成材”①，“凡人生所需之重要习惯、倾向、态度，多半可以在六岁以前培养成功。换句话说，六岁以前是人格陶冶最重要的时期”②。陶行知指出，处于基础教育最前端的幼儿教育是促进民族复兴与社会改造的重要方面，“小学教育是建国之根本，幼稚教育尤为根本之根本”。他提出要发展适合中国国情的幼儿教育事业，首要条件是要有相当数量的合格的幼儿教师。陶行知提出“幼稚师范是要办的，但幼稚师范必须根本改造，才能培养新幼稚园之师资”③。他指出幼儿教师是一种专门的职业，是幼儿的“保护神”。乡村幼儿教师还是“乡村妇女运动的导师”，一方面“造福村儿”，一方面“便利农民”，成为改造乡村社会的重要力量。所以，要改造社会、开展妇女运动、普及幼儿教育，就要造就大批幼儿教师。

由此，他提出了“幼稚教育也应当普及”④ 的主张。在 1928 年的第一次全国教育会议上，陶行知提出了《调查全国幼稚教育案》《推广乡村幼稚园案》《各省开办试验幼稚师范案》等五个专

① 陶行知：《如何使幼稚教育普及》，见方明主编：《陶行知全集》第 1 卷，第 115 页。

② 陶行知：《创设乡村幼稚园宣言书》，见方明主编：《陶行知全集》第 1 卷，第 70 页。

③ 陶行知：《如何使幼稚教育普及》，见方明主编：《陶行知全集》第 1 卷，第 117 页。

④ 陶行知：《如何使幼稚教育普及》，见方明主编：《陶行知全集》第 1 卷，第 115 页。

门阐述幼儿教育和幼儿师范教育的提案，在倡导幼儿教育的同时，提醒人们注意幼儿师范的重要意义。普及幼儿教育的最大难关就是教师问题，他提出在不能在全国各县区设立幼儿师范的情况下，应在“每省创办试验幼稚师范一所。一方面培植幼稚园师资，又一方面可以供给全省幼稚园各种材料与方法，使全省幼稚教育改进”，并提出应从 1928 年开始实行，江苏、浙江等财力较强的省可独立创办幼儿师范学校，其他省可先附设在女子中学师范部内。[①] 同时，他还附呈了所拟的“实验乡村师范学校幼稚示范院简章”。当看到报考幼儿师范院的人很少时，他凭着他那种艰苦卓绝的精神到城里、到乡村大声疾呼：

> 我现在要奉告从事妇女运动的太太小姐说：“乡村妇女占全国妇女百分之八十五。世界上最需要你们的帮助的便是这些人。你们最能帮助她们的方法便是做幼稚园教师，代她们教小孩子。代她们教小孩子便可以进一步去做她们的朋友和导师。二千六百万乡村幼儿在那儿呼喊，可听见了没有？八千五百万乡村妇女在那儿用手相招，可看见了没有？我们这里并不像你们心里想的那样苦。为何不来试他一试？”……我今天要代表乡村儿童向全国乡村小学教师及师范生上一个总请愿：“不要你的金，不要你的银，只要你的心。”[②]

由此可见他对发展幼儿师范的无限热情与真诚。

为优化幼儿教师队伍，他还鼓励男教师加入幼儿教育。当来

---

① 陶行知：《各省开办试验幼稚师范案》，见方明主编：《陶行知全集》第 2 卷，第 322 页。

② 陶行知：《晓庄试验乡村师范的第一年》，见方明主编：《陶行知全集》第 2 卷，第 310 页。

自贵州的两名男生孙铭勋、戴自俺来晓庄师范学校报考晓庄幼稚师范时，两人曾询问：男士能否从事幼儿教育？当时陈鹤琴恰好也正在场，陶行知立即指着陈鹤琴对他们说：你们的院长不就是一位男士吗？他是幼儿教育专家。这两名男生听后非常高兴，报考了幼儿师范，后来成为创办乡村幼稚园的骨干。

（二）论师范生的素养

陶行知重视师范教育。他把他的教育理想的实施全寄托在“一百万个”教师身上，因而对教师素养（包括幼儿教师素养）问题给予较多的关注。师范教育要培养什么样的教师呢？他在《对于教员和师范生的几点希望》一文中，对合格的师范生提出了几点希望。

1. 有无私奉献的精神

陶行知认为，担当教师之职，最应该具备的一种精神就是无私奉献。用他自己的话说，就是“捧着一颗心来，不带半根草去”①。教师要对所教的学生奉献智慧和爱心。“你若把你的生命放在学生的生命里，把你和你的学生的生命放在大众的生命里，这才算是尽了教师的天职”②。“真教育是心心相印的活动。唯独从心里发出来的，才能打到心的深处。”③“你们抱着这种精神去教导小朋友，总是不会错的”④。陶行知自身在对教育的无私奉献方面做出了典范。他“深信如果全国教师对于儿童教育都有‘鞠

① 陶行知：《捧着一颗心来　不带半根草去》，见方明主编：《陶行知全集》第8卷，第245页。

② 陶行知：《中国大众教育问题》，见方明主编：《陶行知全集》第3卷，第384页。

③ 陶行知：《这一年》，见方明主编：《陶行知全集》第2卷，第363页。

④ 陶行知：《捧着一颗心来　不带半根草去》，见方明主编：《陶行知全集》第8卷，第245页。

躬尽瘁，死而后已’的决心，必能为我们民族创造一个伟大的新生命”①。

2. 有创造与开拓精神

陶行知本人是一个极富创造与开拓精神的教育家。印度著名诗人泰戈尔曾称陶行知是一位“很有创造力的教育家”。学者丁丁也评价说：“在中国近代教育史上，他是最富于创造精神的教育家。”丁丁还罗列了陶行知创造力方面的十个“第一”②。陶行知认为，教师是“社会改造的领导者”，“一流的教育家”不是“书生的教育家”或“经纶的教育家”，而是“敢探未发明的新理”或“敢入未开化的边疆”的教育家。前者“即是创造精神”，后者“即是开辟精神”。他批评那些只管教书而没有革命精神和实际本领的教书匠，指出这些人“似乎除了教以外，便没有别的本领；除书之外，便没有别的事教”③。他希望他的风华正茂的学子们敢于创造与开辟，敢于到人民最需要的地方去开拓。他指出：“一、愿师范学校从今以后再不制造出书呆子；二、愿师范生从今以后再不受书呆子的训练；三、愿社会从今以后再不把活泼的儿女受书呆子的同化；四、愿凡已经成了书呆子的，从今以后要把自己放在生活的炉里重新锻炼出一个新生命来。”④“中国乡村教育走错了路！他教人离开乡下向城里跑；他教人吃饭不种稻，穿衣不种棉，做房子不造林；他教人羡慕奢华，看不起务农；他教人分利不生利；他教农夫子弟要变成书呆子；他教富的

① 陶行知：《我们的信条》，见方明主编：《陶行知全集》第1卷，第75页。

② 丁丁：《陶行知教育思想12讲》，安徽教育出版社1986年版，第8页。

③ 陶行知：《教学合一》，见方明主编：《陶行知全集》第1卷，第18页。

④ 陶行知：《师范教育之彻底改革》，见方明主编：《陶行知全集》第8卷，第116页。

变穷，穷的变得格外穷；他教强的变弱，弱的变得格外弱。”[①] 他称这种“走错路”的教育是“残废教育”。因此，这种“走错路”的教育必须要加以改造，而改造“走错路”的教育就必须有一批敢于创造与开拓的新教师。他在《试验乡村师范学校答客问》中明确提出了好的乡村教师的标准：“第一有农夫的身手，第二有科学的头脑，第三有改造社会的精神。他足迹所到的地方，一年能使学校气象生动，二年能使社会信仰教育，三年能使科学农业著效，四年能使村自治告成，五年能使活的教育普及，十年能使荒山成林，废人生利。”[②]

3. 有求真精神

陶行知告诉师范生，教师的责任就是“千教万教，教人求真”。他所说的“求真”有两层意思：一是学业上要“追求真理”，二是道德上追求“做真人”。陶行知认为学生的责任在于“千学万学，学做真人”。“道德是做人的根本。根本一坏，纵然使你有一些学问和本领，也无甚用处。并且，没有道德的人，学问和本领愈大，就能为非作恶愈大”[③]。那什么是“真人”呢？教师该如何教学生做“真人”呢？陶行知认为，所谓“真人”，“最要紧的是要有‘富贵不能淫，贫贱不能移，威武不能屈’的精神。这种精神，必须有独立的意志，独立的思想，独立的生计和耐劳的筋骨，耐饿的体肤，耐困乏的身，去做那摇不动的基础……推己及人的恕道，和大公无我的容量，也是做人中人的最重要的精神。把这几种精神合起来，我找不到一个更好的名词，

---

① 陶行知：《中国乡村教育之根本改造》，见方明主编：《陶行知全集》第1卷，第85页。

② 方明主编：《陶行知全集》第1卷，第88页。

③ 陶行知：《每天四问》，见方明主编：《陶行知全集》第4卷，四川教育出版社2005年版，第435页。

就称他为大丈夫的精神罢”[①]。教儿童做“真人”，教师首先要有对儿童的真心，“把我们摆在儿童队伍里，成为小孩子当中的一员”。“我们加入到儿童队伍里去成为一员，不是敷衍的，不是假冒的，而是要真诚的，在情感方面和小孩子站在一条战线上。”[②]其次，教师要有两项“真”本领：一是“要有真知灼见”；二是“肯说真话，敢驳假话，不说谎话”。[③]

4. 有高超的教育艺术

陶行知认为，教育是一门艺术，是塑造人类灵魂的一门艺术，但绝不同于文学虚拟或雕塑的艺术。如何把握这门艺术？陶行知指出，教师要做到“经师”与“人师”并重、言传与身教并进。他提出教师要活教书、教书活，不能死教书、教书死。活的教学包括以下三层内涵：一是要能激发学生的兴趣。二是要教会学生怎样学习，教会学生学习的方法。他认为“好的先生不是教书，不是教学生，乃是教学生学”，因而“先生的责任不在教，而在教学，而在教学生学”。[④] 三是提倡以大自然、大社会为课堂，“教学做合一”。“事怎样做就怎样学，怎样学就怎样教。教的法子要根据学的法子，学的法子要根据做的法子”。“教学做是一件事，不是三件事。我们要在做上教，在做上学……先生拿做来教，乃是真教；学生拿做来学，方是实学。不在做上用工夫，

---

① 陶行知：《南京安徽公学办学旨趣》，见方明主编：《陶行知全集》第1卷，第37页。

② 陶行知：《创造的儿童教育》，见方明主编：《陶行知全集》第4卷，第446页。

③ 陶行知：《小学教师与民主运动》，见方明主编：《陶行知全集》第4卷，第526页。

④ 陶行知：《教学合一》，见方明主编：《陶行知全集》第1卷，第18—19页。

教固不成为教，学也不成为学”①。做“人师”的另一个重要前提就是要能为人师表，以身作则。“各人一举一动，一言一行，都要修养到不愧为人师的地步”②，“要学生做的事，教职员躬亲共做；要学生学的知识，教职员躬亲共学；要学生守的规矩，教职员躬亲共守。我们深信这种共学、共事、共修养的方法，是真正的教育……一校之中，人与人的隔阂完全打通，才算是真正的精神交通，才算是真正的人格教育”③。

（三）论幼儿师范教育的课程

陶行知的幼儿师范课程理论主要包括以下几方面。第一，课程设置根据幼稚园的工作需要来设置。如幼稚园有游戏活动，幼儿师范就开设游戏类课程；幼稚园需要行政管理人员，就开设幼稚园行政管理课程；等等。在《试验乡村师范学校答客问》《中国乡村教育运动之一斑》等文章中，陶行知强调：课程设置由中心学校（师范学校的实习基地）的需要来确定，幼稚园需要什么课程我们就开设什么课程；课程设置要与幼稚园的工作、与幼儿生活实际和社会实际相结合；一切课程都是生活，一切生活都是课程；整个社会的活动，就是我们教育的范围。他主张幼儿师范学校要根据社会发展和幼儿教育的需要，在学校组织健康的生活教育、劳动的生活教育、科学的生活教育、艺术的生活教育、改造社会的生活教育。根据幼稚园教育的需要，他认为幼儿师范学校的课程应该包括儿童文学、园艺、美术、音乐、自然科学、医

---

① 陶行知：《教学做合一》，见方明主编：《陶行知全集》第 1 卷，第 106 页。

② 陶行知：《女师大与女大问题之讨论》，见方明主编：《陶行知全集》第 2 卷，第 224 页。

③ 陶行知：《南京安徽公学办学旨趣》，见方明主编：《陶行知全集》第 1 卷，第 35—36 页。

疗卫生、家庭伦理、幼稚园行政管理以及幼稚园各种活动等课程。通过“教学做”的方法，使师范生获得实际有用的知识，能够自己创办幼稚园，具有“农夫的身手”“科学的头脑”“改造社会的精神”。第二，课程设置与生产劳动紧密联系。在“征服天然环境教学做”总课程里，设有科学的农业、造林、基本手工、卫生和其他“教学做”。例如，晓庄师范曾开辟200亩农田供耕种、数座荒山供学生造林，采集植物、动物标本，采集药材等，陶行知的这种理论和实践与我们所提的教育与生产劳动相结合是完全一致的。第三，课程设置与生活紧密相连。依据幼儿师范学校日常生活之所需，晓庄幼稚师范学校曾开设有招待、洒扫、烹饪等“教学做”课程。学校流传的口号是“不会种菜，不算学生”“不会烧饭，不得毕业”等。这些课程初听似乎可笑，其实，衣食住行事事关系人生，意义超乎课程本身。第四，课程设置与社会活动紧密联系。在晓庄师范学校“改造社会环境教学做”总课程里，设有村自治、民众教育、合作组织、乡村调查、农民娱乐等，要求两人负担一个乡村改造工作，与民众交朋友。①

综上所述，陶行知幼儿师范教育具有以下几个基本特点：一是立足农村。陶行知出生在一个并不富裕的农村家庭，对农村生活有切身的感受。他认为，中国是一个农业国，农业社会的中心在农村，而不是城市。他指出，当时中国的师范学校多半设在城里，对于农村幼儿的需要苦于不能适应，必须改变这一现象。二是培养多种规格的师范人才。他根据社会实际情况，把教育界所需的人才分为四种：“一是教育行政人员，二是各种指导员，三

---

① 方明主编：《陶行知全集》第1卷，第87—92页；方明主编：《陶行知全集》第2卷，第291—301页。

是各种学校校长和职员，四是各种教员。”① 他对幼儿师资的要求比较全面，对幼师的教育教学能力、幼稚园管理能力、幼儿教育研究能力的培养都有所兼顾。三是以生活为中心。陶行知师范教育思想的中心点就是“社会即学校，生活即教育，教学做合一”。陶行知的课程设置把师范教育与未来的工作岗位、自然环境、社会环境、衣食住行诸生活环节融为一体，使得教育目标的实现、教育质量和效益的保证，成为水到渠成的事。

六、 儿童的“六大解放”

陶行知之所以特别看重“教学做合一”，便是因为：“‘行动’是中国教育的开始，‘创造’是中国教育的完成。”② 可见，创造性地培养是陶行知教育思想的核心所在。在《创造宣言》中，陶行知明确宣称：

> 教育者不是造神，不是造石像，不是造爱人。他们所要创造的是真善美的活人。真善美的活人是我们的神，是我们的石像，是我们的爱人。教师的成功是创造出值得自己崇拜的人。先生之最大快乐，是创造出值得自己崇拜的学生。③

为此，陶行知将“创造”视为教育的最高境界。为达此理想境界，陶行知首先着眼于“解放儿童的创造力”。他在《创造的儿童教育》中，明确提出了“五大解放”的主张；其后，又在《民主教育》一文中，补充完善为“六大解放”。他视此为“实现

---

① 陶行知：《新学制与师范教育》，见方明主编：《陶行知全集》第1卷，第376页。

② 陶行知：《创造的教育》，见方明主编：《陶行知全集》第3卷，第451页。

③ 方明主编：《陶行知全集》第4卷，第3页。

创造的民主和民主的创造”的重要手段。“六大解放”的具体内容是：

解放眼睛——要求不要给儿童戴上“有色眼镜”，让他们用成人或教师的某一种观念去看待世界上的事物；应“敲碎有色眼镜，教大家看事实”，还童真的辨别力，使他们接触到真实的世界。

解放头脑——要拆除掉束缚儿童思想的迷信、成见、曲解、幻想等“精神的裹头布”，“如同中国女子勇敢的撕下了裹脚布一样”，使儿童乃至“中华民族的创造力可以突围而出”。

解放双手——要求儿童“剪去指甲，摔掉无形的手套”，无所顾忌地参加一切活动，培养自己的动手能力；“中国对于小孩子一直是不许动手，动手要打手心，往往因此摧残了儿童的创造力”。

解放嘴巴——要求让儿童真正享受言论自由。“中国一般习惯是不许多说话。小孩子得到言论自由，特别是问的自由，才能充分发挥他的创造力。”为此，“童言无忌”应该真正落到实处。

解放空间——不仅要求把儿童从“学校鸟笼”中营救出来，而且还要求把儿童从“文化鸟笼”中解放出来，让他们“接触大自然”“扩大认识的眼界”，并可“自由的对宇宙发问，与万物为友”。

解放时间——要使儿童从上课、作业、考试和家长的定向辅导中解放出来，不要使“儿童失去学习人生的机会，养成无意创造的倾向，到成人时，即有时间，也不知道怎样下手去发挥他的创造力了”。

陶行知“六大解放”主张的精神内核是民主。陶行知认为“创造力最能发挥的条件是民主。……如果要大量开发创造力，大量开发人矿中之创造力，只有民主才能办到”。①

① 陶行知：《创造的儿童教育》《民主教育》，见方明主编：《陶行知全集》第4卷，第448—451、490—491页。

陶行知的幼儿教育思想，不仅为当时中国幼儿教育的发展做出了重大的贡献，且可以指导今日的幼儿教育。陶行知的诸多理论主张，深刻体现了他坚定的人民大众立场和强烈的创新精神。他为推行幼稚园走向工厂与农村所做的努力、所取得的成绩，将永远作为中华民族宝贵的文化遗产为后人所继承和发扬。

第二节　陈鹤琴的幼儿教育思想

陈鹤琴（1892—1982 年），浙江上虞人，不仅被誉为“中国幼教之父”“中国的福禄贝尔”，而且是中国近现代著名的儿童教育家、我国幼儿教育理论和实践的先行者和开拓者。1911 年，陈鹤琴考入上海圣约翰大学，是年转入清华学校，并于 1914 年毕业；同年夏赴美留学，先入霍普金斯大学，1917 年获文学学士学位；其后入哥伦比亚大学师范学院学习，1918 年获哥伦比亚大学教育硕士学位；转入心理学系学习，但因公费留学期满，延期公文姗姗来迟，于 1919 年 8 月接受南京高等师范学校聘请回国任教，受聘为教育科教授，自此开始幼儿教育科学化的探索。

在充分吸收现代科学知识和教育思想的基础上，陈鹤琴逐步确立了符合中国实际的幼儿教育目标和教育内容，探索出切实有效的教育方法，从而创造了适合中国国情又符合幼儿心理发展特点的幼儿教育，由此形成了自己独特的幼儿教育思想和理论体系。1940 年，陈鹤琴于江西省立实验幼稚师范学校提出“活教育”思想。它既是陈鹤琴长期教育实践的概况与总结，又创造性地将东西方文化与教育结合起来，促进了幼儿教育中国化和中国幼儿教育现代化的进程，为当前我国幼儿教育改革提供了历史借鉴。

一、“活教育”：幼儿教育理论

陈鹤琴亲自体验了中国东西方两种不同的教育文化。为改进中国教育，他不断地在幼儿教育这一道路上摸索前进。1940年，陈鹤琴在江西创办省立实验幼稚师范学校。在此期间，他提出了“活教育”的思想体系，主要包括三部分：目的论、课程论、方法论。可以说，“活教育”是陈鹤琴对自己的教育思想和实践的概况性表述。

（一）“活教育”的目的

陈鹤琴指出，“活教育”的目的是“做人、做中国人、做现代中国人”。陈鹤琴认为，若要达到此目的，起码必须具备如下几个条件。

其一，健全的身体。他认为，一个人身体的好坏，对于他的道德、学问及从事的事业有很大的影响。国人身体素质不好，一向被人讥笑为“东亚病夫”。故而，拥有健全的身体是首要的条件。中国人对于这一点，尤其要特别注重。只有拥有健全的身体，才能应付现代中国艰巨的事业，这是毫无疑义的。

其二，建设的能力。其时的中国，百废待兴。陈鹤琴指出，社会上若有人努力于建设事业，反会被人嫉妒，被指“好出风头”，这不是好的现象。我们现在急切需要的是各种建设。诸如文化、建筑物、山林古迹等等，不仅要消极地保存，还要积极地建设。过去学生的建设能力往往太薄弱，现在我们要把它培养起来，以适应国家的需要。

其三，创造的能力。陈鹤琴认为：

> 中国人的创造能力本来是很强的，不论是文化还是制度，在古代就很发达，只因近数百年来因循苟且不知创造，及至科举一兴，思想就格外受到束缚，一般文人

> 学士，摇笔呐喊的能力本领虽有余，而创造的能力则不足。时至今日，我们急需培养儿童这种创造的能力。[①]

儿童本来就有一种创造欲，我们只要善于诱导、善于启发，就可以事半而功倍。

其四，合作的态度。他认为，中国人个性很强，喜欢各自为政，在团体活动中，常常缺乏合作能力。所以，对于幼儿，我们要从小就训练他们合作团结，才能使他们配做一个新中国的主人翁。

其五，服务的精神。在陈鹤琴看来，如果我们训练的幼儿，熟习各种知识和技能，可是不知服务，不知如何去帮助人，那这种教育就可以说完全无意义。故而，他认为，幼儿教育的目的，就是让幼儿知道如何服务他人、如何帮助他人。

（二）“活教育”的课程

陈鹤琴认为，“死教育”教出的只有书呆子，生搬照抄国外模式，却与实际脱节，应该进行“活教育”，反其道而行，向大自然和大社会学习。他指出，大自然、大社会都是活教材，是活的书、直接的书。为此，陈鹤琴将“活教育”课程归为五类，即“五指活动”[②]。

儿童健康活动：通过身体活动、个人健康、公共卫生、安全教育等，发展儿童心理与保障儿童生理的健康，培养儿童健全的身心。

儿童社会活动：通过公民、历史、地理、时事等活动，使儿童明了个人与社会的关系，要求儿童有兴趣、有能力参加社会服

---

① 陈鹤琴：《活教育要怎样实施的》，见陈秀云、陈一飞编：《陈鹤琴全集》第四卷，江苏教育出版社2008年版，第275页。

② 陈鹤琴：《活教育要怎样实施的》，见陈秀云、陈一飞编：《陈鹤琴全集》第四卷，第286—297页。

务活动，以此激发合作精神和爱国心。

儿童科学活动：通过生物、数学、物理及生产劳动，增加儿童的科学知识，激发儿童的科学兴趣，培养儿童的创造能力。

儿童艺术活动：包括音乐、美术、工艺、戏剧等，目的在于陶冶儿童的情感，启迪儿童的审美感，发展儿童的艺术欣赏力和创造力。

儿童文学活动：包括寓言、诗歌、谜语、演讲、辩论等，目的是培养儿童对文学的欣赏能力，尤其是对中国文学的认同与应用。

在确立了幼儿教育的主要领域后，陈鹤琴指出，其目的是"从儿童生活出发完成儿童的完整生活"①。幼儿的活动没有课内、课外之别，没有固定的课程时间表，完全视幼儿的兴趣和需要而定。每项活动虽各有不同的目标和内容，但"五个中缺少一个就会破坏这个活动的目标"，五类活动正像一只手的五个指头，"各个指头相互联结构成一个整体"②。其总目标，即为培养幼儿理想的生活。

简明地讲，"活教育"教材论的基本主张是："我们要利用大自然、大社会做我们的活教材。""我们要检讨既往，策励将来，把所有的教材重新估量，把所用的教法重新研讨。"③ 陈鹤琴认为，传统幼儿教育是书本主义的教育，是有违幼儿心理特征的，有损幼儿身体健康的。他主张，必须使教育者和被教育者都认识

---

① 陈鹤琴：《活教育要怎样实施的》，见陈秀云、陈一飞编：《陈鹤琴全集》第四卷，第 286 页。

② 陈鹤琴：《活教育》，见陈秀云、陈一飞编：《陈鹤琴全集》第六卷，江苏教育出版社 2008 年版，第 245 页。

③ 陈鹤琴：《〈活教育〉发刊词》，见陈秀云、陈一飞编：《陈鹤琴全集》第五卷，江苏教育出版社 2008 年版，第 1 页。

到，书本知识是间接的，大自然、大社会才是活的书、直接的书。因此，“活教育”主张抛弃“书本万能”的传统观念，让幼儿直接向自然、社会这种生动具体的“知识宝库”学习。

比较书本和大自然、大社会两类不同的知识来源，陈鹤琴认为，前者是间接的、概念化的、呆板的，而后者是直接的、具体的、生动的。对于具体形象思维发达而抽象概念思维薄弱的幼儿，二者孰优孰劣，不言自明。因此，陈鹤琴主张，让幼儿在与自然、社会的直接接触和对自然、社会的亲自观察中，获取第一手经验和知识。早在几十年前，陈鹤琴便已致力于改变这种脱节与分裂了。“世间有一种书呆子，不辨菽麦，不分妍媸，这些人并不是因为读了书才变成了呆子，而是因为他们只晓得一味读书，而不去和真正的书——大自然、大社会接触，才变成呆子的。”① 可见，陈鹤琴强调的是大自然、大社会作为知识的本原地位，强调的是书本必须符合幼儿生活的实际经验。从这种教材选取原则出发，书本主义以及道德中心主义等“礼教”内容，显然是陈腐不堪的。

陈鹤琴在倡行“活教育”课程的同时，还要求尽可能地依循两项原则：一为依据部颁的课程标准，二为根据当地实际环境的情形。他对“活教育”内容论的特点，也曾有过简明的概括：

> 1. 以大自然大社会做主要的教材，以课本做参考资料，这是直接的活知识，是直接的经验。
>
> 2. 各科混合或互相关联。
>
> 3. 不受时间的限制，没有分节的时间表，时间倒为功课所支配。
>
> 4. 内容丰富。

---

① 陈鹤琴：《活教育要怎样实施的》，见陈秀云、陈一飞编：《陈鹤琴全集》第四卷，第279页。

5. 生气勃勃。

6. 儿童自己做。

7. 整个的，有目标。

8. 有意义。

9. 儿童了解。①

（三）"活教育"的方法

陈鹤琴认为"活教育"的方法是"做中教、做中学、做中求进步"②。陈鹤琴的"活教育"教学，注重室外活动、实物研究对象、直接经验、生活体验等，仅以书本知识为辅佐参考。获得经验和体验的方法，是先做实验观察，后发表自己的观点与见解。教师的职责，仅仅是启发与诱导。由是，陈鹤琴还曾详细阐释了"活教育"的原则：凡是幼儿自己能够做的，应当让他自己做；凡是幼儿自己能够想的，应当让他自己想；你要幼儿怎样做，就应当教幼儿怎样学。质是之故，陈鹤琴鼓励幼儿去发现自己的世界。

陈鹤琴总结了"活教育"与"死教育"在教学上的不同：前者幼儿多在户外活动，教师领导幼儿自动研讨，是启发式、诱导式的，幼儿是自动的，教师是在教幼儿；后者幼儿整天待在室内，教师只会照着课本呆讲，是注入式、填鸭式的，幼儿是被动的，教师是在教书。

陈鹤琴认为，"做"不仅仅是一种身体上的、动手的活动，它也包括了理性的心智活动："一切的学习，不论是肌肉的，不

---

① 陈鹤琴：《活教育与死教育》，见陈秀云、陈一飞编：《陈鹤琴全集》第五卷，第22—23页。

② 陈鹤琴：《活教育要怎样实施的》，见陈秀云、陈一飞编：《陈鹤琴全集》第四卷，第280页。

论是感觉的，不论是神经的，都要靠‘做’的。”[①] 从这种意义上讲，“做”是一种让幼儿动手动脑、主动探索的过程。实践是知识的最直接、最牢靠、最永恒的来源。在教学中，鼓励幼儿自己去做、去思考、去发现，是激发幼儿主体性、培养幼儿创造能力的有效途径。陈鹤琴说：“儿童的世界，是儿童自己去探讨，去发现的。他自己所求来的知识，才是真知识，他自己所发现的世界，才是他的真世界。”[②] 教师的越俎代庖，乃教学上的大忌。主张培养幼儿实际动手能力、发现问题的能力、创造能力等，正是现代幼儿教育孜孜以求的价值追求，也是现代幼儿教育方法论的精髓所在。

为使“活教育”方法论在幼稚园教学中具有可操作性，陈鹤琴总结、归纳出“活教育”施行的四个步骤：实验观察—阅读思考—创作发表—批判检讨。

实验观察。这是教学的第一步骤，也是陈鹤琴最强调的步骤，这是由“活教育”注重直接经验所决定的。陈鹤琴认为“观察是获得知识的基本方法”[③]。换言之，观察是接近科学真理、开启真理宝藏的钥匙。如果在教学中采用这种方法，一方面，教学效果必会增进；另一方面，还可以从中培养幼儿学习的兴趣与求真的态度。这是因为：第一，由观察获得的知识是直接的。经过亲身观察和实验，可以加深理解和认识，能够检验知识的真实性，以至有所发现与创造。第二，幼儿亲自动手去做，印象相对

① 陈鹤琴：《活教育的教学原则》，见陈秀云、陈一飞编：《陈鹤琴全集》第五卷，第68页。

② 陈鹤琴：《活教育的教学原则》，见陈秀云、陈一飞编：《陈鹤琴全集》第五卷，第71页。

③ 陈鹤琴：《活教育的教学原则》，见陈秀云、陈一飞编：《陈鹤琴全集》第五卷，第100页。

深刻，教学效果自然较好。第三，实验和观察容易发现问题和解决问题。如此，幼儿的兴趣容易持续和增加，求真求是的态度也会随之建立起来。

阅读思考。这是教学的第二步骤。在实验观察阶段，主要是让幼儿自由、自主地活动，“从做中学”，去获得感性认识和积累直接经验。在阅读思考阶段. 则要求教师在实验观察的基础上，对幼儿发挥定向影响的作用。具体说来，即由教师安排幼儿阅读各种图片及粗浅文字，或观看影像资料等，使幼儿获取间接知识。同时，教师还应启发幼儿思考，使展现在幼儿眼前的间接知识与脑中已有的直接经验挂钩，从而增进对大自然、大社会的了解。

创作发表。这是教学的第三步骤。这一阶段也需教师启发、指导幼儿来完成。由于教育的最高境界在于创造，所以教师应鼓励幼儿，将学习中的困惑或心得用语言表达出来；同时，还需通过表演、绘画、编故事等多种活动，使幼儿在模仿中有所创造，从而完成知识的整合，并获取创新求变的乐趣。

批判检讨。这是教学的第四步骤。这一阶段的中心工作即教学评估。它一方面要求幼儿在教师的指导下总结学习经验，开展批评或自我批评，以获得评价客观事物和深化自我认识的能力；另一方面则要求教师对整个教学过程进行冷静、客观的评估，总结成功的经验或失败的教训，以便在下一轮次的教学中加以改进。

为了更为具体地说明“活教育”的操作原则和方法，陈鹤琴本着“心理学具体化、教学法大众化”的旨趣，总结出十七条“活教育的教学原则”①：

---

① 陈鹤琴：《活教育的教学原则》，见陈秀云、陈一飞编：《陈鹤琴全集》第五卷，第 66 页。

原则一　凡是儿童自己能够做的，应当让他自己做
原则二　凡是儿童自己能够想的，应当让他自己想
原则三　你要儿童怎样做，就应当教儿童怎样学
原则四　鼓励儿童去发现他自己的世界
原则五　积极的鼓励胜于消极的制裁
原则六　大自然大社会是我们的活教材
原则七　比较教学法
原则八　用比赛的方法来增进学习的效率
原则九　积极的暗示胜于消极的命令
原则十　替代教学法
原则十一　注意环境，利用环境
原则十二　分组学习，共同研究
原则十三　教学游戏化
原则十四　教学故事化
原则十五　教师教教师
原则十六　儿童教儿童
原则十七　精密观察

尽管某些条目称为“原则”未必精当，但它们大致反映了“活教育”方法论的基本特色。

二、“幼稚教育是一切教育的基础”

民国初期，普通教育尚处在起步阶段，关注幼儿教育者更是寥寥。其时，留学回国的陈鹤琴敏锐地注意到幼儿教育，实开风气之先。1920 年，陈鹤琴以其子陈一鸣为研究对象，开始了幼儿研究。他详细记录了其子从出生第 82 天到第 808 天的言语、动作、情感的发展变化过程。1923 年秋，他在南京鼓楼自己住宅内开办鼓楼幼稚园，试验科学化、中国化的幼儿教育。1925 年秋，

鼓楼幼稚园新园舍建成，定名为东南大学教育科实验幼稚园，成为我国第一个幼教中心。陈鹤琴请助教张宗麟协助工作，全面开展实验，取得了丰硕的研究成果，被誉为“中国的福禄贝尔”。

（一）幼儿的心理特点及阶段分期

早在1921年，陈鹤琴便在《新教育》上发表了《儿童心理及教育儿童之方法》一文。此处所论及的“儿童心理”，主要是学龄前儿童的心理。他将这种心理特征主要归纳为如下数端。

好动心——“儿童生来好动，不像成人有自制力。”“他的行为完全为冲动与感觉所支配。这种心理，米勒（Miller）叫做‘心意的动现’。”①

模仿心——“儿童学习言语、风俗、技能等等，大大依赖这个模仿心。”“寻常儿童的优劣智愚，虽有先天的基础，亦决定于后天环境的影响。”②

好奇心——“儿童凡对于一切新的东西就生出好奇心。一好奇，就要与新的东西相接近。一接近，那就晓得这个东西的性质了。”“儿童长到三四岁的时候，他的‘为什么’的询问格外多”。③

游戏心——“儿童好游戏乃是天然的。近世教育利用这种活泼的本能，以发展儿童之个性与造就社会之良好分子。幼稚园教育，即根据游戏本能。”④

陈鹤琴认为，除上述四种基本心理特征外，尚有“群居心、竞争心、畏惧心、争斗心、嘉许与谴责心等等”。他还强调指出，

---

① 陈秀云、陈一飞编：《陈鹤琴全集》第一卷，江苏教育出版社2008年版，第1页。

② 陈秀云、陈一飞编：《陈鹤琴全集》第一卷，第2页。

③ 陈秀云、陈一飞编：《陈鹤琴全集》第一卷，第3—4页。

④ 陈秀云、陈一飞编：《陈鹤琴全集》第一卷，第4页。

儿童心理与成人心理是不同的，“我们应研究儿童的心理，施行教育当根据他的心理才好”①。

陈鹤琴的幼教理论是建立在牢固的心理学基础之上的。他于1925年出版了专著《儿童心理之研究》。书中除专章论述了儿童的动作、模仿、游戏和好奇心之外，又列章专论了暗示感受性和惧怕两大特征。

暗示感受性——“暗示和模仿，看起来是一样的东西，不过模仿是从儿童一方面着想，暗示是从环境一方面着想。”暗示可类分为“外暗示”和“内暗示”，还可分为“积极暗示”和“消极暗示”。由于“儿童最易受暗示”，所以必须正确发挥暗示的影响力。②

惧怕——陈鹤琴通过对长子陈一鸣惧怕心的观察研究，认为婴幼儿惧怕心的产生原因有五：（1）“是生理的反应”，如被惊雷震醒而哭。（2）“是因为那种小孩所害怕的东西”，如怕鼠、怕生人。（3）“是受人暗示而发生”，如父母怕毒蛇的惊骇状，使幼儿也产生惧怕。（4）“是知道事物之厉害而发生的”，如被某种动物咬过，则怕被再咬。（5）“是一种迁移惧怕”，如怕黑乳头则怕桂圆核。③

基于对儿童心理特点的分析，以及对国外心理学家对幼儿年龄分期理论的掌握，陈鹤琴提出了自己对幼儿年龄阶段划分的主张。陈鹤琴成为当时国内最早对幼儿年龄特征进行分析的教育家。综观陈鹤琴为施行幼儿教育而构建的分期理论，可以将他的分期主张及其主要依据归纳如下。

新生婴儿期（出生—1个月左右）：新生儿自第一声啼哭起，

---

① 陈秀云、陈一飞编：《陈鹤琴全集》第一卷，第7页。

② 陈秀云、陈一飞编：《陈鹤琴全集》第一卷，第143—150页。

③ 陈秀云、陈一飞编：《陈鹤琴全集》第一卷，第195—208页。

便开始了本能的反射活动。随着感觉的产生，在环境、饮食、睡眠等方面施行教育已成为可能。“不过新生婴儿教育的重点，在于建立儿童健康身体的基础，同时，使优良习惯的形成有一个初始的基础”①。

乳儿时期（1 个月左右—12 个月左右）：在反射和感觉活动的基础上，“联合的运动”也开始发生。除哺乳动作外，坐、立、爬行等动作的发展也次第出现。此外，“儿童情绪的发展，在乳儿时期中，可谓占重要的地位。成人所表现的情绪反应，其基础皆在乳儿时期中即已开始奠立”②。

步儿时期（12 个月左右—42 个月左右）：此期的核心特征是儿童的“步行”，即运动技能的形成。其次便是语言的发展，“其他诸如习惯的发展，心智活动的显露，都得有适宜的辅导”③。

幼儿期（42 个月—72 个月左右）：此期的核心特征是“思想的活动”，即“智慧生活”的蓬勃兴起，其次是“社会性的发展”。尽管儿童社会性的萌芽较早，“不过，真正社会生活的发展，应当是在 3 岁前后”④。因而此期是进入幼稚园的恰当年龄。

（二）幼儿教育的重要性

陈鹤琴认为，幼儿教育是一切教育的基础。幼儿期的儿童，好群、好玩、可教。陈鹤琴清晰地认识到，幼儿好群的欲望随着年龄的增长而增强，到了 3 岁，日常的言语能说了，普通的游戏

---

① 陈鹤琴：《儿童心理学》，见陈秀云、陈一飞编：《陈鹤琴全集》第一卷，第 423 页。

② 陈鹤琴：《儿童心理学》，见陈秀云、陈一飞编：《陈鹤琴全集》第一卷，第 442 页。

③ 陈鹤琴：《儿童心理学》，见陈秀云、陈一飞编：《陈鹤琴全集》第一卷，第 461 页。

④ 陈鹤琴：《儿童心理学》，见陈秀云、陈一飞编：《陈鹤琴全集》第一卷，第 471 页。

也能玩了，要求同伴的欲望更强了。为了满足幼儿的此项欲望就必须办幼稚园，招收许多同年岁的幼儿，建构有教育价值的环境，使幼儿在适宜的环境中充分地与同伴接触，“以发展他们的好群的特点”。陈鹤琴指出，幼儿好玩是一件好事，可以增进许多知识，可以学到许多技能，并且对身体的发育也有极大的益处。但由于家庭经济条件以及环境的限制，幼儿很难充分发展好游戏的本能。故而，“要充分地发展儿童好玩的本能，非有幼稚教育不可”。也正因为幼儿好玩，幼儿期的儿童比任何时期的儿童都容易受教。幼儿自 2 岁至 6 岁，所学的事情，倘若统计起来，实在惊人，可以说终身使用的基本材料和工具，都在这时期学得，如日常语言，人生需要的动作、习惯、道德等，大部分都在这时期里养成。① 在当代心理学研究中，这种结论也得到了揭示：“在 2 岁到 7 岁之间，儿童通过游戏、画图和语言，具有了使动作内向化和‘分散’的倾向，因而发展了符号的功能”②。换言之，儿童以后发展的成就，大多是因为他们在幼儿期打下了一个好的基础。

在陈鹤琴看来，“如果说，国民教育是一切教育的基础教育，那么，幼稚教育更可以说是‘基础教育的基础’。我们依据生理、心理的发展过程，可以证明幼稚时期是人生的最重要的一个阶段，这一时期的教育也是最重要的教育”③。上文所述，已经着重点明了幼儿教育的重要性。其实，教育对幼儿的影响是极其深远

① 参见陈鹤琴：《幼稚教育》，见陈秀云、陈一飞编：《陈鹤琴全集》第二卷，江苏教育出版社 2008 年版，第 12—13 页。

② 联合国教科文组织国际教育发展委员会编著：《学会生存——教育世界的今天和明天》，教育科学出版社 1996 年版，第 152 页。

③ 陈鹤琴：《中国儿童教育之路》，见陈秀云、陈一飞编：《陈鹤琴全集》第四卷，第 311 页。

的，“这些影响可能在儿童很早时期就已经生了根而且已经具有一种延宕的作用”①。

（三）幼儿教育的目标

“教育是附属于社会的一个体系，它必然反映着那个社会的主要特征”②。因而，教育目标的设立，除了要关注儿童的心理发展规律，还要适应社会的发展需求。陈鹤琴融贯西方教育理论和中国现实情况，基于多年的教学实际和亲子试验，提出了幼儿教育的目标，主要有以下四点③。

其一，应该做怎样的人。首先，幼儿要具有合作的精神。从宏观层面而言，合作是人类战胜自然万物的根本要素，是人生最重要的道德。虽然幼儿没有大的合作能力，但在极细微的地方是可以训练的。其次，幼儿应富有同情心。同情心是人类的特性，但因社会的恶德张扬，使得此心渐泯。陈鹤琴认为，“幼稚生在社会上之日尚少，急宜训练此种美德，以奠定其坚固之基础”。最后，幼儿应具有服务的精神。陈鹤琴认为，我们对于“私”不能厚非，抛开哲学谈事实，社会上若都是为个人的人，就没有文明的进步，故而，“服务的精神，从小应该训练的”。由此不难看出，他是在尊重儿童成长规律和关照社会发展需要的基础上提出这方面目标的。

其二，应该有怎样的身体。在幼儿身体方面的教育目标上，陈鹤琴有一定的超前性。在《学会生存——教育世界的今天和明

---

① 联合国教科文组织国际教育发展委员会编著：《学会生存——教育世界的今天和明天》，第153页。

② 联合国教科文组织国际教育发展委员会编著：《学会生存——教育世界的今天和明天》，第88页。

③ 参见陈鹤琴：《幼稚教育》，见陈秀云、陈一飞编：《陈鹤琴全集》第二卷，第16—19页。

天》一书中，对“体育”有这样的定义：“体育基本上是关于肌肉、神经和反射作用的训练。……但是人们一般还把重点放在竞争精神的价值以及体力训练与品德修养的关系上”①。就陈鹤琴而言，他也未将这方面的教育仅仅局限于幼儿的身体，而是将相关教育目标分为三层进行论述。一是健康的体格。要培养幼儿健康的体格是不容易的事，成人几乎要时刻留心。幼稚园应当注意玩具及各种设备的添置，它们必须能引起幼儿好动的心理。此外，幼稚园有责任去指导家庭加强孩子的体格训练。二是卫生习惯。幼儿体格的健康离不开良好的卫生习惯，虽要求不能太高，但好清洁的概念，如洗脸、刷牙、吃东西以前要洗手等，幼儿都应该做到，养成良好的卫生习惯。三是运动技能。幼儿要身体健康，必须有相当的运动技能。中国旧式家庭教育使幼儿像个提线木偶，在运动方面设置了种种限制。因此，幼儿对于人生必需的几种基本动作都应该养成，如跑步、跳跃等。这些运动既能培养幼儿各种技能，又能培养其勇敢精神，使他们稍踏险境而不惧。

其三，应该怎样开发幼儿的智力。旧教育注重书面知识的注入，使儿童成为装物件的器皿。加之，“通过印刷文字去理解世界，容易遗漏它的具体内容而变成一套观念和符号”②。陈鹤琴关注到了旧教育的危害，由此提出，新教育要“在知识以外加上智力的开发”。知识是以成人为主体的，智力是以儿童为主体的。因此，陈鹤琴提出，我们应当培养幼儿有研究的态度、充分的知识、表意的能力。

其四，应该怎样培养情绪。儿童发脾气、惧怕蛇等，都是情

① 联合国教科文组织国际教育发展委员会编著：《学会生存——教育世界的今天和明天》，第97—98页。

② 联合国教科文组织国际教育发展委员会编著：《学会生存——教育世界的今天和明天》，第90页。

绪的表现。普通家庭的儿童教育，不是弄得儿童像霸王，就是弄得儿童终日哭泣，让他们无法学会控制自己的情绪，以致对于儿童都是“爱之适以害之”。陈鹤琴认为，幼稚园应该从欣赏、快乐及打消惧怕之心等方面来培养幼儿的正常情绪。

（四）幼儿教育的功用

20世纪以来，教育界人士普遍认为：“早期儿童的教育对于他们以后的才智与个性的发展无疑是重要的，现代心理生理学和日常的观察都证明了这一点”①。其实，陈鹤琴在当时就提出了这种观点。他认为，幼儿教育的对象应早于学龄儿童，幼儿教育的功用，“正如培植苗木，实在关系于儿童终身的事业与幸福，推而广之，关系于国家社会”②。此种切实的观点在后来一再被强调，并得到越来越多人的认同。

在《战后中国的幼稚教育》一文中，陈鹤琴强调：世界各国都重视幼儿教育，它是一切教育的基础；幼儿时期是人生发展的重要时期；幼儿教育可以减轻工作妇女养育子女的负担；幼儿教育可以使特殊儿童得到社会的养护。中国要想求得进步，必须先发展经济，而发展经济的前提之一就在于女性劳动力的解放。为解放妇女，幼稚园的创办势在必行。为达到此种目标，势必“迫切要求幼稚教育以集体力量，来减轻工作妇女对养育子女的负担”③。故而，陈鹤琴认为，幼稚园的创办，并不是帮助贵妇人减少照顾子女的责任，幼稚园存在的最大益处，即“在于方便工作妇女从事工作，使她们不致因照顾子女而忽视工作，或者因从事

---

① 联合国教科文组织国际教育发展委员会编著：《学会生存——教育世界的今天和明天》，第232页。

② 陈鹤琴：《幼稚教育》，见陈秀云、陈一飞编：《陈鹤琴全集》第二卷，第12页。

③ 陈秀云、陈一飞编：《陈鹤琴全集》第二卷，第412页。

工作而忽视子女”①。值得提及的是，陈鹤琴还认为幼儿教育可以使特殊儿童得到社会的养护。

三、 论幼儿教育的改进

为端正中国幼儿教育事业的发展方向，推动幼儿教育走上适合本国国情、合乎幼儿心理、适应社会发展的正确道路，陈鹤琴在深刻把握社会现实的前提下，批判性地继承和弘扬了传统文化，认识到脱离中国的国情，引进西方的模式是行不通的。确如其所言，“教育体系是每个民族的民族意识、文化与传统的最高表现。既然没有一个国家与其他国家相同，那末世界上有多少国家，就有多少种不同的对教育问题所下的定义”②。从此，他开始对西方幼儿教育进行本土化尝试，进而探索中国化的幼儿教育。

（一）“幼稚园是要适应国情的”

陈鹤琴敏锐地察觉到中国幼儿教育模仿外国的现象，指出：“现在中国所有的幼稚园，差不多都是美国式的。幼稚生听的故事是美国的故事，看的图画是美国的图画，唱的歌曲是美国的歌曲，玩的玩具，用的教材，也有许多是从美国来的。就连教法，也不能逃出美国化的范围。”③ 他指出，尽管美国有很好的教材与教法，但是若全盘“引进来”，确有不妥。中国与美国的国情不同，他们视为好的东西，未必对我们都是合适的。陈鹤琴认为，此种不合中国国情的幼儿教育，不仅使中国幼儿难以适应，而且对中国幼儿教育的发展并无助益。

---

① 陈秀云、陈一飞编：《陈鹤琴全集》第二卷，第 421 页。

② 联合国教科文组织国际教育发展委员会编著：《学会生存——教育世界的今天和明天》，第 218 页。

③ 陈鹤琴：《我们的主张》，见陈秀云、陈一飞编：《陈鹤琴全集》第二卷，第 75 页。

在《我们的主张》中，陈鹤琴提及：

> 幼稚园这种教育机关，在中国本来是没有的。现在我们既然来创办这件事，就应当先自己问一问，用种什么目标，怎样的办法。倘是一些主张都没有，仍旧像中国初办教育时候，今日抄袭日本，明日抄袭美国，抄来抄去，到底弄不出什么好的教育来。①

中国幼儿教育在抄袭外国的同时，外国的幼儿教育早已有所改进，而中国人仍在墨守成规，不知改良。中国幼儿教育若想得到改进，则“幼稚园的设施，总应当处处以适应本国国情为主体，至于那些具世界性的教材和教法，也可以采用，总不以违反国情为惟一的条件”②。唯有如此，中国的幼儿教育才可收事半功倍之效，才可适应社会的需要。

（二）革除“幼稚教育之弊病”

20世纪二三十年代，中国的幼儿教育存在种种弊端。为了明晰中国幼儿教育的发展方向，改革中国的幼儿教育，陈鹤琴在理论上进行了一系列的探讨。1924年，《新教育》第8卷第2期刊登了陈鹤琴的《现今幼稚教育之弊病》一文。文中恰切地指出：“我们中国的幼稚园大抵是抄袭外人的，而外人的幼稚园已时有改进，但我们还是墨守成规，不知改良，以致陈旧腐败不堪闻问了。”关于中国普通幼稚园的弊病，陈鹤琴认为主要有以下四点③。

其一，与环境的接触太少，在游戏室的时间太多。幼儿生来是“无知无识，没有什么能力的”。他与环境接触机会愈多，他的知识会愈丰富。陈鹤琴举例说：“有一天我问一个6岁的小孩

---

① 陈秀云、陈一飞编：《陈鹤琴全集》第二卷，第75页。

② 陈秀云、陈一飞编：《陈鹤琴全集》第二卷，第76页。

③ 参见陈秀云、陈一飞编：《陈鹤琴全集》第二卷，第1—3页。

子：‘你曾看见过松鼠吗？’她说：‘看见过的。’我再问她：‘有多大？’她举起两手的食指来在空中摆着，两指相距约两寸许，回答说：‘这样大。’我说：‘你在什么地方看见的？’她说：‘在书上。’她就把一本油印的读本拿来给我看，图中那只松鼠画得非驴非马，不像一只松鼠。”上述事例中的幼儿之所以有如此错误的观念，陈鹤琴认为完全是受书上死图的影响。“图是代表事物的，不能当做事物的”。要教幼儿真正认识松鼠这样的动物，或是带领他们在树林中看活松鼠，或是将松鼠拿给幼儿看，如此方能使幼儿获得一种正确的观念。在陈鹤琴看来，我们不应将幼儿关在游戏室里，只有使幼儿与环境充分地接触，幼儿的知识才能愈来愈多。

其二，功课太简单。中国的幼稚园几乎变为“幼稚监狱”，所有的功课不外乎看图书、玩沙、玩土、折纸、玩团体游戏、唱歌、玩积木等几种。陈鹤琴认为，每天让幼儿重复玩这几样东西，不仅不能丰富幼儿的经验、增进他们的知识，反而限制了他们的眼界。幼稚园应当竭力扩充其课程。他指出，对于幼儿来说，能够学习的和应当学的东西本来很多，为了扩充幼儿的眼界，丰富幼儿的经验，“凡儿童能够学的而又应当学的，我们都应当教他”①。只有如此，才能使幼儿真正学到应该学和能够学的东西。

其三，团体动作太多。幼稚园一般使用团体教授法教学，然而幼儿的个性不同，“我们不能强之以同”。中国普通幼稚园的幼儿，不仅年龄差异较大、动作能力相差很远，且智力上也有很大的差别。若将这些年龄、动作能力、智力差距较大的幼儿放在一起教学，不仅使许多幼儿滥竽其间，浪费光阴，且“使儿童居被动的地位而教师反居主动的地位”。陈鹤琴指出，“要知道我们的

① 陈鹤琴：《我们的主张》，见陈秀云、陈一飞编：《陈鹤琴全集》第二卷，第77页。

意思未必尽善尽美的，儿童的意思未必都是错的。有许多地方，我们还是要随儿童的欲望和意思为好”。

其四，没有具体的目标。幼稚园如果没有具体的标准，就不容易看出办学的成绩，也不容易改进教授的方法，这样的后果则是“做教师的糊里糊涂一天一天地教去，做儿童的也懵懵懂懂地一天一天地过去”。一般做父母的也不去督察督察，导致幼稚园的办理没有什么实际的成效。因此，陈鹤琴主张，幼稚园的所有工作均应当制定一定的标准：“考查品行，应当有品行的标准；甄别习惯，应当有习惯标准；检验技能，应当有技能标准；测验知识，应当有知识标准。”①

四、 幼儿教育的教学法

20 世纪初，欧美学术界已开始认识到心理因素对人发展的重要作用，并运用观察、实验与测量等方法进行科学的研究。1934年，陈鹤琴获得赴欧考察教育的机会。他充分吸收欧美心理科学的最新知识，并将之运用到儿童教育研究中，从而成为中国教育界运用科学方法研究儿童心理的先行者。在《儿童心理及教育儿童之方法》一文中，陈鹤琴指出：“我们应研究儿童的心理，施行教育当根据他的心理才好。”② 随之，在《家庭教育》《幼稚教育之新趋势》等论著中，他再次重申了这一观点。

（一）课程与教材

在《一年来南京鼓楼幼稚园试验概况》一文中，陈鹤琴言及：

---

① 陈鹤琴：《我们的主张》，见陈秀云、陈一飞编：《陈鹤琴全集》第二卷，第 84 页。

② 陈秀云、陈一飞编：《陈鹤琴全集》第一卷，第 7 页。

> 我国兴办幼稚园年数也不少了，但是没有一个课程，也没有一些教材，所有的幼稚园都是宗法西洋成法，不是直抄福禄培尔，就是直抄蒙台梭利，不肯自己加以变化，也不管儿童是否受纳，是否适合儿童的脾胃，最可笑的就是舍弃近而易得的，苦心的削足适履去求合于古法。[①]

福禄贝尔、蒙台梭利所用的课程与教材，虽有相当的价值，但不适合抄来运用于中国的幼稚园。由此，陈鹤琴提出中国幼稚园课程的原则："课程之原则，在助人以选择或发展最有益于生活之经验，课程所包举者，不仅限于人生日常行事所需之主要事实原则与方法，亦应兼及事实或活动之本身。"[②] "课程是要合于实际生活的，并且应该活用的"[③]。同时，他提出了幼稚园教材的来源：一小部分从书本上来，如歌谣、故事等；大部分是自然界、社会上日常所见的万事万物。这种做法将幼儿"放在他的环境以内，并与环境处于一种和谐均衡的状态"[④]，即给幼儿以真实的生活，而非抽象的知识和技能。他在课程及教材方面所做的贡献，为之后的幼儿教育的发展奠定了一定的基础。

（二）幼稚园的设备

陈鹤琴指出："有刺激然后有反应，希望教育优良，改良设备也是重要条件之一。"[⑤] 他并不主张从大商店里买耀眼的外国货

---

① 陈秀云、陈一飞编：《陈鹤琴全集》第二卷，第 5 页。

② 陈秀云、陈一飞编：《陈鹤琴全集》第二卷，第 5 页。

③ 陈秀云、陈一飞编：《陈鹤琴全集》第二卷，第 6 页。

④ 联合国教科文组织国际教育发展委员会编著：《学会生存——教育世界的今天和明天》，第 94 页。

⑤ 陈鹤琴：《一年来南京鼓楼幼稚园试验概况》，见陈秀云、陈一飞编：《陈鹤琴全集》第二卷，第 9 页。

来放在玻璃橱窗内。他认为幼稚园的设备应当符合以下几点。

其一，省钱的。他提及，中国教育经费正值奇穷之秋，若非利用废物，学校里实在难有好设备。若是花钱买玩具，仅小宝宝（洋娃娃）就需要10块大洋，幼稚园几乎无法承担。因此，我们可以利用废旧物品来做玩具，以此提倡勤俭美德。

其二，与当地社会情形相近似的。大商店里买来的玩具难以适合当地社会的情形，而幼儿的模仿心极重，看见成人做的种种事情他不能做，难免心里难过。因此，“在当地社会情形里，可以设法把它抽几多出来，翻做儿童玩具”①。例如黄包车、汽车等，都可以翻为幼儿玩具。

其三，用本国货。幼稚园好用外国货为一大弊端，本国货有许多好处。例如“我国的乐器——鼓、钹、钟、锣、箫、磬、木鱼等等，没有一件不是好玩具，但是从来没有人采用。我们大胆采用了，儿童倒很高兴用”②。

其四，合于幼儿心理。幼稚园制办玩具，可以根据幼儿好模仿、好动、好竞赛等心理特点。

其五，合于教育原理。在他看来，幼稚园的玩具应当谋幼儿的健康、增进幼儿的知识等。

（三）游戏化教学

对于其时的幼儿教学法，陈鹤琴做了一些观察记录：

> 玩积木的时候，各小孩拿一盒小积木放在桌上，教师说“一”，大家把手放在盒子上；说“二”，大家把积木倒出来；教师又说“搭牌楼”，大家都搭牌楼；教师

---

① 陈鹤琴：《一年来南京鼓楼幼稚园试验概况》，见陈秀云、陈一飞编：《陈鹤琴全集》第二卷，第9页。

② 陈鹤琴：《一年来南京鼓楼幼稚园试验概况》，见陈秀云、陈一飞编：《陈鹤琴全集》第二卷，第9页。

说“搭楼房”，大家都搭楼房……①

他尖锐地指出，这种教学方法过于呆板和统一，不利于幼儿创造性的发挥。与之同时，陈鹤琴亦提出：“对儿童的培养与成人不同，不能给他们成人化的东西，要适应他们的生理、心理特点，要做到儿童化。儿童化很重要的一点就是要合乎儿童的特点”②。因此，“叫小孩子做事，不宜太易，也不宜太难，须在他的能力以内而仍非用力不可的”③。

陈鹤琴认为，游戏是幼儿的生命，如果想要发展幼儿活泼的精神，非做适当的游戏不可。他认为游戏就是幼儿的生活，游戏对幼儿的发展有很大的价值。幼儿初期时，幼儿喜欢与同伴一起游戏，喜欢心理学上所说的模仿游戏、化装游戏，喜欢团体活动，这些游戏可以帮助幼儿形成自己的个性、习惯与学习社会上的一些风尚。幼儿末期时，幼儿身体较之前强健，精神比较充沛，比较喜欢像放风筝、拍皮球等复杂的游戏。幼儿喜欢玩“玩物”的游戏的程度与幼儿的年龄成反比，即年龄愈小，愈喜欢玩“玩物”。在陈鹤琴看来，幼儿既然以游戏为生活，我们就应当依据幼儿的年龄给幼儿以适当的游戏，使他得到完美游戏的生活。

幼儿既然喜欢游戏，那么我们不仅可以利用游戏来帮助幼儿养成良好的生活习惯，还可以在幼稚园中使教学游戏化，让幼儿的读书生活充满趣味。在家庭的游戏化教育方面，陈鹤琴认为，儿童有四心：好动心、模仿心、好奇心、游戏心。儿童就是儿

① 陈鹤琴：《幼稚教育之新趋势》，见陈秀云、陈一飞编：《陈鹤琴全集》第二卷，第98页。

② 陈鹤琴：《关于设立全国儿童玩具研究促进会的建议》，见陈秀云、陈一飞编：《陈鹤琴全集》第二卷，第503页。

③ 陈鹤琴：《家庭教育》，见陈秀云、陈一飞编：《陈鹤琴全集》第二卷，第632页。

童，我们不能以成人的方式去对待他，俗话说，父母是孩子的第一任老师，在孩子进入幼稚园之前，家庭教育相当重要，因此要求父母站在幼儿的角度上，忘记自己的年龄，把自己当成幼儿的游戏伴侣，在幼儿不想做一件事情时，可以用游戏式的方法让幼儿去做。比如，当幼儿晚上不想去睡觉时，父母不要以命令的方式去让他睡觉。父母可以跟幼儿玩游戏，让幼儿骑在肩上，做骑马的样子，让幼儿骑到房间里去睡觉。陈鹤琴认为，应该把游戏性的教育应用到幼儿的种种动作上面，以养成幼儿良好的行为习惯。在教学游戏化方面，陈鹤琴指出，教学应该游戏化，把读书与游戏分开是错误的，没有游戏的读书生活会变得枯燥无味，而且也不利于幼儿的进步。因此，教学的基本原则是“做中教、做中学、做中求进步”。他认为，应当用“积木游戏”来帮助幼儿认识事物，让幼儿自己搭建小房子，布置周遭环境。同样，在识字时，也可以利用写字的卡片组织游戏来教学。在陈鹤琴看来，游戏化适用于任何幼儿，各种学科都可以游戏化。但在其中，教师们需要注意两点：一是注意方法与目的的配合，即教师应当在游戏教学后，随时考查幼儿的进度，以达到游戏教学的要求；二是注意多数人活动的机会，即教师应让每个幼儿都参与进来，不剥夺任何一个幼儿的学习机会。陈鹤琴说：“把枯燥无味的认字造句，化为兴致勃勃的游戏活动，在做的过程中，培养兴趣，加强学习，这就是教学游戏化的真实意义。”①

五、 论特殊儿童教育

陈鹤琴阐释了特殊儿童教育的含义，开启了国人对特殊儿童教育的新视野。他从国家战略高度，呼吁政府主办特殊儿童教

---

① 陈鹤琴：《活教育的教学原则》，见陈秀云、陈一飞编：《陈鹤琴全集》第五卷，第93页。

育；他提出特殊儿童教育本土化的教育目标，以培养“现代中国人”的民族精神；他借鉴西方科学研究方法，探寻特殊幼儿心理，使教学有科学的依据；他主张特殊教育应拥有专业的师资、灵活的教学方法与个别化的教材。陈鹤琴的特殊儿童教育思想具有前瞻性与科学性，既为特殊儿童教育指明了发展方向，又丰富了特殊儿童教育的理论与实践，为构建中国特色的特殊儿童教育进行了有益的探索。

（一）论特殊儿童教育内涵

在1925年发表的《儿童心理之研究》中，陈鹤琴首次提及特殊儿童的问题。他指出，特殊儿童种类繁多，每一种特殊儿童都有其本身的特殊性，他们在身体、运动、感觉、智力、情绪等方面都与众不同。随后，他在《中国儿童教育之路》一文中对特殊儿童教育进行了专门论述：

> 譬如说聋、哑、盲、手脚残废、患肺病、白痴、疯狂的孩子，这些都是特殊儿童。如果聋哑儿童或患肺病的儿童放在一般正常的儿童一起读书，固然不行。就是常态分配中的天才和低能的儿童在普通学校读书也不大适宜。必须让天才儿童进天才儿童学校，来培养一些杰出的人才，不要让环境把他们平白埋没了。①

陈鹤琴所指的“特殊儿童”，不仅指那些聋、哑、盲、手脚残废等生理有缺陷的儿童，还包括问题儿童。“假使我们要收教育的良果，对于儿童的观念，不得不改变；施行教育的方法，不得不研究。”② 对于特殊儿童，陈鹤琴极力关注其特殊性，认为盲、

---

① 陈秀云、陈一飞编：《陈鹤琴全集》第四卷，第316页。

② 陈鹤琴：《儿童心理及教育儿童之方法》，见陈秀云、陈一飞编：《陈鹤琴全集》第一卷，第1页。

哑、聋等残疾儿童和社会中存在的贫童、难童、弃儿，他们与普通儿童相比较而言处于弱势，处境也比较困难，这些孩子更加需要社会机构的收养和教育。

普通教育尚处在起步阶段的民国初期，陈鹤琴就已经开始敏锐地注意到特殊儿童教育，这确有开风气之先的意义。陈鹤琴指出：

> 过去我们对于儿童教育，可以说只注意到小学教育，像幼稚教育直到现在还处于发展的第一个阶段。至于特殊儿童教育，除了陶行知先生在重庆办理育才学校对于天才儿童教育加以实验外，简直是一点也没有注意到。①

那么何为特殊儿童教育？陈鹤琴在批判“儿童与成人无区别”的传统观点基础上，指出特殊儿童教育是针对“聋、哑、盲、手脚残废、白痴、疯狂的孩子”等，所实施的“适合其特殊需要之教育”。因此，陈鹤琴强调对于特殊儿童既不能不管不顾，也不能与普通儿童放在一起进行教学，而应该根据他们的特殊性，分类实施教育，给予他们有效的、适合其需要的教育。

（二）提出中国化的特殊儿童目标

陈鹤琴“活教育”思想的提出，不仅是他学习和借鉴西方实用主义教育思想的成果，更是他在中国教育实践与科学实验的结晶，是融合中西教育思想与文化的产物。他认为，“活教育”的教材、方法、课本都是“活”的，一切设施、一切活动都要以儿童为中心，其最终目标是使学生“做人、做中国人、做现代中国人”，从而打破传统教育的锁链，促进中国教育现代化。在《我们的主张》一文中，陈鹤琴提出“幼稚教育要适应国情”的主

---

① 陈鹤琴：《中国儿童教育之路》，见陈秀云、陈一飞编：《陈鹤琴全集》第四卷，第316页。

张；那么这种特殊教育既不是抄袭日本的教育，也不是模仿美国的教育，而是创建适合我国国情民性的新式教育。在这种教育理念的指导下，陈鹤琴建构了一系列可操作的特殊儿童教育目标：

1. 改进低能的健康状态，使能担负日常劳动。

2. 建立低能的思想态度，使能了解自身的工作。

3. 培养合作习惯，使能适应集体的生活。

4. 训练生产技能，使能维持自己的生活。①

由于特殊儿童同普通儿童一样，都是这个时代与社会中的人，无法避免社会和时代给予他们的影响，因此，陈鹤琴指明特殊儿童与普通儿童的教育目标一样，而那种把特殊儿童与普通儿童教育目标看作不一样的错误观点，是对特殊儿童的一种偏见。为了实现特殊儿童教育的本土化目标，陈鹤琴不仅在理论上积极呼吁，还用行动加以落实。

陈鹤琴旗帜鲜明地倡导特殊教育目标本土化的教育理念，有利于改正不顾国情民性而一味模仿西方教育的错误倾向，有利于学生民族精神的养成，推动了中国特色特殊儿童教育的发展。

（三）论特殊儿童教学方法

陈鹤琴认为，由于普通儿童与特殊儿童存在心理差异，科学的心理学可以作为实施特殊儿童教育的依据。在《低能儿童之研究》中，他借助神经心理学的方法，对低能儿童的大脑结构、神经细胞的形状等进行了一番比较研究，试图找到特殊儿童心理产生的机制及特点。以低能儿童为例，陈鹤琴指出同年龄阶段，低能儿童的心理年龄比常态儿童小，在学习转移方面不如普通儿童，在记忆、注意、想象、推理和判断等方面明显不如常态儿

---

① 陈鹤琴：《低能儿童之研究》，见陈秀云、陈一飞编：《陈鹤琴全集》第一卷，第546页。

童，在同一时间内低能儿童做的题目数明显比普通儿童少。陈鹤琴通过各项研究得出结论：特殊儿童的大脑在神经组织与联合中枢方面没有健全的发展，影响了特殊儿童的判断与推理等心理活动。特殊儿童在智力发展方面的缺陷极其明显。陈鹤琴强调，必须根据特殊儿童的身心发展规律及差异性，来确定教学内容、教学方法及教材体系。特殊儿童的教材应遵循个别化的特点，以适应他们的需要，同时教材的难易程度应注意到特殊儿童身心发展状况的差异性。在教学内容上，教育者应该采取大自然、大社会的直接知识，"凡日常生活习惯、职业技艺教材，都是低能儿童最需要的东西"①；以单元活动为组织，将教学、做人、生活打成一片。在选择教材时，教育者应注意简易具体、实际切用、适合个性、生动有趣四个原则，以适应特殊儿童的能力发展。

六、 论幼儿教师的培养

（一）论培养幼儿师资的重要性

陈鹤琴不仅是中国幼儿教育的奠基人，也是幼儿师范教育的开创者。他非常重视幼儿教育及幼儿教育师资的培养。他认为，"幼稚教育是人生最基本的教育，也是人生最重要的一个教育历程。因此，做一个幼稚园教师，其任务是更加重大"②。关于幼儿教师的培养，他认为，要培养优良的国民幼师，必须改革现行的幼儿师范教育。"要发展幼教，师资问题必须解决"③。他指出：

① 陈鹤琴：《低能儿童之研究》，见陈秀云、陈一飞编：《陈鹤琴全集》第一卷，第547—548页。

② 陈鹤琴：《怎样做人民的幼稚园教师》，见陈秀云、陈一飞编：《陈鹤琴全集》第二卷，第435页。

③ 陈鹤琴：《战后中国的幼稚教育》，见陈秀云、陈一飞编：《陈鹤琴全集》第二卷，第423页。

"现在谈教育的人，谁都知道师资的重要，提到师资二字，就要联想到师范教育。因为师范教育是一般师资的出产处，也是教育进行中的船舵。简言之，师范教育好，造就的师资也好；师资既然好了，办的教育就不会不好了。然而好的师范教育，决计不是纸上空谈所能奏效的。"① 他提出，幼儿师范教育不仅仅是数量上的发展，更要是质量上的发展。因此，他呼吁："目前所感到最迫切的问题，就是'怎样培养师资'。一方面要培养大量师资，另一方面要谋师资的质的改进。"② "要造就大量师资，非设立幼稚师范不可。各省宜先设幼稚师范至少一所，来负责训练全省的幼教师资"③。在 1928 年第一次全国教育会议中，陈鹤琴针对幼儿师范教育提交了提案《关于在各省师范学校附设幼师专业的提案》，分析了在幼儿教育普及中培养合格的幼儿教师的必要性，提出设立专门的幼儿师范学校或者在各省的师范学校中增设幼儿师范专业来培养专业的人才、优秀的教员。

（二）论幼儿教师素质

幼儿师范要培养什么样的幼儿教师呢？什么样的教师才是合格的幼儿教师呢？陈鹤琴对幼儿教师的素质要求非常高，他认为：

> 小孩子是不容易教的，幼稚园的教师是不容易做的，因为幼稚园的教师要善于唱歌，善于弹琴，善十绘画，善于讲话及其他种种技能。并且要熟悉自然界的现

① 陈鹤琴：《师范教育的根本问题》，见陈秀云、陈一飞编：《陈鹤琴全集》第五卷，第 26 页。

② 陈鹤琴：《师范教育为什么要实验》，见陈秀云、陈一飞编：《陈鹤琴全集》第五卷，第 28 页。

③ 陈鹤琴：《战后中国的幼稚教育》，见陈秀云、陈一飞编：《陈鹤琴全集》第二卷，第 413 页。

象与社会的状况，要有很丰富的常识，要明了儿童的心理；想要满足以上这许多的标准，非要有充分的训练不可。[①]

因此，他提出，幼儿教师必须在专业知识、专业情意、专业技能等方面有过人之处。

首先，要有广博的文化科学知识。他认为，作为一名幼儿教师所应掌握的知识面要广。幼儿教师不仅要掌握广博的普通文化科学知识，还要掌握一定的专业学科知识与教育学、心理学方面的知识。专业学科知识包括游戏、保育法、幼稚园各科的教法等。教育学、心理学知识包括一般的普通心理学、教育心理学、教育概论等。此外，教师还要学习、研究幼儿心理，掌握幼儿教育等课程内容，并通过实践将这些知识加以应用。

其次，要有立志献身于幼教事业的职业情感。这种职业情感主要包括专业理想、专业情操、专业性向三个方面。专业理想就是指要对所从事的教育教学专业工作有强烈的向往和追求。他要求教师要树立“做幼教先锋”的雄心壮志，要有立志为我国幼儿教育事业奉献终身的崇高思想境界，在实际工作中要“具有高度的工作热情，继续不断地改进自己的业务，全心全意为儿童谋幸福”[②]。在专业情操方面，陈鹤琴要求教师要有“四业精神”，即敬业、乐业、专业与创业的精神，其中“敬业”与“乐业”是“专业”与“创业”的前提。他提出加强教师对专业的认同感是培养专业情操的关键。专业性向是教师成功从事教育工作所应具有的人格特征或个性倾向。陈鹤琴认为幼儿教师必须“有慈母的

---

① 陈鹤琴：《我们的主张》，见陈秀云、陈一飞编：《陈鹤琴全集》第二卷，第 83 页。

② 陈鹤琴：《怎样做人民的幼稚园教师》，见陈秀云、陈一飞编：《陈鹤琴全集》第二卷，第 444 页。

心肠、丰富的智能和爱的性情、研究的态度”①，其中“热爱儿童，是做一个优良教师的起码条件”②，只有热爱儿童才会对儿童态度和蔼，让儿童得到温暖与亲切、感到安全与舒适。

最后，要有扎实的专业技能。陈鹤琴认为，师范学校培养的人才不应是学究型人才，而应是能适应幼稚园工作的应用型人才。要培养应用型人才，就要把读书与工作统一起来。师范生应该一面学习，一面工作，在实践中提高师范生的专业技能。他指出幼儿教师必须具有的专业技能包括教育教学能力、科学研究能力、社会实践技能力及创新能力。实习是提高师范生教育教学能力的关键。他要求师范生在校教育阶段就要进行全方位的实习，幼稚园的教育、保育、行政、后勤等工作全部要让师范生实习。要提高科研能力，师范生则须用“四步骤”方法进行学习，要学会观察、学会思考、学会发现问题、学会查找资料解决问题。他认为师范生不应是书呆子，应打破学校的围墙，让师范生走入社会，在实践中检验理论，获得真知，把理论与实践结合起来。陈鹤琴认为，幼儿教育事业是一种全新的事业。他强调师范生要有创新、改造世界的精神，要用自己的智慧在幼儿教育事业上努力开拓，要成为教育的改造者，成为推动社会发展的中坚力量。

（三）论幼儿师范课程与教法

陈鹤琴的幼儿师范课程理论是其“活教育”思想的有机组成部分。他针对当时幼儿师范教育的弊端，提出课程编制要适应中国社会和时代的需要：课程编制既要注重实验研究，又要有科学的理论做指导。他在江西省立实验幼稚师范学校安排课程计划

① 陈鹤琴：《松林中新生的幼师》，见陈秀云、陈一飞编：《陈鹤琴全集》第五卷，第11页。

② 陈鹤琴：《怎样做人民的幼稚园教师》，见陈秀云、陈一飞编：《陈鹤琴全集》第二卷，第443页。

时，不盲目照搬当时教育部颁发的幼儿师范课程标准，而是在参照标准的基础上，根据当时社会与时代的需要做了适当的修订。当时教育部1937年颁发的三年制幼儿师范课程标准，计有公民、体育与游戏、卫生、军事看护、国文、算学、历史、地理、生理、化学、物理、劳作（括农艺、家事、工艺）、美术、音乐、伦理学、教育概论、儿童心理、幼稚园教材及教学法、保育法、幼稚园行政、教育测验及统计、实习等科目。陈鹤琴认为这种课程缺乏幼儿教育的特殊性。为此，他重新加以厘定和扩充。新课程表将体育与游戏分立，将军事看护改名为看护，将国文改为国语，将算学更名为数学，将历史、地理合并成社会，将生物、化学、物理合并为自然，将劳作分立为农艺、工艺、家事、实习，删除了伦理学，增加了幼稚教育、家庭教育、教育心理、人生心理、时事研究等课程，使课程门数达到20多门（包括实习），突出了幼儿教师培养的特殊性。

陈鹤琴的幼儿师范课程思想体现出以下几个特点：其一，课程目标的整体性与时代性的统一。他的课程目标是他“活教育”思想的具体体现。他认为幼儿师范教育的目的就是培养学生“做人、做中国人、做现代中国人”。他的课程目标论是针对中国所处的特殊历史时期而提出的。他认为：在抗战时期的中国，我们要培养的是能为劳动大众服务的建设者，而不是束手无策的亡国奴。他一方面要求师范生要热爱幼教，要有敬业、乐业、专业和创业的精神，同时还要求师范生把自己所从事的幼教工作与肩负的历史使命紧紧联系起来，成为有思想、有认识、能实干、能苦干的教育斗士。

其二，课程内容的广博与专业的统一。陈鹤琴认为，要培养现代中国人的综合素质，课程结构既要有学科课程，还要有活动课程与生活课程；课程既要广博也要专业，要对师范生进行综合训练。他认为普通基础课要广设，“凡事都要知道一些，有一些事物要彻底知道”。他还认为活动课程要丰富多彩，要充实课外生活。他主张：“将现有的师范课程中教育学科的内容扩展起来，将它的职能发挥起来”①。

其三，课程实施中实践性与研究性的统一。陈鹤琴认为，过去的幼儿教师培养只注重书本的教学，且常常是“学非所用，用非所学，一旦到了服务时，非从头学起，不足以适应实际需要”②。他强调要注重课程组织与实施的实践性，坚持理论要与实践相结合。一方面加强课程实施与现实生活的联系，研究实际问题，让师范生在大社会中学习，提高师范生的研究能力。他要求师范生要“具有科学实验的态度”③，直接去调查、观察与实验，用事实验证理论。他认为这样的学问，才算是真学问。为了使师范生随时都能参加教育的研究活动，他在江西省立实验幼稚师范学校附设有幼稚园、婴儿园，作为师范生的实习和研究基地。在教学方法上，陈鹤琴反对注入式教学法，提倡“分组学习、共同研究”，使师范生养成研究的态度和创造的精神，掌握观察、记录、收集、整理和分析资料的能力。另一方面，他强调教育实习，主张在实践中提高能力。陈鹤琴认为“实习是专业训练上必不可少的一门功课”④。他主张把教学与实习打成一片，将实习工作融于整个学习过程之中，并且对实习提出高标准、严要求，还

---

① 陈鹤琴：《师范教育为什么要实验》，见陈秀云、陈一飞编：《陈鹤琴全集》第五卷，第30页。

② 陈鹤琴：《师范教育为什么要实验》，见陈秀云、陈一飞编：《陈鹤琴全集》第五卷，第29页。

③ 陈鹤琴：《师范教育为什么要实验》，见陈秀云、陈一飞编：《陈鹤琴全集》第五卷，第30页。

④ 陈鹤琴：《新实习》，见陈秀云、陈一飞编：《陈鹤琴全集》第五卷，第129页。

要求采用全面代替的方式进行实习，即从园长、教师到幼稚园的伙食工作全部由实习生接管。此外，陈鹤琴还非常重视让师范生参加社会实践活动，如开办文艺汇演、识字班、读书会等，通过社会实践，培养师范生的服务意识，提高师范生的综合能力。

陈鹤琴不仅在思想上重视幼儿教育，并在实践中丰富和完善了他的幼儿教育思想。陈鹤琴的幼儿教育思想先进、合理且务实，并与教育实践相辅相成。与之同时，陈鹤琴开展的幼儿教育实践科学、丰富且系统，成为自身幼儿教育思想的来源。陈鹤琴能够站在时代的前端，认识到幼儿教育的重要性，并运用科学方法研究幼儿心理，为后人研究、发展幼儿教育奠定了坚实的基础。

第三节　张雪门的幼儿教育思想

张雪门（1891—1973 年），原名显烈，字承哉，浙江鄞县人，我国近现代著名的幼儿教育家，与陈鹤琴先生齐名，早在三四十年代即有“南陈北张”之称。他一生淡泊名利，将自己的毕生心血都付诸幼儿教育事业，为我国早期幼儿教育及幼儿师范教育的起步与发展做出了不可磨灭的贡献。

张雪门幼年时即从塾师读“四书五经”，后毕业于浙江省立第四中学。鉴于青年时期对沪宁一带日式蒙养园及教会式幼稚园的参观所得，他很早就开始了对我国幼儿教育、幼儿师范教育的实验探索。1912 年，张雪门出任鄞县私立星荫小学校长，随后在宁波筹建了第一所由中国人自己创办的幼稚园——私立星荫幼稚园，并任首任园长，积累了大量幼儿教育办学经验。北伐成功后，他在北平创办了艺文幼稚园，对幼教的实践发展有了更深的体会与认识。1928 年春，他组织、参与了“北平幼稚教育研究会”，力图对幼儿教育进行深入研究。

1931 年的“九一八”事变拉开了十四年抗战的序幕，张雪门的思想亦在此时发生了很大的变化。混乱、残酷的社会现实使他警醒：

> 我们在今日对社会上所感到的生活的痛苦，和所接触的经济恐慌的现象，哪一种哪一件，不是直接间接出之于帝国主义的赐予？我们对国内的军阀、官僚以及其他一切自私自利者，未始不和对帝国主义一样的深恶痛绝。然而我们未尝一日能够离开这一种社会，且有时更不得不迎合这一种社会的生活条件。我们明白了现在的社会就是这么样一个社会的结构。那末，今后更应该怎样组织课程，选择材料，借助于设备，以引起儿童各种的行为，谋教育目的早日的贯彻？须知今日这样小的儿童，就是将来民族的一分子。我中华未来的主人翁生命上第一步的建设，全在我们的掌握中。莫忘了现在的社会！①

此后，他于 1933 年应邀参加了北平市社会局组织起草幼稚园具体课程实施方案的相关会议，借此提出了改造民族的幼儿教育。为保存幼儿师范教育发展力量，他早已置自身安危于不顾，应北平民国大学、中国大学教育系、天津女子师范学院之聘讲授幼儿教育的相关课程，日日奔走于各校之间，为幼师的发展培养了人批有生力量。抗日战争全面爆发后，张雪门被迫南下，途经上海时，征得熊希龄院长的同意，在张伯苓先生的帮助下，将北平幼师迁往桂林，办了“北平香山慈幼院桂林分院广西幼稚师

---

① 张雪门：《幼稚教育五十年》，见戴自俺主编：《张雪门幼儿教育文集》（下卷），北京少年儿童出版社 1994 年版，第 1218—1219 页。

范”，为广西培养了一大批新型的幼儿教育师资；其后因敌军轰炸而几经转移，因气候恶劣、师资短缺等原因以失败告终。随后，他赴重庆，借用江北王家祠堂做幼师校址，一面从事儿童福利的实验，一面办理保育员培训班，以适应抗战时期的特殊需要，直至抗战胜利方才返回北平。1946 年，张雪门应邀远赴台湾主持开办儿童保育院（后改名为台北育幼院）并担任院长，招收战后贫苦儿童入学。他后半生为台湾的幼儿教育及幼儿师范教育的发展做出了杰出贡献。

一、 论幼儿教育的对象与目的

在张雪门看来，对象与目的问题决定了幼儿教育的根本性质，是幼儿教育实施过程中不容忽视的两个重大问题。鉴于此，张雪门结合时代及社会背景做出了详细论述。

（一）幼儿教育的对象

幼儿教育的对象无疑是幼儿，但人们在幼儿的根本性质这一问题上仁智互见、误区重重，严重阻碍了国内幼儿教育的良性发展。对此，张雪门有针对性地表述了自己对幼儿教育对象的认识，主要体现在以下两个方面。

其一，张雪门指出幼儿是有其自身独特属性的有机体，进而对那些将幼儿成人化、植物化、动物化的观点进行了强烈批判。

首先，他从生理、心理两方面对幼儿与成人进行了对比、分析，揭示出两者在生理上诸如消化器、呼吸器、循环器、骨骼、头脑、感官等方面的差异及幼儿有异于成人的一系列心理特征，如好奇心较强、喜欢模仿、以自我为中心等，并借此对那些套用成人模式教育幼儿的行为进行了否定。在他看来，幼儿绝不是“具体而微”的成人，他们在思维、想象、记忆等方面有着不同于成人的身心发展规律，对此我们应该给予尊重而非压制。否则，“一味的把成人的知识技能装到儿童的脑子里去，不但是做不成功的；便勉强做成了，依然是死知识死技能，和儿童没有利益”①。其次，他认为将幼儿看作植物的观点虽看到了幼儿在环境下的成长，却只停留在生理方面，忽略了其心理方面的生长，落入了又一个思维怪圈，不利于幼儿教育的良性发展。最后，对于那些将幼儿当作动物看待的观点，他虽表示幼儿“不识不知的态度”以及“吸收环境的材料以维持生活构造经验”的做法确与动物类似，但这只是停留在表面的雷同。“不过动物生理完成，知识也停止；而且各种动物，莫不以先天的能力做基础，学习不过是其辅助品。”② 可见，两者有着本质的不同。

其二，张雪门着重指出，幼儿教育是为普遍一般的发展，故幼儿教育的对象实应包括全中国的幼儿。

目睹当时广大贫苦大众因知识的匮乏而饱受压迫与剥削的社会情状，张雪门深感痛心，多次表示幼儿教育应为所有中华儿女所享有，绝非部分贵族少爷、小姐的专利。他曾说道：

> 健全的社会当建筑在最大多数民众的身上；离开了民众，替少数人来办教育，这不过为少数人锦上添花，使少数人更可以有优游的时光去享受过度的舒服。而且从这样教育的结果出来，是加紧地促成少数人的社会，就是少数人来支配大多数的人，从大多数人身上剥削了去，以维持少数人的光荣。③

实际上，这一呼吁不仅是出于拯救贫苦大众于水火的考虑，于社会亦有着重大的意义。在他看来，“平安的社会应建筑在全民的身上，若社会只允许少数人享教育的利益，而大多数人过牛马不

---

① 张雪门编：《幼稚园课程编制》，商务印书馆 1931 年版，第 2 页。

② 张雪门编：《幼稚园课程编制》，第 3 页。

③ 张雪门：《幼稚教育新论》，中华书局 1936 年版，第 119—120 页。

如的生活，是最危险的现象"①。为此，他特意在幼儿师资实习过程中加入了试教、辅导等环节，意在通过实践锻炼其亲近平民、服务平民的习惯与技能，以此为将来的教育活动奠定基础。此外，他在综合考虑贫苦人民生活条件、工作区域等因素的基础上拓宽了幼稚园的区域分布，创造性地将除都市以外的工厂、农村等贫民聚集区涵盖在内。

（二）幼儿教育的目的

关于幼儿教育的目的问题，张雪门的认识有一个转变的过程。

起初，他在对心身与环境、个人与社会以及现在与将来这三对范畴进行分析的基础上提出了基于"儿童本位论"的目的观，正如他在《幼稚园教育概论》中所说："因之，我们的幼稚教育的目的，应完全以儿童为本位；成就儿童在该时期内心身的发展，并培养其获得经验的根本习惯，以适应环境。"② 意即幼儿教育应完全由幼儿出发，充分尊重幼儿身心发展规律，以幼儿的成长为幼儿教育的根本归宿，别无其他目的。这样一来，尽管社会性未在幼儿教育目的中加以彰明，却已包含在幼儿身心发展的过程中了。这一思想在人们不顾幼儿身心特性、一味将幼儿当成"小大人"培养的历史境况下无疑是进步的。

自"九一八"事变以来，日本帝国主义对我国的侵略步步加深，先是东北沦陷，而后华北亦面临危局，整个民族处于重重危机中。此情此景，触目惊心，张雪门的思想也在发生变化，渐渐地有了民族、社会的气息。1930 年在编纂《幼稚园研究集》时，

---

① 张雪门：《幼稚园组织法》，见戴自俺主编：《张雪门幼儿教育文集》（上卷），第 317 页。

② 张雪门：《幼稚园教育概论》，商务印书馆 1948 年版，第 19 页。

他就曾感慨道：

近一年来，我的心，从我的文字上渐倾向于社会的需要；似乎抛去了社会而空谈儿童的心身，教育总要落空的，其结果恐怕和抛开了儿童专注将来的社会以至毁坏了儿童现时的生活有一样的危险。①

这无疑是张雪门幼儿教育思想转变的一个信号，虽不甚明晰，但已见端倪。可见，时势的突变对张雪门信奉已久的“儿童本位论”造成了剧烈的冲击。他开始挣脱理论的束缚，试图立足国情，从中国社会发展的现实中寻找出路。几经踌躇，他终于意识到幼儿教育的目的应包括儿童与社会两个方面。至此，他不禁沉思：

从前的教育家，只顾到一面，放弃了另一面，中国旧式的教育，只知注意到社会的需要，而儿童本位的教育，仅着重于儿童的身心，其结果往往前者引不起儿童行为的反应，且阻碍其身心的发育，后者易造成离群孤立的个人，驯致厌恶社会，而仍难免于社会的抑压。社会和儿童联系起来，打成了一片，才能完成教育的使命。②

此时，在张雪门心中酝酿已久的民族化幼儿教育观已渐趋完善。

1936 年出版的《幼稚教育新论》中，张雪门在以往研究成果的基础上，对幼儿教育目的进行了较为系统的论述。在书中，张雪门根据教育目的的不同将当时我国存在的幼儿教育分为以下四类。

一是以培养士大夫为目标的幼儿教育。清末仿效日本办理的蒙养院就属于这一类。这类幼儿教育多采用注入式教学法，以忠孝的道德、劳力而不劳心的陈腐学问等为教学内容，主张严格管

① 戴自俺主编：《张雪门幼儿教育文集》（上卷），第 65 页。

② 张雪门：《幼稚教育新论》，第 64 页。

理，且有着森严的等级秩序，意在为统治阶级培养新一代“治人阶级”。在这样的课堂上，教师作为知识的拥有者具有绝对的威严，缺乏对幼儿的了解，亦不知道如何把知识教给幼儿，教学变成了一种机械的灌输；幼儿则被过度地束缚了，终日处于被迫学习的苦闷中。

二是以培养宗教信徒为目标的幼儿教育。教会办的幼稚园均属此类。这类幼稚园虽大多有着优美的环境、多种多样的教学设备、较为平等的师生关系，且教学时更重视启发诱导，然而，这类幼儿教育的根本目的在于培养基督教徒，力图通过宗教教育毒害幼儿，使幼儿将来成为虔诚的信徒和帝国主义温驯的奴仆。张雪门多次对此类奴化教育进行抨击，认为它是帝国主义对我国进行文化侵略的一种表现形式。

三是以发展幼儿个性为目标的幼儿教育。此类以幼儿为本的幼儿教育主张教育应遵循幼儿的身心发展规律，充分运用兴趣及经验在教学中的力量，提倡幼儿在生活中自主学习、自主思考。

张雪门本人原来也是以个性发展为目标的幼儿教育的支持者，但抗日战争的爆发、民族危机的加深使他警醒：此类教育虽符合教育原理，却不适应我国当前内忧外患的国情。因此，他转而提出第四类幼儿教育：以改造中华民族为目标的幼儿教育。在他看来，教育是改造社会的利器。对此他提出四项具体目标：

> 一、铲除我民族的劣根性；二、唤起我民族的自信心；三、养成劳动与客观的习惯态度；四、锻炼我民族为争中华之自由平等而向帝国主义作奋斗之决心与实力。①

张雪门始终重视理论与实践的联系。他对于幼儿教育对象及

① 张雪门：《幼稚教育新论》，第65页。

目的的认识即是在探寻幼儿身心发展规律、体察社会需要的基础上提出的，为其后期幼儿教育的理论发展与实践奠定了基石。

二、幼儿教育课程论

张雪门一生注重幼儿教育课程研究，多次撰文对此进行详细论述，涉及幼儿课程的概念、来源、特性、内容、组织等方方面面，其后更在总结多年实践经验的基础上提出了“行为课程”理论体系，为我国早期幼教事业的蓬勃发展奠定了坚实的基础。

（一）幼儿课程的概念

早在 1929 年，张雪门在《幼稚园的研究》一书中就提出：

> 课程是什么？课程是经验；是人类的经验，用最经济的手段，按有组织的调剂，用各种的方法，以引起孩子的反应和活动。幼稚园的课程是什么？就是给三足岁到六足岁的孩子所能够做而且欢喜做的经验的预备。[①]

在他看来，课程源于人类的经验，幼儿的课程并不限于课本上的知识，凡技能、知识、兴趣、道德、体力、风俗、礼节种种有价值的经验都应该包含在课程里，以促成幼儿成长。可见，张雪门通过一系列的理论与实践探索打破了人们以往的狭隘认知，为“课程”一词做了一个更加科学的界定，不仅极大地拓宽了幼儿的学习范围，且拉近了课程与幼儿生活的距离。

（二）幼儿课程的来源及特性

在张雪门看来，人类生活上的一切动作，除了出于个体需求外，还离不开环境的刺激。因课程原是人类生活中有价值的经验，故幼稚园课程的来源仍不外乎幼儿的本身和幼儿所接触的环境。若详细分来，课程的来源主要有以下四种：“（一）儿童自发

---

① 张雪门：《幼稚园的研究》，北新书局 1929 年版，第 46 页。

的诸般活动；（二）儿童与自然界接触而生的活动；（三）儿童与人事界接触而生的活动；（四）人类聪明所产生的经验，而合于儿童的需要者。”①

张雪门认为，课程虽均为经验的选品，但幼稚园的课程有着不同于小学、中学及大学的独特属性，主要有以下三个特点。

一是综合性。不同于成人分类化、系统化的认知方式，在幼儿眼中，自然界与人类界甚至宇宙间的一切一切都是整个的，没有分明的界限。所以我们编制幼稚园课程的时候，须尽量避免成人孤绝化的分类模式，而将自然界与人事界联络起来。

二是个体性。因为六岁以内的儿童接触社会的范围有限，且自身生理、心理处于发展的关键期，故我们编制课程的时候应在尊重社会基本需要的基础上尽可能多照顾幼儿的需要。这样一来，社会需要虽暂居下风，但长远看来，实为幼儿适应未来社会做长久之预备。

三是直接性。相较于系统化的间接经验而言，直接经验在这一时期的课程中占据着更高的地位。虽不甚经济，但能在最大限度上避免幼儿因幻想扰乱而形成错误的经验，进而为将来间接经验的学习奠定基础。此外，相较于间接经验而言，直接经验在锻炼幼儿感官及激发幼儿学习兴趣等方面亦略胜一筹。

（三）幼儿课程的内容

在张雪门看来，幼儿课程内容包罗万象，不仅包括手工、故事、常识、美术、言语、文字、算术、音乐等内容，还需将游戏涵盖在内。由于学界对张雪门所倡导的课程内容之一——游戏少有着墨，故以下将从游戏的教学目标、内容分类、选材标准、设备以及指导方法几方面进行详细论述。

---

① 张雪门：《幼稚园教育概论》，第25—26页。

1. 游戏的教学目标与内容分类

1929年教育部颁发了《幼稚园课程暂行标准》，特将游戏的目标归纳为以下几点："（甲）顺应爱好游戏的自然性向，而与以适当的游戏活动。（乙）发展粗大筋肉的连合作用，并训练感觉和躯肢的敏活反应。（丙）训练互助协作等社会性。"① 随后，张雪门在结合自身幼儿教育实践的基础上加入增进儿童的身体健康与快乐、养成基本的优良态度及习惯等几点内容，合并为游戏的四项教学目标，② 更好地体现了幼儿生理成长与心理发展的统一性，有利于促进幼儿情感、态度与价值观的可持续发展。

与此同时，1929年教育部颁发的《幼稚园课程暂行标准》还将游戏的内容分为以下七类：

> （甲）计数游戏（如抛掷皮球等，可兼习计数）。（乙）故事表演和唱歌表演的游戏。（丙）节奏的（例如听音而作鸟飞、兽走等的游戏）和舞蹈的游戏。（丁）感觉游戏（如闭目摸索、听音找人等练习触觉、视觉等的游戏）。（戊）应用简单用具（如秋千、滑梯等）的游戏。（己）摹拟游戏（如小兵操、猫捉老鼠等的摹拟动作）。（庚）我国各地方固有的各种良好的游戏。

此后，张雪门又以幼儿各项身心发展机能为基准将游戏内容系统概括为感觉游戏、社交游戏、竞争游戏、猜测游戏、表演游戏及其他游戏（包括《幼稚园课程暂行标准》中的计数游戏、节拍游戏等）六类，各项游戏内部亦有渐进性，以满足不同年龄阶段幼儿的需要。③ 可见，这样的内容不仅简洁凝练，更有利于幼儿感

---

① 教育部中小学课程标准起草委员会编订：《中小学课程暂行标准》（第一册 幼稚园及小学之部），卿云图书公司1929年版，第5页。

② 参见张雪门：《幼儿园教材教法》，新潮出版社1985年版，第18—22页。

③ 参见张雪门：《幼儿园教材教法》，第22—35页。

官、思维、动作、想象、模仿等心理机能的全面和健康发展。

2. 游戏的选材标准

在张雪门看来，幼儿游戏种类良多，材料自然不少，这就需要我们在选材的时候擦亮眼睛，否则不仅达不到预期效果，还有可能对幼儿的身心发展造成伤害。因此，他专门列出了以下几项选择标准①：

> 一、须合于儿童的能力和兴趣；
>
> 二、须合于儿童的须［需］要；
>
> 三、须切合儿童的经验，而更有扩充发展的可能者；
>
> 四、须简单普通而带有艺术形式者；
>
> 五、须含有劳动、团结、公正、守纪律等社会价值者。

这五项标准科学性较强，主要体现在开端、过程、结果三个方面。简言之，以上五项标准不仅考虑到了幼儿的兴趣与需要，为游戏的顺利开展奠定了基础；还照顾了幼儿的能力，为游戏的稳步推进提供了保障。此外，这些标准还包含对游戏结果的要求，如游戏须带有艺术形式，含有劳动、团结、公正、守纪律等社会价值。这样的设定不仅使得幼儿在享受游戏快乐的同时提高了自信心，还在无形中推动了其身心发展。

3. 游戏的设备

古人云“工欲善其事必先利其器”，设备于游戏的作用亦同此理。张雪门曾道：“游戏不一定要有设备，但是设备可以帮助游戏，使其内容更为丰富，儿童兴趣增高，结果更为圆满。”② 有鉴于此，他提出了几项选择游戏设备的标准：一是须合于经济原

---

① 张雪门：《幼儿园教材教法》，第35—42页。

② 张雪门：《幼儿园教材教法》，第42页。

则。既要考虑到幼稚园实际经济状况，还要防止幼儿因设备丰富而养成贪多、攀比等陋习。二是须要安全。禁止采用有尖角、钢钉的危险设备。三是须适合幼儿。设备不仅要适合幼儿身高，使幼儿方便取用，还要适合幼儿年龄及身心发展特点。① 这三条标准看似简单，却处处贯穿着张雪门“以儿童为中心”的幼儿教育理念。

4. 游戏的指导方法

幼儿虽有爱好游戏的天性，但大多因年纪限制无法很好地独自完成，因此教师的指导就格外重要了。对此，张雪门结合自身实践经验总结出了几个指导方法：一是教师须有熟练技能与热忱。这样不仅可以顺利地完成示范、教导工作，还能极大程度地带动气氛，进而达到拟定游戏的预期效果。二是多给幼儿自由选择、自我发表及订正自己的机会。这样的做法不仅能提高幼儿游戏的积极性，还为幼儿进一步发挥自身的创造性提供了机会。三是精神同化。若教师能满怀热忱地加入游戏，游戏的功用将得到更好的发挥。四是游戏时间的长短应注意幼儿的体力有无疲劳。这不仅是就游戏本身效果而言的，更是为幼儿身体健康考虑的结果。五是游戏机会应均等。若只有聪明、灵活的幼儿能参与游戏，其他幼儿不仅丧失了在游戏中成长的机会，还可能因此而产生自卑甚至嫉妒的心理。六是开展户外游戏。户外游戏是户内游戏的一个生动补充，为幼儿接触自然提供了一个平台。张雪门出于安全、高效的考虑，格外强调教师在户外游戏中的控制能力。七是多用暗示的鼓励，不必太重形式的操练。这样的做法虽在游戏技能锻炼方面不那么让人满意，却很好地保护了幼儿游戏的积极性，从根本上而言有利于幼儿身心发展。八是恪守游戏规则以

---

① 参见张雪门：《幼儿园教材教法》，第42—45页。

培养幼儿优良习惯。这不仅有利于发挥游戏的真正效用，还有利于幼儿内心公正观念的形成。九是幼儿有错误的时候千万不要嘲笑，并且使别人也不要笑他。幼儿年龄还小，在游戏过程中难免出错，教师应该做的是体谅、理解，帮助幼儿找到错误、分析错误，而非指责和嘲笑。若为追求暂时的痛快肆意嘲笑幼儿，长此以往不仅不利于幼儿个体健康心性的形成，还将破坏班级亲密氛围。①

（四）幼儿课程的组织标准

1970年，张雪门出版的《中国幼稚园课程研究》一书中对四十多年的研究做了一个总结，从中提出了幼稚园课程组织的一些标准：

> 课程须和儿童的生活联络。是有目的有计划的活动。事前应有准备，应估量环境，应有相当的组织，且须有伟大的目标。各种动作和材料，全须合于儿童的经验能力和兴趣。动作中须使儿童有自由发展创作的机会。各种知识、技能、兴趣、习惯等全由于儿童直接的经验中获得。②

虽已较为详尽，但仍较为抽象，类似于大纲。至于具体的课程组织，当时存在两种意见："有一种以为有了固定的组织，就不能适合当时的动境，岂不是抹煞儿童偶发的需要，而陷于机械；另一种以为没有组织，在教师事前既难准备，临时又苦匆促，对于儿童更容易养成散漫不驯的恶习惯。"③ 顾虑到以上弊端，张雪门先从每月儿童的动境及其所属的自然环境和社会环境上找题目，

---

① 参见张雪门：《幼儿园教材教法》，第45—52页。

② 戴自俺主编：《张雪门幼儿教育文集》（下卷），第776页。

③ 张雪门：《幼稚园组织法》，见戴自俺主编：《张雪门幼儿教育文集》（上卷），第265页。

然后经综合考察，筛选出每月的五个中心题目，拟定出“各月活动估量表”，随后方据此准备材料。具体来说，考察的标准有二：一是是否合于幼儿的经验及身心，二是是否合乎我国的国情及时代的要求。“如是，事前既有了准备，不致临时弄得手忙脚乱，且估量的动境切合了时节，范围又大，有极大伸缩性，自然更不会排斥一切儿童的需求，走上机械的黑道。”①

（五）“行为课程”

1946年后，张雪门继续致力于幼稚园课程研究，于1966年出版了《增订幼稚园行为课程》，初步形成了其“行为课程”理论体系。

1.“行为课程”的概念

在《增订幼稚园行为课程》一书中，张雪门对“行为课程”定义道：“生活就是教育，五六岁的孩子们在幼稚园生活的实践，就是行为课程。”② 它虽同一般幼稚园的课程一样包含了工作、游戏、音乐、故事等，但完全根植于生活：“它从生活中来，从生活而开展，也从生活而结束，不像一般的完全限于教材的活动。”③ 以上定义可见张雪门对生活与实践的强调。

2.“行为课程”的优点

为进一步彰显“行为课程”相较以往课程的优势，张雪门特将自身提倡“行为课程”的理由大致概括为以下两点：第一，幼儿早期的成长主要依靠与环境接触而产生直接经验，所以我们提倡的幼稚园课程，首先应注意的便是实际行为。“从行动中所得的认识，才是真实的知识；从行动中所发生的困难，才是真实的

---

① 张雪门：《幼稚园组织法》，见戴自俺主编：《张雪门幼儿教育文集》（上卷），第266页。

② 张雪门：《增订幼稚园行为课程》，台湾书店1966年版，第1页。

③ 张雪门：《增订幼稚园行为课程》，第1页。

问题；从行动中所获得的胜利，才是真实的制驭环境的能力。”① 第二，教材的唯一目的在于充实幼儿的生活，绝非灌输他们的熟料，故教材的选择应考虑幼儿的身心发展特征。幼儿进幼稚园的时候心中本无学科的概念，他们眼中的世界是整个的，没有明确的界限，所以教师与其凭借抽象的言语或线条的图画来介绍类别的教材，不如常常运用自然和社会的环境，以唤起幼儿生活的需要，扩充幼儿生活的经验，培养幼儿生活的力量。如果教师真能做到这样，也便是“行为课程”了。可见，张雪门所主张的“行为课程”关注幼儿活动，是“做中教、做中学”的集中体现。

3. “行为课程”的组织与设计

在张雪门看来，仅有“各月活动估量表”还是不够的，为确保“行为课程”的顺利实施，教师还需在收集教材的基础上对其进行进一步的组织和设计。大体来说，应涵盖以下几项的内容：一是动机。动机的发生可能是由于两方面，一方面是由于动作而产生的自发的动机，比如春季旅行引起了移种野花，由移种野花再引发开地，再由开地而引起研究昆虫的动机。这类动机皆是在幼儿生活内自发产生的，教师需要做的仅是捉住动机。另一方面是教师预先设法引起的动机，主要借环境、设备及言语而引发。值得注意的是，无论是出于自发的还是出于设法引起的，在未决定目的之前必须先经过环境的考量，内容涉及教师自身的知识技能、兴趣，幼儿的人数、能力，以及空间和经费的可能性等各个方面。若环境有缺，但仍可挽救，则可引发动机；若环境缺点过多，无法克服，则应放弃。二是目的。这里所说的目的，是教师企图让幼儿在这一行为中所获得的诸如知识、技能、情感、兴趣等各个方面的功效，而非幼儿自身行为的目的。有了这些目的，

---

① 张雪门：《增订幼稚园行为课程》，第2页。

教师在指导幼儿的实践活动中方有一定的方向与标准。三是活动。它主要涉及人数分配、时间及地点安排、基本活动要点等宏观方面。“以春日下种为例：可分为选种、开地、下种、分畦种种，而分畦之中又可把儿童分作若干组，每组各管理一畦，并推何人担任一畦的领袖。”① 四是活动过程。作为活动的细化，须将活动如何开始、如何展开、如何结束等整个具体流程纳入考虑的范围内。五是应用的工具及材料。此项估量虽仍根据固有科目准备材料，但其用意仅为示例，具体用到哪些材料还要看实际的课程需要。以上五项设计内容不仅层层分明、细致周到，为课程实施勾勒了框架，还在考虑现实境况的基础上留有些许余地，实践性较强。

4.“行为课程”的实施

为充分发挥“行为课程”的实践效用，张雪门还对“行为课程”的实施进行了深入研究，内容涵盖实施原则、实施过程等方面。

论及“行为课程”的实施原则，张雪门概括为以下几点：“课程固由于自然的行为，却须经过人工的精选”；“课程固由于劳动行为，却须在劳动上劳心”；“课程固由于儿童生活中取材，但须有远大客观标准。”② 可见，对于课程实施而言，张雪门不仅重视课程内容的优化呈现，还格外强调实施过程中的教师引导、幼儿思考。

此后，他又据此对“行为课程”的实施过程进行了深化研究，大体分为实施前的准备、实施中的指导及实施后的进展三个部分。

对于实施前的准备，张雪门认为教师至少须有以下五方面的

① 张雪门：《增订幼稚园行为课程》，第 10 页。

② 张雪门：《增订幼稚园行为课程》，第 5—8 页。

准备：一是知识上的准备。教师不仅要对课程内容有较为充分的了解，还要加强对相关方面知识的研究，如此方能做到有的放矢。二是技术上的准备。教师不仅要在课前加强自身的技术练习，还要在考虑幼儿身心发展水平的基础上对课堂上所要学习的技术进行审慎的考察，进而经调整提升教学效果。三是作业程序分析的准备。在授课前，教师须提前将活动的先后顺序安排好，以防指导过程中发生紊乱。四是工具、材料的准备。对于工具、材料的准备，教师虽要为幼儿留有自主的空间，但亦应有基础的预备，以防用时措手不及，对幼儿活动积极性造成严重打击。五是集中心力的准备。在张雪门看来，以上四种准备都是关于“知”的，这一种集中心力的准备则是关于“情”的。无“情”的“知”，对自己已属机械，遑论他人，所以教师在课程实施前那一刹那，所憧憬的只能是这一件事。

对于课程实施中的指导，张雪门将教师的责任分为以下六种：一是计划上的指导。若事情合于幼儿的兴趣但尚无具体的计划，教师应给予幼儿发问和讨论的机会，进而帮助幼儿确定行动计划。二是知识上的指导。各种活动都含有大量的知识，对此，教师不应急于做系统介绍，而应在幼儿产生需要时随时进行补充。三是技术上的指导。与其用示范教学的方法，不如自己在参加幼儿活动中加以暗示，或唤起幼儿彼此做参观的比较。四是兴趣上的指导。若幼儿的注意力不够集中，教师须在分析原因的基础上对幼儿进行鼓励与帮助，进而维持幼儿的活动兴趣。五是习惯上的指导。习惯同知识一样包含在幼儿的行动中，对于不良习惯的纠正，与其消极禁止，不如积极指导。六是态度上的指导。这一时期，教师应通过行动养成其客观与公开的态度。可见，张雪门主张的实施指导不仅切合了知识与技能、过程与方法、情感态度与价值观的三维目标体系，且注重指导的时机与方法，切实体现了启发诱导的教育思想。

在张雪门看来，课程实施后教师仍有以下四个方面的工作尚待完成：一是对幼儿行为应有检讨。幼儿只有清楚地知道了好或坏的所在及其背后的原因，才能丰富自己的经验体系，进而产生进步。二是对幼儿行为应有继续的注意。行动是永不停止的，后一行动的动机往往产生于前一个行动，教师应对幼儿活动的连续性予以注意。三是对幼儿行为应有记录。行动过程中，教师需将幼儿的重要动作详细记录下来，供将来考察的同时还可为教师经验分析之用。四是对幼儿行为经验应有估计。在幼儿每一种大单元活动结束后，教师应对幼儿所获经验进行分析与估量，进而通过与预期目标的对比加强对幼儿当前发展程度的掌握。这四个方面的工作看似简单，但久为一线幼儿教师所忽视，以致教师丧失了了解幼儿学习体验、掌握幼儿学习进度、总结自身教学经验的机会，幼儿亦因此错失了剖析、反思自我的良机。

由此可见，张雪门对于课程、“行为课程”的相关认知既贯彻了“以幼儿为本”的宗旨，亦考虑了社会需要，为其时幼儿课程组织与实施提供了切实指导。

三、 幼儿教育的教材、 教法

为推动幼儿教育发展，张雪门一生坚持办学，教育了千千万万的中国幼儿，实践成绩突出。但他并不满足于此，而是在实践探索的基础上总结出了自己的一套幼儿教育体系，关于教材、教法的认识即是其中重要的组成部分。

（一）教材

1. 教材的概念

不同于那些将教材等同于书本知识的狭隘认知，张雪门将幼稚园教材定义为一般在幼稚园的时候幼儿生活的经验，将教材的范围扩展了。对此，他曾说道：

> 教材的范围很大，并不限于一首歌曲、一件手工，凡儿童从家到校，又从校到家，在家庭、道路、幼稚园所受的刺激，能够引起儿童生活的要求，扩充儿童生活的经验，潜移儿童生活的意识的都是。①

尽管为了研究上的方便起见，我们会以科目为基础将教材归为不同的类型，如美术、手工等。

> 但生活是整个的东西；教材的变换流转都随着生活，当然不是孤绝地能够分割，更不是专待外面装到儿童肚子里去的货品。儿童先有了生活，然后有教材的需要；不是有了教材，再去引起儿童生活作机械的反应。②

可见，对幼儿来说，教材是整个的，没有学科的分别。教材是唤起幼儿反应、增进其生活经验的系统刺激，是一种开始，而不是供幼儿接受的死知识。

2. 教材的目的

在张雪门看来，教材“其惟一的目的，实为充实儿童的生活，决非灌注儿童的熟料”③。在张雪门看来，此处的生活不仅包括社会的生活，还包括个体的生活，且只有将两者很好地结合起来，幼儿的生活才得以充实，教材的目的才能真正达到贯彻。对此，他理性地分析道：

> 若教师只注意社会的生活而不以个体的生活作根据，未必能引起现时儿童生活的反应；若只注意个体的生活而不以社会的生活做前提，仅足以构成理想中的爱弥儿，其生活仍须受现社会的支配，不过在中国不安的

---

① 张雪门：《幼稚园教材研究》，中华书局1934年版，第1页。

② 张雪门：《幼稚园教材研究》，第22页。

③ 张雪门：《幼稚园教材研究》，第2页。

境况底下又多添一些苦痛的分子出来罢了！[①]

3. 教材的来源

幼稚园教材从哪里来？对于这一问题，张雪门的思想可分为以下两个方面：一方面，教材的功能既要满足幼儿的需要，自然应该从幼儿的生活中选材。然而幼儿的生活与成人的生活截然不同，主要以其内部的构造、固有的能力以及天然的倾向为基础。我们亦只能根据幼儿身心发展水平及阶段特征推测幼儿可能的生活，进而选择适合的教材。另一方面，教材还有一个重要的来源，即社会群体遗传下来的经验。若舍弃这一来源，幼儿就面临着无法适应社会生活的危险。“比如言语便是社会的一种宝贵的遗产，如果一个人不会讲话和听话，那末自己的思想便无从传达，别人的经验也无从接受，生活上便要感到非常的痛苦。”[②] 诚然，幼儿生活与社会经验都是幼稚园教材的重要来源，但两者在涵盖范围、抽象性以及计划性等各个方面存在着很大的差异，且时而矛盾对立。对此，张雪门强调：“然而这并不是绝对的壁垒，且正确从相反的一致上，才有获得变动的功能。只须教师能够帮助造成社会经验和儿童自己经验中间的联络，比如先从做事的属人的方面入手，再引进传达的知识，最后始渐渐将所获得者加以考验分类和整理，自不难达到较完备的科学雏形。”[③]

4. 教材内容的选择

为推进教材编制进程，张雪门格外注重选材工作。对此，他特别提出了四项审择标准：一是教材须符合现实社会生活的需要，对于一些从古时遗传下来的经验应审慎取舍。二是教材须合于社会普遍生活的标准，在尊重差异的基础上尽可能满足最大多

① 张雪门：《幼稚园教材研究》，第 8 页。

② 张雪门：《幼稚园教材教法》，第 7 页。

③ 张雪门：《幼稚园教材教法》，第 8 页。

数的普遍要求。三是教材须合于幼儿目前生长阶段中的需要，抛开分类的抽象知识，将教材变成具体直接的行动。四是教材须合于幼儿目前的学习能力，不可揠苗助长。值得注意的是，以上四种标准绝非分裂的关系，故选材时亦应做全面的估量，起码应避免和其中任意一条相抵触的情况。

（二）教法

在多年的幼儿教育研究中，张雪门在教法方面亦有许多精辟的见解，主要体现在以下两个方面：一是对“做”的强调，对此，他解释道：

> 儿童怎样做，就是怎样学，怎样学就该怎样教。我们做什么就是学什么，学什么就是做什么。我们教的法子是根据了学的法子，学的法子是根据了教的法子。我们也是在做上学，我们也是在做上教。①

这样一来，“做”就成为连接教师与幼儿的纽带。教师在做上教，幼儿在做上学。教师在做上教，以做来教，这才是真正的教。幼儿在做上学，以做来学，做的就是学的，这才是真正的学。在张雪门看来，幼儿有了做事情的欲望却不具备做事情的能力的时候就会主动学习，教师则负责在幼儿的做上发挥指导作用，进而通过在做上教达到教育的目的。相比之下，“做上教，做上学”主要侧重于直接经验的教授与学习，在效率上虽比不得以间接经验为教学内容的讲授法，却更适合幼儿阶段的身心发展特征，更为幼儿今后间接经验的深入学习奠定了坚实的基础。二是对“联系生活”的强调。在张雪门看来，要想激发幼儿的学习兴趣，使幼儿学有所得，只靠在做上教还不够，还需在此基础上与幼儿的生活发生关系。在此，他指出，蒙台梭利制度下的“孩子之家”通

① 张雪门：《幼稚园教育概论》，第 80 页。

过师幼对教具的操作进行教学的做法相较于传统课堂上空洞的说教而言固然是进步的，“但叫孩子去练习几种教材或几种教具，这种练习即使可以使孩子对于那种教材或教具做得很巧妙，然而其结果，不一定能在实际生活中适当地应用；况且限定了功课，专去训练孤立的知识技能，却和孩子实际生活不发生什么关系，究竟是勉强的。既勉强了，自然会有困难”①。可见，若想解决幼稚园的教法问题，就要在幼儿的生活中实施行动教育。

（三）教材与教法的关系

在张雪门看来，教材与教法是分不开的一件事。对此，他曾生动地说：

> 比如小孩子用手去扪火炉，给火烫痛了，因而对于火的认识、感情……总多少有所改变；以后看见火，不但认得是熊熊的物体，且加增了烧灼的知识。倾向方面，从玩弄变作了畏惧，扪的行为改做了缩避。这种例子如果用学校的课程去比拟，火炉的火是教材，扪和缩避是方法。假使没有扪的行为，小孩子对于火的新知识新感情……当然不能获得，且也不会产生有效缩避的方法。②

可见，教材与教法是相互依存的关系。没有教材，就没有方法；没有方法，亦得不到教材。且教法本就是从教材中产生的，故无法离开教材而孤立存在。除了正面叙述外，张雪门还结合之前幼儿教育中的一些现象对以上观点进行了反面论证，如“从前只为有许多人把教材和方法作两件事看待。结果：仅从不自然方法中

---

① 张雪门：《幼稚园研究集》，见戴自俺主编：《张雪门幼儿教育文集》（上卷），第 88 页。

② 张雪门：《幼稚园教育概论》，第 69 页。

获得教材的死知识，而这些无用的教材本身上也决不能产生增进经验的方法。甚至将教材采外面包糖的方法以蒙蔽儿童，或另用责罚奖励等处置，把课程真正的价值反完全损失了”①。换言之，教材与教法本是一体的，有什么样的教材就有什么样的教法，烹饪有烹饪的教法，做饭亦有做饭的教法，贸然将既定方法套用于各类教材的做法虽省时省力，却终非明智之举。

四、 论幼儿教师的培养

我国的幼儿师范教育起步较晚，首先出现于清末教会女学内设的幼师班内，其后亦于国内仿日女学内部的幼师机构中显露身影，但均非官方性质，且前者宗教性太强、后者仿日化太过，均不适应本国国情。清政府于 20 世纪初相继颁布了《奏定学堂章程》及《女子师范学堂章程》，对幼儿师范教育的地位进行了初步确定。民国建立后，本土幼儿师范教育非但未迎来新的曙光，反因随之而来的时局动荡让位于教会辖内幼儿师范教育。对此，张雪门表示无限愤慨，自觉承担起创新与发展本土幼儿师范教育的重任，不仅在幼师实践方面做出了杰出贡献，且亦创造性地提出了一套幼师发展理论体系，涵盖幼师教育的意义、幼儿教师的培养以及幼儿教师的管理等方方面面。

张雪门对幼儿教育与幼儿师范教育的关系有着清晰的认识。在创办星萌幼稚师范后，他还在 1928 年孔德学校新设的幼儿师范中主事。在办孔德幼师的过程中，鉴于一些人对幼师培养质量的质疑，他领悟到“会骑马的人是从马背上学会的”的道理，相应地采取了半日授课、半日实习的措施。除孔德幼师自办的幼稚园外，他还借了一个蒙养园作为幼儿师范生实习的场所。此后，

---

① 张雪门：《幼稚园教育概论》，第 70 页。

他于1930年秋应香山慈幼院创办者熊希龄院长之聘，在香山见心斋创办了北平幼稚师范学校。不同于以往，该校采用了半道尔顿制，除讲授书本知识外，还特别重视对自然和社会的认识与技能、态度的培养，极大地提升了幼儿师范生的综合素质，故第一期学生毕业后即受到各地普遍邀聘，办学成效显著。值得一提的是，为了给中国的幼儿师范教育探索一条新路，他亦通过办理中心幼稚园、平民幼稚园等做出了一系列创新性尝试。可以说，在丰富的幼儿师范教育实践中，张雪门为我国幼儿师范教育的健康发展积累了大量宝贵经验。

（一）幼儿师范教育的意义

在张雪门看来，幼儿师范教育与幼儿教育同等重要，甚至可以说，没有幼儿师范教育便没有幼儿教育。对此，他曾动情地分析道：

> 幼教的良窳，由于主持幼教者的师资；而师资的由来，实由于师范教育的培植。如果我们研究幼教仅限于幼稚园的教育，抛弃了师范教育，这无异于清溪流者不清水源，整枝叶者不整树本，决不是彻底的办法。①

诚然，幼儿生活在环境中，经一次次对环境的反应充实自身的经验，领悟其中的方法，进而满足自身成长的需要。起初在这种自然生长中，经验的获得都由幼儿自己，但随着科学的发展，社会分工也逐步细化，实不便于幼儿直接学习，幼儿亟须得到连贯、专一的指导。对此，幼儿的父兄、母亲多因时间紧张、知识匮乏而难当此大任，故幼儿教师在幼儿的学习、成长过程中发挥着巨大的作用。那么，负责幼儿教师培养的幼儿师范教育显然在很大

---

① 张雪门：《实习三年》，见戴自俺主编：《张雪门幼儿教育文集》（下卷），第978页。

程度上掌握了幼儿教育发展的命脉，决定着幼儿教育的发展方向及发展水平。

（二）幼儿教师的培养

为推动我国幼儿教育的健康发展，张雪门在幼儿师资培养方面付出了很大心血，总结了一套独到的理论体系，其中对培养目标、培养模式等进行了详细论述。①

1. 幼师培养目标

为确保幼儿师范教育的培养质量，张雪门对各幼师培养目标的设立给予了相当的关注与重视，务以明确、精细为要。以下以北平幼稚师范学校为例，该校最初是与中华教育改进社合办的，故在创办之初就根据中华教育改进社的办学方针，主张幼稚园教育须力求适合国情及生活需要，目的在于培养为普及平民幼儿教育、为改造民族素养的新一代国民而献身的幼儿教育师资。这一总目标也具体贯彻到了幼儿师范生的课程学习、实习等各项活动中。

2. 幼师培养模式

不同于以往的幼师培养模式，张雪门主张“会骑马的人是从马背上学会的”，倡导实践教育，且取得了很大的成果。他据此提出的“有系统组织的实习”理论，将幼儿师资的实习贯穿到了学习的三年里，最大限度上沟通了幼儿师范教育的理论与实践，为我国幼儿师范教育的发展提供了坚实的理论基础，这也是其思想的一大特色。

那么，什么是“有系统组织的实习”？张雪门指出，幼儿师范学校若想进行“有系统组织的实习”，必须满足以下几个条件：一须有步骤，二须有范围，三须有相当的时间，四须有适合的导师与方法。总的来说，实习可分为参观、见习、试教、辅导四大

---

① 参见张雪门：《实习》，中华书局1940年版。

阶段。

第一是参观，时间安排在第一学年的第一个学期，对象为建筑、教具、工具、材料等设备，教师的仪表、态度与兴趣，教师对幼儿习惯积极或消极之处置，工作、游戏、文学等教学过程以及整个的设计。在这一时期指导的教师，应以担任实习的导师为主、幼稚园教师为辅。参观的地点应先安排在与自身理念一致的中心或者附属幼稚园，以此培养幼儿师范生对幼儿教育的基本观念。此外，还可以对各种幼稚园、低级小学、托儿所、各类社会教育等进行参观，以此进一步坚定、充实幼儿师范生的教育观念。

第二是见习，时间安排在第一学年第二学期，地点仍以自己的中心或者附属幼稚园为宜，往来便利的同时还能在最大限度上保证理论与实践的衔接。幼儿师范生则从供备材料开始，一直到整个设计活动的参与，不断提高自身的教学技能。这一时期指导的教师，应以幼稚园教师及担任实习的导师为主，以实习主任及担任教育科的导师为辅。

第三是试教，时间安排在整个第二学年，主要利用各幼稚园下午半天空闲的时间，利用他们现有的课程及教具，每月筹五元办理平民幼稚园。这样不仅于师范生有益，还将幼稚园教育普及到了一般平民身上。试教期间，凡如招生、编级、选材、组织课程等一切教学上、教师业务上、幼稚园行政上的处理，都由二年级的师范生来担任，以此锻炼其独立办学的能力。

第四是辅导，时间安排在整个第三学年，总的来说，这一阶段的活动范围有纵横两个方向：纵的方向是由儿童的队伍出发，向儿童家庭推进的家庭访问、亲职教育；同时更由个案工作求得整个的联络，向学校单位前后延伸至托儿所和小学低年级。横的方面是向广大的社会联系，包括社区调查、卫生站、营养站、辅导会、导生班等多种形式，都是从研究儿童问题出发向广大社会展开的实例。以上这些工作一律由三年级的师范生自己负责，他们要自己计划、自己分配工作、自己检讨与改进，实习导师仅在必要时予以指点，以此锻炼其服务社会的基本态度与能力。此外，张雪门还强调实习过程中要严格遵循他“上一阶段的工作未终了，下一阶段的工作不能开始”这一主张，以确保教育目的的高质量达成。

张雪门关于幼儿师范生见习、实习活动的具体安排

学年	见习、实习时长	见习、实习目的	见习、实习具体内容
第一学年	实学9学时/周，3次	保证师范生形成正确观念；开阔眼界，坚定和充实已经形成的基本观念；形成对幼儿保教工作的基本观念，掌握基本的教学能力。	第一学期：参观 先与本校理念一致的中心幼稚园，次各类型的幼稚园。 第二学期：见习 平均每周三个上午。
第二学年	一学年	形成学以致用的能力、用教育理论分析教育实践的能力、教育实践中的反思能力。	实习：试教 每天下午，各组按照分配到指定的幼稚园去开展工作，上午仍照常上课。
第三学年	一学年	通过参与辅导工作，提升师范生的职业价值感、职业认同感及综合分析问题、解决问题的能力。	实习：辅导 三年级负责，以幼稚园为主要基地，另还包括托儿所、婴儿保育院、小学、儿童福利院等，加强和社会的联系。

根据以上所述，我们不难看出，张雪门提出的实习理论相较

传统的幼儿师范实习已有了很大的进步，主要体现在以下三个方面：一是时间上，它打破了以往实习多集中在第三学年的传统，将实习时间提前、延长，使实习贯穿于幼儿师范生学习的整个三年里，这样他们就可以及时将所学理论运用于实践中，实现理论与实践的融合。二是在空间上，它把幼儿师范生实习的场所由固定的某所幼稚园延伸到更广阔的区域，包括各类幼稚园、小学、托儿所及社会教育机构，实现了从校内到校外、从城市到农村的历史性跨越，无形中拉近了幼儿师范生与儿童、社会的距离。三是内容上，除了幼儿的教学活动外，它还涵盖了婴儿教育、小学教育、幼稚园行政、财政及社会辅导等各个方面，提高了幼儿师范生的综合素养，为幼儿师范生将来的办学、教学活动奠定了较为坚实、广阔的基础。

（三）幼儿教师的管理

相比起对事务的管理而言，对人的管理无疑难度更大，但收效也相应较大。教师团体作为幼稚园的一大主体构成部分，对其的管理则格外值得探讨。对此，张雪门从资格认定、教师选聘、职务分配、待遇加薪、在职进修这五个方面进行了详细论述。

1. 资格认定

我国历史上存在着各类幼稚园，且彼此对任职教师的资格限定大不相同，这就在很大程度上造成了教师资格认定的混乱。张雪门主张应对此加以限制、规范，以初中毕业、毕业年限至少两年作为确定幼稚园教师的基本标准。此外，他还要求加强幼稚园师资的检定工作，除现任幼稚园教师确有成绩者可免受检定外，其他在职教师均需接受检定试验，且不合格者须进假期补习所。

2. 教师选聘

在张雪门看来，幼稚园的教师需统一实行聘任制，以资格认定结果作为聘任的依据。若要延聘，则应注重对其以往成绩进行考察，最低限度也须确保其拥有对幼儿教育研究、试验的兴趣与热忱。聘用时，双方需签订聘约。聘约除规定彼此的权利、义务等各项基本内容外，还需对以下几点进行明确规定："（一）概须住校（教师住校既可免去无谓的旷课及迟到早退，且意识较易专一，而临时倥偬偶忘了某种教具取携尤便）。（二）不得兼任他处职务（最低限度不得兼任性质不同的职务）。（三）万不得已必须请假者，不论长期短期，概须自请代理人，否则按时扣薪。"①

3．职务分配

张雪门将幼稚园的职务分为园长、主任、琴师、指导员以及练习生五种。园长一职由师范学校校长或其他上级学校的校长兼任。若单设则需另设一人，兼理主任事务。主任可由上级学校教务长兼任，若事务繁杂，亦可另设。园长和主任职责相近，兼负宏观管理之责，故张雪门将两者的职责总结概括为八项，大体涉及建筑规划、教员选聘及管理、对外接洽、课程编制、教育方针确定、预算与决算制定等几个方面。琴师类似于教师，可兼主任及工作指导，若园务较繁，则须另设。指导员即领圈者，与琴师职责较为接近，若院务简单，亦可由琴师兼任。张雪门为琴师、指导员规定了五项职责，主要集中在幼儿的训练及养护、课程协定、幼儿的作品保存、练习生的协助指导及园务的分担处理等。练习生最低程度须由高小毕业，实为"见习教师"的别称，其职责主要包括做各种幼儿教育学识技能方面的进修、参加幼稚园儿童各种活动两个方面。

4．待遇加薪

战乱年代的教师往往生活清苦，为确保教师基本生活水平，则须在教师微薄收入的底子上酌情进行增补，所以各园都有年终

① 张雪门：《幼稚园组织法》，见戴自俺主编：《张雪门幼儿教育文集》（上卷），第255页。

加俸及特别加俸等优待条例。“年终加俸，就是为连任若干年以上认为成绩优良者，一年得酌加俸若干元。三年以后，进薪一级。特别加俸者，就是为特种的试验或僻远的建设，按照一般的薪水而另加俸银若干元也。”① 此外，还有一些较为灵活多样的优待条目，如任职特重可加津贴费、长期住校可供膳食费、因职受病可给治疗金、乘车享半价优惠、子女入学学费减免等，几乎照顾到了教师工作、生活的方方面面，极大地提高了教师的工作积极性。

5. 在职进修

为促进幼儿教育的可持续发展，“幼稚园的教师除了授课外，对于本身的修养，如学识的进展、材料的增加、教授方法的改良等等，都需要不停地前进”②。若幼稚园有好几位教员，组织某种研究会固然是一个不错的选择；若只有一人，还可通过参观、组织读书会、参加社会组织等活动提高自身的综合素养。尽管资金匮乏、条件也相对简陋，但幼儿教师依然可以通过多样的活动完善自我。具体说来，通过对小学低年级、幼稚园及婴儿园的参观活动，教师不仅可以加强对儿童的了解与认知，还能在与其他学校比较的过程中吸收有益的教学经验；读书会则是提高教师理论修养的最佳组织形式；社会活动的参与无疑拉近了教师与社会的距离，且为教育服务社会创造了机会。

为推动我国幼儿教育及幼儿师范教育的长远发展，张雪门终身奔波于教育一线，在提升幼儿教育及幼儿师范教育的科学化、民族化及专业化方面贡献颇大。他的教育思想中的一些观点至今

① 张雪门：《幼稚园组织法》，见戴自俺主编：《张雪门幼儿教育文集》（上卷），第 256 页。

② 张雪门：《幼稚园组织法》，见戴自俺主编：《张雪门幼儿教育文集》（上卷），第 257 页。

仍闪烁着智慧的光芒，在指引当下幼儿教育、幼儿师范教育发展方面意义重大。

第四节　张宗麟的幼儿教育思想

张宗麟（1899—1976年），浙江绍兴人，中国近现代教育家。1921年，张宗麟考入南京高等师范教育系，师从陶行知、陈鹤琴；1925年毕业于南京东南大学教育系；毕业后，留校任教，担任陈鹤琴的助手，协助陈鹤琴办理鼓楼幼稚园并开展中国化、科学化的幼教试验。1927年，他追随陶行知投身乡村教育，在晓庄学校任教并负责乡村幼儿教育领域。1932年，晓庄被封后，他辗转福建、广西、四川、湖北、山东等地开展乡村教育。1936年，他回到上海，参加了救国会，积极宣传抗日。1942年为躲避国民党当局的迫害，他被迫撤离上海，次年到达延安，先后在延安大学、北方大学、华北大学从事教育行政和教育研究工作。中华人民共和国成立后，张宗麟曾任教育部高等教育司副司长、高等教育部计划财务司司长。张宗麟的一生都奉献给了我国的教育事业，在幼儿教育领域的建树颇大，早年为推进我国早期的幼儿教育事业做出了突出贡献。

一、论中国化的幼儿教育

张宗麟秉承了陶行知、陈鹤琴的爱国精神，又直接受“五四”精神的感染，所以当他投身于幼教事业后，首先关注的便是幼稚园教育的民族化问题。他指出，中国新式学校教育“皆仿自外国”，接着话锋一转，直指当时幼儿教育的弊端：

> 幼稚教育之来华，尤为近十数年间事，故一切设备教法抄袭西洋成法，亦势所难免。于是所有幼稚教师，

> 非宗法福禄培尔（Froebel），必传述蒙得梭利（Montessori）。两派虽时有入主出奴之争，然而其不切中华民族性，不合中国国情，而不能使中国儿童适应则一也。[①]

这种“偏重外国、偏重基督教”的时弊，使张宗麟深感痛心。

在《幼稚园演变史》中，张宗麟介绍了“清末与民初国人迷信着模仿日本”和“在‘五四’运动以后，我国幼稚园由模仿日本式转而模仿欧美式”的史实，接着指出，当时妨碍幼教中国化、民族化的最大障碍，是“教会所办的幼稚园及幼稚师范”。[②]有鉴于此，他在《幼稚教育概论》一书中，认为改造幼儿教育的原则，首先“须合于民族性”，因为“负有重大使命之教育，尤须注意乎此”[③]。

张宗麟主张全力“收回教育权”。他所拟订的办法有四：（1）停止外人设立之幼儿师范及幼稚园。“政府对于外人设立之幼稚师范及幼稚园不必采取和缓态度，宜即限期停办，若不遵从，可依国家教育法令查封之。”（2）严定幼儿师范及幼稚园之标准。在收回教育权后，教徒可能将教会幼稚园改头换面，妨碍幼儿教育的发展，因此，“为免除未来之弊端起见，为创设独立国家教育精神起见，皆当严定幼稚教育之标准”。（3）筹设幼儿师范并检定幼儿教师。“前者为代替已停办之用，亦为造成适应新需要之教师所必须；后者则专为考核从前已受非正式之师范教育，仍愿继续其职业者。”（4）鼓起社会之注意。“此为根本方法，盖无论何事，未有人民之不注意而能发达者。鼓起人民之注意方法甚

---

① 张宗麟：《调查江浙幼稚教育后的感想》，见张沪编：《张宗麟幼儿教育论集》，湖南教育出版社1985年版，第425页。

② 张沪编：《张宗麟幼儿教育论集》，第392—393页。

③ 张沪编：《张宗麟幼儿教育论集》，第6页。

多……最要者为教育当局之宣传该事业之重要”。①

张宗麟参与鼓楼幼稚园的实验，指导办理燕子矶乡村幼稚园，试行艺友制以培训幼教师资，在二三十年代写作了大量幼教论著，实际上均是围绕着幼教民族化的宗旨而做出的努力。

二、 论社会化的课程

张宗麟先生在20世纪30年代出版的《幼稚园的社会》一书中，提出了他的社会化的幼稚园课程思想。他提出，“幼稚园各种活动都应该倾向于社会性的”②，主张幼稚园课程中应增加“社会”科目。因为幼稚园的一切活动都具有社会性，幼稚园的儿童之间也进行社会性交往。幼稚园的一切活动，由广义说来，都是“社会”。

（一）社会化课程的依据

张宗麟指出：“无论哪级教育的课程，只有两个根据，好象人类只生了两只脚。这两个根据，一个是成人的生活——社会；一个是孩子的生活。”③ 社会是极其复杂的，整个的社会有三个方面：一是过去的历史关系，二是现代的各方面关系，三是影响于未来的情形。学校课程也就要包括这三个方面。张宗麟主张幼稚园可以选用最直接而容易做的活动，如了解家庭状况、社会职业、食物的来源、生活品的制成、城市与农村的生活等。张宗麟认为社会化课程的实施需要幼儿的直接经验，因为在直接经验的基础上，幼儿能够“领悟任何人生的、物质的、以及社会集团的、现代状况的一切，这种种领悟的能力，只有他自己的经验所

---

① 张沪编：《张宗麟幼儿教育论集》，第12页。

② 张沪编：《张宗麟幼儿教育论集》，第269页。

③ 张沪编：《张宗麟幼儿教育论集》，第283页。

能给予的”①。因此，设计幼稚园课程的社会科目，需要了解幼儿的社会。

（二）社会化课程的内容

张宗麟指出，幼稚园里幼儿的社会不同于成人的社会，它实际上是幼儿的“生活状况”。然而，幼儿的生活彼此之间的差异实在是太大了。课程设计者只能根据普遍的情况，来制订富有弹性的社会课程。

张宗麟根据教育部拟定的课程标准，从中选择关于“社会”的各项，主要包括七类活动：（1）关于生活需要、生活卫生、家庭、邻里、商店、邮局以及其公共设施和名胜古迹等方面；（2）日常礼仪的学习和演习；（3）节日和纪念日活动；（4）身体的认识活动和基本卫生活动；（5）健康和清洁活动；（6）认识国旗和总理遗像等的活动；（7）各种集会和社团活动。最低限度为：（1）略知家庭、邻里、商铺、工场、农田以及地方公共机关作用；（2）知道四肢、五官的机能作用；（3）认识总理遗像和国旗等；（4）对于师长、家长有相当的礼貌；（5）有爱好清洁的习惯。②

张宗麟制订的社会化课程的内容，不仅紧密联系幼儿的生活经验和社会环境，而且富有弹性，教师可以根据教学的实际情况有选择性地实施。

（三）社会化课程的实施

张宗麟本着科学的研究态度，积极从教育学、心理学的最新研究成果中寻找理论根据，并提出了以下原则：（1）将学校生活与实际生活打成一片。张宗麟认为幼儿教育的最终目的是为了养

① 张沪编：《张宗麟幼儿教育论集》，第284页。

② 参见张沪编：《张宗麟幼儿教育论集》，第269页。

成适合于某种社会生活的人民，而学校作为社会的一个缩影，理应与社会打成一片。在《幼稚园的社会》中，张宗麟列举了“关于幼稚园社会活动的几个好时机”：婚丧寿庆，纪念日、节期、赛会期，展览会及其他（如母亲会、公园、市场、农村野人生活等）。（2）既注意幼儿的个别学习，又注意幼儿之间的互助与合作。（3）教师要做幼儿的朋友。（4）使幼儿获得成功。“幼稚生于作业获得结果，为最重要之奖励”①。教师可以把每一个活动分为几个小段落，幼儿每进行一段可以随时得到一个小结果。这样不仅可以满足幼儿对活动结果的渴望，还可使活动随时进行。（5）通过继续不断地学习养成良好的习惯。“习惯训练不是一朝一夕之功，也不是甲地应如是，到乙地就可以改的。习惯训练要继续不断，没有一次例外，到完全养成，完全熟练为止。”② 张宗麟还指出练习时要保持幼儿的热忱与兴趣，注意练习的方法和次数分配，以获得良好的练习效果。（6）激发幼儿进行良好社会性行为的兴趣，达到教育目的。（7）要注意对幼儿社会性行为的交替培养。

除了上述几点原则之外，张宗麟还就如何开展社会性活动提出了自己的观点。他认为，在开展社会性活动之前，教师要留心幼儿的动作，相机予以帮助和指导；注意幼儿临时的遭遇；对于幼儿必须要领会的事情，教师要通过有目的、有计划的活动，向幼儿提供有意义的刺激，促进幼儿的社会性发展；与幼儿开展活动时，教师要为幼儿准备丰富的原材料和适当的工具；鼓励幼儿积极自由地活动，但教师要适当指导，引导幼儿思考；教师要掌握好活动的过程，适时地结束和总结活动。

---

① 张宗麟：《幼稚教育概论》，中华书局1928年版，第90页。

② 张沪编：《张宗麟幼儿教育论集》，第301—302页。

三、 论民族化的乡村幼稚园

在推广乡村教育的过程中，一些教育家逐渐注意到乡村社会的幼儿教育事业，并倡导将幼儿教育下移到乡村社会。陶行知是最积极的倡导者和最有力的影响者。张宗麟受其影响，也萌发为乡村教育尽力的念头。他于1927年7月兼任南京晓庄师范学校幼稚师范院指导员，1928年7月辞去在南京市教育局的工作，专任晓庄学校的指导员及指导员主任。在晓庄期间，他的主要工作是创办乡村幼稚园并予以指导。

（一） 乡村幼稚园设立的必要性

20世纪20年代，由于学者的倡导和一般人对幼儿教育的关注，幼儿教育实现了突破性发展。但我国的幼儿教育发展极不平衡，正如陶行知先生所描绘的："都市之中尚有几个点缀门面，乡村当中简直找不到他们的踪迹。"① 张宗麟对此亦感到十分担忧，"幼稚教育倘若长此向这条路上去发展，那末，幼稚园将变为富贵孩子的乐园，幼稚教师也不过是有钱人的'干奶妈'，对于社会的意义太少，这种幼稚教育必定渐归消灭"②。为此，张宗麟提出幼儿教育要转移服务对象。他提议幼儿教育要转向劳苦大众的队伍中去，即转到农村与工厂去。

（二） 乡村幼稚园的办学原则

张宗麟根据当时我国幼稚园存在的弊端以及乡村社会的经济状况，提出要创办平民化、乡土化、经济化、实用化的乡村幼稚园，以扩大乡村幼稚园的服务对象、节省幼稚园的开办费用、体

---

① 陶行知：《创设乡村幼稚园宣言书》，见方明主编：《陶行知全集》第1卷，第70页。

② 张宗麟：《幼稚园的演变史》，商务印书馆1935年版，第53页。

现幼稚园的办学特色。

1. 平民化、乡土化。平民化是针对幼稚园的收费标准和服务对象而言的。乡村幼稚园只收取低廉的学费甚至不收学费，以保证平民阶级的子女也能享受平等的入学机会。乡土化，就是要办出富有乡土气息、满足乡村幼儿需要的幼稚园。张宗麟认为，“倘若要办一所真能为乡村谋福利的幼稚园，那末它的一切都是利用乡村固有的”①。

2. 经济化、实用化。“凡是一种教育，他要是超脱了当地的社会经济之条件而进行，那么，这种教育，就好比是插在瓶里的花，初插上去好看，也许好看，但始终是不会结果的。”② 张宗麟主张乡村幼稚园要结合乡村社会的经济状况，不必奢华，要尽可能做到经济、省钱、实用。因为只有经济、省钱的幼稚园，才与乡村人民勤劳节俭的美德相符合，才能被乡人所接受，才能用有限的经费办出更多的幼稚园。

（三）乡村幼稚园的课程

张宗麟在办理乡村幼稚园时继续进行鼓楼幼稚园的课程试验，以开发出适合乡村社会的课程。从1928年暑假起，张宗麟便带领徐世璧、王荆璞等人在燕子矶幼稚园从事课程编订的试验研究工作。他们将原来草拟的《燕子矶幼稚园生活纲要》（分全年的、每月的、每周的和当天的）予以完善，并进行深入试验。其中，全年的生活纲要也称《幼稚生生活历》，由张宗麟与徐世璧起草于1928年春，分节期、气候、动物、植物、农事等。具体参见下表。

---

① 张宗麟：《乡村教育》，世界书局1932年版，第171页。

② 张宗麟：《简单的幼稚园》，《乡村建设》1935年第5卷第8、9期。

表 7.1 幼稚生生活历①

月份	活动							
	节期	气候	动物	植物（花草）	农事	儿童玩耍	风俗	儿童卫生
一	元旦	冰雪、西北风	金鱼、鸽子	芽、腊梅	葱、韭、胡萝卜等	新年锣鼓	新年礼物	冻疮、伤风
二	立春、旧历新年	冰雪融化、东风	猫、鼠、狗	水仙、葱、大蒜	菜、麦地除草	迎灯、放爆竹	迎春	伤风、曝日之害
三	孙中山先生逝世纪念、黄花岗烈士纪念、百花节（阴历二月十二日）	植树节、春分	燕子、蜜蜂	梅花、嫩叶、兰	孵小鸡	放纸鹤	赛会	喉症
四	清明节	春雨	蝴蝶、蚕	桃花、笋、桑、豆花	种瓜、做豆腐	斗草	扫墓	牛痘
五	国耻、岳飞诞辰	换季	蚌、黄莺	蔷薇、野生植物	收麦、布谷、养蚕	草地跳跃、翻筋斗	竞渡	灭蚊蝇

① 张宗麟：《幼稚教育》，见张沪编：《张宗麟幼儿教育论集》，第140—141页。

续表

月份	活动							
	节期	气候	动物	植物（花草）	农事	儿童玩耍	风俗	儿童卫生
六	立夏、端午	黄梅雨	萤火虫、牵牛虫	石榴、牡丹	插秧、除草（耘）	寻贝壳	送礼（?）	洗澡
七	暑伏	雷雨、虹、大热	蝉、蚱蜢	荷花、牵牛花	收瓜	寻藏（寻瓜游戏）	丧葬（?）	受暑
八	立秋、林则徐禁烟	流星、凉风、露	蟋蟀、纺织娘	茑萝松、凤仙、鸡冠	种荞麦、收稻	车子	乞巧	受凉、疟疾
九	中秋、孔子诞辰	明月、大潮、秋风	蜗牛、蚌	菱、桂花	收山芋、玉蜀黍、棉花	滚铁环、旅行	赏月、观潮	痢疾
十	国庆、重阳节	换季	蟹、虾	菊花	种豆、麦、拔萝卜等	旅行、踢毽、赛果子	登高	眼疾
十一	孙中山先生诞辰	露、霜	皮虫、鹰、鸭	红叶、野果	耕田、收白菜做各种腌腊货	赛果子、跳绳	做寿（?）结婚（?）	感冒

续表

月份	活动							
	节期	气候	动物	植物（花草）	农事	儿童玩耍	风俗	儿童卫生
十二	蔡锷恢复中华共和、大除夕	西北风、冬至	羊、牛、麻雀	月季、干草	修理农具、修茅屋	踢球、拍球	腊八	龟裂、冻疮

燕子矶幼稚园和其他乡村幼稚园的教学活动，便根据这份《幼稚生生活历》开展。分析这份《幼稚生生活历》，我们不难发现张宗麟为乡村幼稚园制订的课程有以下特点：

第一，立足乡村生活，注重农事。乡村生活主要是农事生活，乡村幼儿毕业后也大多从事农业活动，所以张宗麟主张农事活动应作为幼稚园的重要课程之一，或者可以说是课程的中心。燕子矶幼稚园还专辟了“小农场”和“小花园”，尽量让农家孩子得到展示自己劳动技能的机会。

第二，强调幼儿健康，注重卫生。张宗麟坚信，“健康是生活的出发点，也就是教育的出发点”①。鉴于乡村社会的卫生条件，他强调乡村幼稚园要特别注意幼儿的卫生教育，注重幼儿良好卫生习惯的养成。他专门列举了幼儿应有的卫生习惯与常识、幼稚园应有的卫生设备、幼稚园卫生教育的方法，总结了幼稚园卫生教育的有效经验。

第三，关注未来生计，注重读算。“乡间儿童，六七岁时，牧牛放羊，助父母在田间工作者，为最普遍之情形。”② 为了使无法升学的幼儿在幼稚园里能够接受更多的对未来生计有所帮助的

① 张宗麟：《简单的幼稚园》，《乡村建设》1935 年第 5 卷第 8、9 期。

② 张宗麟：《幼稚教育概论》，第 139 页。

教育，张宗麟主张读法和算法应成为乡村幼稚园必要的学习内容。所谓读法，是在识字基础上的初步阅读能力训练，可理解为“识字课”和“阅读课”的叠加，主要施于四岁及以上的幼儿。张宗麟结合自己的家教经历以及在鼓楼幼稚园的试验，总结出几种有效的方法，集中体现在《幼稚园里的几种读法教学法》一文中。至于算法，张宗麟专门为幼儿创制了滚珠盘、旋珠盘、点数牌、缀法盘、缀法牌等识数教具，使幼儿在游戏中获得数的相关知识。

四、 论科学化的幼儿师范教育

近代我国的幼儿师范教育几乎完全操纵在教会手中。针对这一现象，张宗麟进行了深入的理论思考，指出本土化幼儿师范学校的设立是办好本土化幼稚园的关键，也是幼教事业长远发展的必由之路。为此，他呼吁国家应责无旁贷地承担培养幼教师资的职责：一方面，责令停办各教会设立的幼儿师范学校，“师范教育为国家事业，绝对不容外国人，教会，或私人包办”①；另一方面，从速筹办中国的、完美的、富于研究试验精神的幼儿师范学校，以培养富于国家精神的幼稚园教师。

（一） 幼儿师范教育的重要性

张宗麟特别重视培养幼稚园教师。张宗麟重视改革与发展幼儿师范教育的原因主要有如下几点：第一，他认为幼儿教育很重要，而发展幼儿教育的关键是教师。他认为，“幼稚教育是一切教育的基础，这步教育可以铸定儿童终身的休咎”②。他对其时人们轻视幼儿教育的现象进行了批评：

---

① 张宗麟：《幼稚教育概论》，第 98 页。

② 张宗麟：《幼稚教师谈话》，见张沪编：《张宗麟幼儿教育论集》，第 777 页。

> 各种儿童教育之发达，以幼稚教育为最迟，各种教育之收效，以幼稚教育为最难；髫龄稚子，能力薄弱，充其量而为之，不足当成人之一眛；于是社会上对于各种教育之轻视，亦以幼稚教育为最甚。然而静心默思，幼稚教育之重要，实为惊人……①

他认为幼儿阶段是人生最关键的时期，幼年生活是最重要的生活，若这一时期培养得好，幼儿就会顺利成长，成为社会的优良分子，否则就会滋生坏习惯。在重视幼儿教育的基础上，张宗麟认为，解决幼儿教育师资问题是办好幼教事业、普及幼教的关键，也是办好具有中国特色的幼稚园的关键。他认为幼儿在体力、智力上和学龄儿童不同，应当由受过特殊教育的人去施教。第二，他指出，幼儿教育在“新学制”颁布后有了较大的发展，需要大量合格的幼儿教师。第三，现实中，绝大多数女子师范学校的幼儿师范科和保姆科在入学人数、课程或实地施教上存在许多问题，在质和量上与现实需求有很大差距，幼儿师范必须改革。

张宗麟还特别重视男性幼儿教师的培养。他本人就是第一个到幼稚园当教师的男大学生。

（二）幼儿师范的招生和课程

幼儿师范的目的是培养健全的幼稚园师资，因此其招生和课程安排要有严格的标准。在招生资格方面，张宗麟主张招收初中以上的毕业生，年龄在16岁以上；身体强健，能耐劳忍苦；富有爱国心；态度和易，注意精密，且能以真诚爱幼儿；有优良的基本学识，及善能变换之智慧。② 关于幼儿师范的招生对象，张

---

① 张宗麟：《幼稚教育概论》，见张沪编：《张宗麟幼儿教育论集》，第3页。

② 参见张宗麟：《幼稚教育概论》，第100—101页。

宗麟认为，幼儿师范只招女生的做法不可取，他认为幼儿教师非为女子之专业，男教师在幼稚园同样受欢迎。在晓庄期间，张宗麟鼓舞戴自俺、孙铭勋等转习幼儿教育。

至于课程，当时教育部并未详细规定，张宗麟主张决不能照搬教会设立的幼儿师范的课程。他对我国几所幼儿师范学校进行了多方的实地考察与论证后，厘定出课程编制的原则。他为幼儿师范设计的课程涉及多学科、多方面，如下表。

表 7.2　幼儿师范课程表①

类　别	内　容	比重
公民训练组	本国史、本国地理、世界史地概要、社会学、最近世界概况	15%
普通科学组	科学入门、应用科学、生物学、应用数学、簿记	15%
言文组	国文、国语、英文	10%
艺术组	图画、手工、烹饪、家事学、音乐	15%
普通教育组	教育学、教育心理、教育史、普通教学法	10%
专门教育组	幼稚教育概论、儿童心理、儿童保育法、幼稚园各科教学法、幼稚园各科教材讨论、幼稚园实习、幼稚教育之历史及其最新趋势、小学低年级教学法	35%

张宗麟认为，幼儿师范的课程既要注重专科职业训练，又要注意与职业有关的普通训练及公民训练。在此思想的指导下，他把幼儿师范课程分为六组，其中专业知识所占的比重最大，这与

① 参见张宗麟：《幼稚教育概论》，第 103—104 页。

张宗麟主张幼儿师范的课程要注重专门的职业训练有关。同时他还强调教育学、心理学方面知识的学习，这有利于师范生了解、掌握教育规律和幼儿身心发展规律并在教学中据此规范自己的行为。此外，在课程安排上，他提倡要根据学习年限的不同而有所侧重，二年制的要注重专业知识学习，三年制的要注重公民基本训练。

（三）幼儿师范生的培养

乡村社会由于经济条件的制约，不太可能设立足够多的幼儿师范学校，以满足大量的师资需求，因此要另觅新路。受陶行知艺友制的影响，张宗麟在实践的基础上主张采用艺友制的方式来培养乡村幼儿师资。张宗麟撰写《怎样指导幼稚园教学做》一文，专论“怎样指导艺友”。其中指导“艺友”的步骤大体有四：

第一期，为时一个月，用来体会幼儿生活。初来的“艺友”，不问他怎样，给他一个座位，叫他做幼儿：和幼儿同唱、同游戏、共同吃点和共同认字。第二期，为时至少半年，在导师的指导下试做、试教，例如讲故事的技巧、认方块字的方法、带幼儿在地上玩耍应注意的事项。“艺友”学会了方法，就找时机让他带领一群幼儿去试做。试做以后，当天或几天来讨论一次，问问有什么困难，有什么心得，应该怎样改进。① 第三期，为时近半年，还是继续做各种基本技能的练习。不过，此期与前期的不同在于：导师放手让“艺友”做，导师只提供一个活动的大纲和找材料的方向。“艺友”便依据大纲寻找材料，材料找好后便自主地做。第四期，亦为时近半年，采用轮值制，由“艺友”独当一面地“教学做”。轮空的“艺友”则搜集材料、阅读材料，进行

---

① 转引自戴自俺、龚思雪主编：《陶行知幼儿教育的理论与实践》，四川教育出版社 1987 年版，第 143—146 页。

理论务虚。“艺友”训练共四期，从参与幼儿活动，到试做、试教，再到半独立教学，最后独立教学；从旁观者到参与者，再到主导者。通过这一循序渐进的过程，“艺友”顺其自然地掌握了教学的基本技能与技巧，训练结束后，大多数“艺友”便能独当一面地开展教学活动。

张宗麟认为要成为一名优秀的教师，仅靠在校学习是远远不够的，从事幼教工作后还必须随时加强自身修养，提高学识，以顺应时代之发展进步。他对即将走上工作岗位的幼儿师范生提出了以下要求：

（1）幼儿教师必须不断学习。基于职业的发展、专业的进步以及社会发展的需要，幼儿师范生入职后必须继续学习，做到“做到老，学到老”。

（2）幼儿教师要有研究精神。工作中不必拘泥于某氏某家的教法是如何如何，应该进行实地试验，不盲从，不跟风，处处要有研究态度。

（3）幼儿教师要有好的学习方法。要处处留心，善于积累；养成做记录的习惯；学会领悟；进行合作性学习。

（4）幼儿教师要有多渠道的学习途径。幼儿教师的学习途径主要包括接受专门机构指导、主动阅读书籍、参加短期培训。

由此可见，张宗麟对幼儿教师的培养不仅关注了在校学习，也关注了职后的学习进修，把职前培养和职后学习有机地结合起来。

张宗麟还强调了幼儿教师的修养问题。他认为幼儿教师的任务在实际上重于小学教师，这些任务包括养护幼儿、发展幼儿身体，养成幼儿相当之习惯，养成幼儿有相当之知识与技能，与家庭联络并谋家庭教育改进的方法，研究幼儿，等等。其中，最重要的是养护幼儿。因此，张宗麟认为，幼儿教师必须富有健全的人格，身心健康，充满爱心，积极乐观，富有爱国、爱幼儿之心，有优良的基本知识和善于变换的思维，能处理紧急问题。张宗麟认为，幼儿教师只靠在学校学习几年是不够的，要时时加强修养，终身学习，以适应潮流，不断追求进步。

张宗麟作为近现代著名的幼儿教育家，在幼儿教育领域尤其是乡村幼儿教育领域的建树不容小觑。他提出社会化课程，使幼稚园的各项活动与幼儿生活、社会生活相沟通，使幼儿获得社会化行为、习得社会性经验，有利于幼儿的社会化发展；他的乡村幼儿教育实践汇聚了乡村教育和幼儿教育两股潮流，极大地改善了乡村地区幼儿教育的发展状况，有力地推动了我国幼儿教育的中国化、大众化进程；他创办乡村幼稚园的实践经验，对当今农村幼儿教育的发展也极具借鉴价值，如主张省钱化、经济化的办学原则，主张利用本土资源开发乡土化课程，等等。

结　　语

随着我国经济社会深刻变革，对外开放日益扩大，各种思想文化交流、交融、交锋更加频繁，迫切需要深化对幼儿教育思想重要性的认识，进一步增加文化自觉和文化自信；迫切需要深入挖掘传统幼儿教育思想的价值内涵，进一步传承中华优秀传统文化；迫切需要推动幼儿教育思想的创造性转化和创新性发展，进一步激发中华优秀传统文化的生机和活力；迫切需要构建富有时代特色的幼儿教育体系，进一步复兴中华优秀传统文化。

一、挖掘和借鉴中国幼儿教育思想的有益经验

在推进幼儿教育现代化进程中，我们可以吸收、借鉴和继承中国传统幼儿教育思想的精髓。在教育目标上，传统幼儿教育思想将“修身、齐家”与“治国、平天下”有机地结合，旨在培养胸怀天下、具有家国一体担当意识的社会公民。在教育内容上，中国幼儿教育思想重视立德树人、自立自强、志存高远、崇尚节操等道德规范和人格情操。在教育途径上，传统教育倡导蒙以养正、知行合一、教化一致、亲情感化。在教育方式方法上，中国幼儿教育思想注重将环境熏陶与道德自觉、亲情感化与法规约束、典范诱导与言传身教等结合起来。在教育形式上，传统家训拥有言简意赅、喜闻乐见、灵活多样、不拘一格的表达方式。这些有益的经验是先辈的智慧结晶。我们应该自觉将其纳入中国特

色社会主义文化的核心价值体系，坚持扎根中国大地办好教育，筑牢教育基石。

当然，面对着新时代、新形势，我们既不能照抄照搬，也不能不加批判地直接利用。中国传统幼儿教育思想中也有许多不合时宜的糟粕，甚至与社会主义核心价值观相违背的内容。我们应站在历史唯物主义立场，结合建设中国特色社会主义的伟大实践，批判性地借鉴其中的合理的成分，对于不合理的成分或陈旧的、过时的甚至错误的思想，要进行改造或摒弃，使中国传统幼儿教育思想与时俱进，焕发新生命力和历史活力。

二、 积极推动幼儿教育思想的创造性转化和创新性发展

幼儿教育思想要获得新生命力，必须推动其创造性转化和创新性发展，使其适应教育现代化的需要，适应人发展的需要。“要坚持古为今用、以古鉴今，坚持有鉴别的对待、有扬弃的继承，而不能搞厚古薄今、以古非今，努力实现传统文化的创造性转化、创新性发展，使之与现实文化相融相通，共同服务以文化人的时代任务。”①

创造性转化是指幼儿教育思想的现代转型，使中国传统幼儿教育思想在理念内容、表达形式、实现方式等方面能适应新形势的需要。首先，着力提高阐释和研究中国传统幼儿教育思想和实践的水平。坚持“取其精华、去其糟粕”的原则，不断深度解读幼儿教育思想的现代价值，增进我们对中华传统文化的科学认知，“按照当今时代要求、现实社会标准、当代中国人思维

① 《习近平在纪念孔子诞辰2565周年国际学术研讨会讲话（全文）》，2014年9月24日，见http：//www. gov. cn/xinwen/2014-09/24/content_2755666. htm。

进行转化"①，进而继承和发扬其有益经验，增强对传统幼儿教育经验学习的自觉性。其次，着力用现代话语体系来阐释和表达中国传统幼儿教育思想精髓。我们应坚持"不忘本来、坚持未来"的原则，通过喜闻乐见、通俗易懂的现代话语体系，让更多的人充分了解中国传统幼儿教育思想的深厚内涵，"力求与现代社会接轨、与民众需求吻合"②，不断增加传统幼儿教育思想的生命力和影响力。再次，着力激活中国传统幼儿教育思想的丰富资源。时移世易，对待中国传统幼儿教育思想，我们既不能复古泥古、简单地照搬移植，也不能简单地否定，应坚持"扬弃继承、转化创新"的原则，充分利用中国传统幼儿教育思想的丰富资源，将立德树人的核心、志存高远的目标和崇尚节操的追求赋予新的时代内涵，并转化为相应的制度体系，贯彻在日常教育活动中，使中华民族的文化基因与当前教育现代化的主题相切合、与当代文化使命相适应、与现代社会发展相协调。

创新性发展是指中国幼儿教育思想经验的提升和超越。第一，我们应紧扣《中国教育现代化 2035》的精神，站在时代发展的高度，激活中国传统幼儿教育思想的生命力，将其合理、有益成分做进一步阐发，赋予其新的时代内涵，形成富有时代气息的幼儿教育体系，把跨越时代的思想理念、价值标准、实践经验转化为人们的精神追求和行为习惯，转化为实现教育现代化的重要精神动力。第二，我们应紧扣时代需求和幼儿发展的规律，秉持客观、科学、礼敬的态度，注重文化熏陶和实践养成，着力回答和解决当前幼儿教育存在的主要问题，例如教育现代化如何实

---

① 商志晓：《中华传统文化创造性转化创新性发展的哲学审思》，《光明日报》2017 年 1 月 9 日。

② 商志晓：《中华传统文化创造性转化创新性发展的哲学审思》，《光明日报》2017 年 1 月 9 日。

施、如何建立良好家训家风等等，促使传统幼儿教育经验对教育现代化进程中的各种现实问题做出回应，从而在新的问题视域中实现创新。第三，我们应紧扣信息化的时代主题，借助大众传媒和现代传播技术，创作系列绘本、童谣、儿歌、动画，创新幼儿教育思想的表现形式，推陈出新，使传统幼儿教育的有益元素重焕活力，并将其有益经验融入现实生活，潜移默化地影响幼儿成长。

三、构建富有时代特色的幼儿教育体系

立志向，设定高标准的培养目标。“蒙以养正”的核心就是树立志向，确立目标。设定培养“君子”“大丈夫”以及“圣人”高标准的目标，使幼儿始终有较高的人生目标。这不仅是历代教育家的共同理念，而且成为后世学子奋斗的方向。设定高标准的培养目标最重要的价值就是使幼童从小耳濡目染，树立“为天地立心，为生民立命，为往圣继绝学，为万世开太平”的人生理想。正是对这种教育传统的继承与弘扬，才形成了“天下兴亡，匹夫有责”的国家责任感和民族精神，进而形成了为社会奋斗、献身的担当精神。这些优良品质已融入我们的民族气节和文化精神中，成为中华民族巍然屹立于世界民族之林的关键所在。

重学习，调动幼儿在教育活动中的主体性。如果幼儿拥有远大的志向，但不懂得如何学，那么他们的学习只会事倍功半。我国教育家十分重视幼儿的“学”。从《论语》中首篇《学而》，到《荀子》中首篇《劝学》，再到《学记》中以论学为起首（“君子如欲化民成俗，其必由学乎？”“玉不琢，不成器；人不学，不知道。”），从孟子的“深造自得”，到宋明理学的“变化气质”，再到清末张之洞的《劝学篇》，中华优秀传统文化形成了一套丰富的重学的教育体系，成为中华文明不断进步的不竭动力。我们应

遵循幼儿身心成长规律，着眼于培养幼儿终身学习的能力，引导幼儿增强自主意识、发扬自律精神，思考自己的得与失、善与恶、对与错，自觉纠正言行偏差，在知行合一中完成从自发到自觉、从外表到内心、从被动到主动、从他律到自律的行为转变。

净环境，强化家庭的常态化教育功能。中华民族素有重视家庭教育的优良传统。家庭教育对幼儿的个性发展和性格塑造具有重要的作用。首先，发挥家庭教育的导向功能。家长要将道德品质的塑造和行为习惯的养成作为家庭教育的基本内容，发扬中华崇德重教的优良传统，用高尚的审美情趣、崇高的精神追求严格要求子女；同时，家长应发挥“家庭老师”的责任，展现人格魅力，以身作则，为子女提供积极、正面、健康的价值取向。其次，建立良好家风。家风是家庭成员思想观念、道德品质、行为习惯与生活方式的综合体现。良好家风会产生强大的精神力量，在潜移默化中激励幼儿形成优良品德和行为习惯。再次，注重幼儿成长的规律，重视生命的价值，探索适应幼儿特点的教育方法和原则。家长应根据子女的实际及个体特点找准切入点，按照一体化、分阶段、有序推进的原则，使传统教育中的有益元素贯穿于家庭教育各领域和环节，注重言传与身教结合、情与理结合、严格要求与关心爱护结合，以科学的方法提高家庭教育的质量和效果。

我国有独特的历史、文化和国情，积累了丰富的幼儿教育经验和智慧。推进幼儿教育现代化，必须扎根中国、融通中外，立足时代、面向未来，从我国优秀幼儿教育传统中充分汲取营养，积极吸收和借鉴国际先进经验，以新的发展理念和教育思想指导幼儿教育现代化。

主要参考书目

阮元校刻：《十三经注疏》，中华书局1980年版。

上海师范大学古籍整理研究所校点：《国语》，上海古籍出版社1988年版。

杨伯峻译注：《论语译注》，中华书局1980年版。

陈鼓应注译：《老子今注今译》，商务印书馆2003年版。

黎翔凤撰，梁运华整理：《管子校注》，中华书局2004年版。

杨伯峻译注：《孟子译注》，中华书局2005年版。

王先谦撰，沈啸寰、王星贤点校：《荀子集解》，中华书局1988年版。

杨伯峻编著：《春秋左传注》（修订本），中华书局1990年版。

吴毓江撰，孙启治点校：《墨子校注》，中华书局1993年版。

贾谊撰，阎振益、钟夏校注：《新书校注》，中华书局2000年版。

班固撰，颜师古注：《汉书》，中华书局1962年版。

王利器撰：《颜氏家训集解》（增补本），中华书局1993年版。

苏舆撰，钟哲点校：《春秋繁露义证》，中华书局1992年版。

程颢、程颐著，王孝鱼点校：《二程集》，中华书局1981年版。

朱杰人、严佐之、刘永翔主编：《朱子全书》，上海古籍出版社、安徽教育出版社2002年版。

朱熹撰：《四书章句集注》，中华书局 1983 年版。

脱脱等撰：《宋史》，中华书局 1977 年版。

王阳明撰，吴光、钱明、董平、姚延福编校：《王阳明全集》，上海古籍出版社 1992 年版。

张之洞：《劝学篇》，北京师范大学出版社 2012 年版。

夏元东编：《郑观应集》（上册），上海人民出版社 1982 年版。

夏元东编：《郑观应集》（下册），上海人民出版社 1988 年版。

曾国藩：《曾国藩家书家训》，天津古籍书店 1991 年版。

康有为撰，汤志钧导读：《大同书》，上海古籍出版社 2005 年版。

梁启超：《梁启超全集》，北京出版社 1999 年版。

高叔平编：《蔡元培全集》第一卷，中华书局 1984 年版。

高叔平编：《蔡元培全集》第二卷，中华书局 1984 年版。

高叔平编：《蔡元培全集》第三卷，中华书局 1984 年版。

高叔平编：《蔡元培全集》第四卷，中华书局 1984 年版。

高叔平编：《蔡元培全集》第五卷，中华书局 1988 年版。

高叔平编：《蔡元培全集》第六卷，中华书局 1988 年版。

恽代英：《恽代英全集》，人民出版社 2014 年。

张沪编：《张宗麟幼儿教育论集》，湖南教育出版社 1985 年版。

中央教育科学研究所编：《鲁迅论教育》，教育科学出版社 1986 年版。

陈秀云、陈一飞编：《陈鹤琴全集》第一至六卷，江苏教育出版社 2008 年版。

毛礼锐、沈灌群主编：《中国教育通史》第一卷，山东教育出版社 1985 年版。

毛礼锐、沈灌群主编：《中国教育通史》第二卷，山东教育出版社 1986 年版。

毛礼锐、沈灌群主编：《中国教育通史》第三卷，山东教育出版社 1987 年版。

毛礼锐、沈灌群主编：《中国教育通史》第四卷，山东教育出版社 1988 年版。

毛礼锐、沈灌群主编：《中国教育通史》第五卷，山东教育出版社 1988 年版。

毛礼锐、沈灌群主编：《中国教育通史》第六卷，山东教育出版社 1989 年版。

乔卫平、程培杰：《中国古代幼儿教育史》，安徽教育出版社 1989 年版。

中国学前教育史编写组编：《中国学前教育史资料选》，人民教育出版社 1989 年版。

李定开编著：《中国学前教育》，西南师范大学出版社 1990 年版。

何晓夏主编：《简明中国学前教育史》，北京师范大学出版社 1990 年版。

熊明安：《中华民国教育史》，重庆出版社 1990 年版。

徐梓、王雪梅编：《蒙学须知》，山西教育出版社 1991 年版。

赵忠心编著：《中国家教之道》，广西科学技术出版社 1991 年版。

唐彦生、隋玉梁主编：《家教大典》，蓝天出版社 1991 年版。

方明主编：《陶行知全集》第 1 至 8 卷，四川教育出版社 2005 年版。

朱有瓛主编：《中国近代学制史料》第一辑（上），华东师范大学出版社 1983 年版。

朱有瓛主编：《中国近代学制史料》第一辑（下），华东师范大学出版社 1986 年版。

朱有瓛主编：《中国近代学制史料》第二辑（上），华东师范大学出版社 1987 年版。

朱有瓛主编：《中国近代学制史料》第二辑（下），华东师范大学出版社 1989 年版。

朱有瓛主编：《中国近代学制史料》第三辑（上），华东师范大学出版社 1990 年版。

朱有瓛主编：《中国近代学制史料》第三辑（下），华东师范大学出版社 1992 年版。

朱有瓛主编：《中国近代学制史料》第四辑，华东师范大学出版社 1993 年版。

刘国正主编：《叶圣陶教育文集》第一至四卷，人民教育出版社 1994 年版。

余子侠、方玉芬编著：《中国幼儿教育名著选读》，华中师范大学出版社 2008 年版。

唐淑、钟昭华主编：《中国学前教育史》，人民教育出版社 1993 年版。

杨汉麟主编：《外国幼儿教育名著选读》，华中师范大学出版社 2008 年版。

雷良波、陈阳凤、熊贤军：《中国女子教育史》，武汉出版社 1993 年版。

谢励武、王予民：《中国蒙学精华研究》，河南大学出版社 1993 年版。

戴自俺主编：《张雪门幼儿教育文集》（上、下卷），北京少年儿童出版社 1994 年版。

王炳照、阎国华主编：《中国教育思想通史》第一至八卷，湖南教育出版社 1994 年版。

熊贤君：《雕龙刻凤盼成器——皇子教育》，华中理工大学出版社1994年版。

陈汉才：《中国古代幼儿教育史》，广东高等教育出版社1996年版。

曹大为：《中国古代女子教育》，北京师范大学出版社1996年版。

王文宝主编：《中国儿童启蒙名著通览》，中国少年儿童出版社1997年版。

马镛：《中国家庭教育史》，湖南教育出版社1997年版。

杜成宪、王伦信：《中国幼儿教育史》，上海教育出版社1998年版。

董宝良、周洪宇主编：《中国近现代教育思潮与流派》，人民教育出版社1997年版。

孙培青主编：《中国教育史》，华东师范大学出版社2000年版。

唐淑主编：《学前教育思想史》，人民教育出版社2009年版。

朱永新：《滥觞与辉煌——中国古代教育思想史》，人民教育出版社2004年版。

廖其发主编：《中国幼儿教育史》，山西教育出版社2006年版。

单中惠、王凤玉编：《杜威在华教育讲演》，教育科学出版社2007年版。

唐淑主编：《学前教育史》，人民教育出版社2009年版。

徐明聪主编：《陶行知幼儿教育思想》，合肥工业大学出版社2009年版。

杜成宪、单中惠主编：《幼儿教育思想史》，人民教育出版社2010年版。

郭齐家：《文明薪火赖传承——儒家文化与中国古代教育》，山东教育出版社2011年版。

喻本伐：《中国幼儿教育发展史》，华中师范大学出版社2012年版。

冯君编著：《幼儿教育思想研究》，黑龙江教育出版社2013年版。

喻本伐、郑刚：《张宗麟与幼稚教育》，东北师范大学出版社2020年版。